法治护航北斗

孙家栋
2021年3月23日

卫星导航法治文库

顾　问｜杨长风

主　编｜杨君琳

欧盟卫星导航
政策法规要览

杨君琳／编译

法律出版社
LAW PRESS · CHINA
北京

图书在版编目(CIP)数据

欧盟卫星导航政策法规要览 / 杨君琳编译. -- 北京：法律出版社，2024
(卫星导航法治文库)
ISBN 978-7-5197-8981-7

Ⅰ. ①欧… Ⅱ. ①杨… Ⅲ. ①欧洲联盟－卫星导航－导航系统－法规－研究 Ⅳ. ①D950.217

中国国家版本馆CIP数据核字(2024)第065131号

欧盟卫星导航政策法规要览
OUMENG WEIXING DAOHANG ZHENGCE FAGUI YAOLAN

杨君琳 编译

责任编辑 慕雪丹 章 雯
装帧设计 汪奇峰 鲍龙卉

出版发行 法律出版社
编辑统筹 法商出版分社
责任校对 赵明霞
责任印制 胡晓雅
经 销 新华书店

开本 710毫米×1000毫米 1/16
印张 32 字数 552千
版本 2024年7月第1版
印次 2024年7月第1次印刷
印刷 唐山玺诚印务有限公司

地址：北京市丰台区莲花池西里7号(100073)
网址：www.lawpress.com.cn
投稿邮箱：info@lawpress.com.cn
举报盗版邮箱：jbwq@lawpress.com.cn

销售电话：010-83938349
客服电话：010-83938350
咨询电话：010-63939796

书号：ISBN 978-7-5197-8981-7
定价：159.00元
凡购买本社图书，如有印装错误，我社负责退换。电话：010-83938349

卫星导航法治文库

序

“法者,治之端也”。一流的科技发展离不开一流的法治保障。卫星导航系统建设应用是一项庞大的复杂系统工程,涉及科技、国防、网络等诸多领域,关联国内国际两个大局,这为构建中国卫星导航法治体系赋予了重大战略意义。

自1994年北斗系统立项启动以来,相关法规制度建设不断加强,特别是围绕《中华人民共和国卫星导航条例》的起草,北斗法治建设与理论研究从无到有,取得重大进展。但我们也要看到,北斗法治建设与科技进步相比,治理理念的嬗变、法规制度的健全、运维模式的变革则是一个更加漫长的过程。随着北斗迈入服务全球的新时代,迫切需要北斗人补足法治短板,推动北斗循法而行、依法而治,有效应对挑战、化解风险,促进北斗在法治轨道上向更高层次发展。

他山之石,可以攻玉。美、俄、欧制定了一系列规范卫星导航活动的法律法规。美国不仅有全球最早的卫星导航系统,也早已配套建立了比较完善的卫星导航法律制度。俄罗斯格洛纳斯系统、欧盟伽利略系统,也有较为完备的政策制度体系支撑,并依据发展战略的调整不断更新。规则与技术同行,为促进美、俄、欧全球卫星导航系统安全建设、高效发展和全球推广,为维护卫星导航活动中的国家安全、公共利益和各类主体合法权益提供了不可替代的法律保障。借鉴国外卫星导航法律制度的成功经验,对于推动北斗系统更好发展,进一步夯实法治北斗的制度之基,具有十分重要的意义。

呈现在读者面前的卫星导航法治文库,正是力图解决上述问题的有益探索。北京航空航天大学北斗政策法规研究中心杨君琳研究团队历时四年完成的这套文库是中国卫星导航法治领域的重要成果,对于推动法治实践和学术研究具有重要意义。该套文库顺应世界多极化、经济全球化趋势,通过对美、俄、欧卫星导航法规与政策的研究分析,为我们立足本国国情,更好地推动构建科学完备的中国卫星导航法治体系具有重要的参考价值。

一方面,该套文库把握法治建设时代潮流,洞察卫星导航法律制度发展规律。

我国卫星导航系统的发展既要坚持独立自主，又要在应用、技术、后续发展等方面积极开展对外合作，相关法治保障需求极大，也更加需要在把握卫星导航法律制度发展规律的基础上，形成有中国特色的卫星导航法治体系。该套文库资料翔实，系统研究了卫星导航的管理体制机制，建设运维、应用发展、国际合作、安全保护等法律制度，比较分析美、俄、欧卫星导航政策法规的各自特色，在此基础上探讨卫星导航未来立法工作的总体思路和工作要点，以期为构建科学合理的卫星导航法治体系提供理论支撑。

另一方面，该套文库坚持全球视野和开放思维，从战略层面把握卫星导航立法特点，为完善卫星导航国际规则提供中国方案。当前，百年变局与世纪疫情叠加，大国竞争日趋激烈，越来越体现为制度、规则、法律之争。从建设伊始，北斗系统就把向全球提供更好的服务作为追求目标，与之配套，我们应当也必然要为世界卫星导航规则的重塑和变革贡献中国智慧。目前，卫星导航国际规则尚不完善，卫星导航技术的快速发展和应用，与现行国际法规则之间存在一定脱节。该套文库为我们在构建人类命运共同体理念下提出卫星导航国际规则的中国方案，积极探索构建公正合理的卫星导航国际秩序提供了研究基础。

目前，国内关于卫星导航和法治两方面的研究成果均非常丰富，但是围绕卫星导航法治的研究却非常欠缺，研究成果甚少。自承担《中华人民共和国卫星导航条例》研究起草工作以来，杨君琳研究团队在中国卫星导航系统管理办公室的支持指导下，一直致力于卫星导航法律专题问题研究，不断开拓中国卫星导航法治研究的新领域。对他们积极倡导法治北斗、推动中国卫星导航法治建设所取得的成绩，我表示由衷赞赏。当下正是中国卫星导航产业转型的关键时期，政策制度研究任重道远。在此，我愿杨老师团队“情系北斗，胸怀家国”，在推动“法治北斗”的道路上不断前行、勇攀高峰。

是为序。

2022 年 6 月

目录
Contents

第一部分　欧盟卫星导航相关条例要览

第二部分　欧盟卫星导航相关指令要览

第三部分　欧盟卫星导航相关决定要览

第四部分　欧洲无线电导航计划要览

第五部分　欧盟卫星导航相关历史文件

第一部分　欧盟卫星导航相关条例要览

欧盟(European Union,EU)是由欧洲共同体发展而来的,是一个集政治实体、经济实体于一体、具有重要影响的区域一体化国际组织。欧盟法律是以建立欧盟、规制欧盟各成员国的国际条约为核心,包括欧盟为实施条约而制定的各项条例、指令、决定和判例,以及欧盟各成员国相关国内法的总称。欧盟卫星导航的法律框架由条例、指令、决定和欧盟政策构成。欧盟自伽利略系统规划和研发之初,就通过法律法规方式对伽利略计划的落实进行管理。2002 年以来,欧盟制定了多部涉及卫星导航的条例、指令和决定,与美国、俄罗斯、中国、印度等国家签订了卫星导航的国际条约,共同构成了欧盟卫星导航法律制度体系。

欧盟的条例(regulation)是针对某一领域事项发布的一般性法规,对欧盟境内所有的法律主体都发生效力,具有普遍适用效力。欧盟的条例是成员国法律的一部分,具有执行效力,对所有成员国都适用,不需要成员国立法机关将其转换成国内法。欧盟卫星导航相关的条例在伽利略系统建设发展阶段,仍在不断制定和修订,同时废除不符合发展实际的条例。

1. 2021 年 4 月 28 日,欧洲议会和欧盟理事会通过第(EU)2021/696 号条例:设立欧盟空间计划和欧盟空间计划局,并废除第(EU)912/2010 号、第(EU)1285/2013 号和第(EU)377/2014 号条例以及第 541/2014/EU 号决定,该条例于 2021 年 5 月 12 日正式生效,自 2021 年 1 月 1 日起开始实施。该条例制定了 2021 年至 2027 年的欧盟空间计划,明确欧盟空间计划包括伽利略系统、欧洲地球静止导航重叠服务(又称 EGNOS)系统、哥白尼系统、空间态势感知(SAA)系统以及政府通信卫星(GovSatCom)系统,成立了欧盟空间计划局来取代欧洲全球卫星导航系统局,明确了欧盟空间计划局的职责和组织制度。该条例共 12 卷,共 111 条,第一卷为一般条款,确定了欧盟空间计划的主旨、定义、组成部分、目标、第三方国家和国际组织参与计划政策、资产的所有权及使用等计划各组成部分均适用的基本规则。第二卷为预算出资和机制,明确了计划各组成部分的预算、转让收入规则及欧盟供资的实施和形式。第三卷为财务条款,明确了计划采购、拨款、奖励、混合业务等方面的规则。

第四卷为计划的治理,明确了欧盟成员国、欧盟委员会、欧盟空间计划局、欧洲航天局在实施包括伽利略计划和EGNOS计划在内的空间计划工作时的职责分工。第五卷为计划的安全。第六卷就伽利略计划和EGNOS计划的服务和管理作出规定。第七卷就哥白尼计划的建设发展与管理作出具体规定。第八卷为计划的其他组成部分,就空间态势感知系统、欧洲通信卫星计划的建设发展作出具体规定。第九卷就欧盟空间计划局作出具体规定。第十卷为规划、监测、评估和控制,明确计划各部分的监测、评估、审计、个人数据和隐私保护等方面的要求。第十一卷为授权和实施措施,规范授权、紧急程序等具体内容。第十二卷为过渡条款和最终条款,就信息传播和宣传、条例废止、生效等内容作出规定。

该条例主要明确了以下内容:第一,明确了伽利略系统和EGNOS系统的发展目标,即提供长期、最先进和安全的定位、导航和授时服务,同时确保服务的连续性和稳定性。第二,明确了伽利略系统和EGNOS系统的预算,2021年1月1日至2027年12月31日预算共计90.17亿欧元。第三,明确了伽利略系统和EGNOS系统的管理职责,对欧盟成员国、欧盟委员会、欧洲航天局、欧盟空间计划局的职责进行具体规定,特别是明确欧盟空间计划局在卫星导航方面的具体职能,主要是:负责管理伽利略系统和EGNOS系统的应用,包括服务的提供和运行的安全;负责开发下游市场,促进基于伽利略系统、EGNOS系统的创新。第四,提出对伽利略系统和EGNOS系统的安全要求,就伽利略系统和EGNOS系统安全认证、安全认证委员会职责、机密资料的保护等具体内容作出规定。第五,明确了伽利略系统和EGNOS系统的服务要求,包括伽利略系统和EGNOS系统服务利用的合格举措、伽利略系统提供的6类服务、EGNOS系统提供的3类服务、伽利略系统和EGNOS系统运营的要求以及兼容性、互操作性和标准化要求。第六,明确了欧盟空间计划局的具体组成及职责。欧盟空间计划局作为欧盟的一个机构,具有法人资格,基本行政和管理结构包括行政管理委员会、执行董事和安全认证委员会,执行董事是其代表,对行政管理委员会负责。第七,明确了对伽利略系统和EGNOS系统的监测、评估、审计、个人数据和隐私保护等规范要求。

2. 2018年12月12日,欧盟委员会通过第(EU)2019/320号授权条例:补充欧洲议会和欧盟理事会的第2014/53/EU号指令第3(3)(g)条中提及的基本要求的应用,以确定移动设备紧急通信中呼叫者位置,提出在欧洲销售智能手机须应用与伽利略系统兼容的全球卫星导航系统的要求。该授权条例是为了落实2014年4月16日欧盟发布的《关于统一成员国无线电设备市场供应的法律和废止第1999/5/

EC 号指令》(2014/53/EU),其第 3(3)(g)条规定的“无线电设备支持某些功能以确保获得紧急服务”而制定的。该授权条例于 2019 年 2 月 25 日正式公布,自公布之日起第 20 日生效,根据该授权条例要求,自 2022 年 3 月起,在欧盟销售的所有智能手机都必须包含至少与伽利略系统兼容和互操作的全球卫星导航系统的功能,以便在紧急情况下,卫星导航信息可以向紧急服务提供呼叫者的位置信息。

3. 2016 年 3 月 18 日,欧盟委员会通过第(EU)2016/799 号执行条例:执行欧洲议会和欧盟理事会第(EU)165/2014 号条例,规定的有关构造、测试、安装、操作和维修行车记录仪及其组件的要求①,提出在欧洲销售智能行车记录仪须应用与伽利略系统兼容的全球卫星导航系统的要求。该执行条例是为了落实 2014 年 2 月 4 日欧盟发布的欧洲议会和欧盟理事会第(EU)165/2014 号条例②规定的“只能使用免费的定位服务将行驶记录仪与基于卫星导航系统的定位服务连接”要求而制定的。该执行条例于 2016 年 5 月 26 日公布,自 2016 年 3 月 2 日起实施,先后经 2018 年 2 月 28 日欧盟委员会第(EU)2018/502 号执行条例、2020 年 2 月 5 日欧盟委员会第(EU)2020/158 号执行条例、2021 年 7 月 16 日欧盟委员会第(EU)2021/1228 号执行条例对定义及附件相关内容进行了修订。该执行条例共 6 条,主要内容是对行车记录仪的卫星导航服务作出要求,规定制造商应确保智能行车记录仪的欧洲全球卫星导航系统接收器与伽利略系统和 EGNOS 系统提供的定位服务兼容,此外,制造商还可以选择与其他卫星导航系统兼容。

4. 2015 年 4 月 29 日,欧洲议会和欧盟理事会通过第(EU)2015/758 号条例:部署基于 112 服务的 eCall 车载系统的型式认证要求,并修订第 2007/46/EC 号指令③,该条例强制要求车辆配备基于 112 的 eCall 车载系统,并要求该系统兼容伽利略系统和 EGNOS 系统。该条例于 2015 年 5 月 19 日公布,共 14 条,包括主题、范

---

① Commission Implementing Regulation(EU)2016/799 of 18 March 2016 Implementing Regulation (EU) No. 165/2014 of the European Parliament and of the Council Laying Down the Requirements for the Construction, Testing, Installation, Operation and repair of Tachographs and their Components.

② Regulation(EU) No. 165/2014 of the European Parliament and of the Council of 4 February 2014 on Tachographs In Road Transport, Repealing Council Regulation(EEC) No. 3821/85on Recording Equipment in Road Transport and Amending Regulation(EC) No. 561/2006 of The European Parliament and of the Council on the Harmonisation of Certain Social Legislation Relating to Road Transport.

③ Regulation(EU)2015/758 of the European Parliament and of the Council of 29 April 2015 Concerning Type – approval Requirements for the Deployment of the eCall in – vehicle System Based on the 112 Service and Amending Directive 2007/46/EC.

围、定义、制造商的一般义务、制造商的具体义务、隐私和数据保护规则、成员国的义务、授权条款、实施条款、委员会程序、处罚条款、报告和审查、修正条款、生效条款等。该条例就伽利略系统和 EGNOS 系统应用主要明确了以下内容：一是明确提出制造商应确保 eCall 车载系统中的接收器应兼容伽利略系统和 EGNOS 系统，在此基础上可以选择与其他卫星导航系统兼容。二是明确了具体生效时间。第 2 条第 2 款、第 5 条第 8 款和第 9 款、第 6 条第 12 款和第 13 款以及第 8 条、第 9 条、第 10 条和第 12 条自 2015 年 6 月 8 日起实施。其他条款自 2018 年 3 月 31 日起实施。三是明确隐私和数据保护规则，制造商应确保基于 112 的 eCall 车载系统不可追溯，不受任何持续跟踪，在触发 eCall 之前，用户数据不得在基于 112 的 eCall 车载系统之外提供给任何实体。

欧盟卫星导航相关条例

- 2021 年《欧洲议会和欧盟理事会第（EU）2021/696 号条例：设立欧盟空间计划和欧盟空间计划局，并废除第（EU）912/2010 号、第（EU）1285/2013 号和第（EU）377/2014 号条例以及第 541/2014/EU 号决定》
- 2018 年《欧盟委员会第（EU）2019/320 号授权条例：补充欧洲议会和欧盟理事会的第 2014/53/EU 号指令第 3(3)(g)条中提及的基本要求的应用，以确定移动设备紧急通信中呼叫者位置》
- 2016 年《欧盟委员会第（EU）2016/799 号执行条例：执行欧洲议会和欧盟理事会第（EU）165/2014 号条例，规定的有关构造、测试、安装、操作和维修行车记录仪及其组件的要求》
- 2015 年《欧洲议会和欧盟理事会第（EU）2015/758 号条例：部署基于 112 服务的 eCall 车载系统的型式认证要求，并修订第 2007/46/EC 号指令》

欧洲议会和欧盟理事会
第(EU)2021/696号条例

欧洲议会和欧盟理事会第(EU)2021/696号条例

设立欧盟空间计划和欧盟空间计划局，并废除第(EU)912/2010号、第(EU)1285/2013号和第(EU)377/2014号条例以及第541/2014/EU号决定

2021年4月28日

欧洲议会和欧盟理事会：

根据《欧盟运作条约》，特别是其中第189(2)条，考虑到欧盟委员会的提议，在向各国议会传达了立法草案之后，按照普通立法程序行事。

鉴于：

(1)太空技术、数据和服务已成为欧洲人民日常生活中不可或缺的一部分，并且在维护许多战略利益方面发挥着重要作用。欧盟的太空产业已经是世界上最具竞争力的行业之一。然而，新参与者的出现和新技术的发展正在彻底改变传统的产业模式。因此，为了使欧盟继续成为在太空领域拥有广泛行动自由的主要国际参与者，欧盟必须鼓励科学和技术进步，并为欧盟内部的太空部门产业，特别是中小企业、初创企业和创新型企业的竞争力和创新能力提供支持。

(2)应利用太空为欧盟及其成员国的安全提供可能，特别是2016年6月《欧盟外交和安全政策全球战略》中提及的可能性，同时保留欧盟空间计划的民事性质，并尊重成员国宪法中规定的可能的中立或不结盟条款。从历史上看，太空部门的发展一直与安全联系在一起。在许多情况下，太空部门使用的设备、部件和仪器以及太空数据和服务都具有双重用途。然而，欧盟的安全和防务政策是在共同外交和安全政策的框架内根据《欧盟条约》第5章确定的。

(3)自20世纪90年代末以来，欧盟一直在制定自己的空间方案和计划，即欧洲地球静止导航重叠服务(EGNOS)计划，以及之后的伽利略计划和哥白尼计划，以满足欧盟公民的需要和公共政策的要求。应确保这些方案和计划的连续性，能够改进其提供的服务，以满足用户的新需求，确保其在新技术发展和数字及信息和通信技术领域的变革中保持领先地位，并且能够满足气候变化等政治优先事项，包括监测极地地区的变化、交通、安全和国防。

(4)有必要利用运输、太空和数字部门之间的协同效应,以促进更广泛地使用新技术,如紧急呼叫、数字行车记录仪、交通监督和管理、自动驾驶、无人驾驶车辆和无人机等,并应对安全和无缝连接、稳健定位、跨模态和互操作性的需要。利用这种协同作用可以提高运输服务和工业的竞争力。

(5)为了使所有成员国及全体公民从欧盟空间计划中获得最大利益,必须促进所提供的数据、信息和服务的使用和吸纳,并为基于这些数据、信息和服务的下游应用程序的开发提供支持。为此,各成员国、欧盟委员会和主管实体可以定期开展宣传欧盟空间计划益处的活动。

(6)为了实现行动自由、独立和安全的目标,欧盟必须从自主进入太空中获益,并能够安全地利用太空。因此,欧盟必须支持自主、可靠和成本效益高的太空利用,特别是在关键基础设施和技术、公共安全以及欧盟及其成员国的安全方面。因此,根据《欧盟运作条约》(TFEU)第189条的规定,欧盟委员会应能够在欧洲层面上集合发射服务,既可以满足自身需求,也能够满足包括成员国在内的其他实体的需求。为了在快速发展的市场中保持竞争力,欧盟必须继续利用现代化、高效、灵活的发射基础设施,并适当地从发射系统中获益。因此,在不妨碍成员国或欧洲航天局(ESA)采取措施的情况下,欧盟空间计划应当支持太空地面基础设施的改造,包括实施欧盟空间计划和改造发射卫星所必需的太空发射系统(包括用于实施欧盟空间计划的组成部分的替代技术和创新系统)以及新开发项目(包括技术开发)。这些活动应按照欧洲议会和欧盟理事会第(EU,Euratom)2018/1046号条例(以下简称《财务条例》)的规定实施,以期提高计划的成本效益。由于没有专门预算,支持太空利用的举措不应妨碍计划组成部分的实施。

(7)为了加强欧盟太空产业的竞争力,提高设计、建设和运行自身系统的能力,欧盟应支持整个太空产业的创建、增长和发展。在欧洲、地区和国家层面,应通过太空中心等举措促进有利于营商和创新模式的出现,这些举措能够将太空、数字和其他部门以及用户汇集在一起。这些太空中心应致力于培养创业精神和技能,同时追求与数字创新中心的协同效应。欧盟应推动创建和扩大以欧盟为基础的太空公司,通过包括支持他们获得风险融资(因为欧盟内部缺乏为太空初创公司募集私人股本的适当渠道)以及促进需求(称为第一合同方法)在内的各种方法,帮助他们取得成功。

(8)太空价值链通常分为上游活动和下游活动。上游活动包括促成可运行空间系统的活动,包括开发、制造和发射活动以及此类系统的运行。下游活动包括向用户提供与太空有关的服务和产品。数字平台也是支持太空部门发展的一个重要因素。他们支持访问数据和产品以及工具箱、存储和计算设施。

(9)在太空领域,欧盟根据《欧盟运作条约》第4(3)条行使其职权。欧盟委员会应确保在计划范围内开展的活动保持一致。

(10)虽然一些成员国有着活跃的太空相关产业的基础,但应认识到需要在具有新兴能力的成员国发展和完善太空产业,并需要应对新太空政策给传统太空产业带来的挑战。应采取行动,在整个欧盟范围内发展太空产业能力,并促进所有成员国积极开展太空工业之间的合作。

(11)欧盟空间计划项下的行动应以既有的国家和欧洲的能力为基础并从中受益。

(12)太空活动具有很强的国际性,由于欧盟空间计划的覆盖面及其帮助解决全球挑战的潜力,经与成员国密切协调并征得其同意,本计划相关机构可参与与本计划有关的事务、国际合作以及与联合国有关部门机构的合作。对于与欧盟空间计划有关的事项,欧盟委员会可代表欧盟在其主管领域协调国际舞台上的活动,特别是在不影响成员国在该领域权限的情况下,在国际论坛上(包括在与欧盟空间计划有关的频率领域)捍卫欧盟及其成员国的利益。以欧盟委员会为代表的欧盟与国际搜救卫星协定的机构开展合作尤其重要。

(13)国际合作对于促进欧盟作为太空部门和欧盟技术与产业全球行动者的角色、促进国际层面的公平竞争至关重要,同时要谨记需要确保各方权利和义务的对等性,鼓励培训领域的合作。正如欧盟委员会在2016年10月26日的通讯文件中所阐述的那样,国际合作是欧洲太空战略的一项关键要素。欧盟委员会应利用欧盟空间计划,通过双边对话、行业研讨会和支持中小企业国际化等各种举措推动国际行动并从中受益,促进欧洲技术和产业的国际发展,并推动欧盟参与国际市场和促进公平竞争。欧洲太空外交举措应与欧盟现有的政策、首要事务和文件保持充分一致,同时欧盟要发挥关键作用,与成员国一道保持在国际舞台上的领先地位。

(14)在不影响成员国权限的情况下,欧盟委员会应与欧盟外交和安全政策高级代表(以下简称高级代表)一起,并与成员国密切协调,推动以负责任的方式执行在太空中的计划,包括减少太空碎片的扩散。欧盟委员会还应探讨欧盟接受相关联合国条约和公约规定的权利和义务的可能性,并在必要时提出适当的建议。

(15)欧盟空间计划与其他欧盟计划有着相似的目标,特别是根据欧洲议会和欧盟理事会第(EU)2021/695号条例制定的“欧洲地平线”计划,根据欧洲议会和欧盟理事会第(EU)2021/523号条例制定的“投资欧洲”计划,根据欧洲议会和欧盟理事会第(EU)2021/697号条例设立的欧洲防务基金,以及根据《共同条款条例》设立的基金,该条例规定了欧洲区域发展基金,欧洲社会基金附加基金,凝聚基金,公正过渡基金和欧洲海事、渔业和水产养殖基金,以及收容、移民和融合基金,内部安全基金,边境管理和签证政策财政支持工具的财务规则。因此,这些计划应在不承担相同费用项目的情况下提供累积供资,特别是在管理模式允许的情况下,通过欧盟计划的补充供资安排,顺序或交替或者通过基金组合(包括联合供资行动)进行供资,在可能的情况下,允许创新伙伴关系和混合运营。因此,在计划实施过程中,欧盟委员会应促进与其他相关欧盟计划和金融工具的协同作用。欧盟委员会还应确保根据这些计划(特别是“欧洲地平线”计划)制定的解决方案与根据欧盟空间计划制定的解决方案之间具有协同作用和一致性。

(16)根据《财务条例》第191(3)条,在任何情况下,同一费用不能通过欧盟预算支付两次。

(17)欧盟空间计划的政策目标还将作为融资和投资业务的合格领域,通过“投资欧洲”计划的金融工具和预算担保,特别是在可持续基础设施和研究、创新和数字化政策窗口下予以实现。金融支持应当用于以适当的方式解决市场失灵或次优投资状况,所采取的行动不应重复或挤出私人融资或扭曲内部市场的竞争。行动应具有明确的欧洲增值价值。

(18)“欧洲地平线”计划与本计划之间的一致性和协同作用应促进欧洲太空部门的竞争力和创新性,加强欧洲在安全环境中进入和利用太空的自主性,并提升欧洲作为全球行动者的作用。“欧洲地平线”计划的突破性解决方案将得到本计划向研究和创新界提供数据和服务的支持。

(19)为了最大限度地实现欧盟空间计划的社会经济回报,必须保持最先进的系统,对其进行升级以满足不断变化的用户需求,并在太空赋能的下游应用部门实现新的进展。欧盟应支持与研究和技术开发相关的活动,或根据欧盟空间计划建立的基础设施的早期进展,以及根据欧盟空间计划建立的系统应用和服务相关的研究和开发活动,刺激上下游经济活动。在欧盟层面为这些研究和创新活动提供资金的适合工具是“欧洲地平线”计划。但是,开发活动的具体部分应由根据本条例分配给伽利略系统和EGNOS系统组件的预算提供资金,特别是当此类活动涉及伽利略赋能芯片组和接收器等基本元件时,这一做法将促进不同经济部门应用程序的开发。然而,这种资金融通不应危及对根据欧盟空间计划建立的基础设施的部署或利用。

(20)为确保欧洲太空产业未来的竞争力,欧盟空间计划应支持发展太空相关领域的高级技能,并支持教育和培训活动,提供包括两性平等在内的平等机会,以充分发挥欧盟公民在该领域的潜力。

(21)专门用于欧盟空间计划的基础设施可能需要更多的研究和创新,这些研究和创新可在"欧洲地平线"计划下得到支持,旨在与欧洲航天局在该领域的活动保持一致。与"欧洲地平线"计划的协同作用应确保太空部门的研究和创新需求被确立为战略研究和创新规划过程的一部分。欧盟空间计划免费提供的太空数据和服务可用于通过研究和创新(包括"欧洲地平线"计划中的研究和创新),开发突破性解决方案,为欧盟的政策要务提供支持。"欧洲地平线"计划项下的战略规划过程将确定利用欧盟拥有的基础设施(如伽利略系统、EGNOS 系统和哥白尼系统)进行研究和创新活动。研究基础设施,特别是现场观测网络,将构成支持哥白尼系统现场观测基础设施的基本要素。

(22)欧盟必须拥有通过公共采购创造或开发的所有有形和无形资产,并作为欧盟空间计划的一部分向其提供资金。为了确保完全保障与所有权有关的任何基本权利,应对任何现有所有者作出必要的安排。在个案评估认为适当的情况下,欧盟的这种所有权不应影响欧盟根据本条例向第三方提供或处置这些资产的可能性。

(23)为了鼓励尽可能广泛地利用欧盟空间计划提供的服务,有必要强调的一点是,数据、信息和服务的提供不作保证,且不影响具有法律约束力的条款规定的义务。

(24)欧盟委员会在执行部分非监管性质的任务时,应能够根据需要在必要的范围内请求某些外部的技术援助。参与欧盟空间计划公共治理的其他实体也应能够在执行根据本条例委托给他们的任务时利用同样的技术援助。

(25)根据欧洲议会、欧盟理事会和欧盟委员会于 2020 年 12 月 16 日就欧洲议会和欧盟理事会在年度预算程序期间的预算纪律、预算事务合作、健全的财务管理以及新的自有资源(包括引入新自有资源的路线图)签订的机构间协议第 18 条规定,本条例规定了整个计划期间的财务限额,为主要参考金额。

(26)为体现欧盟对执行根据《联合国气候变化框架公约》通过的《巴黎协定》的承诺以及对联合国可持续发展目标的承诺应对气候变化的重要性,根据本条例采取的行动应当有助于主流气候行动,并有助于实现至少 30% 的欧盟支持气候目标的预算支出的总体目标。相关行动应在欧盟空间计划的编制和执行过程中予以确定,并在相关评价和审查过程中重新进行评估。在考虑到气候行动和实现生物多样性目标的预算之间存在重叠的同时,评估在所有多年期财务框架方案项下的支出,欧洲议会、欧盟理事会和欧盟委员会将合作制定由欧盟委员会颁布的有效、透明和全面的方法,以实现生物多样性目标。

(27)欧盟空间计划的组成部分产生的收入应归欧盟所有,以部分抵消欧盟已经进行的投资,该收入应当用于支持实现计划目标的项目。出于同样的原因,在与私营部门实体签订的合同中应当规定收入分享机制。

(28)《财务条例》适用于欧盟空间计划。《财务条例》规定了执行欧盟预算的规则,包括关于赠款、奖金、采购、间接管理、金融工具、预算担保、财政援助和外部专家费用报销的规则。

(29)由于欧盟空间计划原则上是由欧盟提供资金,在欧盟空间计划项下由计划提供资金的活动所签订的采购合同应符合欧盟规则。在这种情况下,欧盟还应负责确定在公共采购方面应追求的目标。《财务条例》规定,根据事先评估的结果,欧盟委员会能够依赖管理欧盟基金的人员或实体的制度和程序,对这些制度和程序所需的具体调整,以及延长现有合同的安排,应在相应的财务框架合作协议(FF-PA)或出资协议中予以规定。

(30)欧盟空间计划依赖于复杂和不断变化的技术。对这些技术的依赖导致根据欧盟空间计划签订的公共合同存在不确定性和风险,因为这些合同涉及对设备或服务的长期承诺。因此,为了使中小企业和初创企业能够参与,除了《财务条例》规定的规则外,还需要采取与公共合同有关的具体措施。应当能够以有条件的分期付款合同的形式签订合同,在履行合同的情况下引入特定条件下的修正案,或者实施最低限度的分包。此外,鉴于欧盟空间计划各组成部分特有的技术不确定性,合同中的相关价格无法始终准确预测。因此,在签订合同时不必规定固定价格,但应当包含保障欧盟经济利益的条款。

(31)为促进公共需求的实现和公共部门的创新,欧盟空间计划应推动利用其数据、信息和服务,通过《财务条例》附件一第 7 条所述的与太空有关的创新伙伴关系,支持行业和中小企业在区域和地方层面开发定制解决方案,允许涵盖从开发部署到采购定制互操作性太空解决方案的公共服务的所有阶段。

(32)为了实现欧盟空间计划的目标,应当能够酌情利用活跃于太空领域的欧盟公共和私营实体的能力,并能够在国际层面与第三国或国际组织合作。因此,应对使用《欧盟运作条约》和《财务条例》及联合采购程序规定的所有相关工具和管理方法的可能性作出规定。

(33)更具体地说,在赠款方面,经验表明,用户和市场的吸收以及一般外联以分散的方式比欧盟委员会自上而下推动的方式更好。代金券是赠款受益人向第三方提供财政支持的一种形式,是新进入者和中小企业成功率最高的举措之一。然而,《财务条例》规定的财务支持上限阻碍了这些方法的采用。因此,应针对计划提高上限,以跟上太空部门市场应用增长的潜力。

(34)本条例项下的供资形式和实施方法应根据其实现行动的具体目标和交付结果的能力进行选择,尤其应考虑控制成本、行政负担和预期的不合规风险。考虑内容应具体包括一次性付款、统一费率和单位的成本,以及《财务条例》第125(1)条所述的与成本无关的融资。

(35)根据欧盟理事会第2013/755/EU号决议,位于海外国家或地区的个人和实体有资格获得供资,但须遵守欧盟空间计划的规则和目标以及适用于与相关海外国家或地区有联系的成员国的可能安排。

(36)欧洲议会和欧盟理事会根据《欧盟运作条约》第322条通过的横向财务规则适用于本条例。《财务条例》对这些规则进行了规定,特别确定了通过赠款、采购、奖金和间接执行制定和执行预算的程序,并规定了对财务行为者责任进行检查的规则。根据《欧盟运作条约》第322条通过的规则还包括保护欧盟预算的通用条件制度。

(37)根据《财务条例》,欧洲议会和欧盟理事会第(EU,Euratom)883/2013号条例,欧洲议会和欧盟理事会第(EC,Euratom)2988/95号条例,第(Euratom,EC)2185/96号条例和第(EU)2017/1939号条例,欧盟的财务利益将通过比例措施得到保护,包括与预防、发现、纠正和调查包括欺诈在内的违规行为,追回损失、错误支付或错误使用的资金以及酌情实施行政处罚有关的措施。特别是,根据第(Euratom,EC)2185/96号条例和第(EU,Euratom)883/2013号条例,欧洲反欺诈办公室(OLAF)有权进行现场检查等行政调查,以确定是否存在欺诈行为、腐败或影响欧盟财务利益的任何其他非法活动。根据第(EU)2017/1939号条例,欧洲检察官办公室(EPPO)有权调查和起诉欧洲议会和欧盟理事会第(EU)2017/1371号指令中规定的影响欧盟财务利益的刑事犯罪。根据《财务条例》,任何接受欧盟资金的个人或实体应充分配合以保护欧盟的财务利益,并向欧盟委员会、欧洲反欺诈办公室、审计院和欧洲检察官办公室,以及根据第(EU)2017/1939号条例参与加强合作的成员国授予必要的权利和权限,并确保向参与实施欧盟基金的任何第三方授予同等权利。

(38)属于欧洲经济区(EEA)成员国的欧洲自由贸易联盟(EFTA)成员国、加入国、候选国和潜在候选国以及欧洲睦邻政策国家可根据各自的协议参与欧盟空间计划,但伽利略系统、EGNOS系统、政府卫星通信计划、空间监视和跟踪系统(又称SST)子组件等计划除外。除上述计划外,其他第三国可根据在《欧盟运作条约》第218条的基础上签订的协议参与欧盟空间计划。根据《欧洲经济区协定》规定的条件,伽利略系统和EGNOS系统应向属于欧洲经济区成员的欧洲自由贸易联盟成员开放。其他第三国可根据在《欧盟运作条约》第218条的基础上签订的协议参与伽利略系统和EGNOS系统。政府卫星通信计划仅在根据《欧盟运作条约》第218条签订的协议的基础上向任何第三国开放。

(39)本条例中应引入一项具体规定,要求第三国授予授权负责人、欧洲反欺诈办公室和审计院全面行使其各自职权所需的必要权利和权限。

(40)如果国际组织的总部不在欧盟,并且希望获得未公开提供的SST服务,则应要求其根据《欧盟运作条约》第218条签订协议。总部设在欧盟且为公共航天器所有者和运营机构的国际组织应被视为SST核心用户。

(41)SST服务的公开信息应理解为用户有合理依据找到的任何可接受的合法信息。避免碰撞、再入和碎片的SST服务是基于外部可公开访问的SST信息,该信息在访问请求后可用。因此,避免碰撞、再入和碎片的SST服务应被理解为可公开获得的服务,不应要求根据《欧盟运作条约》第218条缔结协议,应根据潜在用户的请求向其提供访问。

(42)欧盟空间计划健全公共治理目标要求在不同实体之间明确分配责任和任务,以避免不必要的重叠,减少费用超支和任务延误。治理的所有行动者都应在其职权范围内根据其职责为实现计划的目标提供支持。

(43)成员国长期以来一直积极参与太空领域的活动。他们拥有与太空有关的系统、基础设施、国家机构和部门。因此,他们可以对欧盟空间计划,特别是计划的执行做出重大贡献。他们可以与欧盟合作,促进欧盟空间计划的服务和应用。欧盟委员会也许能够调动成员国所支配的手段,从他们的协助中获益,并在符合双方约定条件的情况下,委托成员国在实施欧盟空间计划的过程中承担非监管任务。相关成员国应采取一切必要措施,确保在其领土上建立的地面站得到保护。此外,成员国和欧盟委员会应根据欧洲议会和欧盟理事会第243/2012/EU号决议共同努力,并与相应的国际机构和监管机构合作,确保欧盟空间计划所需的频率可用,并得到适当水平的保护,以便充分开发和实施提供服务所需的应用程序。

(44)作为欧盟一般利益的促进者,欧盟委员会有责任实施欧盟空间计划,承担总体责任并推动计划的使用。为了优化各利益相关者的资源和能力,欧盟委员会应在合理情况下将特定任务委托给其他实体。欧盟委员会应对欧盟空间计划全面负责,确定实施系统和服务进展所需的主要技术和运营要求。欧盟委员会应在咨询成员国专家、用户和其他利益相关方之后采取上述举措。值得注意的是,根据《欧盟运作条约》第4(3)条的规定,在太空领域,欧盟行使职权不会导致成员国无法行使各自职权,欧盟委员会应确保在计划范围内开展活动的一致性。

(45)欧盟负责空间计划的机构(以下简称欧盟空间计划局)取代并接替根据欧洲议会和欧盟理事会第(EU)912/2010号条例设立的欧洲全球卫星导航系统局,其任务是为欧盟空间计划做出贡献,特别是在安全认证以及市场和下游应用程序开发方面,应将与这些领域有关的特定任务分配给欧盟空间计划局。在安全方面,鉴于该机构在这一领域的经验,该机构应负责欧盟在太空部门所有行动的安全认证任务。凭借其在伽利略系统和EGNOS系统的用户促进市场接受方面的良好表现,欧盟空间计划局还应负责与伽利略系统和EGNOS系统以外的计划组成部分有关的用户接受活动,以及计划所有组成部分的下游应用程序开发活动。这将使机构能够从规模经济中获益,并为开发基于若干计划组成部分的应用程序(综合应用)提供机会。然而,这些活动不应影响委员会委托给哥白尼计划受托实体的服务和用户接受活动。委托机构开发下游应用程序不应妨碍其他受托实体开发下游应用程序。此外,欧盟空间计划局应通过财务框架合作协议下的一个或多个出资协议履行欧盟委员会授予的任务。以及财务框架合作协议涵盖与欧盟空间计划相关的其他具体任务。在将任务委托给欧盟空间计划局时,应提供充足的人力、行政和财政资源。

(46)在某些有充分理由的情况下,欧盟空间计划局应将具体任务委托给成员国或成员国集团。此类委托应限于欧盟空间计划局没有能力自行实施的活动,且不应影响本条例中规定的计划管理和任务分配。

(47)伽利略系统和EGNOS系统是需要密切协调的复杂系统。由于他们是计划的组成部分,因此协调工作应由欧盟部门或欧盟空间计划局实施。凭借其在过去多年积累的专业知识,欧盟空间计划局是协调利用与这些系统有关的所有运营任务(国际合作除外)的最适当机构。因此,应委托欧盟空间计划局管理EGNOS系统和伽利略系统的利用。然而，这并不意味着欧盟空间计划局应单独执行利用与这些系统有关的所有任务。它可以依靠其他实体的专业性，特别是欧洲航天局。这些任务应当包括委托欧洲航天局进行的系统演化、部分地面段和卫星的设计和开发活动。将任务分配给其他实体是以这些实体的能力为基础的，且能够避免工作的重复。

(48)欧洲航天局是一个在太空领域拥有广泛专业知识的国际组织，该组织于2004年与欧洲共同体签订了一项框架协议(《2004框架协议》)。因此，它是执行欧盟空间计划的一个重要伙伴，应当与之建立适当的关系。为此，根据《财务条例》，欧盟委员会应与欧洲航天局和欧盟空间计划局签订财务框架合作协议，通过该协议管理欧盟委员会、欧洲空间计划局和欧洲航天局之间的所有财务关系，确保其一致性并符合《2004框架协议》，特别是其中的第2条和第5条。然而，由于欧洲航天局不是欧盟机构，也不受欧盟法律的约束，该财务框架合作协议必须规定欧洲航天局要采取适当措施，确保保护欧盟及其成员国的利益，并且在预算执行方面，委托给它的任务必须符合欧盟委员会作出的决议；该协议还应包含保护欧盟经济利益的所有必要条款。

(49)欧洲议会和欧盟理事会第541/2014/EU号决议的执行已经表明，欧盟卫星中心(SATCEN)由欧洲自主能力运作，并提供利用相关太空资产和附属数据所产生的信息和服务。

(50)为了从结构上将用户代表纳入政府卫星通信计划的管理中，并跨越国家和军民边界综合用户需求和要求，与用户关系密切的相关欧盟实体(如欧洲防务局、欧洲边境和海岸警卫局、欧洲海事安全局、欧洲渔业管制局、欧盟执法合作局、军事规划和行为能力/民事规划和行为能力机构以及应急响应协调中心等)，可针对特定用户群体发挥协调作用。在总体层面上，欧盟空间计划局应为民用用户群体协调与用户相关的事务，并可监测操作使用、需求、合规以及不断变化的要求。

(51)由于与空间有关的活动对欧盟经济和欧盟公民的生活非常重要，相关空间系统和基于这些系统应用的两用性质，以及实现和保持高度安全应是欧盟空间计划的一项关键要务，特别是为了保护欧盟及其成员国的利益，包括与机密和其他敏感非机密信息相关的利益。

(52)在不妨碍成员国在国家安全领域特权的情况下，欧盟委员会和高级代表应在各自的职权范围内，根据本条例以及欧盟理事会第(CFSP)2021/698号决议的相关规定，确保计划的安全。

(53)鉴于特定专业知识及其与第三国和国际组织的定期联系,欧洲对外行动署(EEAS)可根据欧盟理事会第 2010/427/EU 号决议协助欧盟委员会在对外关系领域执行与欧盟空间计划的安全相关的特定任务。

(54)在不妨碍《欧盟运作条约》第 4(2)条规定的成员国在国家安全领域的唯一责任和成员国根据《欧盟运作条约》第 346 条保护其基本安全利益的情况下,应建立具体的安全治理制度,以确保欧盟空间计划的顺利实施。这种治理应该基于三项关键原则。第一,必须最大限度地考虑到成员国在安全问题上的广泛和独特的经验。第二,为了防止利益冲突和适用安全规则方面的任何不足,应将运营职能与安全认证职能分开。第三,负责管理欧盟空间计划的全部或部分组成的实体,同样也是管理其受托任务安全性的最佳场所。欧盟空间计划的安全性将建立在过去几年实施伽利略系统、EGNOS 系统和哥白尼系统方面取得的经验的基础之上。健全的安全治理还要求为各个参与者分配适当的职责。由于欧盟空间计划由欧盟委员会负责,在不妨碍成员国在国家安全领域的特权的情况下,欧盟委员会应确定适用于欧盟空间计划每个组成部分的一般安全要求。

(55)欧洲地面和太空的空间基础设施的网络安全是确保系统运行连续性和服务连续性的关键。因此,在制定安全要求时,应适当考虑保护系统及其服务免受网络攻击的需要,包括新技术的利用。

(56)在进行风险和威胁分析之后,欧盟委员会应酌情确定安全监测机构。该安全监测结构应为响应根据第(CFSP)2021/698 号决议(欧洲共同外交与安全计划)范围制定的指令的实体。就伽利略系统而言,这个机构应当是伽利略系统安全监测中心。关于第(CFSP)2021/698 号决议(欧洲共同外交与安全计划)的执行,安全认证委员会的作用应限于向欧盟理事会或高级代表提供与系统安全认证相关的信息。

(57)鉴于欧盟空间计划的独特性、复杂性和安全性,安全认证应遵循公认的既定原则。因此,安全认证活动必须在对欧盟及其成员国的安全承担集体责任的基础上开展,努力建立共识,让所有与安全问题有关的人都参与进来,并制定永久性风险监测程序。还必须将技术性安全认证活动委托给在复杂系统认证领域具有合格资质且具有足够安全许可水平的专业人员。

(58)欧盟机密信息(EUCI)应按照欧盟理事会第 2013/488/EU 号决议和欧盟委员会第(EU, Euratom)2015/444 号决议中规定的安全规则进行处理。根据第 2013/488/EU 号决议,成员国应遵守其中规定的原则和最低标准,以确保为欧盟机密信息提供同等水平的保护。

(59)为确保信息交换的安全,应制定适当的协议,以确保在欧盟空间计划范围内保护向第三国和国际组织提供的欧盟机密信息。

(60)欧盟空间计划的一项重要目标是确保其安全性,加强关键技术和价值链的战略自主性,同时维护包括自由和公平贸易在内的开放经济,并对太空为欧盟及其成员国的安全提供的可能性加以利用。在具体情况下,这一目标要求设定必要的资格和参与条件,以确保欧盟运作系统的完好性、安全性和弹性得到保护。竞争力和成本效益的需要不应因此而受到削弱。在评估受第三国或第三国实体控制的法律实体时,欧盟委员会应考虑欧洲议会和欧盟理事会第(EU)2019/452 号条例中规定的原则和标准。

(61)在欧盟空间计划的背景下,有些信息虽然未被归类为机密信息,但应根据已经生效的欧盟法律或国家法律、法规和条例处理,包括限制分发。

(62)越来越多的关键经济部门,特别是运输、电信、农业和能源部门,越来越多地使用卫星导航系统和地球观测系统。欧盟空间计划应利用这些部门之间的协同作用,同时考虑太空技术给这些部门带来的好处,支持兼容设备的开发,并促进相关标准和认证的研究。太空活动与欧盟及其成员国的安全和防务相关活动之间的协同作用也在增强。因此,对卫星导航的完全控制应当保证欧盟的技术独立性,包括基础设施设备组件的长期独立性,并确保其战略自主性。

(63)伽利略系统的目标是建立和运行首个民用全球卫星导航和定位基础设施,供欧洲和世界各地的各类公共和私人用户使用。伽利略系统独立于其他现有或潜在的系统运行,它为欧盟的战略自主做出了诸多贡献。第二代伽利略系统应当在 2030 年之前逐步推出,初始运营能力将有所降低。

(64)EGNOS 系统的目的是改善现有全球卫星导航系统,特别是伽利略系统发射的开放信号的质量。到 2026 年年底,EGNOS 系统提供的服务应优先覆盖领土位于欧洲的成员国,包括塞浦路斯、亚速尔群岛、加那利群岛和马德拉群岛。在航空领域,所有这些领土都应受益于 EGNOS 系统提供的航空导航服务,达到 EGNOS 系统支持的所有性能水平。在技术可行以及不影响欧洲议会和欧盟理事会第(EU)2018/1139 号条例和对伽利略系统航空服务质量进行必要监测的情况下,为了生命安全,根据国际协定,EGNOS 系统所提供服务的地理范围可扩大到世界其他地区。应当注意,虽然伽利略系统发射的信号可通过必要的增强系统(包括区域、本地和机载航空电子设备)有效地用于促进对飞机所有飞行阶段的定位,但只有欧洲的区域或本地增强系统(如 EGNOS 系统)可以构建空中交通管理(ATM)服务和航空导航服务(ANS)。EGNOS 系统提供的生命安全服务应符合国际民用航空组织(ICAO)的相关标准。.

(65)必须确保伽利略系统和 EGNOS 系统的可持续性及其服务的连续性、可用性、精度、可靠性和安全性。在不断变化的环境和迅速发展的市场中,他们的发展也应继续下去,并开发出新一代系统,包括相关太空和地面部分的开发。

(66)鉴于服务在不断演变,欧洲议会和欧盟理事会第(EU)1285/2013 号法规中使用的术语“商业服务”已不再适用。相反,欧盟委员会第(EU)2017/224 号执行决策中确定了两项单独的服务,即高精度服务和认证服务。

(67)为了优化对所提供服务的使用,伽利略系统和 EGNOS 系统提供的服务应当可以相互兼容和互操作,包括在用户层面,并且在可能的范围内,在不影响欧盟战略自主目标的情况下应当可以与其他卫星导航系统和常规无线电导航手段相互兼容和互操作,这种兼容性和互操作性在国际协议中有规定。

(68)考虑到地面基础设施对伽利略系统和 EGNOS 系统的重要性以及对其安全的影响,欧盟委员会应确定基础设施的位置。这些系统的地面基础设施的部署应继续遵循公开透明的程序,欧盟空间计划局可能需要根据其职权范围酌情参与。

(69)为了最大限度地发挥伽利略系统和 EGNOS 系统的社会经济效益,同时促进欧盟的战略自治,特别是在敏感部门和安全保障领域,在其他欧盟政策中使用 EGNOS 系统和伽利略系统提供的服务也应通过合理和有益的监管手段加以促进。鼓励所有成员国使用这些服务的措施也是这一进程的重要组成部分。

(70)欧盟空间计划的组成部分应促进数字技术在空间系统、数据和服务分配、下游发展中的应用。在这种情况下,应特别注意欧盟委员会在 2016 年 9 月 14 日发布的《竞争性数字单一市场的连通性——走向欧洲千兆社会》和 2016 年 9 月 14 日发布的《欧洲 5G 行动计划》中所提到的倡议和行动。

(71)哥白尼计划应确保自主获取环境知识和地球观测及地理信息服务的关键技术,从而支持欧盟在环境、气候变化、海洋、海事、农业和农村发展、文化遗产保护、公民保护、土地和基础设施监测、安全以及数字经济等领域实现独立决策和行动。

(72)应当根据确立欧盟地球观测和监测计划(哥白尼计划)的欧洲议会和欧盟理事会第(EU)377/2014 号条例以及确立原全球环境与安全监测计划(GMES)及其初步运作的实施规则的欧洲议会和欧盟理事会第(EU)911/2010 号条例,同时考虑到影响地球观测领域的研究、技术进步和创新的最新趋势以及欧盟委员会在

2020 年 2 月 19 日发布的《人工智能白皮书——追求卓越和信任的欧洲方案》和 2020 年 2 月 19 日发布的《欧洲数据安全战略》中概述的大数据分析和人工智能的发展以及欧盟层面的相关战略和举措，建设哥白尼计划，确保其连续性并加强其活动和成就。对于新资产的开发，欧盟委员会应与成员国、欧洲航天局、欧洲气象卫星应用组织（EUMETSAT）密切合作，并酌情与拥有相关太空和现场资产的其他实体密切合作。哥白尼计划应尽最大可能利用成员国、欧洲航天局、欧洲气象卫星应用组织以及其他实体的天基地球观测能力，包括欧盟的商业举措，以此促进发展欧洲可行的商业太空部门。哥白尼计划还应在可行和适当的情况下，根据欧洲议会和欧盟理事会第 2007/2/EC 号指令利用主要由成员国提供的现有可用的现场和辅助数据。欧盟委员会应与成员国和欧洲环境署合作，确保对哥白尼计划的现场数据集进行有效的访问和使用。

（73）哥白尼计划的实施应符合欧洲议会和欧盟理事会第 2003/98/EC 号指令的目标，特别是在提高透明度、创造有利于服务发展的条件以及促进欧盟的经济增长和创造就业机会方面。哥白尼计划的数据和信息应免费对外公开。

（74）哥白尼计划对欧盟社会和经济的全部潜力应通过强化用户接受措施，在直接受益者之外充分释放，这需要采取进一步行动，使数据可供非专家人士使用，从而刺激经济增长、创造就业机会并促进知识转移。

（75）哥白尼计划是一项以用户为核心的计划。因此，其发展演进应基于哥白尼计划核心用户不断发展的需求，同时也应认识到公共或私人等新用户群体的出现。哥白尼计划应对各种选项进行分析，以满足不断变化的用户需求，包括与实施相关的选项，以及监测用户持续有效参与的联盟政策相关的选项需要，特别是在需求的定义和验证方面。

（76）哥白尼计划已经开始运作。因此，必须确保现有基础设施和服务的连续性，同时适应不断变化的用户需求和市场环境，特别是太空和社会政治发展中出现了私人行为者，针对这一变化需要做出快速反应。哥白尼计划的功能结构需要改进，以更好地体现从运营服务的第一阶段向为新用户群体提供先进和更有针对性的服务以及促进下游增值市场的转变。为此，其进一步地实施应采取一种遵循数据价值链的方法，即进行数据获取、数据和信息处理、分发和利用，用户、市场占有和能力建设活动，而“欧洲地平线”计划下的战略规划将确定利用哥白尼计划的研究和创新活动。

（77）关于数据采集，哥白尼计划下的活动应旨在完成和维护现有的太空基础设施,准备好卫星寿命结束时的长期替代设备,以及启动新的任务,特别是支持应对全球气候变化挑战的新的观测系统,如人为二氧化碳和其他温室气体排放监测。哥白尼计划下的活动应将其全球监测范围扩大到极地地区,并支持环境合规保证、法定环境监测和报告以及农业、森林、水源和海洋资源管理和文化遗产方面的创新环境应用,例如用于农作物监测、水源管理和加强火灾监测的应用。在此过程当中,哥白尼计划应充分利用上一个供资期(2014—2020 年)的投资,包括成员国、欧洲航天局和欧洲气象卫星应用组织的投资,探索新的运营和商业模式,以进一步补充哥白尼计划的能力。哥白尼计划还可以依靠与成员国成功的伙伴关系,在适当的治理机制下进一步发展其安全维度,以应对安全领域不断变化的用户需求。

(78)关于数据和信息处理职能,哥白尼计划应确保哥白尼系统服务的长期可持续性和进一步发展,提供信息以满足公共部门以及欧盟国际承诺所带来的需求,并最大限度地创造商业开发机会。尤其是,哥白尼计划应在欧洲、国家、地方和全球范围内提供有关大气成分和空气质量的信息,关于海洋状况和动态的信息,支持进行土地和冰监测以支持欧盟、国家和地方政策实施的信息,支持适应和缓解气候变化的信息,支持包括预防活动、环境合规保证以及公民安全进行应急管理所需的地理空间信息,包括支持欧盟的外部行动。欧盟委员会应确定促进持续提供服务的适当合同安排。

(79)在实施哥白尼系统服务时,欧盟委员会应依靠主管实体、相关欧盟机构、国家机构集团或财团,或可能有资格签订出资协议的任何相关机构。在选择这些实体时,欧盟委员会应确保运营和服务的提供不受干扰,并确保有关实体在共同外交和安全政策范围内具有安全敏感数据方面的预警和危机监测能力。根据《财务条例》第 154(2)条的规定,受托管理欧盟基金的个人和实体有义务遵守对所有成员国不歧视的原则,应通过与提供哥白尼系统服务有关的出资协议确保遵守该原则。

(80)哥白尼系统服务的实施应促进公众对服务的接受,因为用户能够预期服务的提供和发展以及与成员国和其他方的合作。为此,欧盟委员会及提供服务的受托实体应与欧洲各地的哥白尼系统核心用户群体密切合作,进一步开发哥白尼系统服务和信息组合,以确保满足不断变化的公共部门和政策需求,从而可以最大限度地接受地球观测数据。欧盟委员会和成员国应共同努力开发哥白尼系统的现场组成部分,并促进哥白尼系统现场数据与太空数据集的集成,以实现哥白尼系统服务的升级。

(81)哥白尼计划自由、全面和开放的数据政策被视为哥白尼计划实施的最成功因素之一，在推动对其数据和信息的强劲需求方面发挥了重要作用，使哥白尼计划成为世界上最大的地球观测数据提供者之一。显然，长期、安全和连续地提供和访问免费、完整和开放的数据有必要得到保障，以实现欧洲太空战略设立的宏伟目标。哥白尼计划的数据主要是为了欧洲人的利益而创建的，通过免费提供的数据，欧盟企业和学术界可以最大限度地利用全球合作机会，并有效地为欧洲太空生态系统做出贡献。如果要对哥白尼计划的数据和信息的访问设置任何限制，应符合本条例和欧盟委员会第(EU)1159/2013号授权条例中阐述的哥白尼计划数据政策。

(82)在哥白尼计划框架内产生的数据和信息应在适当的条件和限制下完全、公开、免费地提供，以促进其使用和共享，并加强欧洲地球观测市场，特别是下游部门，从而促进欧盟增长和创造就业机会。这需要持续地提供具有高度一致性、连续性、可靠性和高质量的数据和信息。这要求在不同的及时性水平上对哥白尼计划的数据和信息进行大规模和方便用户的访问、处理和利用。为此，欧盟委员会应继续在欧盟和成员国层面采取综合方法，以实现与其他数据和信息来源的整合。因此，欧盟委员会应采取必要措施，确保哥白尼计划的数据和信息能够方便和有效地被获取和使用，特别是通过在成员国推广数据和信息访问服务(DIAS)的方式使用，并在可能的情况下促进现有欧洲地球观测数据基础设施之间的互操作性，以此与这些资产建立协同作用，从而最大限度地提高和加强市场对哥白尼计划的数据和信息的接受度。

(83)欧盟委员会应与数据提供商合作，根据本条例和适用的第三方权利，约定第三方数据的许可条件，以便在哥白尼计划内部使用第三方数据。由于某些哥白尼计划的数据和信息，包括高分辨率图像，可能会对欧盟及其成员国的安全产生影响，在合理的情况下，可以采取措施应对欧盟及其成员国所面临的安全风险和威胁。

(84)为促进和便利国家、区域和地方当局、中小企业、科学家和研究人员等使用地球观测数据和技术，应通过用户接受活动来推广哥白尼计划数据分发专用网络，包括哥白尼计划中继站和哥白尼学院等国家和区域机构。为此，欧盟委员会和成员国应努力在哥白尼计划和欧盟以及国家政策之间建立更加密切的联系，以推动对商业应用和服务的需求，并使企业，特别是中小企业和初创企业，开发基于哥白尼计划数据和信息的应用程序，实现发展欧洲具有竞争力的地球观测数据生态系统的目标。

(85)在国际领域,哥白尼计划应为欧盟与第三国和国际组织的合作提供准确可靠的信息,并支持欧盟的对外和发展合作政策。哥白尼计划应被视为欧洲对全球地球观测系统、地球观测卫星委员会、1992 年《联合国气候变化框架公约》缔约方会议、联合国可持续发展目标的实现和仙台减轻灾害风险框架的贡献。欧盟委员会应与联合国相关部门机构和世界气象组织建立或保持适当的合作。

(86)在实施哥白尼计划的过程中,欧盟委员会应在适当情况下依靠已建立伙伴关系的欧洲国际组织,特别是欧洲航天局,来开发、协调、实施和发展太空计划,并在适当情况下获取第三方数据,保证在其他实体不执行的情况下,开展专门任务。此外,欧盟委员会还应依靠欧洲气象卫星应用组织执行专门任务或部分任务,并在适当情况下根据其专业知识和授权访问任务数据。

(87)在服务领域,欧盟委员会应适当利用欧洲环境署、欧洲海事安全局、欧盟边境管理局、欧盟卫星中心以及政府间欧洲天气预报中心和欧洲通过法国海洋局等欧盟机构在海洋环境监测服务方面的特定能力进行投资计划。关于安全问题,将与高级代表一起寻求在欧盟层面采取全面办法。欧盟委员会的联合研究中心(JRC)自全球环境与安全监测计划启动起就一直积极参与并支持伽利略计划和太空天气(又称 SWE)子计划的开发。根据第(EU)377/2014 号条例,联合研究中心目前负责管理哥白尼计划应急管理服务和哥白尼计划土地监测服务的全球项目,为审查数据和信息的质量和适合性以及未来的发展做出贡献。欧盟委员会应继续依靠联合研究中心的科学和技术意见来执行欧盟空间计划。

(88)根据欧洲议会和欧盟理事会的要求,欧盟通过第 541/2014/EU 号决议建立了空间监测和跟踪支持框架(SST)。太空碎片已严重威胁到太空活动的安全、保障和可持续性。因此,SST 子项目对保持计划各组成部分的连续性及对欧盟政策的贡献至关重要。SST 子项目力求防止太空碎片的扩散,从而促进全球共同目标的实现,即确保可持续和有保障地进入和利用太空。在这一背景下,它可以为欧洲地球轨道"清理"项目的筹备工作提供支持。

(89)应进一步发展 SST 子项目下能力的性能和自主性。为此,SST 子项目应推动建立一个基于 SST 传感器网络数据的欧洲太空物体自主目录。在适当的情况下,欧盟可以考虑将其部分数据用于商业、非商业和研究目的。SST 子项目还应继续支持 SST 服务的运营和提供。由于 SST 服务以用户为核心,应建立适当的机制来收集用户需求,包括与安全和公共机构之间的相关信息传输相关的需求,在遵守国家安全和安保政策的同时,提高系统的有效性。

(90)SST 服务的提供应基于欧盟与成员国之间的合作，以及利用现有和未来的国家专业知识和资产，包括通过欧洲航天局或欧盟开发的专业知识和资产，应当能够为新型 SST 传感器的开发提供资金支持。鉴于 SST 的敏感性，对国家传感器及其操作、维护和更新的控制以及提供 SST 服务的数据处理应由参与 SST 子项目的成员国负责。

(91)对可用于 SST 子项目的充分能力拥有所有权或使用权的成员国应能够参与提供 SST 服务。根据第 541/2014/EU 号决议成立的联合体的成员国应被视为对可用于 SST 子项目拥有所有权或使用权的充分能力。希望参与提供 SST 服务的成员国应提交一份单独的联合提案，并证明遵守与运营设置相关的其他要素。应为这些成员国和组织制定适当的规则。

(92)为确保本条例实施的统一条件，应授予欧盟委员会通过具体程序和要素确定成员国参与提供 SST 服务的执行权。如果成员国未提交希望参与 SST 服务提供的联合提案，或者欧盟委员会认为该提案不符合规定的标准，则欧盟委员会应能够启动第二步骤，确定成员国参与提供 SST 服务。第二步骤的程序和要素应确定所覆盖的轨道，并考虑到最大限度地让成员国参与提供 SST 服务的必要性。如果这些程序和要素使欧盟委员会有可能选择若干提案以覆盖所有轨道，则还应提供成员国集团之间的适当协调机制和覆盖所有 SST 服务的有效解决方案。以上权力应根据欧洲议会和欧盟理事会(欧盟)第 182/2011 号条例行使。

(93)SST 子项目设立后，应遵循活动互补和保持以用户为核心、以最佳的专业知识为基础的高质量 SST 服务的连续性原则，并以最佳的专业知识为基础。因此，SST 子项目应避免不必要的重复。冗余能力应确保 SST 服务的连续性、质量和稳健性。专家组的活动应有助于避免这种不必要的重复。

(94)此外，SST 子项目应有助于现有的缓减措施，如应贯彻联合国和平利用外层空间委员会的《空间碎片缓减准则》和《外层空间活动长期可持续性准则》，或确保有助于外层空间活动的安全性和可持续性的其他举措。为了减少碰撞风险，SST 子项目还将寻求与主动清除和钝化太空碎片措施的协同作用。SST 子项目应有助于确保和平利用和探索外层空间。太空活动的增加可能会对太空交通管理领域的国际举措产生影响。欧盟应监测这些领域的动态，并可在对现行多年期财务框架进行中期审查时加以考虑。

(95)SST、SWE 和近地天体(NEO)子项目下的活动应考虑到与国际合作伙伴的合作，特别是与美国、国际组织和其他第三方的合作，这主要是为了避免太空碰撞,防止太空碎片扩散,以及加强对极端太空天气事件和近地天体影响的防范。

(96)欧盟理事会安全委员会建议建立一个风险管理结构,以确保在执行第541/2014/EU号决议时适当考虑到数据安全问题。为达到此目的且考虑到已经开展的工作,参与SST子项目的成员国应建立适当的风险管理结构和程序。

(97)极端和重大的太空天气事件可能威胁公民安全,扰乱天基和陆基基础设施的运作。因此,应设立一个SWE子项目作为计划的一部分,以评估太空天气风险和相应的用户需求,提高对太空天气风险的认识,确保提供以用户为核心的太空天气服务,并提高为成员国提供太空天气服务的能力。考虑到用户需求、风险和技术准备情况,欧盟委员会应优先考虑提供SWE运营服务的部门需求,从长远来看,其他部门的需求可能会得到满足。根据用户需求,在欧盟层面提供服务需要有针对性、协调和持续地研究和开发活动,以支持SWE服务的发展。SWE服务的提供应以现有的国家和欧盟能力为基础,并促使成员国、国际组织以及私营部门广泛参与。

(98)欧盟委员会2017年3月1日的关于欧洲未来的白皮书、2017年3月25日的《欧盟27国国家元首和政府首脑罗马宣言》,以及多项欧洲议会决议都指出欧盟在确保安全、稳定和可持续发展方面可发挥重要作用,使欧洲能够应对地区冲突、恐怖主义、网络威胁以及日益增长的移民压力等挑战。安全和有保障地获得卫星通信是安全行为者不可或缺的工具,而在欧盟层面集中和共享这一关键安全资源将加强欧盟保护其公民的能力。

(99)欧盟理事会2013年12月19日至20日的结论欢迎通过成员国、委员会和欧洲航天局之间的密切合作为下一代政府卫星通信系统(GOVSATCOM)做准备。政府卫星通信也被确定为2016年6月欧盟外交和安全政策全球战略的要素之一。政府卫星通信系统应有助于欧盟应对混合威胁,并为欧盟海洋安全战略和欧盟北极政策提供支持。

(100)政府卫星通信系统是一个以用户为中心的方案,具有很强的安全维度。政府卫星通信的使用情况应能够被用于三个方面相关行为的分析:危机管理,其中可能包括民事和军事共同安全以及防卫任务和行动,自然和人为灾害,人道主义危机和海上紧急情况;监视,可能包括边境监视、边境前监视、海上监视和非法贩运监视;关键基础设施,可能包括外交网络、警务通信、数字基础设施,如数据中心和服务器,能源、运输和水障,水坝,以及航天基础设施。

(101)政府卫星通信系统能力和服务应用于联盟和成员国行为体的安保和安

全关键任务。因此,需要适当程度地不依赖第三方(第三国和来自第三国的实体),涵盖政府卫星通信系统的所有要素,如组件、子系统和系统级别的空间和地面技术,制造业、空间系统的所有者和运营者以及地面系统组件的物理位置。

(102)卫星通信是一种受到卫星容量、频率和地理覆盖限制的有限资源。因此,为了达到成本效益和利用规模经济效益,政府卫星通信系统需要优化政府卫星通信用户的需求和根据政府卫星通信能力和服务合同提供的供应之间的匹配。由于需求和潜在供应都随着时间而变化,这就需要不断监测和灵活调整政府卫星通信系统服务。

(103)操作要求应基于使用案例分析。应根据运营要求,结合安全要求,开发服务组合。服务组合应建立适用于政府卫星通信系统服务的基线。为了在需求和提供的服务之间保持最佳匹配,政府卫星通信系统服务的服务组合应能够定期更新。

(104)在政府卫星通信系统的第一阶段,大约到2025年,将利用现有能力。在这方面,欧盟委员会应在考虑到联盟的基本安全利益的情况下,从拥有国家系统和航天能力的成员国以及商业卫星通信公司中获得政府卫星通信能力。在第一阶段,将以分步骤的方式引入政府卫星通信系统服务。如果在第一阶段的过程中,对未来供应和需求的详细分析表明,这种方法不足以满足不断变化的需求,应当有可能决定进入第二阶段,通过一个或几个公私伙伴关系,例如与联合卫星运营商合作,开发额外的定制空间基础设施或能力。

(105)为了优化可用的卫星通信资源,保证在诸如自然灾害等不可预测的情况下的接入,并确保运营效率和较短的周转时间,应根据业务和安全要求设计必要的地面段,例如政府卫星通信枢纽和潜在的其他地面组件。为了降低风险,政府卫星通信枢纽可能由几个物理站点组成,也可能需要其他地面段组件,例如锚固站。

(106)对于卫星通信用户来说,用户设备是最重要的操作接口。政府卫星通信方案应使大多数用户能够继续使用其现有用户设备提供政府卫星通信服务。

(107)为了提高运营效率,用户表示,重要的是要实现用户设备的互操作性,以及可以利用不同卫星系统的用户设备的互操作性。可能需要在这一领域进行研究和开发。

(108)在执行层面,任务和责任应在如欧洲防务局(EDA)、欧洲对外行动署(EEAS)、欧洲航天局(ESA)、空间计划局和其他欧盟机构类的专业实体之间分配,以确保他们与其主要作用保持一致,特别是在与用户相关的方面。

（109）政府卫星通信系统主管当局在监测用户和政府卫星通信系统中发挥作用的其他国家实体是否遵守安全要求中规定的共享和优先规则和安全程序方面发挥着重要作用。尚未指定政府卫星通信系统主管机构的成员国在任何情况下都应指定联络点，以管理任何已发现的影响政府卫星通信系统的干扰。

（110）成员国、理事会、欧盟委员会和欧洲对外行动署应能够成为政府卫星通信系统的参与者，只要他们选择授权政府卫星通信系统用户或提供能力、站点或设施。考虑到应由成员国决定是否授权政府卫星通信系统用户或提供能力，成员国没有义务成为政府卫星通信系统的参与者或托管政府卫星通信系统基础设施，因此，政府卫星通信系统部分不影响成员国不参加政府卫星通信系统的权利，包括根据其国家法律或宪法规定的有关不结盟和不参加军事联盟的政策。

（111）为了确保实施本条例的统一条件，应赋予欧盟委员会与通过政府卫星通信系统服务的业务要求和政府卫星通信系统服务的服务组合有关的执行权力。应根据第（EU）182/2011 号条例行使这些权力。

（112）为确保本法规的统一实施条件，应赋予欧盟委员会有关执行权力，以通过共享和优先使用集合政府卫星通信系统能力的详细规则。在定义有关共享和优先级划分的详细规则时，欧盟委员会应考虑运营和安全要求，并分析风险和政府卫星通信系统参与者的预期需求。虽然政府卫星通信系统服务原则上应免费向其用户提供，但如果分析得出结论认为存在能力短缺，为了避免市场扭曲，可以制定一项定价政策，作为关于共享和优先排序的详细规则的一部分。应根据第（EU）182/2011 号条例行使这些权力。

（113）为了确保执行本条例的统一条件，应赋予欧盟委员会执行与政府卫星通信系统地面段基础设施位置有关的权力。在选择这些地点时，欧盟委员会应能够考虑到业务和安全要求以及现有的基础设施。应根据第（EU）182/2011 号条例行使这些权力。

（114）第（EU）912/2010 号条例设立了一个名为欧洲全球卫星导航系统局的欧盟机构，负责管理伽利略计划和 EGNOS 系统卫星导航计划的部分事务。该条例赋予欧洲全球卫星导航系统局新的任务，特别是安全认证，不仅涉及伽利略计划和 EGNOS 系统，而且涉及计划的其他组成部分。因此，欧洲全球卫星导航系统管理局的名称、任务和组织等应进行相应的调整。

（115）根据第 2010/803/EU 号决议，欧洲全球卫星导航系统管理局的所在地设于布拉格。为了执行欧盟空间计划局的任务，欧盟空间计划局工作人员的工作地点可能会位于欧盟委员会第(EU)2016/413号执行决议中提及的伽利略系统或EGNOS系统的地面中心之一,以执行相关协议中规定的欧盟空间计划活动。此外,为了使机构以最高效的方式运作,可以将有限数量的工作人员分配到一个或多个会员国的当地办事机构。但是将工作人员分配到机构所在地或伽利略系统和EGNOS系统的地面中心之外的其他地方,不意味着机构的核心活动被转移到这些地方办事机构。

(116)鉴于其范围扩大,不再局限于伽利略系统和EGNOS系统,欧洲全球卫星导航系统局的名称今后应予以更改。然而,欧洲全球卫星导航系统管理局活动的连续性,包括权利和义务、工作人员以及任何决策的效力的连续性,应在欧盟空间计划局下得到保证。

(117)鉴于机构的授权和欧盟委员会在执行计划方面的作用,应当规定,行政管理委员会作出的一些决定不应在未经欧盟委员会代表赞成票的情况下通过。

(118)在不妨碍欧盟委员会权力的情况下,行政管理委员会、安全认证委员会和执行主任应以公共利益为出发点,独立履行其职责。

(119)欧盟空间计划的组成部分有可能是以使用敏感或与安全有关的国家基础设施为基础的。在这种情况下,出于国家安全的原因,有必要规定行政管理委员会和安全认证委员会的会议,应由成员国代表和欧盟委员会代表在须知的原则上出席。在行政管理委员会中,只有拥有此类基础设施的成员国代表和欧盟委员会代表才能参与投票表决。行政管理委员会和安全认证委员会的议事规则应规定适用该程序的情形。

(120)根据2016年4月13日《关于加强立法的机构间协议》第22条和第23条的规定,应依据按照具体监测要求收集的信息对本计划进行评估,同时要避免行政负担(特别是对成员国的行政负担)和过度监管。这些要求应在适当的情况下纳入可衡量的指标,作为评估计划在实地效果的基础。

(121)使用基于哥白尼计划和伽利略计划的服务,预计将对整个欧洲经济产生重大影响。然而,临时测量和案例研究似乎在目前占据主导地位。欧盟委员会(欧盟统计局)应确定相关的统计测量值和指标,作为以系统和权威方式监测欧盟太空活动影响的基础。

(122)工作方案应及时通报给欧洲议会和欧盟理事会。

(123)为了确保实施本条例的统一条件,应授予欧盟委员会在计划预算各支出类别之间重新分配资金,通过关于出资协议的出资决定,确定计划组成部分及其所提供服务的实施和发展所需的技术和运营要求，决定财务框架合作协议，采取必要措施使伽利略系统和 EGNOS 系统服务顺利运行并将其推向市场，采纳关于获得 SST 服务和相关程序的具体规定，采纳多年计划和欧盟 SST 服务发展的关键绩效指标，通过关于成员国参与 SST 子项目的组织框架运作的具体规则，选择 SWE 服务以及通过工作方案等方面的执行权。以上权力应根据第(EU)182/2011 号条例行使。欧盟委员会应得到计划委员会的协助，计划委员会应按照特定架构举行会议。

(124)由于计划的组成部分是以用户为核心，需要用户持续、有效地参与计划的实施和发展，特别是在服务要求的定义和确认方面。为了为用户增加价值，应定期与成员国公共和私营部门的最终用户磋商，并酌情与国际组织磋商，积极征求他们的意见。为此，应成立一个工作组(以下简称用户论坛)，协助计划委员会确定用户需求，验证服务的合规性，以及确定所提供服务的不足之处。计划委员会的议事规则应确定用户论坛的组织，以考虑计划各组成部分和组成部分内各项服务的具体情况。成员国应尽可能在国家层面对用户进行系统和协调协商的基础上，为用户论坛做出贡献。

(125)由于健全的公共治理要求对欧盟空间计划进行统一管理、加快决策和平等获取信息，受托执行计划相关任务的实体代表可以作为观察员，参与根据第(EU)182/2011 号条例设立的计划委员会的工作。出于同样的原因，与欧盟签订了与欧盟空间计划或其组成部分或子项目相关的国际协议的第三国和国际组织的代表，可以按照安全限制和此类协议的规定参与计划委员会的工作。受托执行计划相关任务的实体、第三国和国际组织的代表无权参与计划委员会的投票表决程序。计划委员会议事规则应规定观察员和临时与会者参加的条件。

(126)为了确保有效评估欧盟空间计划在实现其目标方面的进展情况，应授权欧盟委员会根据《欧盟条约》第 290 条采取行动，以补充关于使用向哥白尼系统用户提供的相关数据和信息的规定，包括获取和使用这些数据和信息的规格、条件和程序，在认为必要时修订本条例附件中的指标，以及在本条例中补充关于建立监测和评价框架的规定。特别重要的是，欧盟委员会在其筹备工作中进行适当的磋商，包括在专家层面，并且这些磋商应按照 2016 年 4 月 13 日《关于加强立法的机构间协议》中规定的原则进行。特别是，为确保平等参与授权法案的编制工作，欧洲议会和理事会与成员国专家同时收到所有文件，可以系统地参加欧盟委员会处理授权法案编制工作的专家小组会议。

(127)由于计划的规模和影响超出了任何单个成员国的财政和技术能力,成员国无法充分地实现本条例的目标,但这些目标可以在欧盟层面更好地实现,因此欧盟可以根据《欧盟条约》第 5 条规定的辅助原则采取措施。根据该条款规定的比例原则,本条例不能超出实现上述目标所需的范围。

(128)为确保实施计划安全要求的统一条件,应授予欧盟委员会执行权。以上权力应根据第(EU)182/2011 号条例行使。成员国应当能够对计划的安全要求施加最大限度的控制。在通过计划安全领域的实施法案时,欧盟委员会应得到配备专门安全架构的计划委员会的协助。鉴于安全事务的敏感性,计划委员会主席应尽力寻求在委员会内部得到最广泛支持的解决方案。在计划委员会未发表意见的情况下,欧盟委员会不应通过确定计划一般安全要求的实施法案。

(129)计划的期限应为 7 年,以便与欧盟理事会第(EU,Euratom)2020/2093 号条例中规定的 2021 年至 2027 年多年财务框架(MFF 2021 - 2027)的期限保持一致。执行自己任务的机构不受这一时限的限制。

(130)为了确保在相关政策领域提供支持的连续性,允许 2021 年至 2027 年多年财务框架从开始时实施,本条例应作为紧急事务生效,并应当自 2021 年 1 月 1 日起追溯适用。

(131)应废除第(EU)912/2010 号、第(EU)1285/2013 号和第(EU)377/2014 号条例以及第 541/2014/EU 号决定。

特此通过本条例:

第一卷　一般条款

第 1 条　主旨

本条例确立在 2021 年至 2027 年多年财务框架期间的欧盟空间计划。本条例规定了计划的目标、2021—2027 年期间的预算、欧盟的资金提供形式、提供资金的规则以及计划的实施规则。

本条例设立负责欧盟空间计划的机构(以下简称欧盟空间计划局)并规定了欧盟空间计划局的运作规则,欧盟空间计划局取代并接替第(EU)912/2010 号条例设立的欧洲全球卫星导航系统局。

第 2 条　定义

在本条例中,适用以下定义:

(1)“航天器”是指用于执行通信、导航或地球观测等特定功能或任务的轨道物体，包括卫星、发射器前级和再入飞行器；不能再执行预定任务的航天器被视为无功能航天器；处于备用模式等待可能重新激活的航天器被视为功能正常的航天器；

(2)“太空物体”是指外层空间中的任何人造物体；

(3)“近地天体”或“NEO”是指太阳系中接近地球的自然天体；

(4)“太空碎片”是指任何太空物体包括在地球轨道上或重新进入地球大气层的航天器或其碎片和元件，这些物体没有功能或不可再用于任何特定目的，包括火箭或人造卫星的部件或不起作用的人造卫星；

(5)“太空天气事件”或“SWE”是指太阳和地球周围空间环境中自然发生的可能影响地球和天基基础设施的变化，包括太阳耀斑、太阳高能粒子、太阳风变化、日冕物质抛射、地磁暴和动态、辐射风暴和电离层扰动；

(6)“空间态势感知”或“SSA”是指一种全面了解和理解主要太空危害(包括太空物体之间的碰撞)、太空物体碎片化和再进入大气层、太空天气事件和近地天体的整体方法；

(7)“空间监视和跟踪系统”或“SST 系统”是指能够测量和跟踪航天物体的陆基和天基传感器网络，以及旨在提供关于绕地球轨道运行的航天物体的数据、信息和服务的处理系统；

(8)“SST 传感器”是指能够进行航天监视或跟踪并能够测量与太空物体有关的物理参数，如大小、位置和速度的一种装置或装置组合，如地基或天基雷达、激光器和望远镜；

(9)“SST 数据”是指 SST 传感器获得的太空物体的物理参数，包括太空碎片，或在 SST 子组件框架内从 SST 传感器的观测中得出的太空物体的轨道参数；

(10)“SST 信息”是指经过处理的 SST 数据，这些数据对于接收方来说很有意义；

(11)“返回链路”指伽利略搜救支援(SAR)服务的功能能力，伽利略搜救支援服务将为国际民用航空组织(ICAO)定义的全球航天器监测服务做出贡献；

(12)“哥白尼哨兵系列卫星”是指哥白尼计划中用于天基地球观测的专用卫星、航天器或航天器有效载荷；

(13)“哥白尼计划数据”指哥白尼哨兵系列卫星提供的数据，包括其元数据；

(14)“哥白尼计划第三方数据和信息”是指根据哥白尼计划许可或提供使用的空间数据和信息，其来源不是哥白尼哨兵系列卫星；

(15)“哥白尼计划现场数据”是指来自陆基、海上或航空传感器的观测数据，以及许可或提供用于哥白尼计划的参考和辅助数据；

(16)“哥白尼计划信息”是指哥白尼计划服务在处理或建模后生成的信息，包括其元数据；

(17)“哥白尼计划参与国”是指根据与欧盟签订的国际协议的条款向哥白尼计划提供财务资助和参与哥白尼计划的第三方国家；

(18)“哥白尼计划核心用户”是指欧盟机构和团体以及欧盟或哥白尼计划参与国的欧洲、国家或区域公共机构，受托履行公共服务任务，负责定义、实施、执行或监测政策等民用公共政策，如环境、民事保护或安全(包括基础设施安全)政策，其受益于哥白尼计划数据和哥白尼计划信息，并发挥推动哥白尼计划发展的额外作用；

(19)“其他哥白尼计划用户”是指受益于哥白尼计划数据和哥白尼计划信息的研究和教育组织、商业和私人机构、慈善机构、非政府组织和国际组织；

(20)“哥白尼计划用户”是指哥白尼计划核心用户和哥白尼计划的其他用户；

(21)“哥白尼计划服务”是指对欧盟和成员国具有普遍和共同利益的增值服务，由计划提供资金，并将地球观测数据、哥白尼计划现场数据和其他辅助数据转换为按照哥白尼计划用户的需求进行处理、整合和解释的定制信息；

(22)“政府通信卫星计划用户”是指经正式授权并受托负责监督和管理关键安全任务、运营和基础设施相关任务的公共机构，受委托行使公共权力的机构，国际组织或自然人或法人；

(23)“政府通信卫星计划枢纽”是指一个运营中心，其主要功能是以安全的方式将政府通信卫星计划用户与政府通信卫星计划能力和服务提供商联系起来，从而对任何给定时刻的供需进行优化；

(24)“政府通信卫星计划使用案例”是指需要政府通信卫星计划服务的特定环境的运行场景；

(25)“欧盟机密信息”或“EUCI”是指欧盟安全分类指定的任何信息或资料，未经授权披露此类信息或资料可能会对欧盟或一个或多个成员国的利益造成不同程度的损害；

(26)“敏感非机密信息”是指欧盟委员会第(EU，Euratom)2015/443 号决议第 9 条所指的非机密信息，根据该条款的规定，保护敏感非机密信息的义务仅适用于欧盟委员会以及依法有义务适用欧盟委员会安全规则的欧盟机构和团体；

(27)“混合业务”是指欧盟预算支持的行动，包括根据《财务条例》第 2(6)条在混合设施内实施的举措，其将欧盟预算中无须偿还形式的支持或金融工具或预算

担保与开发或其他公共财政机构以及商业金融机构和投资者的需偿还形式的支持结合在一起;

(28)"法律实体"是指自然人,或根据欧盟、国家或国际法创建和确认的、具有法人资格和能力以自己的名义行事、行使权利并承担义务的法人,或不具备《财务条例》第197(2)条第(c)项所述法人资格的实体;

(29)"信托实体"是指独立于欧盟委员会或第三方并从欧盟委员会或第三方接收数据以便安全存储和处理这些数据的法律实体。

第3条　欧盟空间计划的组成部分

1. 欧盟空间计划应包括以下组成部分:

(a)"伽利略计划",是由民间控制的自主民用全球卫星导航系统(欧洲全球卫星导航系统),包括一个卫星群、多个中心和一个全球地面站网络,提供定位、导航和授时服务并整合安全需要和要求。

(b)"欧洲地球静止导航重叠服务"(EGNOS),是由民间控制的民用区域卫星导航系统,由多个地面中心和地面站以及安装在地球同步卫星上的若干转发器组成,用于增强和纠正伽利略系统和其他全球卫星导航系统发出的开放信号,特别用于空中交通管理、空中导航服务和其他运输系统。

(c)"哥白尼计划",是以用户为核心的自主运行民用地球观测系统,由民间控制,以现有的国家和欧洲能力为基础,提供地理信息数据和服务,由卫星、地面基础设施、数据和信息处理设施以及分发基础设施组成,基于自由、完整和开放的数据政策,并在适当情况下整合安全需求和要求。

(d)"空间态势感知"或"SSA",其包括以下子项目:

(i)"SST子项目",空间监测和跟踪系统,旨在改进、运行和提供与监测和跟踪环绕地球的太空物体有关的数据、信息和服务;

(ii)"SWE子项目",提供与太空天气事件有关的观测参数;

(iii)"NEO子项目",即对接近地球的近地天体进行风险监测。

(e)"政府卫星通信计划",是由民间和政府控制的卫星通信服务,支持向管理关键安全任务和基础设施的欧盟和成员国当局提供卫星通信能力和服务。

2. 欧盟空间计划应纳入其他措施,以确保该计划能够高效、自主地利用太空,并在上游和下游扶持具有创新和竞争能力的欧洲太空部门,以加强欧盟的太空生态系统及其全球参与者的地位。

第4条　目标

1. 欧盟空间计划的总体目标如下:

(a)在全球层面不间断地提供或促进提供高质量、最新以及在适当情况下安全的太空相关数据、信息和服务，满足现有和未来的需要，并能够支持欧盟的首要政治事务和相关循证独立决策，特别是气候变化、运输和安全方面的事务和决策；

(b)最大限度地发挥社会经济效益，特别是通过扶持有创新和竞争能力的欧洲上游和下游部门（包括中小企业和初创企业）的发展，促进欧盟的经济增长并创造就业机会，并推动欧盟内外尽可能广泛地接受和使用计划各组成部分提供的数据、信息和服务，同时确保与欧盟根据第（EU）2021/695 号条例开展的研究和技术开发活动的协同作用和互补性；

(c)加强欧盟及其成员国的安全保障，加强欧盟的自主性，特别是在技术方面的自主性；

(d)促进欧盟发挥太空领域全球行动者的作用，鼓励国际合作，通过推动形成互惠和公平竞争原则等举措加强欧洲太空外交，并加强其在应对全球挑战方面的作用，支持关于可持续发展和提高对太空作为人类共同遗产的认识等全球倡议；

(e)通过采取适当措施，如开发和部署用于处置使用寿命结束的航天器和太空碎片的技术等，加强与太空物体和碎片扩散以及太空环境有关的所有外层空间活动的安全、保障和可持续性。

2. 欧盟空间计划的具体目标如下：

(a)伽利略计划和 EGNOS 计划：提供长期、最先进和安全的定位、导航和授时服务，同时确保服务的连续性和稳定性；

(b)哥白尼计划：提供准确可靠的地球观测数据、信息和服务，整合在长期可持续的基础上提供的其他数据资源，为欧盟及其成员国根据用户需求制定、实施和监测其政策和举措提供支持；

(c)空间态势感知：增强监测、跟踪和识别太空物体和太空碎片的能力，以便进一步提高欧盟层面 SST 子项目能力的性能和自主性，提供 SWE 服务，并绘制和建立 NEO 子项目下成员国的能力图和网络；

(d)政府卫星通信计划：确保为政府卫星通信计划用户长期提供可靠、安全和经济高效的卫星通信服务；

(e)支持自主、安全和经济高效的太空进入能力，同时考虑到欧盟的基本安全利益；

(f)通过支持太空生态系统和加强所有成员国和欧盟地区（特别是欧盟中积极参与或希望积极参与该部门的中小企业和初创企业或自然人和法人）的竞争力、创新创业精神、技能和能力建设等举措，促进发展强大的欧盟太空经济。

第5条　进入太空

1. 欧盟空间计划应支持为满足该计划的需要而进行的采购和聚合发射服务，并应成员国和国际组织的要求支持其聚合。

2. 在与其他欧盟计划和供资方案协同作用并且在不影响欧洲航天局在太空领域活动的情况下，欧盟空间计划可支持：

(a)对发射卫星所必需的太空发射系统（包括太空进入替代技术和创新系统）进行包括技术开发在内的调整以执行计划的各组成部分；

(b)对空间地面基础设施实施计划所必需的调整，包括实施新的开发项目。

第6条　支持有创新和竞争能力的欧盟太空部门的举措

1. 为促进整个欧盟的能力建设，欧盟空间计划应支持：

(a)充分利用太空技术、基础设施或服务的创新活动以及促进接受研究和创新活动产生的相关解决方案，特别是通过与其他欧盟计划和金融工具（包括投资欧洲计划）的协同作用来支持下游部门发展的措施。

(b)旨在促进公共需求和公共部门创新以充分发挥公共服务部门服务公民和企业潜力的活动。

(c)创业精神，包括从前期到规模扩大的阶段，根据本条例第18条、第21条和第三卷第一章中提到的关于获取资金的其他规定以及采用第一合同方法进行的创业。

(d)通过企业之间的合作，以太空枢纽网络的形式建立一个有利于营商的太空生态系统，该网络：

(i)在国家和区域层面将太空、数字和其他部门的行动者以及用户汇集起来；

(ii)旨在向公民和公司提供支持、设施和服务，以培养创业精神和技能，从而增强下游部门的协同效应，并促进与根据欧洲议会和欧盟理事会第（EU）2021/694号条例确立的“数字欧洲”计划建立的数字创新中心的合作。

(e)提供教育和培训活动，特别是针对专业人士、企业家、学生的教育和培训活动，主要通过与国家和区域层面的倡议的协同作用，发展高级技能。

(f)为私营和公共部门的专业人员、学生和企业家提供使用加工和测试设施的机会。

(g)认证和标准化活动。

(h)通过企业，特别是中小企业和初创企业对欧盟空间计划的所有组成部分的广泛参与，特别是通过本条例第 14 条的规定，加强整个欧盟的欧洲供应链，并采取措施加强其在全球层面的竞争力。

2. 在实施第 1 款所述活动时，应支持有新兴太空产业的成员国发展能力的需要，以便为所有成员国提供平等参与欧盟空间计划的机会。

第 7 条　第三方国家和国际组织参与欧盟空间计划

1. 伽利略计划、EGNOS 计划和哥白尼计划，以及 SWE 和 NEO 子项目（不包括 SST 子项目），应允许属于欧洲经济区成员的欧洲自由贸易联盟成员根据《欧洲经济区协定》规定的条件参与。

哥白尼计划以及 SWE 和 NEO 子项目（不包括 SST 子项目），应允许以下第三方国家参与：

（a）加入国家、候选国家和潜在候选国家，依据各自框架协定和联盟理事会决定或类似协定中确定的关于这些国家参与欧盟计划的一般原则和一般条款，以及欧盟与这些国家之间的协议中规定的具体条件参与；

（b）欧洲睦邻政策国家，依据各自框架协定和联盟理事会决定或类似协定中确定的关于这些国家参与欧盟计划的一般原则和一般条款，以及欧盟与这些国家之间的协议中规定的具体条件参与。

2. 根据依照《欧盟运作条约》第 218 条签订的关于第三方国家或国际组织参与任何欧盟计划的具体协议中规定的条件：

（a）伽利略计划和 EGNOS 计划应允许本条第 1 款第 2 分段第（a）和（b）项所述的第三方国家参与；

（b）政府卫星通信计划应允许属于欧洲经济区成员的欧洲自由贸易联盟成员以及本条第 1 款第 2 分段第（a）和（b）项所述的第三方国家参与；

（c）伽利略计划、EGNOS 计划、哥白尼计划、政府卫星通信计划以及 SWE 和 NEO 子项目（不包括 SST 子项目），应允许本条第 1 款所述第三方国家以外的第三方国家和国际组织参与。

本款第 1 分段所述的具体协议应：

（a）确保参与欧盟项目的第三方国家或国际组织的贡献与利益保持公平平衡；

（b）规定参与欧盟空间计划的条件，包括对单个项目的财政资助及其行政管理费用的计算；

（c）不得授予第三方国家或国际组织任何有关欧盟项目的决策权；

（d）保障欧盟的权利，以确保健全的财务管理和对其经济利益的保护。

根据《财务条例》第 21(5)条的规定，本款第 2 分段第(b)项所述的出资应构成转让收入。

3. 计划的组成部分或子项目(不包括 SST 子项目)，仅允许第三方国家和国际组织在维护欧盟及其成员国的基本安全利益(包括本条例第 43 条规定的机密信息的保护)的前提下根据本条的规定参与。

第 8 条　第三方国家和国际组织使用 SST 服务、政府卫星通信计划服务和伽利略计划公共管制服务

1. 在以下情况下，第三方国家和国际组织可以使用政府卫星通信计划服务：

(a)根据《欧盟运作条约》第 218 条签订一项协议，规定使用政府卫星通信计划服务的条款和条件；

(b)遵守本条例第 43 条的规定。

2. 在以下情况下，总部不在欧盟的第三方国家和国际组织可以使用本条例第 55 条第(1)条第(d)项中提及的 SST 服务：

(a)根据《欧盟运作条约》第 218 条签订一项协议，规定使用 SST 服务的条款和条件；

(b)遵守本条例第 43 条的规定。

3. 使用本条例第 55 条第(1)款第(a)、(b)和(c)项所述的面向公众的 SST 服务，无须根据《欧盟运作条约》第 218 条签订协议。潜在用户要使用上述服务，应根据本条例第 56 条提出申请。

4. 第三方国家和国际组织使用伽利略计划提供的公共管制服务(PRS)，应符合欧洲议会和欧盟理事会第 1104/2011/EU 号决议第 3(5)条的规定。

第 9 条　资产的所有权及使用

1. 除本条第 2 款规定的情形之外，欧盟应为本计划的组成部分项下创造或开发的所有有形和无形资产的所有人。为此，欧盟委员会应确保与可能创造或开发此类资产的活动有关的合同、协议和其他安排包含欧盟拥有这些资产所有权的条款。

2. 如为以下可能创造或开发有形或无形资产的活动，则本条第 1 款的规定不适用于在计划组成部分项下创造或开发的此类资产：

(a)根据欧盟全额资助的拨款或奖励进行的活动；

(b)非由欧盟全额出资的活动；

(c)与包含欧盟机密信息的公共管制服务接收器或此类接收器组件的开发、制造或使用相关的活动。

3. 欧盟委员会应确保与本条第 2 款所述活动有关的合同、协定和其他安排载有规定这些资产的适当所有权制度的条款,并就本条第 2 款第(c)条而言,确保欧盟能够根据第 1104/2011/EU 号决议使用公共管制服务接收器。

4. 欧盟委员会应就以下事项寻求与第三方订立相关合同、协议或其他安排:

(a)在本计划组成部分项下创造或开发的有形和无形资产的现有所有权;

(b)取得实施本计划所需的其他有形和无形资产的所有权或许可权。

5. 欧盟委员会应通过适当的框架,确保充分利用第 1 款和第 2 款所述的欧盟拥有的有形和无形资产。

6. 如果第 1 款和第 2 款所述资产包括知识产权,欧盟委员会应尽可能有效地管理这些权利,同时考虑到:

(a)保护资产并赋予其价值的需要;

(b)所有利益相关者的合法利益;

(c)市场与新技术协调发展的必要性;

(d)持续提供计划各组成部分所提供服务的必要性。

欧盟委员会应特别确保相关合同、协议和其他安排包含将这些知识产权转让给第三方或向第三方授予权利许可的可能性,包括转让或授权给知识产权创造者的可能性,欧盟空间计划局可在为执行本条例规定的任务的必要情况下自由享有这些权利。

第 28(4)条规定的财务框架合作协议或第 32(1)条提及的出资协议应包含允许欧洲航天局和其他受托实体在必要时使用本款第 1 分段提及的知识产权以执行其在本条例下的任务以及使用条件的相关规定。

第 10 条　保证

1. 在不影响具有法律约束力条款规定义务的情况下,对本计划各组成部分提供的服务、数据和信息的质量、精度、可用性、可靠性、速度和适用性不做任何明示或暗示的保证。

2. 欧盟委员会应确保这些服务、数据和信息的用户充分了解第 1 款的规定。

第二卷　预算出资和机制

第 11 条　预算

1. 2021 年 1 月 1 日至 2027 年 12 月 31 日,实施本计划以及覆盖相关风险的资金限额应为 148,800 亿欧元(按现行价格计算)。

第 1 款所述金额应按照以下支出类别分配：

(a)伽利略计划和 EGNOS 计划:90.17 亿欧元；

(b)哥白尼计划:54.21 亿欧元；

(c)空间态势感知和政府卫星通信计划:4.42 亿欧元。

2. 欧盟委员会可在本条第 1 款所述支出类别之间重新分配资金。如果重新分配的累计金额超过分配给接受或提供资金的支出类别金额的 7.5%,欧盟委员会可通过实施法案,在本条第 1 款所述支出类别之间重新分配资金。这些实施法案应按照本条例第 107(3)条所述的审核程序予以通过。

3. 本条例第 3(2)条规定的其他措施,即第 5 条和第 6 条所述的活动,应在本计划组成部分项下供资。

4. 分配给本计划的欧盟预算拨款应涵盖为实现本条例第 4 条所述目标所需要进行的所有活动。该支出应覆盖：

(a)专家研究和会议,特别应遵守其费用和时间限制；

(b)信息和沟通活动,包括就与本条例的目标直接相关的欧盟政策要务进行的企业沟通,特别是为了与其他欧盟政策产生协同效应的信息和沟通活动；

(c)用于处理或交换信息的信息技术网络,以及欧盟委员会实施的行政管理措施,包括安全领域的行政管理措施；

(d)为实施计划而提供的技术和行政援助,例如筹备、监测、控制、审计和评价活动,包括企业信息技术系统。

5. 对从不同欧盟计划获得累积资金的行动只应审计一次,包括所有相关计划及其各自适用的规则。

6. 与计划有关的、涵盖超过一个财政年度的活动的预算承付款项可在数年内分期支付。

7. 分配给共同管理下的成员国的资源,可应有关成员国的请求,根据《共同条款条例》第 26 条规定的条件转让给欧盟空间计划。欧盟委员会应按照《财务条例》第 62(1)条第 1 分段第(a)项的规定直接执行这些资源,或按照该分段第(c)项的规定间接执行。这些资源的使用应符合有关成员国的利益。

第 12 条　转让收入

1. 计划组成部分产生的收入应支付到欧盟预算中,并用于为产生收入的组成部分提供资金。

2. 成员国可向计划的一个组成部分提供额外的财政资助,用于支付额外支出,条件是这些额外支出不会对有关组成部分造成任何财务或技术负担或任何延误。欧盟委员会应通过实施法案,决定这些条件是否已得到满足。这些实施法案应按照本条例第107(3)条所述的审核程序予以通过。

3. 根据《财务条例》第21(2)条的规定,本条所述的额外财务资助应视为外部转让收入。

第13条　欧盟供资的实施和形式

1. 计划应根据《财务条例》通过直接管理实施,或由《财务条例》第62条第1款第(c)项所述机构通过间接管理实施。

2. 计划可以《财务条例》规定的任何形式提供资金,特别是以拨款、奖励和采购的形式。还可以在混合业务中以金融工具的形式提供融资。

3. 如果哥白尼计划的预算是通过间接管理实施,则在《财务条例》第62条和第154条允许的范围内,可适用受托执行预算任务的实体的采购规则。这些采购规则所需的具体调整应在相关出资协议中确定。

第三卷　财务条款

第一章　采　　购

第14条　采购原则

1. 在以本计划为目的的采购程序中,签约机构应遵守以下原则:

(a)在整个欧盟和整个供应链的所有成员国中,促进经营者,特别是初创企业、新企业和中小企业,尽可能广泛和开放地参与采购活动,包括投标人分包;

(b)确保有效竞争,考虑到技术独立性和服务连续性的目标,在可能的情况下,避免依赖单一供应商,尤其是关键设备和服务的采购;

(c)通过《财务条例》第167条所述的减损,酌情使用多种供应来源,以确保更好地实现对计划的所有组成部分及其费用和日程安排的全面控制;

(d)在整个产业供应链中遵循开放准入和公平竞争的原则,在提供透明和及时信息的基础上进行招标,明确传达适用的采购规则和程序、选择和授予标准以及任何其他相关信息,为包括中小企业和初创企业在内的所有潜在投标人提供公平竞争的环境;

(e)加强欧盟的自主性,特别是在技术方面的自主性;

(f)遵守计划各组成部分的安全要求,并促进保护欧盟及其成员国的基本安全利益;

(g)促进服务的连续性和可靠性;

(h)满足适当的社会和环境标准。

2. 欧盟委员会内部的采购委员会应负责审查与本计划所有组成部分有关的采购流程,并监测委托给受托实体的欧盟预算的合同执行情况。在适当情况下,应向每个受托实体邀请一名代表。

第 15 条　有条件的分期付款合同

1. 关于针对运营和基础设施的活动,签约机构可根据本条以有条件的分期付款合同的形式签订合同。

2. 有条件的分期付款合同的采购文件应参考其具体特点,特别应规定合同的标的、价格或确定价格的安排以及在每个阶段提供工程、物资和服务的安排。

3. 有条件的分期付款合同应包含:

(a)一个固定阶段,承诺提供该阶段约定的工程、物资或服务;

(b)一个或多个阶段,在预算和执行方面均附有条件。

4. 固定阶段下的义务和每个有条件阶段下的义务应是构成一致整体的一部分,并考虑到之前或后续阶段下的义务。

5. 每个有条件阶段的履约应由签约机构决定,并根据合同通知承包商。

第 16 条　成本补偿合同

1. 签约机构可根据本条第 3 款规定的条件选择全额或部分成本补偿合同。

2. 根据成本补偿合同支付的价格应包括以下补偿项目:

(a)承包商在履行合同过程中实际发生的所有直接成本,如履行合同所需的劳动力、材料、易耗品以及设备和基础设施的使用;

(b)间接成本;

(c)固定利润;

(d)基于实现绩效和交付进度目标的适当激励费用。

3. 如果因合同履行中固有的不确定性而难以或不适合提供准确的固定价格,签约机构可选择全额或部分成本补偿合同:

(a)合同具有非常复杂的或要求使用新技术的特性,因此包含巨大的技术风险;

(b)出于运营原因,合同项下的活动必须立即开始,但是由于重大风险或合同的履行部分取决于其他合同的履行,尚不可能完全确定准确的固定价格。

4. 成本补偿合同应规定一个最高限价。全部或部分成本补偿合同的最高限价应是应付的最高价格。该价格可根据《财务条例》第172条的规定修改。

第17条　分包

1. 为鼓励新企业、中小企业和初创企业跨境参与，提供尽可能广泛的地理覆盖范围，同时保护欧盟的自主性，签约机构应要求投标人通过适当分包级别的竞争性招标将部分合同分包给不属于投标人集团的公司。

2. 投标人应证明对根据本条第1款提出的请求的任何减损是合理的。

3. 对于1000万欧元以上的合同，签约机构应确保通过各种级别的竞争性招标将合同价值的至少30%分包给不属于主投标人集团的公司，以特别支持中小企业跨境参与。欧盟委员会应向本条例第107(1)条所述的计划委员会通报本条例生效后所签订合同的目标实现情况。

第二章　补助金、奖励和混合业务

第18条　补助金和奖励

1. 在不影响共同供资原则的情况下，欧盟可承担最高100%的合格成本。

2. 在采用统一费率时，通过《财务条例》第181(6)条规定的减损，授权负责人可为受益人的间接成本授权或提供资金，金额最高不超过项目合格直接成本总额的25%。

3. 尽管有本条第2款的规定，但如果本条例第100条提及的工作计划中有规定，间接成本可以一次性或单位成本的形式申报。

4. 通过《财务条例》第204条规定的减损，可支付给第三方的最高财务支持金额不得超过200,000欧元。

第19条　联合资助招标

1. 欧盟委员会或欧盟空间计划项下的受托实体可与《财务条例》第62(1)条第1分段第(c)项提及的实体、机构或个人发布联合招标书。

2. 对于本条第1款所述的联合招标书：

(a)应适用《财务条例》第八卷所述的规则；

(b)评估程序应通过由各方任命的均衡专家组进行；

(c)评估委员会应遵守《财务条例》第150条的规定。

3. 资助协议应规定适用于知识产权的安排。

第20条　用于创新解决方案商业预采购和创新解决方案采购的资助

1. 项目可能涉及创新解决方案的商业预采购或公共采购或以其为主要目的，采购应由欧洲议会和欧盟理事会第 2014/24/EU 号指令、第 2014/25/EU 号指令和第 2009/81/EC 号指令中定义的签约机构或签约实体的受益人执行。

2. 创新解决方案的采购程序：

(a)应遵守透明、非歧视、平等对待、健全财务管理、均衡竞争规则原则；

(b)对于商业预采购，可规定具体条件，例如将采购活动的履行地点限定于参与计划的成员国和第三方国家的领土；

(c)可授权在同一程序内签订多个合同(多源采购)；

(d)应规定将合同授予提供最高性价比的投标人，同时确保不存在利益冲突。

3. 在商业预采购中产生成果的承包商至少应对成果所含的知识产权拥有所有权。签约机构至少应享有对成果的免版税使用权，以供自己使用，并有权向第三方授予或要求承包商为签约机构向第三方授予非独占性许可，以便在公平合理和无再许可权的条件下利用成果。如果承包商未能在合同中确定的商业预采购之后的给定期限内对成果进行商业化利用，则签约机构可要求其将成果的任何所有权转让给签约机构。

第 21 条　混合业务

欧盟空间计划项下决定的混合业务应按照第(EU)2021/523 号条例和《财务条例》第十卷的规定执行。

第三章　其他财务条款

第 22 条　累积和替代供资

1. 已收到欧盟空间计划项下出资的项目还可获得其他欧盟计划的出资，但此类出资不承担同一成本。相关欧盟计划的规则应适用于对该项目的相应出资。累积供资不得超过项目的合格成本总额。不同欧盟计划提供的支持可根据规定支持条件的文件按比例计算。

2. 根据《共同条款条例》第 73(4)条的规定，如果根据计划授予“卓越徽章”标志的项目符合以下全部条件，则可获得欧洲区域发展基金或欧洲社会附加基金的支持：

(a)已在欧盟空间计划项下的招标书中对其进行了评估；

(b)符合招标书的最低质量要求；

(c)由于预算限制，无法根据招标书获得资金。

第 23 条　联合采购

1. 除《财务条例》第 165 条的规定外，欧盟委员会或欧盟空间计划局可与欧洲航天局或参与实施欧盟空间计划组成部分的其他国际组织实施联合采购程序。

2. 根据《财务条例》第 165 条适用的采购规则应类推适用，适用于欧盟机构的程序性条款在任何情况下均应适用。

第 24 条　维护欧盟运营系统安全性、完好性和弹性的资格和参与条件

1. 如果欧盟委员会认为维护运营联盟系统的安全性、完好性和弹性有必要且适当，考虑到促进欧盟战略自主目标（特别是在关键技术和价值链的技术方面的目标）以及保持开放经济的情况下，本条第 2 款中规定的资格和参与条件应适用于本卷项下的采购、拨款或奖励。在根据本条第 1 款适用资格和参与条件之前，欧盟委员会应通知本条例第 107（1）条第（e）项提及的计划委员会，并应最大限度地考虑到成员国对这些资格和参与条件的适用范围及理由的意见。

2. 资格和参与条件如下：

（a）合格法人实体在成员国设立，其执行管理机构在该成员国设立；

（b）合格法人实体承诺在一个或多个成员国开展所有相关活动；

（c）合格法人实体不受第三国或第三国实体的控制。

在本款中，"控制"是指直接或通过一个或多个中间法律实体间接对某个法律实体施加决定性影响的能力。

在本款中，"执行管理机构"是指根据国家法律任命的法人实体机构，该机构在适用情况下，向首席执行官或具有类似决策权的任何其他人士报告，并有权制定法人实体的战略、目标和总体方向及监督和监测管理决策。

3. 欧盟委员会可在满足以下全部标准的情况下针对某一特定法人实体放弃第 2 款第 1 分段第（a）或（b）项下的条件：

（a）本条第 1 款所述活动所需的特定技术、货物或服务，成员国没有现成的替代品提供；

（b）该法人实体在欧洲经济区或欧洲自由贸易联盟成员国设立，且该成员国与欧盟签订了本条例第 7 条所述的国际协议，该法人实体的执行管理机构在该成员国设立，与采购、拨款或奖励相关的活动在该成员国或一个或多个此类国家进行；

（c）已采取充分措施，确保对本条例第 43 条下的欧盟机密信息进行保护以及保证欧盟空间计划组成部分运作和服务的完好性、安全性和弹性。

如果欧洲经济区或欧洲自由贸易联盟的成员国没有现成的替代品并且符合本款第 1 分段第（a）和（c）项规定的标准，则欧盟委员会可通过本款第 1 分段第（b）项规定的减损，针对在非欧洲经济区或欧洲自由贸易联盟成员国的第三国设立的法人实体放弃本条第 2 款第 1 分段第(a)或(b)项下的条件。

4. 如果在成员国设立的法人实体提供以下保证,欧盟委员会可放弃本条第 2 款第 1 分段第(c)项规定的条件:

(a)对法人实体的控制未限制或约束其以下能力:

(i)执行采购、拨款或奖励;

(ii)交付成果,特别是通过报告义务交付成果。

(b)第三国或第三国实体控制方承诺不对该法人实体行使与采购、拨款或奖励相关的任何控制权或施加报告义务。

(c)该法人实体符合本条例第 34(7)条的规定。

5. 法人实体所在成员国的主管机构应评估该法人实体是否符合本条第 3 款第 1 分段第(c)项规定的标准和第 4 款提及的保证。欧盟委员会应遵守该项评估。

6. 欧盟委员会应向本条例第 107(1)条第(e)项所述的计划委员会提供以下内容:

(a)本条第 1 款所述资格和参与条件的适用范围;

(b)根据本条放弃的具体条件和理由;

(c)在不泄露商业敏感信息的情况下,构成根据本条第 3 款和第 4 款弃权依据的评估。

7. 本条第 2 款规定的条件、第 3 款规定的标准和第 4 款规定的保证应适用于相应合同的整个过程。

8. 本条不影响第 1104/2011/EU 号决议和欧盟委员会 2015 年 9 月 15 日的授权决议、第(EU)2019/452 号条例、第 2013/488/EU 号决议和第(EU,Euratom)2015/444 号决议,以及成员国根据相关的国家法律和法规对参与需要使用欧盟机密信息活动的法人实体进行的安全审查。

如果因适用本款而产生的合同被归类为机密信息,欧盟委员会根据本条第 1 款适用的资格和参与条件不得影响国家安全部门的权限。

本款不得干预、修改成员国内任何现有的设施安全许可和人员安全许可程序或与之相抵触。

第 25 条　保护欧盟的财务权益

如果第三方国家通过国际协议或任何其他法律文书参与欧盟空间计划,则该第三方国家应授予授权负责人、欧洲反欺诈办公室和审计院必要的权力和权限,以便其全面行使各自的职权。就欧洲反欺诈办公室而言,此类权力应包括开展第

(EU,Euratom)883/2013 号条例规定的现场检查等调查的权力。

第四卷　欧盟空间计划的治理

第 26 条　治理原则

计划的治理应基于以下原则：

(a)在参与实施计划各组成部分和措施的实体之间明确分配任务和责任，特别是成员国、欧盟委员会、欧盟空间计划局、欧洲航天局和欧洲气象卫星应用组织之间的任务和责任，分配应以各自的能力为基础并避免任务和责任的重叠；

(b)治理结构与计划各组成部分和措施的具体需求具有适当的相关性；

(c)根据本条例，在各自的职责和任务范围内，严格控制计划，包括严格遵守所有实体的成本、进度和绩效；

(d)实施透明和经济高效的管理；

(e)保持服务的连续性和必要基础设施的连续性，包括防范相关威胁；

(f)系统和有条理地考虑用户对本计划各组成部分提供的数据、信息和服务以及相关的科学和技术发展的需求；

(g)持续地控制和降低风险。

第 27 条　成员国的职责

1. 成员国可参与欧盟空间计划。参与计划的成员国应提供技术能力、专有技术和援助，特别是安全和安保领域的技术能力、专有技术和援助，或在适当和可能的情况下，向欧盟提供其拥有或位于其领土上的数据、信息、服务和基础设施，包括确保高效和无障碍地获取和使用哥白尼计划现场数据，并与欧盟委员会合作，在考虑到适用许可和义务的同时，改善欧盟空间计划所需的哥白尼计划现场数据的可用性。

2. 欧盟委员会可通过出资协议将特定任务委托给相关成员国指定的成员国组织。欧盟委员会应通过实施法案的方式采纳与出资协议有关的出资决议。以上实施法案应按照本条例第 107(2)条所述的咨询程序予以通过。

3. 在特定的正当情况下，对于本条例第 29 条所述的任务，欧盟空间计划局可通过出资协议将特定任务委托给相关成员国指定组织。

4. 成员国应采取一切必要措施，确保欧盟空间计划顺利运行，包括在适当级别协助保护计划所需的频率。

5. 成员国和欧盟委员会可以开展合作，扩大对欧盟空间计划组成部分提供的数据、信息和服务的接受度。

6. 在可能的情况下，成员国对本条例第107(6)条所述用户论坛的贡献应基于在国家层面对最终用户群体的系统和协调性磋商，特别是与伽利略计划、EGNOS计划和哥白尼计划有关的磋商。

7. 成员国和欧盟委员会应开展合作，开发哥白尼计划的现场项目和地面校准服务，为太空系统的接受提供必要的服务，并在现有能力的基础上促进对哥白尼计划现场数据和参考数据集的充分利用。

8. 在安全领域，成员国应执行本条例第34(6)条所述的任务。

第28条　欧盟委员会的职责

1. 欧盟委员会应在不妨碍成员国国家安全领域特权的情况下，全面负责欧盟空间计划在安全等领域的执行。欧盟委员会应根据本条例及用户需求确定计划的优先事务和长期发展，并在不影响欧盟其他政策的情况下监督计划的实施。

2. 欧盟委员会应管理任何未委托给其他实体的计划组成部分或子项目，特别是政府卫星通信计划、NEO子项目、SWE子项目以及本条例第55(1)条第(d)项所述的活动。

3. 欧盟委员会应确保在参与本计划的各实体之间明确划分任务和责任，并应协调这些实体的活动。欧盟委员会还应确保参与实施本计划的所有受托实体保护欧盟的利益、保证欧盟资金的妥善管理并遵守《财务条例》和本条例。

4. 欧盟委员会应根据《财务条例》第130条的规定，与欧盟空间计划局和欧洲航天局(在考虑到《2004年框架协议》的情况下)签订财务框架合作协议。

5. 为使欧盟空间计划顺利运行，并使计划各组成部分顺利提供服务，欧盟委员会应在与包括通过本条例第107(6)条所述的用户论坛在内的用户，及其他利益相关者磋商后，通过法案确定实施和改进这些组成部分及其提供的服务所需的技术和运营要求。在确定上述技术和运营要求时，欧盟委员会应避免降低总体安全水平，并应强制满足向后兼容要求。

这些实施法案应按照本条例第107(3)条所述的审核程序予以通过。

6. 在不影响欧盟空间计划局或其他受托实体任务的情况下，欧盟委员会应确保在公共和私营部门中最大限度地促进和利用欧盟空间计划各组成部分提供的数据和服务(包括支持对这些服务和人性化界面的适当开发)，并培育稳定的长期性环境。欧盟委员会应发挥本计划各组成部分应用之间适当的协同作用。欧盟委员会应确保本计划与欧盟其他项目和计划之间的互补性、一致性、协同作用和联系。

7. 欧盟委员会应在适当的情况下确保在欧盟空间计划范围内开展的活动与在太空领域开展的欧盟、国家或国际活动保持一致。欧盟委员会应鼓励各成员国之间的合作,并促进其在太空领域与本计划有关的技术能力和发展的融合。为此,欧盟委员会应在适当的情况下与欧盟空间计划局和欧洲航天局在其各自的职权范围内开展合作。

8. 欧盟委员会应向本条例第 107 条所述的计划委员会通报对任何采购程序以及与公共和私营实体签订的任何合同(包括分包合同)进行评估的临时和最终结果。

第 29 条　欧盟空间计划局的职责

1. 欧盟空间计划局应承担以下自身任务:

(a)根据第五卷第二章的规定,通过其安全认证委员会,确保欧盟空间计划所有组成部分的安全认证;

(b)执行本条例第 34(3)条和 34(5)条所述的任务;

(c)开展与伽利略计划和 EGNOS 计划提供的服务有关的沟通、市场开发和推广活动,特别是与市场接受和用户需求协调相关的活动;

(d)在不影响其他受托实体和欧盟委员会开展的活动的情况下,开展与哥白尼计划提供的数据、信息和服务有关的沟通、市场开发和推广活动;

(e)向欧盟委员会提供专业知识,包括与下游太空相关研究要务的筹备有关的专业知识。

2. 欧盟委员会应将下列任务委托给欧盟空间计划局:

(a)按照本条例第 44 条的规定,管理对 EGNOS 计划和伽利略计划的任务;

(b)与成员国、相关欧盟机构、欧洲经济区和其他实体密切合作,全面协调政府卫星通信计划与用户相关的事务,以实现危机管理任务和运营;

(c)开展与开发基于计划组成部分和基本要素的下游应用程序以及基于伽利略计划、EGNOS 计划和哥白尼计划提供的数据和服务的综合应用程序有关的活动,包括已为“欧洲地平线”计划范围内的此类活动提供资金的情形或为实现本条例第 4(1)条第(b)项所述目标的必要情形;

(d)在不影响委托给其他实体的哥白尼计划活动和哥白尼计划服务的情况下,开展与用户接受伽利略计划和 EGNOS 计划以外的计划组成部分提供的数据、信息和服务有关的活动;

(e)本条例第 6 条提及的特定项目。

3. 欧盟委员会可在本条例第102(5)条所述评估的基础上，将其他任务委托给欧盟空间计划局，但前提是这些任务与其他受托实体在计划范围内开展的活动不重复，并且这些任务的目的是提高实施计划活动的效率。

4. 委托欧盟空间计划局开展活动时，应确保提供开展活动所需的适当财政、人力和行政资源。

5. 通过《财务条例》第62(1)条规定的减损并且根据欧盟委员会对保护欧盟利益的评估，欧盟空间计划局可按照适用于欧盟委员会的间接管理条件，通过出资协议委托其他实体在其各自权限范围内开展具体活动。

第30条　欧洲航天局的职责

1. 在欧盟利益得到保护的前提下，应将下列任务委托给欧洲航天局：

(a)与哥白尼计划有关的任务：

(i)协调太空项目和空间项目的实施及其进展；

(ii)哥白尼计划空间基础设施的设计、开发和建造，包括基础设施的运营和相关采购，但由其他实体实施的运营除外；

(iii)在适当情况下，提供对第三方数据的使用权限。

(b)与伽利略计划和EGNOS计划有关的任务：系统演化、地面部分部件的设计和开发、卫星系统的设计和开发，包括测试和验证。

(c)与欧盟空间计划的所有组成部分有关的任务：欧洲航天局专业领域内的上游研究和开发活动。

2. 根据欧盟委员会的评估，可按照欧盟空间计划的需要委托欧洲航天局执行其他任务，但前提是这些任务与其他受托实体在本计划范围内开展的活动不重复，并且这些任务的目的是提高实施计划活动的效率。

3. 在不影响本条例第31条规定的财政框架合作协议的情况下，欧盟委员会或欧盟空间计划局可要求欧洲航天局提供必要的技术专业知识和信息，以便按照双方约定的条件执行本条例分配给他们的任务。

第31条　财政框架合作协议

1. 本条例第28(4)条中提及的财政框架合作协议应：

(a)明确界定欧盟委员会、欧盟空间计划局和欧洲航天局在计划各组成部分以及必要的协调和控制机制方面的作用、责任和义务。

(b)要求欧洲航天局应用欧盟及其机构与欧洲航天局签订的安全协议中规定的欧盟安全规则，特别是与机密信息处理有关的规则。

(c)规定委托欧洲航天局管理资金的条件，特别是与公共采购有关的条件，以欧盟名义和代表欧盟进行采购时适用欧盟采购规则或适用委托实体的规则、管理程序，通过绩效指标衡量的预期结果，合同在成本、进度和结果方面存在不足之处或欺诈时的适用措施以及关于所有有形和无形资产所有权的沟通策略和规则等条件应符合本条例第三卷和第五卷以及《财务条例》规定。

(d)当欧盟空间计划局或欧洲航天局为根据财政框架合作协议进行的采购设立投标评估委员会时，要求欧盟委员会的专家以及(相关情况下的)其他受托实体的专家作为成员参加投标评估委员会会议。此类参与不得影响投标评估委员会的技术独立性。

(e)制定监测和控制措施，尤其应包括：

(i)一个成本预测系统；

(ii)向欧盟委员会或欧盟空间计划局(在适当情况下)系统地提供有关成本和进度的信息；

(iii)如果预算规划、绩效和进度之间存在差异，采取纠正措施确保在分配的预算内完成任务。

(f)制定欧洲航天局针对欧盟空间计划各组成部分的薪酬原则，该原则应与实施项目的条件相称，适当考虑到危机和脆弱情形，并在适当情况下以绩效为基础；薪酬应仅用于支付与欧盟委托给欧洲航天局的活动有关的一般管理费用。

(g)规定欧洲航天局采取适当措施，确保保护欧盟的利益，并遵守欧盟委员会在应用本条例时对欧盟空间计划的各个组成部分作出的决议。

2. 欧盟委员会应通过实施法案的方式决定财政框架合作协议。这些实施法案应按照本条例第107(3)条所述的审核程序予以通过。欧洲议会和欧盟理事会应在财政框架合作协议签订之前充分了解其内容及实施情况。

3. 根据本条第1款所述的财政框架合作协议，本条例第29(2)条和29(3)条所述的任务应通过出资协议委托给欧盟空间计划局，第30(1)条所述的任务应通过出资协议委托给欧洲航天局。欧盟委员会应通过实施法案的方式采纳与出资协议有关的出资决议。以上实施法案应按照本条例第107(2)条所述的咨询程序予以通过。欧洲议会和欧盟理事会应在出资协议签订之前充分了解其内容及实施情况。

第五卷　欧盟空间计划的安全

第一章　欧盟空间计划的安全

第 32 条　欧洲气象卫星应用组织和其他实体的作用

1. 欧盟委员会可以通过出资协议将下列任务的全部或部分委托给第 29 条和第 30 条所述实体以外的实体执行：

(a) 哥白尼空间基础设施或其部分的升级、运行准备和运行，在适当情况下，可能委托给欧洲气象卫星应用组织的所提供任务数据的访问。

(b) 向相关机构、团体或组织实施哥白尼服务或其部分，例如欧洲环境署、欧盟边境管理局、欧洲海事安全局、欧盟卫星中心和欧洲间天气预报中心，所委托的任务应在欧盟本地执行。已经委托欧盟相关机构、团体或组织在欧盟以外的地点执行的任务可以在有限的时间内继续推进，最迟在 2023 年 12 月 31 日之前结束。

2. 选择此类受托实体的标准尤其应体现其确保业务连续性和酌情确保安全，并不中断计划活动的能力。

在可能的情况下，本条第 1 款所指的出资协议条件应与本条例第 31(1) 条所指的财政框架合作协议条件一致。

关于本条第 1 款所述出资协议的出资决定，应按照本条例第 107(2) 条所述的咨询程序征求计划委员会的意见。计划委员会应事先获悉由欧盟委员会代表的欧盟与本条第 1 款所述实体缔结的出资协议。

第 33 条　安全原则

欧盟空间计划的安全应基于以下原则：

(a) 考虑到成员国在安全领域的经验，并从其最佳做法中得到启发；

(b) 使用欧盟理事会和欧盟委员会的安全规则，其中规定将运营职能和与认证有关的职能分开。

第 34 条　安全的治理

1. 欧盟委员会应在其职权范围内和欧盟空间计划局的支持下，确保以下方面的高度安全：

(a) 保护地面和空间基础设施以及服务的提供，特别是防止物理或网络攻击，包括对数据流的干扰；

(b) 技术转让的控制和管理；

(c) 在欧盟内部对所获得的能力和专有技术的开发和保护；

(d)敏感非机密信息和机密信息的保护。

2. 为了本条第1款的目的,欧盟委员会应确保对本计划各个组成部分开展风险和威胁分析。欧盟委员会应根据分析,在2023年年底前,通过实施法案,确定本计划各组成部分的一般安全要求。在此过程中,欧盟委员会应考虑到这些要求对组成部分顺利运作的影响,特别是在成本、风险管理和进度方面,确保总体安全水平不会降低且基于该组成部分的现有设备的功能不会受到破坏,并应考虑网络安全风险。这些实施法案应按照本条例第107(3)条所述的审核程序予以通过。

在本条例生效后,欧盟委员会应向计划委员会提交并在安全配置中讨论实施法案的指示性清单。该清单应附有提交这些实施法案的指示性时间表。

3. 负责管理计划组成部分的实体应负责组成部分的运作安全,并应为此进行风险和威胁分析以及所有必要活动,以确保和监测组成部分的安全,特别是制定技术规范和运作程序,并监测其对本条第2款所述一般安全要求的遵守情况。根据本条例第29条的规定,负责伽利略计划和EGNOS计划的实体应为欧盟空间计划局。

4. 欧盟委员会应基于风险和威胁分析,在适当情况下确定一个机构,负责监测安全并遵循依照第(CFSP)2021/698号决议的范围制定的指示。该机构应按照本条第2款中提及的安全要求运作。就伽利略计划而言,该机构应作为伽利略系统安全监测中心运作。

5. 机构应:

(a)在不影响成员国权限的情况下,根据本卷第二章的规定,确保计划所有组成部分的安全认证;

(b)确保伽利略系统安全监测中心的运行符合本款第2段的规定和根据第(CFSP)2021/698号决议的范围制定的指示;

(c)执行第1104/2011/EU号决议分配的任务;

(d)向欧盟委员会提供其技术专业知识,并提供执行本条例项下任务所需的任何信息。

6. 为确保构成计划的一部分且位于其领土上的地面基础设施得到保护,成员国应:

(a)采取至少与以下必要措施具有同等效果的措施:

(i)保护欧盟理事会第2008/114/EC号指令所定义的欧洲关键基础设施;

(ii)保护本国的关键基础设施。

(b)执行本条例第42款所述的安全认证任务。

7. 参与欧盟空间计划的实体应采取一切必要措施，包括针对风险分析中所发现的问题，确保计划的安全。

第 35 条　已部署系统和服务的安全

当欧盟或其成员国的安全可能受到系统运行的影响时，应适用第(CFSP)2021/698 号决议中规定的程序。

第二章　安全认证

第 36 条　安全认证机构

欧盟空间计划局内设立的安全认证委员会应为计划所有组成部分的安全认证机构。

第 37 条　安全认证的一般原则

欧盟空间计划所有组成部分的安全认证活动应按照以下原则进行：

(a)安全认证活动和决定应对欧盟和成员国的安全承担集体责任；

(b)应尽力在安全认证委员会内以协商一致的方式作出决定；

(c)安全认证活动应采用风险评估和管理方法进行，考虑到相关项目的安全风险以及任何缓减风险的措施对成本或进度的影响，同时要考虑不降低该项目总体安全水平的目标；

(d)安全认证委员会关于安全认证的决定应由在复杂系统认证领域具有适当资格、具有适当级别的安全许可并客观行事的专业人员筹划并作出；

(e)应尽力与所有相关方协商相关项目的安全问题；

(f)安全认证活动应在不影响欧盟委员会的职责的情况下，由相关项目的所有利益相关者按照安全认证策略进行；

(g)安全认证委员会关于安全认证的决定应遵循该委员会确定的相关安全认证策略中规定的流程，以成员国各自国家安全认证机构作出的本地安全认证决定为基础；

(h)一个永久、透明和完全可理解的监测流程应确保了解已知有关项目的安全风险，确定安全措施已将此类风险降低到可接受的水平，考虑到欧盟及其成员国的安全需求，并为了确保项目的顺利运行，这些措施的实施应当符合纵深防御的概念。应持续评估此类措施的有效性，与安全风险评估和管理相关的流程应作为迭代过程，由相关项目的利益相关者共同实施；

(i)安全认证委员会应以严格独立的方式作出安全认证的相关决定，包括与欧盟委员会和负责实施相关项目和提供相关服务的其他机构有关的决定，以及与欧盟空间计划局的执行董事和行政管理委员会有关的决定；

（j）开展安全认证活动时，应适当考虑到欧盟委员会与负责执行安全规则的机构之间充分协调的必要性；

（k）安全认证委员会对 EGNOS 系统服务进行的安全认证不得影响欧洲航空安全局为航空业开展的认证活动。

第 38 条　安全认证委员会的任务

1. 安全认证委员会执行其任务时不得影响欧盟委员会的职责或委托给欧盟空间计划局其他机构的职责，特别是与安全相关的事务，并且不得影响成员国在安全认证方面的权限。

2. 安全认证委员会应承担以下任务：

（a）确定和批准以下安全认证战略：

（i）执行和维护欧盟空间计划组成部分或部分项目的认证及其与其他系统或项目之间任何互连所需的活动范围；

（ii）欧盟空间计划组成部分或部分项目的安全认证流程，其详细程度与所需的保证水平相称，并明确说明认证条件；

（iii）参与认证过程的相关利益方的职责；

（iv）与欧盟空间计划组成部分各阶段相符的认证日程安排，特别是与基础设施部署、服务提供和发展有关的日程安排；

（v）与在欧盟空间计划组成部分项下建立的系统相连接的网络或部分项目以及与由这些组成部分建立的系统相连设备的安全认证原则（应由负责安全事务的成员国国家实体执行）。

（b）作出与安全认证有关的决定，特别是根据欧盟空间计划的组成部分建立的系统或这些组成部分的不同配置和他们提供的各种服务（包括太空信号）及运行地面站的授权有关的决定。

（c）仅在授权有关机构开发或制造敏感公共管制服务技术、接收器或安全模块或根据本条例第 34（2）条提及的一般安全要求必须进行检查的任何其他技术或设备的情况下，根据主管安全事务的国家实体提供的建议和总体安全风险，作出与本条例第 45 条所述公共管制服务连接的网络和设备或与计划组成部分产生的任何其他安全服务连接的网络和设备有关的决定。

（d）审查并批准与安全认证相关的所有文件，但欧盟委员会根据本条例第 34

(2)条和第1104/2011/EU号决议第8条通过的文件除外。

(e)在其职权范围内,就本条例第34(2)条和第1104/2011/EU号决议第8条所述行为的文本草案的编制,包括安全操作程序的制定,向欧盟委员会提供咨询意见,并提供一份说明其结论立场的声明。

(f)审查和批准根据本条例第37(h)条中提及的监测流程编制的安全风险评估,同时要考虑符合本段第(c)条中提及的文件和根据本条例第34(2)条编制的文件以及第1104/2011/EU号决议第8条规定,与欧盟委员会合作,确定风险缓减措施。

(g)根据本条例第42(2)条,通过开展或发起安全评估、检查、审计或审查,检查与计划组成部分的安全认证有关的安全措施的实施情况。

(h)支持选择合格的防电子窃听产品和措施(TEMPEST)和用于为计划组成部分提供安全性的合格加密产品。

(i)与主管安全事务的相关实体一起,批准或在必要时参与联合批准在计划的组成部分或部分项目项下建立的系统与其他系统之间的互连。

(j)与相关成员国商定第42(4)条所述的权限控制模板。

(k)编制风险报告,将其风险评估告知欧盟委员会、行政管理委员会和执行主任,并向他们提供关于给定安全认证决策的剩余风险处理方案的建议。

(l)应欧盟理事会或高级代表的具体要求,与欧盟委员会、欧盟理事会和高级代表保持密切联系,协助执行第(CFSP)2021/698号决议(欧洲共同外交与安全政策)。

(m)开展执行其任务所需的磋商。

(n)采纳并公布其议事规则。

3. 在不影响成员国权力和责任的情况下,应在安全认证委员会的监督下设立一个代表成员国的特别附属机构,负责执行以下任务:

(a)管理计划飞行密钥;

(b)验证、监测和评估伽利略计划公共管制服务密钥的会计、安全处理、存储、分发和处置程序的建立和执行情况。

第39条　安全认证委员会的构成

1. 安全认证委员会应由每个成员国的一名代表、一名欧盟委员会代表和高级代表的一名代表组成。安全认证委员会成员的任期为4年,可连任。

2. 应按照须知的原则参加安全认证委员会会议。在适当情况下,可邀请欧洲航天局代表和不参与安全认证的机构代表作为观察员出席安全认证委员会的会议。在例外情况下，欧盟机构、第三方国家或国际组织的代表也可能受邀作为观察员出席安全认证委员会的会议，探讨与这些第三方国家或国际组织直接相关的事务，特别是与属于他们或在他们领土上设立基础设施有关的事务。第三方国家或国际组织代表的参会安排和参会条件应在相关协议中规定，并应符合安全认证委员会的议事规则。

第 40 条　安全认证委员会的表决规则

如果无法根据本条例第 37(b)条所述的一般原则达成共识，则安全认证委员会应根据《欧盟条约》第 16 条，按照特定多数的表决原则通过决议。欧盟委员会的代表和高级代表的代表不得参与投票。安全认证委员会主席应代表安全认证委员会签署安全认证委员会通过的决议。

第 41 条　安全认证委员会决议的传达和影响

1. 安全认证委员会的决议应提交给欧盟委员会。

2. 欧盟委员会应持续向安全认证委员会通报其设想的任何决议对适当实施欧盟空间计划组成部分以及执行剩余风险处理方案的影响。安全认证委员会应记录从欧盟委员会收到的任何此类信息。

3. 欧盟委员会应及时向欧洲议会和欧盟理事会通报安全认证决议的通过对适当实施欧盟空间计划各组成部分的影响。如果欧盟委员会认为安全认证委员会通过的决议可能对适当实施各组成部分产生重大影响，例如在成本、进度或绩效方面产生影响，则欧盟委员会应立即通知欧洲议会和欧盟理事会。

4. 应定期向行政管理委员会通报安全认证委员会的工作进展情况。

5. 安全认证委员会的工作时间表不得妨碍本条例第 100 条所述工作方案中规定的活动时间表。

第 42 条　成员国在安全认证方面的职责

1. 成员国应向安全认证委员会传达他们认为与安全认证有关的所有信息。

2. 在与主管安全事务的国家实体达成协议并在其监督下，成员国应根据其国家法律法规，允许安全认证委员会任命的正式授权人员查看与其管辖范围内的系统安全相关的任何信息、进入任何区域和场所，实施安全认证委员会决定的安全检查、审计和测试以及本条例第 37(h)条所述的安全风险监测流程等任务。该权限不得以国籍为由对成员国国民进行任何歧视。

3. 本条第 2 款中提及的审计和测试应按照以下原则进行：

(a)应强调被检查实体内安全和有效风险管理的重要性；

(b)应建议采取反措施，以减轻机密资料的机密性、完好性或可用性损失的具体影响。

4. 各成员国应负责设计权限控制模板，概述或列出待认证的区域或场所。权限控制模板应由成员国和安全认证委员会事先商定，从而确保所有成员国提供相同级别的权限控制。

5. 成员国应在地方层面负责对位于其领土内且构成欧盟空间计划组成部分安全认证区域的现场进行安全认证，并为此向安全认证委员会报告。

第三章　机密资料的保护

第 43 条　机密资料的保护

1. 与欧盟空间计划相关的机密资料的交换应遵守欧盟与第三方国家或国际组织之间关于机密资料交换的国际协议或(在适用情况下)欧盟主管机构或部门与第三方国家或国际组织的有关部门就机密资料的交换达成的协议。

2. 居住在第三方国家的自然人和在第三方国家设立的法人只有在遵守第三方国家安全条例的情况下，方可处理与计划有关的欧盟机密信息，以确保其保护程度至少相当于第(EU, Euratom)2015/444 号决议中规定的欧盟委员会安全规则和第 2013/488/EU 号决议附件中规定的欧盟理事会安全规则。第三方国家或国际组织适用的安全法规的等效性，包括工业安全事务，应在欧盟与该第三方国家或国际组织根据《欧盟运作条约》第 218 条规定的程序并参考第 2013/488/EU 号决议第 13 条的规定所达成的信息安全协议中作出规定。

3. 在不影响第 2013/488/EU 号决议第 13 条和第(EU, Euratom)2015/444 号决议规定的工业安全领域管理规则的情况下，可根据信息的性质和内容、信息接收者的知情需要以及对欧盟的有利程度，在视为必要的具体情况下，允许自然人或法人、第三方国家或国际组织查看欧盟机密信息。

第六卷　伽利略计划和 EGNOS 计划

第 44 条　合格举措

伽利略计划和 EGNOS 计划的利用应包括以下合格举措：

(a)天基基础设施的管理、运行、维护、持续改进、发展和保护，包括升级和淘汰管理；

(b)地面基础设施,特别是第(EU)2016/413 号执行决定或欧盟委员会第(EU)2017/1406 号实施决策中提及的陆基中心和站点,网络的管理、运营、维护、持续改进、发展和保护,包括升级和淘汰管理;

(c)未来各代系统的开发以及伽利略计划和 EGNOS 计划提供的服务的演变,包括对利益相关者需求的考量;这一举措不应影响未来关于欧盟财务预期的决策;

(d)支持伽利略计划和 EGNOS 计划下游应用的开发以及基本技术要素的开发和发展,如适配伽利略系统的芯片组和接收器;

(e)支持与伽利略计划和 EGNOS 计划相关的认证和标准化活动,尤其是运输部门的认证和标准化;

(f)持续提供伽利略计划和 EGNOS 计划提供的服务,这些服务的市场开发与成员国以及私营部门的项目形成互补,以便最大限度地发挥本条例第 4(1)条第(b)项所述的社会经济效益;

(g)与其他区域或全球卫星导航系统合作,以促进兼容性和互操作性等;

(h)监测系统可靠性及其利用情况以及服务性能;

(i)与提供服务和协调扩大服务范围有关的活动。

第 45 条　伽利略系统提供的服务

1. 伽利略系统提供的服务应包括:

(a)伽利略开放服务(GOS),向用户免费提供定位和同步信息,主要用于面向消费者的大容量卫星导航应用。

(b)高精度服务(HAS),向用户免费提供,通过在补充频段传播的附加数据,主要用于专业或商业卫星导航应用的高精度定位和同步信息。

(c)信号认证服务(SAS),基于信号中包含的加密代码,主要用于专业或商业卫星导航应用。

(d)公共管制服务(PRS),仅限于安全和防务等领域的敏感应用程序的政府授权用户,这类应用程序使用强加密信号,对服务连续性要求较高;服务应免费向成员国、欧盟理事会、欧盟委员会、欧洲经济区以及适当情况下经正式授权的欧盟机构提供;关于是否向第 1104/2011/EU 号决议第 2 条中提及的其他公共管制服务参与者收费的问题,应根据具体情况进行评估,适当条款应在根据该决议第 3(5)条缔结的协议中具体说明;公共管制服务的使用应根据第 1104/2011/EU 号决议进行监管。

(e)紧急服务(ES),免费向用户提供,并通过发送信号的方式,播报有关特定地区自然灾害或其他紧急情况的警告信息;在适当情况下,应与成员国国家民防部门合作提供。

(f)授时服务(TS),免费为用户提供准确、可靠的参考时间,并实现协调通用时间,以促进基于伽利略计划的授时应用程序的开发和关键应用程序的使用。

2. 伽利略计划还应促进:

(a)全球卫星搜救系统(COSPAS – SARSAT)的搜索和救援支持服务(SAR),通过探测信标发送的遇险信号和通过返回链路向信标转发信息为系统提供支持;

(b)根据伽利略开放服务的信号,联合 EGNOS 系统和其他卫星导航系统,为生命安全服务机构提供欧盟或国际标准化的完好性监测服务;

(c)通过第(EU)2016/413 号执行决定中提及的全球卫星导航系统服务中心提供的太空天气信息和通过伽利略陆基基础设施提供的预警服务,减少伽利略系统和其他全球卫星导航系统提供的与太空有关的服务对用户的潜在风险。

第 46 条　EGNOS 计划提供的服务

1. EGNOS 系统提供的服务应包括:

(a)EGNOS 开放服务(EOS),免费向直接用户提供定位和同步信息,主要用于面向消费者的大容量卫星导航应用。

(b)EGNOS 数据访问服务(EDAS),免费向直接用户提供定位和同步信息,主要用于专业或商业卫星导航应用,提供附加值比通过 EGNOS 系统开放服务获得的性能和数据更高的增强性能和数据。

(c)生命安全(SoL)服务,免费向直接用户提供连续性、可用性和精度高的定位和时间同步信息,包括提醒用户由伽利略和其他全球卫星导航系统发出并由 EGNOS 系统在覆盖区域内增强的任何故障或超容信号的完好性消息,主要针对对安全要求高的用户,特别是根据国际民航组织标准在民航部门提供空中导航服务的用户或其他运输部门。

2. 本条第 1 款所述服务应在 2026 年年底前作为优先事项在位于欧洲的所有成员国领土上提供,包括塞浦路斯、亚速尔群岛、加那利群岛和马德拉群岛。

3. 根据技术可行性和本条例第 34(2)条提及的安全要求,EGNOS 系统的地理覆盖范围可扩大到世界其他地区,特别是候选国家、与“欧洲单一天空”计划有关的第三方国家和欧洲睦邻政策中的第三方国家的领土,生命安全服务应依照国际协议实施。

4. 本条第 3 款规定的扩大 EGNOS 系统地域覆盖范围的费用,包括这些地区特有的相关运营费用,不应从本条例第 11 条所述预算中支付。欧盟委员会应考虑其他计划或工具来为此类活动提供资金。以上范围的扩大不得延误在位于欧洲的成员国境内提供本款第 1 段所述服务。

第 47 条　伽利略计划和 EGNOS 计划服务的实施措施

为使伽利略计划和 EGNOS 计划顺利运行并为市场所采用,欧盟委员会应在必要时,通过实施法案制定必要的措施,以达到如下目的:

(a)管理和降低伽利略系统和 EGNOS 系统运营中的固有风险,特别是确保服务的连续性;

(b)规定监测和评估伽利略计划和 EGNOS 计划实施情况的关键决策阶段;

(c)按照安全要求,通过公开透明的程序,确定伽利略系统和 EGNOS 系统陆基基础设施中心的位置,并确保其运营;

(d)确定与本条例第 45(1)条第(c)、(e)和(f)项以及第 45(2)条第(c)项所述服务相关的技术和运营规范。

这些实施法案应按照本条例第 107(3)条所述的审核程序予以通过。

第 48 条　兼容性、互操作性和标准化

1. 伽利略系统和 EGNOS 系统及其提供的服务应在技术(包括用户层面)上互相兼容和可互操作。

2. 伽利略系统和 EGNOS 系统及其提供的服务应当可与其他卫星导航系统和常规无线电导航方式相互兼容和互操作,必要的兼容性和互操作性要求和条件在国际协议中规定。

第七卷　哥白尼计划

第一章　一 般 条 款

第 49 条　哥白尼计划的范围

1. 哥白尼计划应在由欧洲航天局和欧洲气象卫星组织等利益相关者实施的先前投资的基础上实施,并在适当和经济高效的情况下,考虑可比数据和信息商业供应商的能力以及促进竞争和市场开发的需要,利用成员国的国家或区域能力,最大限度地为欧洲用户创造机会。

2. 哥白尼计划应根据哥白尼计划用户的需求,基于自由、完整和开放的数据政策提供数据和信息。

3. 哥白尼计划应支持欧盟及其成员国政策的制定、实施和监测,特别是在环境、气候变化、海洋、海事、大气、农业和农村发展、文化遗产保护、民防、基础设施监测、安全和安保以及数字经济等领域，以进一步减轻行政负担。

4. 哥白尼计划应包括以下要素：

(a)数据采集，包括：

(i)哥白尼哨兵系列卫星的开发和运营；

(ii)获取第三方天基地球观测数据；

(iii)获取现场和其他辅助数据。

(b)通过哥白尼计划服务进行数据和信息处理，其中应包括产生增值信息的活动，为环境监测、报告和合规保证、民防和安全服务提供支持。

(c)数据访问和分发，包括基础设施和服务，确保以人性化的方式发现、查看、访问、分发、利用以及长期保存哥白尼计划数据和哥白尼计划信息。

(d)本条例第28(6)条规定的用户接受、市场开发和能力建设，包括促进哥白尼计划、哥白尼计划数据和哥白尼计划服务的相关活动、资源和服务及本条例第4(1)条所述的旨在实现最大化的社会经济效益的相关下游应用及其在各个层面的开发，以及哥白尼计划用户需求的收集和分析。

5. 考虑到国际协议和协调进程，哥白尼计划应促进观测系统的国际协调和相关数据交换，以加强其全球维度和互补性。

第二章　合格举措

第50条　数据获取合格举措

哥白尼计划项下的合格举措应包括：

(a)加强现有哥白尼哨兵系列卫星任务的连续性并开发、发射、维护和运行，进一步扩大哥白尼哨兵系列卫星的观测范围，尤其是监测人为二氧化碳和其他温室气体排放的观测能力，以支持对极地地区的监测，并在农业、森林、水源和海洋资源管理以及文化遗产方面实现创新的环境应用；

(b)提供实施哥白尼计划服务所必需的或供欧盟的机构、分散服务机构以及(适当且具有成本效益的情况下)国家或地区公共机构使用的哥白尼计划第三方数据和信息的访问权的举措；

(c)为哥白尼计划数据和哥白尼计划信息的生成、校准和验证提供和协调对哥白尼计划现场数据和其他必要辅助数据的访问权限的举措，包括在适当和具有成本效益的情况下使用现有国家能力和避免重复。

第 51 条　哥白尼计划服务合格举措

1. 哥白尼计划服务项下的合格举措应包括：

(a) 环境监测、报告和合规保证服务，包括：

(i) 在全球层面进行大气监测，提供关于空气质量的信息(特别是欧洲的空气质量)以及关于大气成分的信息；

(ii) 海洋环境监测，提供与海洋和沿海生态系统的状况和动态、资源及利用有关的信息；

(iii) 土地监测和农业，提供与土地覆盖、土地利用和相关变化、文化遗址、地面运动、城市地区、内陆水源数量和质量、森林、农业和其他自然资源、生物多样性和冰层有关的信息；

(iv) 气候变化监测，提供与人为二氧化碳和其他温室气体排放和吸收、基本气候变量、气候再分析、季节预报、气候预测和归因、极地和北极变化以及相关时间和空间尺度指标有关的信息。

(b) 应急管理服务，以提供用于支持和协调民防相关公共部门的信息、支持民防和应急行动(改善预警活动和危机应对能力)，以及针对不同类型灾害的防范和预防举措(风险和复原分析)。

(c) 安全服务，以支持欧盟内部及其外部边界监视、海上监视、应对欧盟面临的安全挑战的欧盟对外行动以及共同外交和安全政策的目标和行动。

2. 欧盟委员会应在外部独立专家的支持下，通过以下方式确保哥白尼计划服务的相关性：

(a) 验证技术可行性和适用性，以满足用户群体提出的要求；

(b) 评估建议或执行的手段和解决方案，以满足用户群体的要求和计划的目标。

第 52 条　数据和信息访问和分发合格举措

1. 哥白尼计划应包括提供对所有哥白尼计划数据和哥白尼计划信息增强访问权限的举措并在适当情况下提供促进这些数据和信息的分发、访问权限和使用的额外基础设施和服务的举措。

2. 如果哥白尼计划数据或哥白尼计划信息被视为第(EU)1159/2013 号授权条例第 12 条至第 16 条所指的安全敏感信息，则欧盟委员会可将采购、采集监督，数据和信息的访问和分发委托给一个或多个信托实体。此类实体应建立并维护认证用户登记册，并通过独立的工作流程授予访问受限数据的权限。

第三章　哥白尼计划数据政策

第 53 条　哥白尼计划数据和哥白尼计划信息政策

1. 哥白尼计划数据和哥白尼计划信息应按照以下自由、完整和开放的数据政策提供给哥白尼计划用户：

(a) 哥白尼计划用户可以在全球范围内免费复制、分发、向公众传播、改编和修改所有哥白尼计划数据和哥白尼计划信息并将其与其他数据和信息相结合；

(b) 免费、完整和开放的数据政策应包括以下限制：

(i) 对哥白尼计划数据和哥白尼计划信息的格式、及时性和传播特征应预先进行规定；

(ii) 在适用的情况下，应遵守生成哥白尼计划信息所使用的哥白尼计划第三方数据和信息的许可条件；

(iii) 本条例应包括第 34(2) 条所述的一般安全要求所引发的安全限制；

(iv) 应确保防止生成或提供哥白尼计划数据和哥白尼计划信息的系统以及数据本身发生中断的风险；

(v) 应确保欧洲用户访问哥白尼计划数据和哥白尼计划信息的可靠权限。

2. 欧盟委员会应根据本条例第 105 条的规定通过授权法案，以补充本条第 1 款与获取和使用哥白尼计划数据和哥白尼计划信息的规范、条件和程序有关的具体规定。

3. 在紧急情况下，本条例第 10 条款规定的程序应适用于根据本条通过的授权法案。

4. 欧盟委员会应根据本条例中规定的哥白尼计划数据政策和根据第 2 款通过的相关授权法案，发布访问和使用哥白尼计划数据和哥白尼计划信息的许可和通知，包括归因条款。

第八卷　欧盟空间计划的其他组成部分

第一章　空间态势感知

第一节　SST 子项目

第 54 条　SST 子项目的范围

1. SST 子项目应支持以下活动：

(a)建立、开发和运行成员国陆基和天基 SST 传感器网络,包括通过欧洲航天局或欧盟私营部门开发的传感器以及国家运营的欧盟传感器,以测量和跟踪太空物体,并编制欧洲太空物体目录;

(b)处理和分析国家层面的 SST 数据,以生成本条例第 55(1)条所述的 SST 信息和 SST 服务;

(c)向本条例第 56 条所述的 SST 用户提供第 55(1)条所述的 SST 服务;

(d)监测并寻求与促进开发和部署使用寿命已完结的航天器处置技术以及防止和消除太空碎片技术系统的举措以及太空交通管理领域的国际举措的协同作用。

2. SST 子项目还应提供技术和行政支持,以确保欧盟空间计划与第 541/2014/EU 号决议建立的 SST 支持框架之间的过渡。

第 55 条　SST 服务

1. SST 服务应包括:

(a)航天器之间或航天器与太空碎片之间碰撞的风险评估,以及对可能在航天器任务的发射、早期轨道、轨道提升、在轨运行和处置阶段产生的碰撞进行风险警报;

(b)轨道内碎片、解体或碰撞的探测和特征描述;

(c)对太空物体和太空碎片不受控制地再次进入地球大气层的风险评估和相关信息的生成,包括对潜在影响的时间范围和可能位置的估计;

(d)以下规划活动的开发:

(i)减少太空碎片产生的缓解措施;

(ii)管理现有太空碎片的补救措施。

2. SST 服务应在任何时间不间断地免费提供,并适应本条例第 56 条所述 SST 用户的需要。

3. 参与 SST 子项目的成员国、欧盟委员会以及本条例第 59(1)条中提及的 SST 服务台(如相关),对以下事项不承担责任:

(a)因 SST 服务缺失或中断而造成的损害;

(b)SST 服务提供延误;

(c)通过 SST 服务提供的信息不准确;

(d)为回应 SST 服务的提供而采取的举措。

第 56 条　SST 用户

1. 欧盟 SST 用户应包括:

(a)SST 核心用户成员国、欧洲对外行动署、欧盟委员会、欧盟理事会、欧盟空间计划局以及欧盟内设立的公共和私营航天器所有人和运营商；

(b)SST 非核心用户：欧盟内设立的其他公共和私营实体。

SST 核心用户应能够使用本条例第 55(1)条中提及的所有 SST 服务。

SST 非核心用户可以使用本条例第 55(1)条第(b)、(c)和(d)项中提及的 SST 服务。

2. 国际 SST 用户应包括第三方国家、总部不在欧盟的国际组织以及未在欧盟设立的私人实体。在以下条件下，这些用户可以使用本条例第 55(1)条第(d)项所述的 SST 服务：

(a)总部不在欧盟的第三方国家和国际组织可以使用本条例第 8(2)条规定的 SST 服务；

(b)未在欧盟内设立的私人实体可使用 SST 服务，但须遵守欧盟根据本条例第 8(2)条与实体设立地所在的第三方国家签订的授权使用服务国际协议。

可使用本条例第 55(1)条第(a)、(b)和(c)项中提及的公开 SST 服务，无须签署任何国际协议。

3. 欧盟委员会可通过实施法案的方式，采纳与 SST 服务的使用和相关程序有关的具体规定。这些实施法案应按照第 107(3)条所述的审核程序予以通过。

第 57 条　成员国参与 SST 子项目

1. 希望参与提供第 55(1)条所述涵盖所有轨道的 SST 服务的成员国应向欧盟委员会提交一份联合提案，证明符合以下标准：

(a)拥有或掌握可供 SST 子项目使用的充足的 SST 传感器和操作传感器的人力资源，或专为 SST 设计并专用于 SST 子项目充足运行的分析和数据处理能力；

(b)相关成员国对每项 SST 资产进行初始安全风险评估；

(c)制定以根据第 541/2014/EU 号决议第 6 条通过的协调计划为依据的行动计划，以实施本条例第 54 条规定的活动；

(d)为根据本条例第 58 条指定的专家组分配不同的活动；

(e)制定实现本条例第 4 条所述目标所需的数据共享规则。

就本条第 1 款第(a)项和第(b)项中规定的标准而言，希望参与提供 SST 服务的各成员国应分别证明其符合这些标准。

就本条第 1 款第(c)、(d)和(e)项中规定的标准，所有希望参与提供 SST 服务的成员国应集体证明其符合这些标准。

2. 自 2021 年 5 月 12 日起，参与 SST 子项目的成员国，其指定国家实体为根据第 541/2014/EU 号决议第 7(3)条成立的联合体的成员，应视为满足本条第 1 款第(a)和(b)项中提及的标准。

3. 如果没有按照本条第 1 款提交联合提案，或者欧盟委员会认为所提交的联合提案不符合本条第 1 款所述标准，则至少有 5 个成员国可以向欧盟委员会提交新的联合提案，证明符合本条第 1 款中提及的标准。

4. 欧盟委员会可通过实施法案，采纳有关本条第 1 至 3 款所述程序和要素的具体规定。这些实施法案应按照本条例第 107(3)条所述的审核程序予以通过。

第 58 条　成员国参与 SST 子项目的组织框架

1. 已向欧盟委员会提交根据本条例第 57(1)条或者本条例第 57(3)条认定符合要求的联合提案的各成员国应指定在其领土上设立的参与国实体作为代表。被指定的参与国实体应为成员国公共机关或受托行使此类公共权力的机构。

2. 根据本条第 1 款指定的参与国实体应签订一项协议(SST 伙伴协议)，以创建一家 SST 合伙企业，并规定其在实施本条例第 54 条所述活动方面的合作规则和机制。SST 伙伴协议尤其应包括本条例第 57(1)条第(c)、(d)和(e)项中提及的要素和风险管理机构的设立，以确保实施 SST 数据和 SST 信息的使用和安全交换规定。

3. 参与国实体应根据多年度计划、关键绩效指标和用户要求，在本条第 6 款所述专家组活动的基础上，开发高质量的欧盟 SST 服务。欧盟委员会可通过实施法案，采纳多年度计划和关键绩效指标。这些实施法案应按照本条例第 107(3)条所述的审核程序予以通过。

4. 参与国实体应在不影响成员国国家安全领域特权的情况下，将现有和未来可能的传感器联网，以协调和优化的方式进行操作，以建立和维护最新的欧洲共同目录。

5. 参与 SST 子项目的成员国应根据本条例第 34(2)条中提及的一般安全要求进行安全认证。

6. 专家组应由参与 SST 子项目的成员国指定，负责处理与不同 SST 活动相关的具体问题。专家组应为常设，并由指定实体的成员国的参与国实体负责管理和人员配备，可包括来自每个参与国实体的专家。

7. 参与国实体和专家组应确保对 SST 数据、SST 信息和 SST 服务的保护。

8. 欧盟委员会应通过实施法案的方式，采纳与成员国参与 SST 子项目的组织框架运作有关的具体规则。这些规则还应涵盖成员国通过成为本条第2款所述SST伙伴协议的缔约方从而在后期阶段加入SST合伙企业的情形。这些实施法案应按照本条例第107(3)条所述的审核程序予以通过。

第59条 SST服务台

1. 欧盟委员会应参考参与国实体的建议,根据在安全问题和服务提供方面的最佳专业知识选择SST服务台。SST服务台应:

(a)提供必要的安全接口,以集中、存储和向第56条所述SST用户提供SST信息,确保信息得到充分处理且可追溯;

(b)向第58(2)条提及的SST合伙企业和欧盟委员会报告SST服务的绩效;

(c)收集对第58(2)条所述SST合伙企业的必要反馈,以确保服务符合SST用户的期望;

(d)支持、促进和鼓励参与国实体使用SST服务。

2. 参与国实体应与SST服务台达成必要的实施安排。

第二节 SWE和NEO子项目

第60条 SWE活动

1. SWE子项目应支持以下活动:

(a)评估和确定本条例第2条第(b)项所确定部门的用户需求,以确定将提供的SWE服务;

(b)根据确定的用户需求和技术要求,向用户提供SWE服务。

2. SWE服务应随时提供,不得中断。欧盟委员会应根据以下规则,通过实施法案选择服务:

(a)欧盟委员会应根据SWE用户的需求、服务的技术储备情况和风险评估结果,优先考虑在欧盟层面提供的SWE服务;

(b)SWE服务有助于促进民防活动和对太空、运输、全球卫星导航系统、电网和通信等多个不同部门的保护。

以上实施法案应按照本条例第107(2)条所述的咨询程序予以通过。

3. 选择提供SWE服务的公共或私营实体应通过招标进行。

第61条 NEO活动

1. NEO子项目可支持以下活动:

(a)绘制成员国探测和监测近地天体的能力图;

(b)促进成员国设施和研究中心的联网；

(c)本条第2款所述服务的发展；

(d)开发能够描述新发现近地天体特征的常规快速反应服务；

(e)创建欧洲近地天体目录。

2. 欧盟委员会可在其职权范围内制定程序，在适当的联合国机构的参与下，在发现近地天体接近地球时协调欧盟和国家公共机关采取民防相关举措。

第二章　欧洲政府卫星通信计划

第62条　政府卫星通信计划的范围

在政府卫星通信部分下，卫星通信能力和服务将合并为一个共同的卫星通信能力和服务库，并有适当的安全要求。该组件包括：

(a)地面部分基础设施的开发、建设和运营；

(b)采购提供政府卫星通信服务所需的政府和商业卫星通信能力、服务和用户设备；

(c)促进政府卫星通信用户设备互操作性和标准化的必要措施。

第63条　政府卫星通信系统的能力和服务

1. 应确保提供本条第3款所述服务组合中规定的政府卫星通信能力和服务，并符合本条第2款所述的运行要求、本条例第34(2)条所述的政府卫星通信具体安全要求以及本条例第66条所述的共享和优先规则的限制。

除非欧盟委员会根据第66(2)条规定了定价政策，否则政府卫星通信的机构和政府用户可以免费使用政府卫星通信的能力和服务。

2. 欧盟委员会应通过实施法案，以技术规范的形式通过对政府卫星通信服务的用户案例操作要求，特别是危机管理、监视和关键基础设施管理，包括外交通信网络有关情况。这些操作要求应基于对政府卫星通信用户要求的详细分析，并应考虑到这些要求源自现有用户设备和网络。应按照本条例第107(3)条所述的审查程序通过这些操作要求。

3. 欧盟委员会应通过实施法案，以卫星通信能力和服务及其属性的类别清单的形式，通过包括地理覆盖范围，频率、带宽、用户设备和安全特性的政府卫星通信服务组合。服务组合应考虑现有的商业服务，以避免扭曲内部市场的竞争。这些实施法案应定期更新，并应以本条第1款所述的行动和安全要求为基础，根据相关性和重要性确定向用户提供服务的优先次序。这些实施法案应按照本条例第107(3)条所述的审查程序予以通过。

4. 政府卫星通信用户应可使用本条第 3 款所述服务组合中列出的政府卫星通信能力和服务。这种接入应通过本条例第 67(1)条所述的政府卫星通信枢纽提供。

第 64 条　卫星通信能力和服务的提供者

下列实体可提供政府卫星通信系统下的卫星通信能力和服务：

(a)本条例第 68 条提及的政府卫星通信参与者；

(b)按照本条例第 37 条提及的安全认证程序，经正式认证提供卫星通信能力或服务的法人，应遵守本条例第 34(2)条提及的政府卫星通信部分的一般安全要求。

第 65 条　政府卫星通信系统用户

1. 下列实体可以是政府卫星通信用户，条件是委托他们执行、监督和管理紧急和安全关键任务、行动和基础设施有关的任务：

(a)联盟或成员国公共当局或受托行使这种公共权力的机构；

(b)代表本款第(a)项所述实体并受其控制的自然人或法人。

2. 本条第 1 款所述的政府卫星通信用户应由本条例第 68 条所述的政府卫星通信参与方正式授权使用政府卫星通信能力和服务，并应遵守本条例第 34(2)条所述为政府卫星通信部分规定的一般安全要求。

第 66 条　共享和优先级划分

1. 集中的卫星通信能力，本条例第 68 条提及的政府卫星通信系统参与者应在对用户的安全和安保风险进行分析的基础上，共享和优先处理汇集的卫星通信能力、服务和用户设备。这种分析应考虑到欧盟和国家层面的现有通信基础设施和现有能力的可用性以及他们的地理覆盖范围。这种共享和优先次序应根据政府卫星通信用户的相关性和重要性进行优先排序。

2. 欧盟委员会应通过法案的方式，通过关于卫星通信能力、服务和用户设备的共享和优先次序的详细规则，同时考虑到对不同政府卫星通信使用情形的预期需求，对这些使用情形的安全风险进行分析，并酌情考虑成本效益。

通过在这些规则中确定定价政策，欧盟委员会应确保提供政府卫星通信能力和服务不会扭曲市场，并且不会出现政府卫星通信能力短缺的情况。

这些实施法案应按照本条例第 107(3)条所述的审查程序予以通过。

3. 由同一政府卫星通信参与方授权的政府卫星通信用户之间的卫星通信能力和服务的共享和优先次序应由该政府卫星通信参与方确定和实施。

第 67 条　地面段基础设施和运行

1. 地面段应包括能够根据本条例第 66 条向政府卫星通信用户提供服务所需的基础设施，特别是应根据本部分采购的政府卫星通信枢纽，以便将政府卫星通信用户与卫星通信能力和服务提供商连接起来。地面段及其运行应符合本条例第 34(2)条所述的一般安全要求，这些要求是为政府卫星通信定义的。

2. 欧盟委员会应通过实施法案的方式，确定地面段基础设施的位置。应根据本条例第 107(3)条中提及的审查程序通过这些实施法案，且不应损害成员国决定不接纳任何此类基础设施的权利。

第 68 条　政府卫星通信参与者和主管机构

1. 成员国、理事会、欧盟委员会和欧洲对外行动署应是政府卫星通信的参与者，负责授权政府卫星通信用户，或提供卫星通信能力、地面段站点或部分地面段设施。

如果理事会、欧盟委员会或欧洲对外行动署在成员国领土上授权政府卫星通信用户，或提供卫星通信能力、地面段站点或部分地面段设施，则此类授权不得违反该成员国宪法中规定的中立或不结盟条款。

2. 欧盟各机构只有在为完成其任务所必需的情况下，并符合相关机构与对其进行监督的欧盟机构之间行政安排中规定的详细规则，才能成为政府卫星通信的参与者。

3. 根据本条例第 7 条，第三国和国际组织可成为政府卫星通信的参与者。

4. 每个政府卫星通信参与方应指定一个政府卫星通信主管机构。

5. 政府卫星通信主管机构应确保：

(a)服务的使用符合安全要求；

(b)政府卫星通信用户的访问权限得到确定和管理；

(c)用户设备及相关电子通信连接和信息的使用、管理符合适用的安全要求；

(d)建立一个中心联络点，以在必要时协助报告安全风险和威胁，特别是检测影响本构成部分项下服务的潜在有害电磁干扰。

第 69 条　监测政府卫星通信的供应和需求

为了优化政府卫星通信服务的供需平衡，欧盟委员会将持续监测供应的变化，包括轨道上用于汇集和共享的现有政府卫星通信能力，以及对政府卫星通信能力和服务的需求，同时考虑到新的风险和威胁，以及新的技术发展。

第九卷　欧盟空间计划局

第一章　与欧盟空间计划局有关的一般条款

第70条　欧盟空间计划局的法律地位

1. 欧盟空间计划局应属于欧盟的一个部门。其应具备法人资格。

2. 在每个成员国,欧盟空间计划局应享有根据国家法律赋予法人的最广泛的法律行为能力。欧盟空间计划局尤其可以取得或处置动产和不动产并成为法律程序的当事方。

3. 欧盟空间计划局应由其执行董事代表。

第71条　欧盟空间计划局的所在地和地方办事处

1. 欧盟空间计划局的所在地位于捷克布拉格。

2. 欧盟空间计划局工作人员的工作地点可设于第(EU)2016/413号执行决定或第(EU)2017/1406号执行决定中提及的伽利略系统或EGNOS系统地面中心,以执行相关协议中规定的计划活动。

3. 根据计划的需要,可根据本条例第79(2)条规定的程序在成员国设立地方办事处。

第二章　欧盟空间计划局的组织

第72条　行政和管理结构

1. 欧盟空间计划局的行政和管理结构应包括:

(a)行政管理委员会;

(b)执行董事;

(c)安全认证委员会。

2. 行政管理委员会、执行董事和安全认证委员会应根据行政管理委员会的议事规则、安全认证委员会的议事规则、适用于欧盟空间计划局的财务规则、《欧盟官员人事条例》的实施规则以及关于文件查阅规则等机构内部规则确定的程序开展合作,确保欧盟空间计划局的运作和协调。

第73条　行政管理委员会

1. 行政管理委员会应由每个成员国的一名代表和欧盟委员会的三名代表组成,所有成员均有表决权。行政管理委员会还应包括欧洲议会指定的一名成员,该成员没有表决权。

2. 安全认证委员会主席或副主席、欧盟理事会的一名代表、高级代表的一名代表和欧洲航天局的一名代表应作为观察员受邀出席行政管理委员会的会议，根据行政管理委员会议事规则规定的内容讨论与之直接相关的事务。

3. 行政管理委员会的每一名成员应有一名候补成员。候补成员应在成员缺席时代表该成员。

4. 各成员国应根据其在欧盟空间计划局任务领域的知识以及相关管理、行政和预算技能，提名行政管理委员会的一名成员和一名候补成员。为了确保行政管理委员会活动的连续性，欧洲议会、欧盟委员会和成员国应尽量减少行政管理委员会代表的变动。所有相关方应力求在行政管理委员会中实现男女代表比例均衡。

5. 行政管理委员会成员及其候补成员的任期为 4 年，可连任。

6. 在适当情况下，第三方国家或国际组织代表的参与以及参与条件应在本条例第 98 条所述的协议中确定，并应符合行政管理委员会的议事规则。这类代表没有表决权。

第 74 条　行政管理委员会主席

1. 行政管理委员会应从其有表决权的成员中选举一名主席和一名副主席。如果主席不能履行其职责，副主席应自动代理主席。

2. 主席和副主席的任期为 2 年，可连任一次。当其不再担任行政管理委员会成员时，其任期结束。

3. 行政管理委员会有权罢免或同时罢免主席、副主席。

第 75 条　行政管理委员会会议

1. 行政管理委员会会议应由主席召集。

2. 执行董事应参加行政管理委员会的审议，主席另有决定的情形除外。执行董事无表决权。

3. 行政管理委员会应定期举行常务会议，每年至少举行两次。此外，行政管理委员会应根据主席的召集或至少三分之一成员的请求举行会议。

4. 行政管理委员会可邀请任何可能对其意见有兴趣的人士作为观察员出席会议。行政管理委员会成员可根据其议事规则，由顾问或专家提供协助。

5. 如果讨论涉及敏感的国家基础设施的使用，成员国代表和欧盟委员会代表可根据需要参加行政管理委员会的会议和审议。但是，只有拥有这种基础设施的成员国的代表和欧盟委员会代表才能参与表决。如果行政管理委员会主席不是拥有此类基础设施的成员国的代表，则应由拥有此类基础设施的成员国的代表替换。

行政管理委员会的议事规则应规定此程序可适用的情形。

6. 欧盟空间计划局应为行政管理委员会提供秘书。

第 76 条 行政管理委员会表决规则

1. 除非本条例另有规定，行政管理委员会应在多数有表决权的成员同意的情况下通过决议。

选举和罢免行政管理委员会主席和副主席以及通过预算、工作方案、批准本条例第 98(2)条所述安排、欧盟空间计划局安全规则、采纳议事规则、设立地方办事处和批准本条例第 92 条提及的托管协议，均须获得所有有表决权成员的三分之二的多数票通过。

2. 成员国和欧盟委员会的每一名代表应有一票表决权。如果有表决权的成员缺席，其候补成员应有权行使其表决权。除本条例第五卷第二章或第 77(5)条所述事务之外，基于本条例第 77(2)条第(a)项的决议仅可在欧盟委员会代表投出赞成票后通过。

3. 行政管理委员会议事规则应制定更详细的投票安排，特别是一名成员代表另一名成员行事的条件以及任何法定人数要求(视情况而定)。

第 77 条 行政管理委员会的任务

1. 行政管理委员会应确保欧盟空间计划局按照本条例规定的条件执行委托给它的工作，并应为此作出必要决策。这一规定不应影响安全认证委员会根据本条例第五卷第二章开展活动的权限。

2. 行政管理委员会还应：

(a)在不作任何改动地纳入由安全认证委员会根据本条例第 80 条第(b)项起草的章节和收到欧盟委员会的意见后，于每年 11 月 15 日之前通过欧盟空间计划局下一年的工作方案。

(b)在不作任何改动地纳入由安全认证委员会根据本条例第 80 条第(a)项起草的章节和收到欧盟委员会的意见后，于《欧盟运作条约》第 312 条规定的多年度财务框架的第一年的 6 月 30 日之前，通过该多年度财务框架涵盖期间的欧盟空间计划局多年度工作计划。应本着交换意见的目的就多年度工作计划咨询欧洲议会，咨询结果对欧盟空间计划局不具有约束力。

(c)履行本条例第 84(5)、(6)、(10)和(11)条规定的预算职能。

(d)监督本条例第 34(5)条第(b)项所述伽利略系统安全监测中心的运作。

(e)根据本条例第 94 条的规定，通过实施欧洲议会和欧盟理事会第(EC)1049/

2001 号条例的安排。

(f)就安全认证相关安排的条款咨询安全认证委员会后,批准本条例第 98 条所述安排。

(g)通过执行其任务所需的技术程序。

(h)在不作任何改动地纳入由安全认证委员会根据本条例第 80 条第(c)项起草的章节后,通过关于欧盟空间计划局活动和预期的年度报告,并在每年 7 月 1 日前提交给欧洲议会、欧盟理事会、欧盟委员会审计。

(i)确保对本条例第 102 条提及的评估和审计以及欧盟反欺诈办公室进行调查的结果和建议以及所有内部或外部审计报告进行适当的后续跟进,并将与评价程序结果有关的所有信息提交给预算部门。

(j)在签署本条例第 31 条提及的财务框架合作协议以及本条例第 27(3)条和第 29(5)条提及的出资协议之前,咨询执行董事的意见。

(k)通过本条例第 96 条所述欧盟空间计划局的安全规则。

(l)根据执行董事的提议,批准反欺诈战略。

(m)必要时,根据执行董事的提议,批准本条例第 79(1)条所述的组织机构。

(n)任命一名会计负责人,可由欧盟委员会的会计负责人担任,该会计负责人应:

(i)遵守第(EEC,Euratom,ECSC)259/68 号欧盟理事会条例规定的《欧盟官员人事条例》和《欧盟其他雇员雇佣条件》;

(ii)完全独立地履行其职责。

(o)通过并公布其议事规则。

3. 关于欧盟空间计划局的工作人员,行政管理委员会应行使《欧盟官员人事条例》赋予任命机关的权力和《欧盟其他职员雇佣条件》赋予有权签订雇佣合同的机关的权力(以下简称任命机关的权力)。

行政管理委员会应根据《欧盟官员人事条例》第 110 条规定的程序,通过一项根据《欧盟官员人事条例》第 2(1)条和《欧盟其他职员雇佣条件》第 6 条作出的决议,将任命当局的有关权力授权给执行董事,并对中止授权的条件作出规定。执行董事应向行政管理委员会报告授权的行使情况。执行董事有权将授权转授给其他人员。

在适用本款第 2 分段时,如有特殊情况需要,行政管理委员会可通过决议,暂时中止将任命机关的权力授予执行董事以及执行董事转授的权力,并自行行使这些权力或将其授予其成员或执行董事以外的其他工作人员。

作为对本款第2分段规定的减损，行政管理委员会应将第1分段中提及的有关参与第五卷第二章所述活动的工作人员的招聘、评估和重新分类以及对这些工作人员采取纪律措施的权力授权给安全认证委员会主席。

行政管理委员会应根据《欧盟官员人事条例》第110条规定的程序，通过《欧盟官员人事条例》的执行措施和雇佣条件。行政管理委员会应首先咨询安全认证委员会，并适当考虑其对有关参与第五卷第二章所述活动的工作人员的招聘、评估和重新分类以及相关纪律措施的意见。

行政管理委员会还应通过一项决议，规定将国家专家借调至欧盟空间计划局的规则。在通过该决议之前，行政管理委员会应就借调参与本条例第五卷第二章规定的安全认证活动的国家专家一事与安全认证委员会协商，并应适当考虑其意见。

4. 行政管理委员会应任命执行董事，并可根据本条例第89条的规定延长或终止其任期。

5. 除根据本条例第五卷第二章开展的活动之外，行政管理委员会应就执行董事的表现，特别是在欧盟空间计划局职权范围内的安全事务方面的表现，对执行董事行使纪律处分权。

第78条　执行董事

1. 欧盟空间计划局应由其执行董事管理。执行董事应对行政管理委员会负责。

本款不应影响安全认证委员会和根据本条例第82条受其监督的欧盟空间计划局工作人员的自主性或独立性，以及根据本条例第38条和第81条分别授予安全认证委员会和安全认证委员会主席的权力。

2. 在不妨碍欧盟委员会和行政管理委员会权力的情况下，执行董事应独立履行其职责，不得寻求或接受任何政府或任何其他机构的指示。

第79条　执行董事的任务

1. 执行董事应执行以下任务：

(a)代表欧盟空间计划局并签署本条例第27(3)、29(5)和31条中提及的协议。

(b)根据本条例第75(2)条的规定，筹备并参与行政管理委员会的工作，但无表决权。

(c)执行行政管理委员会的决议。

(d)编制欧盟空间计划局的多年度和年度工作计划,并提交行政管理委员会批准,计划不包括由安全认证委员会根据本条例第 80 条第(a)和(b)项编制和通过的部分。

(e)执行多年度和年度工作方案,由安全认证委员会主席执行的部分除外。

(f)为行政管理委员会的每次会议编写有关年度工作方案和(如有必要)多年度工作方案执行情况的进度报告,报告应不作任何改动地纳入由安全认证委员会主席编写的章节。

(g)编制关于欧盟空间计划局活动和预期的年度报告并提交行政管理委员会批准,报告不包括由安全认证委员会根据本条例第 80 条第(c)项编制和批准的关于第五卷规定活动的部分。

(h)根据本条例处理欧盟空间计划局的日常行政工作,并采取一切必要措施确保欧盟空间计划局的运作,包括采纳内部行政指示和发布通知。

(i)根据本条例第 84 条的规定起草机构的收支预算草案,并根据本条例第 85 条的规定执行预算。

(j)确保机构作为伽利略系统安全监测中心的运营机构,能够响应第(CFSP) 2021/698 号决议提供的指示,并履行第 1104/2011/EU 号决议第 6 条所述的职责。

(k)确保所有相关信息,尤其是关于安全的信息,在本条例第 72(1)条提及的欧盟空间计划局机构内传播。

(l)就本条例第五卷第二章规定的安全认证活动相关事务与安全认证委员会主席密切合作,确定欧盟空间计划局的组织结构并提交行政管理委员会批准;组织结构应反映计划各组成部分的具体特点。

(m)在已根据本条例第 77(3)条第 2 分段的规定取得授权的情况下,针对欧盟空间计划局的工作人员,行使第 77(3)条第 1 分段所述任命机关的权力。

(n)确保向安全认证委员会、本条例第 38(3)条和第 82(3)条提及的机构以及安全认证委员会主席提供秘书服务和正常运作所需的所有资源。

(o)除行动计划中关于本条例第五卷第二章项下活动的部分外,编制一份行动计划,以确保对本条例第 102 条所述评价的结果和建议进行后续跟进,并在不作任何改动地纳入由安全认证委员会起草的章节后,每年向委员会提交两次进度报告,并提交行政管理委员会参考。

(p)采取以下措施保护欧盟的经济利益。

(i)针对欺诈、腐败或任何其他非法活动的预防措施,并利用有效的监督措施;

(ii)在发现违规行为时收回不当支付的款项,并在适当情况下实施有效、适当和劝阻性的行政和财务处罚。

(q)根据拟实施措施的成本效益分析,考虑欧洲反欺诈办公室调查的结果和建议,为欧盟空间计划局制定与欺诈风险相当的反欺诈战略,并提交行政管理委员会批准。

(r)按照要求向欧洲议会提交有关其职责履行情况的报告;欧盟理事会可请执行董事报告其履行职责的情况。

2. 执行董事应决定是否有必要将一名或多名工作人员安置在一个或多个成员国,以便高效地执行机构的任务。在决定设立地方办事处之前,执行董事应事先获得欧盟委员会、行政管理委员会和相关成员国的批准。该决定应规定在地方办事处开展活动的范围,以避免不必要的费用和机构行政职能的重复。如有可能,工作人员分配和预算方面的影响应纳入本条例第84(6)条提及的单一方案文件草案当中。

第80条　安全认证委员会的管理任务

除本条例第38条所述任务外,安全认证委员会应作为欧盟空间计划局管理层的一部分:

(a)筹备和批准多年度工作方案中与本条例第五卷第二章项下的运营活动以及完成这些活动所需的财政和人力资源有关的部分,并及时提交行政管理委员会,以便将其纳入多年度工作方案;

(b)筹备和批准年度工作方案中与本条例第五卷第二章项下的运营活动以及完成这些活动所需的财政和人力资源有关的部分,并及时提交行政管理委员会,以便将其纳入年度工作方案;

(c)筹备和批准年度报告中与本条例第五卷第二章项下的活动和预期完成这些活动所需的财政和人力资源有关的部分,并及时提交行政管理委员会,以便将其纳入年度报告。

第81条　安全认证委员会主席

1. 安全认证委员会应以有表决权的所有成员的三分之二多数的结果从其成员中选出一名主席和一名副主席。如果在两次安全认证委员会会议后未达到三分之二多数,则需要按照简单多数的原则执行。

2. 如果主席不能履行其职责,副主席应自动替换主席。

3. 安全认证委员会有权罢免或同时罢免主席和副主席。罢免决定应达到三分之二的多数方可通过。

4. 安全认证委员会主席和副主席的任期为2年，可连任一次。不再担任安全认证委员会成员时，任期结束。

第82条　安全认证委员会的组织事务

1. 安全认证委员会应能够获得独立执行其任务所需的所有人力和物力资源。在不影响本条例第37条第(i)项所述自主和独立原则的情况下，安全认证委员会应能够获得欧盟空间计划局其他部门拥有的对执行其任务有用的任何信息。

2. 安全认证委员会及其监督下的机构工作人员在工作时应根据计划各组成部分的目标，确保保持与机构其他活动尤其是与系统利用相关的运营活动相对应的自主性和独立性。不得向在安全认证委员会监督下的欧盟空间计划局工作人员同时分配机构内的其他任务。

为此，应在机构内建立参与本条例第五卷第二章活动的工作人员与机构其他工作人员之间的有效组织隔离。对于可能妨碍其自主性或独立性的任何情形，安全认证委员会应立即通知执行董事、行政管理委员会和欧盟委员会。如果在机构内找不到补救措施，欧盟委员会应与相关方协商，对情况进行研究。欧盟委员会应根据研究结果采取适当的缓解措施，由欧盟空间计划局负责实施，并将此情况通知欧洲议会和欧盟理事会。

3. 安全认证委员会应根据其指示设立专门的下属机构，以处理具体问题。特别是应在确保必要的工作连续性的同时，设立一个专家小组，进行安全分析审查和测试，并编制相关风险报告，以协助其制定决策。安全认证委员会可设立和解散专家组，以支持专家小组的工作。

第83条　安全认证委员会主席的任务

1. 安全认证委员会主席应确保委员会独立开展安全认证活动，并应执行以下任务：

(a)在安全认证委员会的监督下管理安全认证活动；

(b)在安全认证委员会的监督下，执行本条例第五卷第二章规定部分的欧盟空间计划局多年度和年度工作计划；

(c)与执行董事合作，协助起草本条例第84(4)条所述的设立计划草案和欧盟空间计划局的组织结构；

(d)编制进度报告中关于本条例第五卷第二章项下业务活动的章节，并及时提交给安全认证委员会和执行董事，以便纳入进度报告；

(e)编写年度报告和行动计划中关于本条例第五卷第二章项下业务活动的章节,并及时提交给执行董事;

(f)代表欧盟空间计划局执行本条例第五卷第二章规定的活动和决议;

(g)针对参与本条例第五卷第二章项下活动的机构工作人员,根据本条例第77(3)条第4分段的授权,行使本条例第77(3)条第1分段所述的权力。

2. 对于本条例第五卷第二章项下的活动,欧洲议会和欧盟理事会可要求安全认证委员会主席就欧盟空间计划局的工作和预期(包括多年度和年度工作方案)当面交换意见。

第三章　与欧盟空间计划局有关的财务条款

第84条　欧盟空间计划局的预算

1. 在不影响其他资源和费用的情况下,欧盟空间计划局的收入应包括列入欧盟预算的欧盟出资,以确保收支平衡。欧盟空间计划局可从欧盟预算中获得特别拨款。

2. 欧盟空间计划局的支出应包括员工、行政和基础设施支出、运营成本以及与安全认证委员会[包括本条例第38(3)条和第82(3)条所述的机构]的运作和欧盟空间计划局为完成受托任务而签订的合同和协议相关的支出。

3. 收入与支出应保持平衡。

4. 执行董事应与负责本条例第五卷第二章项下活动的安全认证委员会主席密切合作,起草下一财政年度欧盟空间计划局收支预算表草案,明确说明预算草案中与安全认证活动有关的要素和与欧盟空间计划局其他活动有关的要素之间的区别。安全认证委员会主席可就该草案编写一份声明,执行董事应将预算草案和声明连同设立计划草案一并提交给行政管理委员会和安全认证委员会。

5. 行政管理委员会每年应根据收支预算表草案,就本条例第五卷第二章规定的活动与安全认证委员会密切合作,起草下一财政年度欧盟空间计划局的收支预算表。

6. 行政管理委员会应在每年1月31日之前,向欧盟委员会和欧盟空间计划局根据本条例第98条与之达成合作的第三方国家或国际组织提交一份单一方案文件草案(其中应包括一份预算表)、设立计划草案和临时年度工作计划。

7. 欧盟委员会应将收支预算表连同欧盟总预算草案一并提交给欧洲议会和欧盟理事会(以下简称预算部门)。

8. 欧盟委员会应根据预算表，在欧盟总预算草案中列出其认为实施设立计划所需的预算以及从总预算中支取的补贴金额。欧盟委员会应根据《欧盟运作条约》第314 条的规定，向预算部门提交总预算草案。

9. 预算部门应批准对欧盟空间计划局的出资拨款，并采纳机构的设立计划。

10. 预算应由行政管理委员会通过。在欧盟总预算最终通过后，该预算生效。如有必要，预算可以进行相应调整。

11. 行政管理委员会应尽快通知预算部门其打算执行对预算经费有重大财政影响的任何项目，特别是与房地产有关的任何项目，如租赁或购买建筑物。行政管理委员会应向欧盟委员会通报其意图。

12. 如果预算部门的下属部门已通知其意见，则该部门应在通知项目之日起 6 周内向行政管理委员会提交其意见。

第 85 条　欧盟空间计划局预算的执行

1. 欧盟空间计划局的预算应由执行董事执行。

2. 执行董事每年应向预算部门通报预算部门履行其评估职责的所有信息。

第 86 条　欧盟空间计划局账目和清偿的列报

欧盟空间计划局临时和决算账目以及清偿的列报应遵循《财务条例》和《财务条例》第 70 条所述欧盟空间计划局框架财务条例的规则和时间表。

第 87 条　与欧盟空间计划局有关的财务条款

适用于欧盟空间计划局的财务规则应由行政管理委员会在与欧盟委员会协商后通过。这些规则不得偏离《财务条例》第 70 条所述欧盟空间计划局的框架财务条例，除非欧盟空间计划局的运作有特别要求且经欧盟委员会事先同意。

第四章　欧盟空间计划局的人力资源

第 88 条　欧盟空间计划局的职员

1. 欧盟各机构联合通过的《欧盟官员人事条例》《欧盟其他职员雇佣条件》和相关规则适用于欧盟空间计划局雇用的职员。

2. 欧盟空间计划局的职员应包括机构为执行其任务而招聘的雇员。他们应持有与其所处理信息的分类相应的安全许可。

3. 行政管理委员会的议事规则、安全认证委员会的议事规则、适用于欧盟空间计划局的财务规则、《欧盟官员人事条例》实施规则和文件查阅规则等机构内部规则，应根据本条例第 37 条第(i)款的规定确保执行安全认证活动的工作人员相对于执行欧盟空间计划局其他活动的工作人员的自主性和独立性。

第 89 条　执行董事的任命和任期

1. 根据《欧盟其他职员雇佣条件》第 2 条第(a)项的规定，执行董事应作为欧盟空间计划局职员的临时工作人员接受聘用。

执行董事应由行政管理委员会根据业绩和记录在案的行政和管理技能以及相关能力和经验，通过公开、透明的竞争，从欧盟委员会提出的至少 3 名候选人名单中选拔并通过欧盟公报或其他渠道发布征求意见之后任命。

行政管理委员会选出的执行董事候选人可尽早受邀在欧洲议会发言并回答其成员的问题。

行政管理委员会主席应代表欧盟空间计划局与执行董事签订合同。

行政管理委员会应在达到其成员的三分之二多数同意后作出任命执行董事的决定。

2. 执行董事的任期为 5 年。任期结束时，欧盟委员会应结合机构未来的任务和面临的挑战，对执行董事的绩效进行评估。

根据欧盟委员会的提议并参考本款第 1 分段所述的评估，行政管理委员会可将执行董事的任期延长一次，延期不超过 5 年。

延长执行董事任期的任何决定均应经行政管理委员会成员的三分之二多数通过。

任期延长后的执行董事此后不得参加同一职位的选拔程序。

行政管理委员会应将其延长执行董事任期的意向通知欧洲议会。延期前，可邀请执行董事在欧洲议会相关委员会发言，并回答其成员的问题。

3. 行政管理委员会可根据欧盟委员会或其三分之一成员的提议，通过由其成员三分之二多数通过的决定，罢免执行董事。

4. 欧洲议会和欧盟理事会可要求执行董事就欧盟空间计划局的工作和前景，包括多年度和年度工作方案，与其当面交换意见。意见交流不得涉及与本条例第五卷第二章规定的安全认证活动有关的事务。

第 90 条　欧盟空间计划局借调国家专家

欧盟空间计划局可聘用成员国的国家专家并可根据本条例第 98(2)条的规定聘用第三方国家和国际组织的专家参与欧盟空间计划局工作。根据本条例第 43(2)条的规定，这类专家应持有与其处理的信息分类相应的安全许可。《欧盟官员人事条例》和《欧盟其他职员雇佣条件》不适用于此类工作人员。

第五章 其他条款

第 91 条 特权与豁免

《欧盟条约》和《欧盟运作条约》随附的关于欧盟特权与豁免的第 7 号议定书应适用于欧盟空间计划局及其职员。

第 92 条 总部协议和地方办事处托管协议

1. 关于欧盟空间计划局所在的东道国成员国为机构提供住所和该成员国提供的设施的必要安排,以及在东道国成员国适用于执行董事、行政管理委员会成员、欧盟空间计划局职员及其家属的具体规则,应在总部协议中作出规定。总部协议应在获得行政管理委员会批准后,由欧盟空间计划局与机构所在地的有关成员国签订。

2. 如果根据本条例第 79(2)条设立的欧盟空间计划局地方办事处的运作有需要,机构与地方办事处所在的相关成员国之间的托管协议应在获得行政管理委员会批准后签订。

3. 机构的东道国成员国应尽可能提供最好的条件,以确保欧盟空间计划局顺利和高效地运作,包括多语言、面向欧洲的学校教育和适当的交通线路。

第 93 条 欧盟空间计划局的语言安排

1. 欧盟理事会第 1 号条例应适用于欧盟空间计划局。

2. 欧盟空间计划局运作所需的翻译服务应由欧盟各机构的翻译中心提供。

第 94 条 欧盟空间计划局持有文件查阅政策

1. 第 1049/2001/EU 号条例应适用于机构持有的文件。

2. 行政管理委员会应通过实施第(EC)1049/2001 号条例的安排。

3. 对欧盟空间计划局根据第(EC)1049/2001 号条例第 8 条通过的决议,可分别根据《欧盟运作条约》第 228 条和第 263 条向监察专员提出申诉或向欧盟法院提起诉讼。

第 95 条 欧盟空间计划局反欺诈

1. 为便于打击第(EU,Euratom)883/2013 号条例规定的欺诈、腐败和其他非法活动,欧盟空间计划局应在其开始运作之日起 6 个月内,加入 1999 年 5 月 25 日关于欧洲反欺诈办公室(OLAF)内部调查的机构间协定,并使用该协定附件中规定的决策模型适用于欧盟空间计划局所有雇员的适当规定。

2. 欧洲审计院有权根据文件对从欧盟空间计划局获取欧盟资金的所有拨款受

益人、承包商和分包商进行现场审计。

3. 欧洲反欺诈办公室可根据第(Euratom, EC)2185/96 号条例和第(EU, Euratom)883/2013 号条例规定的条款和程序进行调查,包括现场检查,以确定是否存在与由欧盟空间计划局出资的拨款或合同有关的影响欧盟财务利益的欺诈、腐败或任何其他非法活动。

4. 欧盟空间计划局与第三方国家和国际组织的合作协议、合同、拨款协议和拨款决定应包含明确授权欧洲审计院和欧洲反欺诈办公室根据其各自权限进行此类审计和调查的条款。此项规定不影响本条第 1、2 和 3 款的规定。

第 96 条　欧盟空间计划局对欧盟机密信息或敏感非机密信息的保护

经与欧盟委员会事先协商,欧盟空间计划局应根据第(EU, Euratom)2015/443 号和第(EU, Euratom)2015/444 号决议,通过与欧盟委员会保护欧盟机密信息和敏感非机密信息的安全规则相当的欧盟空间计划局安全规则,包括与此类信息的交换、处理和存储有关的规则。

第 97 条　欧盟空间计划局的责任

1. 欧盟空间计划局的合同责任应受相关合同的法律管辖。

2. 欧盟法院有权根据机构签订的合同中包含的任何仲裁条款作出判决。

3. 如发生非合同责任,欧盟空间计划局应根据成员国法律的一般原则,赔偿其部门或其雇员在履行职责时造成的任何损害。

4. 欧盟法院对与本条第 3 款所述损害赔偿有关的纠纷具有管辖权。

5. 雇员对欧盟空间计划局承担的个人责任应受《欧盟官员人事条例》或《欧盟其他职员雇佣条件》的条款管辖。

第 98 条　与第三方国家和国际组织的合作

1. 欧盟空间计划局应允许与欧盟签订国际协议的第三方国家和国际组织参与。

2. 根据本条第 1 款和本条例第 43 条所述协议的相关条款,应制定安排,特别说明第三方国家和有关国际组织参与机构工作的性质、范围和方式,包括与参与机构采取的举措、财政出资和职员有关的规定。在任何情况下,此类安排均应按照《欧盟官员人事条例》的规定处理与职员有关的事务。在相关情况下,此类安排还应包括与第三方国家和国际组织交换和保护机密信息的规定。此类规定须经欧盟委员会事先批准。

3. 行政管理委员会应在本条第 1 款所述国际协定的框架内,就欧盟空间计划局主管的事务通过与第三方国家和国际组织关系的战略。

4. 欧盟委员会应确保，在与第三方国家和国际组织的关系中，欧盟空间计划局通过与执行董事达成适当的工作安排在其授权和现有体制框架内行事。

第 99 条　利益冲突

1. 行政管理委员会和安全认证委员会的成员、执行董事、借调的国家专家和观察员应作出承诺声明和利益声明，表明不存在可能被视为有损其独立性的任何直接或间接利益的行为。声明应：

(a) 准确、完整；

(b) 在相关人员开始工作时以书面形式作出；

(c) 每年重新出具；

(d) 在必要时更新，特别是在相关人员的个人情况发生相关变化时。

2. 在参加任何会议之前，行政管理委员会和安全认证委员会的成员、执行董事、借调的国家专家、参加特别工作组的观察员和外部专家应准确、完整地宣布不存在任何可能被视为有损其在议程的任何项目上的独立性的行为，如果存在相关行为，则应放弃参与对此类问题的讨论和表决。

3. 行政管理委员会和安全认证委员会应在其议事规则中针对本条第 1 款和第 2 款所述的利益申报规则以及利益冲突的预防和管理作出实际安排。

第十卷　规划、监测、评估和控制

第 100 条　工作方案

欧盟空间计划应通过《财务条例》第 110 条所述的工作方案，计划各组成部分应分别制定具体和完全独立的工作方案。工作方案应规定实现计划目标所需的举措和相关预算，并在适用情况下规定为混合业务预留的总金额。

欧盟委员会应通过实施法案采纳工作方案。这些实施法案应按照本条例第 107(3) 条所述的审核程序予以通过。

第 101 条　监控和报告

1. 本条例附件中列出了报告计划在实现本条例第 4 条规定的一般和具体目标方面的进展情况的指标。

2. 为确保有效评估计划在实现其目标方面的进展情况，欧盟委员会有权根据本条例第 105 条通过授权法案，在认为必要的情况下，修改本条例附件中与指标有关的内容，并为本条例补充关于建立监控和评估框架的规定。

3. 在紧急情况下，本条例第 10 条规定的程序应适用于根据本款通过的授权法案。

4. 绩效报告制度应确保高效和及时地收集用于监控计划执行情况和结果的数据。

为此,应向欧盟资金的接收人提出相应的报告要求,并在适当情况下向成员国提出。

5. 就本条第 1 款而言,欧盟资金的接收人应提供适当的信息。核实绩效所需的数据应以高效和及时的方式收集。

第 102 条　评估

1. 欧盟委员会应及时对欧盟空间计划进行评估,以便为决策过程提供依据。

2. 欧盟委员会应在 2024 年 6 月 30 日之前对欧盟空间计划的实施情况进行评估,此后每 4 年评估一次。评估应涵盖计划的所有组成部分和举措。评估项目包括:

(a)根据计划提供的服务执行情况;

(b)计划用户需求的演变;

(c)在评估空间态势感知和政府卫星通信计划的实施时,共享可用能力的演化,或者在评估伽利略计划、哥白尼计划和 EGNOS 计划的实施时,竞争对手提供的数据和服务的演进。

对欧盟空间计划的每个组成部分,还应在成本效益分析的基础上评估第 1 分段第(c)项所述演进的影响,包括改变定价政策的必要性或增加太空或地面基础设施的必要性。

如有必要,评估应附有适当的建议书。

3. 欧盟委员会应向欧洲议会、欧盟理事会、欧洲经济和社会委员会以及各地区委员会通报评估结论及其意见。

4. 参与实施本条例的实体应向欧盟委员会提供第 1 款所述评估所需的数据和信息。

5. 欧盟委员会应在 2024 年 6 月 30 日之前,根据欧盟委员会指导方针,对欧盟空间计划局与其目标、授权和任务有关的绩效进行评估,此后每 4 年评估一次。评估应基于成本效益分析。评估应特别处理修改欧盟空间计划局授权的可能需要以及任何此类修改的财务影响,还应处理欧盟空间计划局的利益冲突政策以及安全认证委员会的独立性和自主性。欧盟委员会还可根据本条例第 29(3)条评估机构的绩效,以评估是否有可能委托欧盟空间计划局承担额外任务。如有必要,评估应附有适当的建议书。

如果欧盟委员会认为,鉴于其目标、授权和任务,欧盟空间计划局不宜再继续开展其活动,则可对本条例进行相应的修改。

欧盟委员会应向欧洲议会、欧盟理事会、欧盟空间计划局的行政管理委员会和安全认证委员会提交一份关于欧盟空间计划局评估及其结论的报告。评估结果应对外公布。

第 103 条　审计

个人或实体(包括欧盟机构或部门授权以外的其他个人或实体)对欧盟资金使用的审计,应构成根据《财务条例》第 127 条作出全面把握的基础。

第 104 条　个人数据和隐私保护

1. 在本条例规定的任务和活动范围内处理的所有个人数据,包括由欧盟空间计划局处理的个人数据,均应根据适用的个人数据保护法律进行处理,特别是基于欧洲议会和欧盟理事会第(EU)2016/679 号条例和第(EU)2018/1725 号条例。

2. 行政管理委员会应制定欧盟空间计划局适用第(EU)2018/1725 号条例的措施,包括与任命欧盟空间计划局数据保护官员有关的措施。此类措施应在咨询欧盟数据保护监察专员后制定。

第十一卷　授权和实施措施

第 105 条　授权的行使

1. 欧盟委员会有权根据本条例规定的条件通过授权法案。

2. 欧盟委员会有权在 2028 年 12 月 31 日之前通过本条例第 53 条款和第 101 款所述的授权法案。

3. 欧洲议会或欧盟理事会可随时撤销本条例第 53 条和第 101 条所述的授权。撤销授权决议应在欧盟公报公布该决议后的第二天或其中规定的较晚日期生效。决议不得影响任何已生效的授权法案的有效性。

4. 在通过授权法案之前,欧盟委员会应根据 2016 年 4 月 13 日《关于加强立法的机构间协议》中规定的原则,咨询各成员国指定的专家。

5. 授权法案通过后,欧盟委员会应同时通知欧洲议会和欧盟理事会。

6. 根据本条例第 53 条和第 101 条通过的授权法案,只有在向欧洲议会或欧盟理事会发出该法案通知后 2 个月内未被反对,或在该期限到期之前欧洲议会和欧盟理事会均已通知欧盟委员会其不会反对的情况下方可生效。经欧洲议会或欧盟理事会提议,该期限应延长 2 个月。

第 106 条　紧急程序

1. 根据本条通过的授权法案应立即生效,并应在未根据第 2 款提出异议的情况下适用。发送给欧洲议会和欧盟理事会的授权法案通知应说明启用紧急程序的原因。

2. 欧洲议会或欧盟理事会可根据本条例第 105(6)条所述程序反对通过授权法案。在这种情况下,欧盟委员会应在欧洲议会或欧盟理事会通知其反对决议后立即废除该法案。

第 107 条　委员会程序

1. 欧盟委员会应在空间计划委员会的协助下开展工作。该空间计划委员会应为第(EU)182/2011 号条例所指的空间计划委员会。

空间计划委员会应按以下具体的不同组合召开会议:

(a)伽利略计划和 EGNOS 计划;

(b)哥白尼计划;

(c)空间态势感知;

(d)欧洲政府卫星通信计划;

(e)安全组合:欧盟空间计划的所有安全事务,安全认证委员会的职责不受影响,可邀请欧洲航天局和欧盟空间计划局的代表作为观察员参加,还应邀请欧洲对外行动署协助;

(f)水平组合:欧盟空间计划执行情况的战略概览、欧盟空间计划不同组成部分的一致性、整合措施和本条例第 11 条所述的预算再分配。

2. 凡提及本款的,应适用第(EU)182/2011 号条例第 4 条。

3. 凡提及本款的,应适用第(EU)182/2011 号条例第 5 条。

4. 如果空间计划委员会未就本条例第 34(2)条中提及的实施法案草案发表意见,欧盟委员会不得通过该实施法案草案,且适用第(EU)182/2011 号条例第 5(4)条第 3 分段。

5. 空间计划委员会可根据欧盟缔结的国际条约,在考虑欧盟安全的情况下,根据其议事规则规定的条件,邀请第三方国家或国际组织的代表作为观察员出席计划委员会的会议。

6. 空间计划委员会应根据其议事规则设立"用户论坛",作为一个工作组,就用户需求、服务演进和用户接受情况向计划委员会提供建议。用户论坛的目的是确保用户持续有效地参与,并以特定的配置为计划的每个组成部分举行会议。

第十二卷　过渡条款和最终条款

第108条　信息、传播和宣传

1. 欧盟资金的接收人应确认资金的来源,并通过向包括媒体和公众在内的多个受众提供连贯、有效和相应的针对性信息,确保欧盟资金,尤其是在宣传举措及其成果时的可见性。

2. 欧盟委员会应执行与欧盟空间计划、根据欧盟空间计划采取的举措和取得的成果有关的信息和传播举措。

分配给欧盟空间计划的财政资源还应促进企业宣传与本条例第4条提及的目标有关的欧盟政治要务。

3. 欧盟空间计划局可在其职权范围内开展传播活动。为传播活动分配资源不得妨碍有效执行本条例第29条所述任务。此类传播活动应按照行政管理委员会通过的相关传播计划进行。

第109条　废止法令

1. 第(EU)912/2010号条例、第(EU)1285/2013号条例和第(EU)377/2014号条例以及第541/2014/EU号决议自2021年1月1日起废止。

2. 对已废止法案的引述应解释为对本条例的引述。

第110条　过渡条款和2027年后的服务连续性

1. 本条例不应影响根据第(EU)912/2010号条例、第(EU)1285/2013号条例和第(EU)377/2014号条例以及第541/2014/EU号决议发起的举措的延续或修改,以上法案应继续适用,直至其终止。特别是根据第541/2014/EU号决议第7(3)条成立的联合体应提供空间态势感知服务,直至参与国实体签署本条例第58条规定的空间态势感知合作协议满3个月。

2. 欧盟空间计划的资金限额还可包括必要的技术和行政援助费用,以确保计划与根据第(EU)1285/2013号条例和第(EU)377/2014号条例以及第541/2014/EU号决议通过的措施之间的过渡。

3. 如有必要,可通过财政框架合作协议和出资协议等安排在2027年以后的欧盟预算中列入拨款,用于支付为支持管理计划结束前尚未完成的举措以实现本条例第4条规定的目标所需的费用,以及涵盖关键业务活动和提供服务所需的费用。

第111条　生效和适用

本条例自其在欧盟公报上发布之日起生效。本条例自2021年1月1日起适用。

本法规应具有普遍约束力，并直接适用于所有成员国。

于布鲁塞尔制定，2021 年 4 月 28 日

附　　件

主要指标

主要指标应按照本条例第 4 条所述目标组织对计划执行情况的监测，以尽量减少行政负担和费用。

1. 对于年度报告而言，应收集主要指标数据，指标的实施细节，指标、数字和相关标称值和阈值等实施详情，包括定量数据和定性案例研究，应根据适用的任务要求和预期绩效，在与受托实体签订的协议中规定：

1.1　本条例第 4(2)条第(a)项所述的具体目标

指标 1：伽利略系统和 EGNOS 系统分别提供的导航和授时服务的精度。

指标 2：伽利略系统和 EGNOS 系统分别提供的服务的可用性和连续性。

指标 3：EGNOS 系统的地理覆盖范围和发布的 EGNOS 系统程序数量（APV – I 和 LPV – 200）。

指标 4：欧盟用户对伽利略系统和 EGNOS 系统的满意度。

指标 5：伽利略系统和 EGNOS 系统接收器在全球和欧盟全球卫星导航系统/基于卫星的增强系统（欧洲全球卫星导航系统/SBAS）接收器市场中所占的份额。

1.2　本条例第 4(2)条第(b)项所述的具体目标

指标 1：在可能的情况下，哥白尼计划服务、哥白尼计划数据提供用户类型、地理分布和活动部门等信息的数据与信息访问服务（DIAS）的欧盟用户数量。

指标 2：在适用情况下，要求或提供哥白尼计划服务的激活次数。

指标 3：欧盟用户对哥白尼计划服务和数据与信息访问服务的满意度。

指标 4：哥白尼计划服务和哥白尼计划数据流的可靠性、可用性和连续性。

指标 5：每个哥白尼计划服务组合交付的新信息产品数量。

指标 6：哥白尼哨兵系列卫星生成的数据量。

1.3　本条例第 4(2)条第(c)项所述的特定目标

指标 1：在可能的情况下，提供用户类型、地理分布和活动部门等信息的 SSA 子项目的用户数量。

指标 2:服务的可用性。

1.4　本条例第 4(2)条第(d)项所述的特定目标

指标 1:在可能的情况下,提供用户类型、地理分布和活动部门等信息的政府卫星通信计划的用户数量。

指标 2:服务的可用性。

1.5　本条例第 4(2)条第(e)项所述的特定目标

指标 1:计划的发射次数(包括各发射器类型的发射次数)。

1.6　本条例第 4(2)条第(f)项所述的特定目标

指标 1:欧盟内的太空中心的数量和位置。

指标 2:在欧盟成立的中小企业在与计划有关的合同总价值中的比例。

2. 本条例第 102 条中提及的评估应考虑其他因素,例如:

2.1　竞争对手在导航和地球观测领域的表现

2.2　伽利略系统和 EGNOS 系统服务的用户接受度

2.3　EGNOS 系统服务的完好性

2.4　哥白尼计划核心用户对哥白尼计划服务的接受度

2.5　利用或受益于哥白尼计划的欧盟或成员国政策的数量

2.6　SST 子项目的自主性和欧盟在该领域的独立性水平分析

2.7　NEO 子项目活动联网的进展情况

2.8　根据本条例第 69 条和第 102 条所述的用户需求评估政府卫星通信计划能力

2.9　用户对空间态势感知和政府卫星通信计划服务的满意度

2.10　根据公开数据,阿丽亚娜系列火箭和织女星运载火箭发射在整个市场上的份额

2.11　按照使用欧盟太空数据、信息和服务的新公司数量、成员国创造的就业机会和营业额(如有)以及使用欧盟委员会(欧盟统计局)的调查结果(如有)衡量的下游部门的发展情况

2.12　按照成员国创造的就业机会和营业额(如有)、欧盟太空行业的全球市场份额以及使用欧盟委员会(欧盟统计局)的调查结果(如有)衡量的欧盟太空上游部门的发展情况

欧盟委员会第(EU)2019/320号授权条例

欧盟委员会第(EU)2019/320号授权条例

补充欧洲议会和欧盟理事会的第2014/53/EU号指令第3(3)(g)条中提及的基本要求的应用,以确定移动设备紧急通信中呼叫者位置

2018年12月12日

欧盟委员会,根据《欧盟运作条约》,根据2014年4月16日欧洲议会和欧盟理事会关于协调成员国有关向市场提供无线电设备的法律的第2014/53/EU号指令和废除1999/5/EC①号指令尤其是其中第3(3)条,鉴于:

(1)正如指令2014/53/EU的第14条所述,无线电设备可以在提供紧急服务的访问中发挥作用,因此在适当的情况下应设计为支持访问这些服务所需的功能。

(2)该系统是根据欧洲议会和欧盟理事会②第(EU)1285/2013号条例,在伽利略计划下建立的一个全球卫星导航系统(又称GNSS),它是欧盟完全拥有和控制的全球卫星导航系统,在民用控制下提供高精度的定位服务。伽利略系统可以与其他全球卫星导航系统兼容使用。

(3)2016年通过的欧洲空间战略③宣布了在手机中引入伽利略定位和导航服务的措施。

(4)在2017年12月5日④的结论中,欧盟理事会支持发展强大的天基应用和服务下游市场,并强调应采取适当措施,包括适当的监管措施,以实现在欧洲销售的设备与伽利略系统完全兼容,并鼓励在全球市场上采用配备伽利略系统的设备。

(5)欧洲议会和欧盟理事会⑤的第2002/22/EC号指令规定在整个欧盟范围内部署单一的欧洲紧急呼叫号码(112),并要求成员国确保为最终用户提供用于向国家编号计划中的一个或多个号码发起呼叫的电子通信服务,以使处理紧急呼叫的当局可以使用呼叫者位置信息,至少可以使用单个欧洲紧急呼叫号码"112"。

(6)具有高级计算能力的手持移动电话(移动设备)是欧盟最常用于拨打欧洲单一紧急呼叫号码"112"的一类电信无线电设备。

(7)接入紧急服务的无线电设备位置的精度,在确保所需的这些服务接入有效性方面发挥着关键作用。目前,来自移动设备的紧急通信中呼叫者位置是使用基

于移动设备的服务蜂窝塔覆盖区域的小区 ID 来建立的。信号塔的覆盖范围从 100 米到几公里不等。在某些情况下，特别是在山区、城市和大型建筑物中，可能会导致紧急呼叫者定位出现重大错误。

(8)基于小区 ID 并辅以 Wi－Fi 和 GNSS 信息的呼叫者位置识别可以实现更准确的呼叫者定位，并允许更快和更有效的救援工作，以及资源的优化。

(9)基于 GNSS 定位的呼叫者定位解决方案已经在八个成员国和某些第三国部署。

(10)对于 112 的 eCall 车载系统，欧洲议会和欧盟理事会[⑥]第(EU)2015/758 号条例已经要求这些系统中的接收器与伽利略系统和 EGNOS 系统提供的定位服务兼容。

(11)出于上述原因，移动设备也应属于支持某些功能的无线电设备类别，以确保获得 2014/53/EU 指令第 3(3)(g)条所述的紧急服务。新的移动设备应能够在紧急通信中提供对 Wi－Fi 和 GNSS 位置信息的访问，定位功能应与伽利略计划提供的服务兼容互通。

(12)指令第 2014/53/EU 号仅限于表达基本要求。为了促进对这些要求的符合性评估，它规定了无线电设备符合自愿性协调标准的推定，这些标准是欧洲议会和欧盟理事会第(EU)1025/2012/EU 号条例[⑦]为满足要求所详细表达的技术规范。

(13)欧洲电工标准化委员会(Cenelec)和欧洲电信标准协会(ETSI)被要求起草无线电设备协调标准(M/536)，以支持第 2014/53/EU 号指令第 3 条的实施。[⑧]

(14)应为经济运营商提供足够的时间来对其打算投放市场的移动设备进行必要的调整。本条例中的任何内容均不应被解释为阻止经济经营者自本条例生效之日起遵守本条例。

(15)欧盟委员会在本条例规定的措施准备工作期间进行了适当的磋商，包括专家级磋商，并在 2017 年 11 月 14 日和 2018 年 3 月 14 日的会议上与空间政策专家组进行了磋商。

已通过本条例：

第 1 条

1. 第 2014/53/EU 号指令第 3(3)(g)条规定的基本要求应适用于在处理和存储数据的能力方面具有与计算机类似功能的手持移动电话。

2. 应通过接收和处理 Wi－Fi 数据、来自全球卫星导航系统数据的技术解决方案来确保符合第1款，这些数据至少与第(EU)1285/2013号条例中提到的伽利略系统兼容和互操作，以及使该数据可用于在紧急通信中传输。

第2条

本条例自其在欧盟官方公报上公布之日起第20天生效。

自2022年3月17日起适用。

本条例应整体具有约束力，并直接适用于所有成员国。

2018年12月12日在布鲁塞尔签订。

欧盟委员会主席

让－克洛德·容克

①欧盟官方公报L153，2014年5月22日，第62页。

②欧洲议会和欧盟理事会2013年12月11日第(EU)1285/2013号条例，关于实施和使用欧洲卫星导航系统并废除欧盟理事会第(EC)876/2002号条例和欧洲议会和欧盟理事会第(EC)683/2008号条例(欧盟官方公报L 347，2013年12月20日，第1页)。

③委员会致欧洲议会、欧盟理事会、欧洲和社会委员会以及地区委员会的信函——欧洲空间战略[COM(2016)705最终版]。

④2017年12月5日欧盟理事会关于“伽利略和EGNOS计划以及欧洲全球卫星导航系统机构绩效的中期评估”的结论，15435/17。

⑤欧洲议会和欧盟理事会2002年3月7日关于普遍服务和用户权利的第2002/22/EC号指令与电子通信网络和服务有关(通用服务指令)(欧盟官方公报L108，2002年4月24日，第51页)。

⑥欧洲议会和欧盟理事会2015年4月29日颁布的第(EU)2015/758，涉及基于112服务的eCall车载系统部署的型号批准要求，并修订了2007/46/EC指令(欧盟官方公报L123，2015年5月19日，第77页)。

⑦欧洲议会和欧盟理事会2012年10月25日关于欧洲标准化的第(EU)1025/2012号条例，修订欧盟理事会第89/686/EEC号指令和第93/15/EEC、94/9/EC、94/25/EC、95/16/EC、97/23/EC、98/34/EC、2004/22/EC、2007/23/EC、2009/23/EC和2009/105/EC号指令以及欧共体理事会的第87/95/EEC号决议和第1673/2006/EC号决议(欧盟官方公报L316，2012年11月14日，第12页)。

⑧欧盟委员会2015年8月4日关于向欧洲电工标准化委员会和欧洲电信标准协会提出标准化要求的C(2015)5376号执行决定,以支持欧洲议会和欧盟理事会的第2014/53/EU号指令。

欧盟委员会第(EU)2016/799号执行条例

欧盟委员会第(EU)2016/799号执行条例

执行欧洲议会和欧盟理事会第(EU)165/2014号条例,规定的有关构造、测试、安装、操作和维修行车记录仪及其组件的要求

2016年3月18日

(文本适用于欧洲经济区)

欧盟委员会,根据《欧盟运作条约》,根据2014年2月4日欧洲议会和欧盟理事会关于道路运输行车记录仪的第(EU)165/2014号条例[①],特别是其中第11条和第12(7)条。鉴于:

(1)第(EU)165/20/2014号条例引入了称为智能行车记录仪的第二代数字行车记录仪,包括与全球卫星导航系统(欧洲全球卫星导航系统)设施的连接、远程早期检测通信设施以及与智能交通系统的接口。应制定智能行车记录仪构造的技术要求规范。

(2)根据第(EU)165/2014号条例第9(4)条建立的远程早期检测设施应将数字行车记录仪的数据传输给路边控制人员,与整车组合(牵引车和挂车或半挂车)的每轴重量和重量有关的信息应符合欧洲议会和欧盟理事会第96/53/EC号指令。[②]这将使控制机构能够有效、快速地检查车辆,同时减少车辆驾驶室内的电子设备。

(3)根据第96/53/EC号指令,远程早期检测设施应使用该指令中提及的CENDSRC标准[③],频带为5795－5805MHz。由于该频段也用于电子收费,并且为了避免收费和控制应用之间的干扰,控制人员不应使用收费场站上的远程早期检测设施。

(4)智能行车记录仪应引入新的安全机制来维持数字行车记录仪的安全水平,以解决当前的安全漏洞。其中一个漏洞是数字证书没有有效期。为了遵守安全事项方面的最佳做法,建议避免使用无有效期的数字证书。车辆单元的正常运行有效期应为15年,自车辆单元数字证书签发之日起计算。车辆单元应在证书过期后

更换。

(5)提供安全可靠的定位信息是智能行车记录仪有效运行的基本要素。因此,为了提高智能行车记录仪的安全性,应确保其与欧洲议会和欧盟理事会第(EU)1285/2013号条例[④]中规定的伽利略计划提供的增值服务兼容。

(6)根据第(EU)165/2014号法规第8(1)、9(1)、10(1)和(2)条,该法规引入的安全机制应在必要实施法案生效36个月后适用,以使制造商能够开发新一代智能行车记录仪,并获得主管部门的型式认证证书。

(7)根据第(EU)165/2014号法规,在本条例生效36个月后首次在成员国注册的车辆应配备符合本委员会条例要求的智能行车记录仪。在任何情况下,所有在成员国(注册成员国除外)运行的车辆应在这些要求应用之日起15年后配备符合要求的智能行车记录仪。

(8)欧盟委员会第(EC)68/2009[⑤]号条例允许在2013年12月31日到期前的过渡期内,使用适配器在M1和N1型车辆上安装行车记录仪。由于在寻找适配器替代品方面存在技术困难,汽车和行车记录仪行业的专家与欧盟委员会一起得出结论,在不给行业带来高昂的成本(这与市场规模不成比例)的情况下,没有任何适配器的替代解决方案是可行的。因此,应无限期地允许在M1和N1型车辆使用该适配器。

(9)本条例中规定的措施符合第(EU)165/2014号法规第42(3)条所述委员会的意见,

已通过本条例:

第1条　主题和范围

1. 本条例规定了统一应用行车记录仪以下方面所需的规定:

(a)记录驾驶员日常工作期间特定点的车辆位置;

(b)远程早期检测智能行车记录仪的可能操作或误用;

(c)与智能交通系统的接口;

(d)行车记录仪型式认证程序的管理和技术要求,包括安全机制。

2. 智能行车记录仪及其部件的构造、测试、安装、检查、操作和维修应符合本条例附件1C中规定的技术要求。

3. 除智能行车记录仪外的行车记录仪应在构造、测试、安装、检查、操作和维修方面继续符合欧盟理事会第(EEC)3821/85[⑥]号条例附件1或附件1B的要求(如适用)。

4. 根据第96/53/EC号指令第10d条，远程早期检测设施还应传输内部车载称重系统提供的重量数据，以便进行早期欺诈检测。

第2条　定义

就本条例而言，第(EU)165/2014号条例第2条中规定的定义应适用。

此外，以下定义应适用：

(1)“数字行车记录仪”或“第一代行车记录仪”是指除智能行车记录仪以外的数字行车记录仪；

(2)“外部欧洲全球卫星导航系统设施”是指当车辆单元不是单个单元时，包含欧洲全球卫星导航系统接收器的设施，以及保护与车辆单元其余部分的位置相关数据通信所需的其他部件；

(3)“信息文件夹”是指电子或纸质的完整文件夹，其中包含制造商或其代理人向型式认证机构提供的所有信息，用于行车记录仪或其部件的型式认证，包括第(EU)165/2014号条例第12(3)条中提及的证书，本法规附件1C中规定的试验性能，以及图纸、照片和其他相关文件；

(4)“信息包”是指电子或纸质信息文件夹，以及型式认证机构在履行其职能过程中添加到信息文件夹中的任何其他文件，包括在型式认证流程结束时，行车记录仪或其部件的EC型式认证证书；

(5)“信息包索引”是指列出信息包编号内容的文件，识别该信息包的所有相关部分，该文件的格式应区分EC型式认证流程中的后续步骤，包括该文件包的任何修订和更新日期；

(6)“远程早期检测设施”是指用于执行定向路边检查的车辆单元设备；

(7)“智能行车记录仪”或“第二代行车记录仪”是指符合第(EU)165/2014号条例第8、9和10条以及本法规附件1C要求的数字行车记录仪；

(8)“行车记录仪组件”或“组件”是指以下任何元件：车辆单元、运动传感器、行车记录仪卡、记录表、外部欧洲全球卫星导航系统设施和远程早期检测设施；

(9)“型式认证机构”是指有权对行车记录仪或其部件进行型式认证、授权流程、颁发和撤销型式认证证书的成员国机构，作为其他成员国型式认证机构的联络点，确保制造商履行其与符合本法规要求相关的义务。

第3条　基于位置的服务

1. 制造商应确保智能行车记录仪与伽利略系统和EGNOS系统提供的定位服务兼容。

2. 除第 1 款所述系统外，制造商还可选择确保与其他卫星导航系统兼容。

第 4 条　行车记录仪和行车记录仪部件的型式认证程序

1. 制造商或其代理人应向各成员国指定的型式认证机构提交行车记录仪或其任何部件或部件组的型式认证申请。它应包括一个信息文件夹，其中包含每个相关部件的信息，包括完成行车记录仪所需的其他部件的型式认证证书，以及任何其他相关文件。

2. 成员国应向符合本条例第 1(2) 条或第 1(3) 条(如适用)所述管理和技术要求的任何行车记录仪、部件或部件组授予型式认证。在这种情况下，型式认证机构应向申请人颁发一份型式认证证书，该证书应符合本法规附录Ⅱ中规定的型式。

3. 型式认证机构可要求制造商或其代理提供任何附加信息。

4. 制造商或其代理人应向型式认证机构以及负责发布第(EU)165/2014 号条例第 12(3)条中所述证书的实体提供使型式认证程序顺利进行所需的尽可能多的行车记录仪或行车记录仪部件。

5. 如果制造商或其代理人寻求行车记录仪某些部件或部件组的型式认证，则制造商或其代理人应向型式认证机构提供已经过型式认证的其他部件以及制造完整行车记录仪所需的其他部件，以便这些机构进行必要的测试。

第 5 条　型式认证的修改

1. 制造商或其代理人应立即通知授予原始型式认证的型式认证机构，关于记录在信息包中的行车记录仪软件或硬件或其制造所有材料的性质的任何修改，应提交型式认证修改申请。

2. 型式认证机构可根据修改的性质和特点修改或延长现有型式认证，或发布新的型式认证。

如果型式认证机构认为行车记录仪的软件或硬件或其制造所用材料的性质修改较小，则应进行“修订”。在这种情况下，型式认证机构应发布信息包的修订文件，说明所做修改的性质及其批准日期。合并型式的信息包更新版本，以及所做修改的详细说明，应足以满足此要求。

如果型式认证机构认为行车记录仪的软件或硬件或用于制造行车记录仪的材料的性质有重大修改，则应进行“扩展”。在这种情况下，可要求进行新的试验，并相应地通知制造商或其代理人。如果这些试验证明令人满意，则型式认证机构应发布一份修订的型式认证证书，其中包含一个与授予延期有关的编号。型式认证证书应注明延期原因及其签发日期。

3. 信息包的索引应表明型式认证的最新扩展或修订日期，或型式认证更新版本的最新合并日期。

4. 当要求对型式认证行车记录仪或其部件进行的修改将导致颁发新的安全性或互操作性证书时，必须进行新的型式认证。

第6条　生效

本条例自其在欧盟官方公报上公布之日起第20天生效。

自2016年3月2日起适用。

附件应自2019年3月2日起适用，附录16除外，其应自2016年3月2日起适用。

本法规应具有整体约束力，并直接适用于所有成员国。

2016年3月18日于布鲁塞尔签订。

欧盟委员会主席

让－克洛德·容克

①欧盟官方公报L60，2014年2月28日，第1页。

②1996年7月25日欧盟理事会第96/53/EC号指令，规定了在共同体内流通的某些道路车辆在国家和国际交通中的最大授权尺寸和在国际交通中的最大授权重量（欧盟官方公报L235，1996年9月17日，第59页）。

③欧洲标准化委员会（CEN）的专用短程通信标准EN12253、EN12795、EN12834、EN13372和ISO14906。

④欧洲议会和欧盟理事会2013年12月11日关于实施和利用欧洲卫星导航系统的第（EU）1285/2013号条例，并废除欧盟理事会第（EC）876/2002号条例和欧洲议会和欧盟理事会第（EC）683/2008号条例（欧盟官方公报L347，2013年12月20日，第1页）。

⑤2009年1月23日委员会第（EC）68/2009号条例第九次适用于技术进步委员会关于道路运输记录设备的第（EEC）3821/85号条例（欧盟官方公报L21，2009年1月24日，第3页）。

⑥1985年12月20日关于道路运输记录设备的欧盟理事会第（EEC）3821/85号条例（欧盟官方公报L370，1985年12月31日，第8页）。

附件（编者略）

欧洲议会和欧盟理事会
第(EU)2015/758号条例

欧洲议会和欧盟理事会第(EU)2015/758号条例

部署基于112服务的eCall车载系统的型式认证要求，
并修订第2007/46/EC号指令

2015年4月29日

欧洲议会和欧盟理事会，根据《欧盟运作条约》，特别是其中的第114条，根据欧盟委员会的提议，在立法法案草案转交各国议会后，根据欧洲经济和社会委员会的意见[①]，按照普通立法程序行事[②]，鉴于：

(1)欧洲议会和欧盟理事会的第2007/46/EC号指令[③]建立了一个全面的机动车辆联盟型式认证系统。

(2)与众多安全和环境要素相关的机动车辆型式认证技术要求已在联盟层面得到协调，以确保整个欧盟的高水平道路安全。

(3)自2003年以来，在所有车辆和所有成员国中部署eCall服务一直是欧盟道路安全领域的主要目标之一。为了实现这一目标，已经启动了一系列举措，作为自愿部署方法的一部分，但迄今尚未取得足够进展。

(4)为了进一步改善道路安全，2009年8月21日题为"eCall：部署时间"的委员会通讯提出了在欧盟部署车载紧急呼叫服务的新措施。建议的措施之一是强制要求从在第2007/46/EC号指令附件Ⅱ中定义的M1类和N1类车辆开始，所有新型车辆中安装基于112的eCall车载系统。

(5)2012年7月3日，欧洲议会通过了一项关于eCall的决议，该决议为公民提供新的112服务，该决议敦促委员会在第2007/46/EC号指令的框架内提交提案，以确保到2015年强制部署一个基于112的公共eCall系统。

(6)仍需改进全欧盟112服务的运行，使其在紧急情况下能够迅速有效地提供援助。

(7)由于紧急服务的早期警报，欧盟内eCall系统有望减少道路事故造成的死亡人数以及伤害的严重程度。强制引入基于112的eCall车载系统，以及公共移动无线通信网络中用于传送eCall和公共安全应答点(又称PSAP)的必要和协调基础设施升级以接收和处理 eCall,使该服务将可为所有公民提供服务,从而有助于减少死亡和重伤、与医疗保健相关的成本、事故造成的拥堵和其他成本。

(8)根据欧洲议会和欧盟理事会[④]第 585/2014/EU 号决定第 1(1)条的规定,各成员国至少于本条例的申请之日起前 6 个月在其领土上部署正确接收和处理所有 eCall 所需的 eCallPSAP 基础设施,在任何情况下,不迟于 2017 年 10 月 1 日。根据第 585/2014/EU 号决定的第 3 条,成员国应在 2015 年 12 月 24 日前向委员会报告该决定的执行情况。如果报告得出结论认为 eCallPSAP 基础设施在 2017 年 10 月 1 日之前无法运行,则欧盟委员会应采取适当行动确保部署 eCallPSAP 基础设施。

(9)根据委员会第 2011/750/EU 号[⑤]建议第 4 段,成员国应确保移动网络运营商在 2014 年 12 月 31 日前实施处理其网络中"eCall 鉴别器"的机制。该建议书的第 6 条得出结论,如果"eCall 鉴别器"无法在 2016 年 3 月 31 日之前实施,委员会应采取适当行动确保移动网络运营商实施处理"eCall 鉴别器"的机制。

(10)提供准确可靠的定位信息是基于 112 的 eCall 车载系统有效运行的基本要素。因此,按照欧洲议会和欧盟理事会[⑥]的第(EU)1285/2013 号条例中的规定,要求其与伽利略系统和 EGNOS 系统提供的服务兼容是合适的。伽利略计划下建立的系统是一个独立的全球卫星导航系统,EGNOS 计划下建立的系统是一个提高全球定位系统信号质量的区域卫星导航系统。

(11)强制为车辆配备基于 112 的 eCall 车载系统最初应仅适用于已经存在适当触发机制的新型乘用车和轻型商用车(M1 类和 N1 类)。在不久的将来,委员会应进一步评估将基于 112 的 eCall 车载系统要求的应用扩展到包括其他车辆类别的可能性,例如重型货车、公共汽车和客车、动力两轮车和农用拖拉机,以便在适当情况下提出相关立法建议。

(12)应推动在 2018 年 3 月 31 日之后生产的现有车型配备基于 112 的 eCall 车载系统,以提高普及率。对 2018 年 3 月 31 日之前获得型式批准的车辆类型,可自愿加装 eCall 系统。

(13)基于单一欧洲紧急呼叫号码 112 的欧盟范围内公共互操性电子呼叫服务和第三方服务支持的 eCall 系统(又称 TPS eCall 服务)可以共存。前提是采取必要措施确保向消费者提供服务的连续性。为确保所有成员国基于 112 的公共 eCall 服务在车辆的整个生命周期内的连续性,并保证基于公共 112 的 eCall 服务始终自动可用,所有车辆都应配备基于公共 112 的 eCall 服务,无论车主是否选择 TPS eCall 服务。

(14)应向消费者提供基于112的eCall车载系统和TPSeCall系统(如果车辆配备)的真实概览,以及与私人紧急服务、车载紧急呼叫或辅助呼叫应用相关的任何附加功能或服务相关的全面可靠信息,和购买第三方服务后预期的服务水平和相关费用。基于112的eCall服务是一项具有普遍意义的公共服务,因此应向所有消费者免费提供。

(15)强制为车辆配备基于112的eCall车载系统,不应损害所有利益相关者(如汽车制造商和独立运营商)在以112为基础的eCall车载系统或同时在此基础上提供的额外紧急和(或)增值服务的权利。但是,任何附加服务的设计都应确保他们不会使驾驶员分心或影响基于112的eCall车载系统的功能和紧急呼叫中心的有效工作。基于112的eCall车载系统和提供私人或增值服务的系统的设计方式应确保他们之间不可能交换个人数据。如果提供,这些服务应符合适用的安全、安保和数据保护法规,并始终对消费者具有可选性。

(16)为保证客户的开放选择和公平竞争,以及鼓励创新和提升联盟信息技术产业在全球市场的竞争力,eCall车载系统应建立在互操作、标准化、安全、开放的基础上。以实现未来可能的车载应用或服务的访问平台。由于这需要技术和法律支持,委员会应在与所有利益相关者(包括车辆制造商和独立运营商)协商的基础上,立即评估促进和确保这种开放访问平台的所有选项,并在适当情况下,就此提出立法倡议。此外,根据欧洲议会和欧盟理事会第(EC)715/2007号条例,以112为基础的eCall车载系统应该以合理的费用,不超过象征性的金额,无歧视地向所有独立运营商提供维护和保养服务。[7]

(17)为了保持型式认证系统的完好性,就本法规而言,只有那些可以进行全面测试的基于112的eCall车载系统才应被接受。

(18)基于112的eCall车载系统作为应急系统,需要尽可能高的可靠性。应确保最小数据集和语音传输的准确性和质量,并应制定统一的测试制度,以确保基于112的eCall车载系统的寿命和耐用性。因此,应根据欧洲议会和欧盟理事会[8]第2014/45/EU号指令定期进行道路行驶测试。

(19)根据第2007/46/EC号指令第24条,小型系列车辆和根据该指令批准的车辆不在该指令的要求范围内,但发生正面碰撞和侧面碰撞时对乘员的保护要求除外。因此,这些车辆应免于遵守本法规中规定的eCall要求的义务。此外,出于技术原因,某些M1类和N1类车辆无法配备适当的eCall触发机制。

(20)特殊用途车辆应符合本条例规定的eCall要求,其中基本不完整车辆配备必要的触发机制。

(21)通过基于112的eCall车载系统对个人数据的任何处理都应遵守欧洲议会和欧盟理事会第95/46/EC号指令[9]和欧洲议会和欧盟理事会第2002/58/EC号指令[10]中规定的个人数据保护规则,特别要保证配备基于112的eCall车载系统的车辆,在与112eCall相关的正常运行状态下,不可追溯且不受任何持续跟踪,并且确保112发送的最小数据集基于eCall的车载系统包括适当处理紧急呼叫所需的最少信息。这应考虑到根据第95/46/EC号指令第29条(以下简称数据保护工作组指令第29条)设立的保护个人数据处理工作组的建议,载于2006年9月26日通过的"eCall倡议中数据保护和隐私影响的工作文件"。

(22)制造商应根据《欧盟基本权利宪章》[11]第7条和第8条,实施所有必要措施,以遵守本法规中规定的隐私和数据保护规则。

(23)在符合技术要求时,汽车制造商应将数据保护的技术形式集成到车载系统中,并应遵守"设计隐私"的原则。

(24)制造商应在随车辆一起提交的技术文件中提供有关免费公共eCall系统存在的以下信息:基于欧洲单一紧急电话号码112、车主选择使用该系统而不是TPSeCall系统的权利以及通过基于112的eCall车载系统进行的数据处理。这些信息也应该可以在线下载。

(25)通过基于112的eCall车载系统传输并由PSAPs处理的数据可以被传输给第585/2014/EU号决定中提到的紧急服务和服务合作伙伴,只有在发生与电子呼叫有关的事件时,并在该决定规定的条件下,才能将数据传输给他们,并且只用于实现该决定的目标。未经数据主体事先明确同意,PSAPs通过基于112的eCall车载系统处理的数据不得传输给任何其他第三方。

(26)欧洲标准化组织、欧洲电信标准协会(ETSI)和欧洲标准化委员会(CEN)已经为泛欧eCall服务的部署制定了通用标准,这些标准应适用于本法规的目的,因为这将促进eCall车载服务的技术演进,确保整个联盟服务的互操作性和连续性,并降低整个欧盟的实施成本。

(27)为了确保基于112的eCall车载系统适用的共同技术要求,根据《欧盟运作条约》第290条,通过法案的权力应授予欧盟委员会,以豁免某些类别的M1类和N1类车辆安装eCall车载系统的义务,并为eCall车载系统的EC型式认证以及系统、组件和单独技术的EC型式认证制定详细的技术要求和测试为此类车辆设计和建造的单元,并建立详细的技术规则和测试程序,以应用某些个人数据处理规则,并确保基于112的eCall车载系统之间不存在个人数据交换和第三方系统。特别重要的是,欧盟委员会在其准备工作期间应进行适当的磋商,包括在专家层面和与利益相关者的磋商,尤其是与消费者保护组织进行磋商,以及根据适用法律与欧洲数据保护监督员和数据保护工作组进行磋商。欧盟委员会在准备和起草授权法案时,应确保同时、及时和适当地将相关文件传送给欧洲议会和欧盟理事会。

(28)为确保本条例实施的统一条件,与评估缺乏可追溯性和跟踪的实际安排、用户信息模板以及EC型式批准有关模板的管理规定相关的实施权力,制造商为型式认可而提供的信息文件、EC型式认可证书的模板和EC型式认可标志的模型应授予委员会。这些权力应根据欧洲议会和欧盟理事会第(EU)182/2011号条例[12]行使。

(29)应允许车辆制造商有足够的时间来适应本条例的技术要求。

(30)本条例是第2007/46/EC号指令中规定的EC型式批准程序背景下的新的单独法规,因此,该指令的附件Ⅰ、Ⅲ、Ⅳ和Ⅺ应进行相应修改。

(31)考虑到该条例的目标,即通过对配备基于112的eCall车载系统的新型认证车辆引入通用技术的要求来实现内部市场,不能由成员国充分实现,而是由于其规模较大,可以在欧盟层面更好地实现,欧盟可根据《欧盟条约》第5条规定的辅助性原则采取措施。根据该条规定的相称性原则,本条例不会超出实现该目标所必需的范围。

(32)欧洲数据保护监督员根据欧洲议会和欧盟理事会第(EC)45/2001号条例第28(2)条进行了咨询[13],并于2013年10月29日[14]发表了意见。

已通过本条例:

第1条 主题

本条例针对基于112的eCall车载系统以及基于112的eCall车载系统、组件和独立技术单元的车辆进行EC型式认证制定了一般要求。

第2条 范围

1. 本条例适用于第2007/46/EC号指令附件二A部分第1.1.1点和第1.2.1点定义的M1类和N1类车辆以及基于112的eCall车载系统,为此类车辆设计和制造的组件和单独的技术单元。

不适用于下列车辆:

(a)根据第2007/46/EC号指令第22、23条批准的小批量生产车辆;

(b)根据第2007/46/EC号指令第24条批准的车辆;

(c)根据第2款确定的技术原因无法配备适当的eCall触发机制的车辆。

2. 欧盟委员会应有权根据本条例第8条采取授权法案,考虑到所有相关安全和技术方面的成本和收益评估研究,以确定出于技术原因无法配备适当的eCall触发机制的M1类和N1类车辆。

第一个此类授权法案将于2016年6月9日通过。

第3条　定义

就本条例而言,除了第2007/46/EC号指令第3条规定的定义外,以下定义适用:

(1)"基于112的eCall车载系统"是指一种应急系统,包括车载设备和触发、管理和执行eCall传输的装置,通过车载传感器自动激活或手动激活,通过公共移动无线通信网络、携带最少数据集并在车辆乘员和eCall PSAP之间建立基于112的音频通道;

(2)"eCall"是指通过激活车载传感器自动或手动拨打112的车载紧急呼叫,它携带最少的数据集并通过公共移动无线通信网络在车辆和eCallPSAP之间建立音频通道;

(3)"公共安全应答点"或"PSAP"是指在公共当局或成员国认可的私人组织负责的首次接到紧急呼叫的物理位置;

(4)"最合适的PSAP"是指由负责当局预先确定的PSAP,以涵盖来自特定区域的紧急呼叫或特定类型的紧急呼叫;

(5)"eCall PSAP"是指当局事先确定的最合适的PSAP,首先接收和处理eCalls;

(6)"最小数据集"或"MSD"是指发送到eCallPSAP的标准"智能传输系统—eSafety—eCall最小数据集(MSD)"(EN15722:2011)定义的信息;

(7)"车载设备"是指永久安装在车辆内的设备,可通过公共移动无线通信网络提供或访问执行eCall交易所需的车载数据;

(8)"eCall交易"是指通过公共无线通信网络建立移动无线通信会话,将MSD从车辆传输到eCall PSAP,以及在车辆与同一eCallPSAP之间建立音频通道;

(9)"公共移动无线通信网络"是指根据欧洲议会和欧盟理事会第2002/21/EC号指令[15]和第2002/22/EC号指令[16]向公众开放的移动无线通信网络;

(10)"支持第三方服务的eCall"或"TPSeCall"是指通过激活车载传感器自动拨打或通过公共移动电话手动拨打第三方服务提供商的车载紧急呼叫无线通信网络、MSD并在车辆和第三方服务提供商之间建立音频通道;

（11）“第三方服务提供商”是指国家当局认可的可以接收 TPSeCall 并将 MSD 转发到 eCallPSAP 的组织；

（12）“第三方服务 eCall 车载系统”或“TPSeCall 车载系统”是指通过车载传感器自动或手动激活的系统，它通过公共移动无线通信网络携带 MSD 并建立一个车辆与第三方服务提供商之间的音频通道。

第 4 条　制造商的一般义务

制造商应证明，根据本条例以及根据本条例通过的授权和实施法案，本条例第 2 条中提及的所有新型车辆都配备了永久安装的基于 112 的 eCall 车载系统。

第 5 条　制造商的具体义务

1. 制造商应确保其所有新型车辆和为此类车辆设计和制造的基于 112 的 eCall 车载系统、组件和单独的技术单元均按照本条例以及通过的授权和实施法案进行制造和批准。

2. 制造商应证明所有新型车辆的制造方式能够确保一旦在欧盟境内发生严重事故时，通过激活车辆内的一个或多个传感器或处理器能检测到，并自动触发对单一欧洲紧急号码 112 的 eCall。

制造商应证明新型车辆的构造方式也可以确保手动触发对单一欧洲紧急电话号码 112 的 eCall。

制造商应确保基于 112 的 eCall 车载系统的手动触发控制设计，以避免误操作。

3. 本条第 2 款内容不妨碍车主除使用基于 112 的 eCall 车载系统之外，还有权使用 TPSeCall 车载系统提供的类似服务，但必须满足以下所有条件：

（a）TPSeCall 车载系统应符合 EN16102：2011 标准“智能运输系统—eCall—第三方支持的操作要求”；

（b）制造商应确保一次只有一个系统处于活动状态，并且在 TPSeCall 车载系统不工作的情况下，基于 112 的 eCall 车载系统会自动触发；

（c）车主有权随时选择使用基于 112 的 eCall 车载系统，而不是 TPSeCall 车载系统；

（d）制造商应将（c）点中提及的权利的信息列入用户手册。

4. 制造商应确保基于 112 的 eCall 车载系统中的接收器兼容伽利略系统和 EGNOS 系统提供的定位服务。此外，制造商还可以选择与其他卫星导航系统兼容。

5. 只有那些基于 112 的 eCall 车载系统，无论是永久安装在车内，还是单独通过型式认证可以单独测试的，才能被接受用于 EC 型式认证。

6. 制造商应证明，如果发生严重系统故障而导致无法执行基于 112 的 eCall，则会向车辆乘员发出警告。

7. 根据第(EC)715/2007 号条例，所有独立运营商均应以不超过名义金额的合理费用使用基于 112 的 eCall 车载系统，并且不受歧视地用于维修和保养目的。

8. 欧盟委员会应有权根据本条例第 8 条通过授权法案，为基于 112 的 eCall 车载系统和 EC 型式认证的车辆制定详细的技术要求和测试。

本条第 1 项中提及的技术要求和测试应基于第 2 至 7 款中规定的要求以及与 eCall 相关的可用标准(如适用)，包括：

(a) EN16072：2011“智能运输系统—eSafety—泛欧 eCall 操作要求”；

(b) EN16062：2011“智能运输系统—eSafety—eCall 高级应用要求(HLAP)”；

(c) CEN/TS16454：2013“智能传输系统—ESafety—ECall 端到端一致性测试”，关于基于 112 的 eCall 车载系统与泛欧 eCall 的一致性；

(d) EN15722：2011“智能运输系统—eSafety—eCall 最小数据集(MSD)”；

(e) EN16102：2011“智能传输系统——eCall——第三方支持的操作要求”；

(f) 根据欧洲议会和欧盟理事会[17]第(EU)1025/2012 号条例或欧盟已加入的联合国欧洲经济委员会(UNECE)条例中有关 eCall 系统的程序采用的任何与 eCall 系统相关的附加欧洲标准，此类授权法案将于 2016 年 6 月 9 日通过。

9. 欧盟委员会应有权根据本条例第 8 条通过授权法案，以在采用新版本时更新本条第 8 款所述标准的版本。

第 6 条　隐私和数据保护规则

1. 本条例不影响第 95/46/EC 号指令和第 2002/58/EC 号指令的施行。通过基于 112 的 eCall 车载系统处理个人数据应遵守这些指令中规定的个人数据保护规则。

2. 依本条例处理的个人数据，仅可用于处理第 5(2)条第 1 款所述的紧急情况。

3. 依据本条例处理的个人数据，其保留时间不得超过为处理第 5(2)条第 1 款所述紧急情况所需的时间。一旦不再需要这些数据，这些数据应立即完全删除。

4. 制造商应确保基于 112 的 eCall 车载系统不可追溯，不受任何持续跟踪。

5. 生产企业应确保基于 112 的 eCall 车载系统内部存储器中的数据自动、持续地清除。仅允许保留车辆的最后三个位置，前提是必须严格指定事件发生时的当前位置和行驶方向。

6. 在触发 eCall 之前,这些数据不得在基于 112 的 eCall 车载系统之外提供给任何实体。

7. 隐私增强技术应嵌入基于 112 的 eCall 车载系统,以便为 eCall 用户提供适当级别的隐私保护,以及防止监视和滥用的必要保障。

8. 由基于 112 的 eCall 车载系统发送的 MSD 应仅包含标准 EN15722:2011“智能运输系统—eSafety—eCall 最小数据集(MSD)”中提到的最少信息。基于 112 的 eCall 车载系统不得传输额外数据。该 MSD 的存储方式应使其完全和永久删除成为可能。

9. 制造商应在用户手册中提供关于通过基于 112 的 eCall 车载系统进行的数据处理的清晰和全面的信息。该信息应包括:

(a)处理的法律依据参考;

(b)基于 112 的 eCall 车载系统默认启用;

(c)基于 112 的 eCall 车载系统执行的数据处理安排;

(d)eCall 处理的特定目的,仅限于本条例第 5 条第(2)款第 1 项所述的紧急情况;

(e)收集和处理的数据类型以及该数据的接收者;

(f)基于 112 的 eCall 车载系统数据保留时限;

(g)没有持续跟踪车辆的事实;

(h)行使数据主体权利的安排以及负责处理访问请求的联系服务;

(i)关于与提供 TPS eCall 和(或)其他增值服务有关的个人数据的可追溯性、跟踪和处理的任何必要的附加信息,应得到所有者的明确同意并符合第 95/46/EC 号指令。需要特别注意的是,基于 112 的 eCall 车载系统与 TPS eCall 车载系统或其他增值业务进行的数据处理可能存在差异。

10. 为避免混淆所追求的目的和处理的附加价值,本条第 9 款所述的信息应在适用于基于 112 的 eCall 车载系统和 TPS eCall 系统在使用系统之前,分别在车主手册中提供。

11. 制造商应确保基于 112 的 eCall 车载系统和任何提供 TPS eCall 或增值服务的附加系统的设计方式使他们之间不可能交换个人数据。不使用提供 TPS eCall 或增值服务的系统,或数据主体拒绝同意为 TPS eCall 服务或增值服务处理其个人数据,不应造成任何对使用基于 112 的 eCall 车载系统的不利影响。

12. 欧盟委员会应有权根据第 8 条通过授权法案,以建立:

(a)应用第 2 款和第 3 款所述个人数据处理规则的详细技术要求和测试程序;

(b)第 11 款所述的确保基于 112 的 eCall 车载系统与第三方系统之间不会交换个人数据的详细技术要求和测试程序。

第一个此类授权行为应在 2016 年 6 月 9 日前通过。

13. 欧盟委员会应通过实施法案规定:

(a)评估第 4、5 和 6 款中提及的可追溯性和跟踪缺失的实际安排;

(b)第 9 款所述的用户信息模板。

这些实施行为应按照本条例第 10 条第 2 款所规定的审查程序通过。

第一个此类实施法案将于 2016 年 6 月 9 日通过。

第 7 条　成员国的义务

自 2018 年 3 月 31 日起,国家当局应仅针对新型车辆和新型基于 112 的 eCall 车载系统、组件和独立的基于 112 的 eCall 车载系统授予 EC 型式批准。为此类车辆设计和建造符合本条例以及根据本条例通过的授权和实施法案的新类型 eCall 车载系统、部件和独立技术单元。

第 8 条　代表团行使

1. 根据本条规定的条件,欧盟委员会有权采取授权行为。

2. 自 2015 年 6 月 8 日起,欧盟委员会应获得通过第 2(2)条、第 5(8)和(9)条以及第 6(12)条所指的授权行为的权力,为期 5 年。欧盟委员会应不迟于 5 年期限结束前 9 个月就权力下放拟定报告。授权应默认延长相同期限,除非欧洲议会或欧盟理事会不迟于每个期限结束前 3 个月反对这种延长。

3. 欧洲议会或欧盟理事会可随时撤销第 2 条第 2 款、第 5 条第 8 款和第 9 款以及第 6 条第 12 款所述的授权,撤销决定应终止该决定中规定的授权。该决定应在欧盟官方公报上公布决定后的次日或其中指定的较晚日期生效。它不应影响任何已经生效的委托行为的有效性。

4. 一旦通过授权法案,欧盟委员会应同时通知欧洲议会和欧盟理事会。

5. 根据第 2 条第 2 款、第 5 条第 8 款和第 9 款以及第 6 条第 12 款通过的授权法案,只有在欧洲议会或欧盟理事会在一段时间内没有表示反对的情况下才能生效。向欧洲议会和欧盟理事会通知该法案的期限为 2 个月,或者在该期限届满之前欧洲议会和欧盟理事会都通知委员会他们不会反对。在欧洲议会或欧盟理事会的倡议下,该期限应延长 2 个月。

第 9 条　实施法案

欧盟委员会应通过实施法案,为基于 112 的 eCall 车载系统和基于 112 的 eCall

车载系统、组件和为这些车辆设计和建造的单独技术单元制定EC类型批准管理规定，以及根据第5条第1款要求为这些车辆设计和建造独立的技术单元：

(a)制造商为型式认可而提供的信息文件模板；

(b)EC型式认可证书模板；

(c)EC型式认证标志的型号。

这些实施行为应按照第10条第2款规定的审查程序通过。

第一个此类实施法案应在2016年6月9日前通过。

第10条　欧盟委员会程序

1. 欧盟委员会应得到第2007/46/EC号指令第40(1)条设立的"技术委员会—机动车辆"(TCMV)的协助。该技术委员会是第(EC)182/2011号条例含义内的委员会。

2. 提及本款时，应适用第(EU)182/2011号条例第5条。

如果该技术委员会未发表意见，则欧盟委员会不应通过实施法案草案，并适用第(EU)182/2011号条例第5(4)条第3项。

第11条　处罚

1. 成员国应制定适用于制造商不遵守本条例规定以及根据本条例通过的授权和实施行为的处罚规则。他们应采取一切必要措施确保处罚得到执行。规定的处罚应是有效的、相称的和具有劝诫性的。成员国应将这些规定通知委员会，并应立即将影响这些规定的任何后续修正案通知委员会。

2. 应受处罚的违规类型至少包括以下内容：

(a)在批准程序或导致召回的程序中作出虚假声明；

(b)为型式认证伪造测试结果；

(c)隐瞒可能导致召回、拒绝或撤销型式认证的数据或技术规范；

(d)违反第6条规定的；

(e)违反第5(7)条规定的行为。

第12条　报告和审查

1. 到2021年3月31日，委员会应准备一份评估报告，提交给欧洲议会和欧盟理事会，评估基于112的eCall车载系统的成就，包括其普及率。委员会应调查本条例的范围是否应扩展到其他类别的车辆，如重型货车、公共汽车和客车、动力两轮车和农用拖拉机。在适当的情况下，委员会应就此提出立法提案。

2. 在与所有利益相关者进行广泛协商并进行成本和收益评估研究后，委员会应评估对可互操作、标准化、安全和开放访问平台的要求。如果合适,且不迟于 2017 年 6 月 9 日,委员会应根据这些要求通过立法倡议。

第 13 条　第 2007/46/EC 号指令修正案

第 2007/46/EC 号指令的附件Ⅰ、Ⅲ、Ⅳ和Ⅺ特此根据本条例的附件进行修订。

第 14 条　生效

本条例自其在欧盟官方公报上公布之日起第 20 天生效。

第 2 条第 2 款、第 5 条第 8 款和第 9 款、第 6 条第 12 款和第 13 款以及第 8 条、第 9 条、第 10 条和第 12 条自 2015 年 6 月 8 日起适用。

本条第 2 款以外的其他条款自 2018 年 3 月 31 日起适用。

本条例应整体具有约束力,并直接适用于所有成员国。

2015 年 4 月 29 日在斯特拉斯堡完成。

欧洲议会主席　　欧盟理事会主席

M. 舒尔茨　　Z. Kalniņa – lukaševica

①欧盟官方公报 C341,2013 年 11 月 21 日,第 47 页。

②2014 年 2 月 26 日欧洲议会的立场(尚未在官方公报上发表)和欧盟理事会 2015 年 3 月 2 日一读的立场(尚未在官方公报上发表)。2015 年 4 月 28 日欧洲议会的立场(尚未在官方公报上发表)。

③欧洲议会和欧盟理事会 2007 年 9 月 5 日的第 2007/46/EC 号指令,建立了一个框架,用于批准机动车辆及其挂车,以及用于此类车辆的系统、组件和独立技术单元的审批框架(框架指令)(欧盟官方公报 L263,2007 年 10 月 9 日,第 1 页)。

④欧洲议会和欧盟理事会 2014 年 5 月 15 日关于部署可互操作的欧盟范围内 eCall 服务的第 585/2014/EU 号决定(欧盟官方公报 L164,2014 年 6 月 3 日,第 6 页)。

⑤2011 年 9 月 8 日欧盟委员会关于支持欧盟范围内电子通信网络中基于 112 的车载紧急呼叫传输的电子呼叫服务(eCalls)的建议,第 2011/750/EU 号指令(欧盟官方公报 L303,2011 年 11 月 22 日,第 46 页)。

⑥2013 年 12 月 11 日欧洲议会和欧盟理事会关于实施和使用欧洲卫星导航系统的第(EU)1285/2013 号条例,废除欧盟理事会的第(EC)876/2002 号条例及欧洲议会和欧盟理事会的第(EU)683/2008 号条例(欧盟官方公报 L347,2013 年 12 月 20 日,第 1 页)。

⑦欧洲议会和欧盟理事会 2007 年 6 月 20 日关于轻型乘用车和商用车(欧 5 和

欧6)排放方面的机动车类型批准以及关于获得车辆维修和保养信息的第(EC)715/2007号条例(欧盟官方公报L171,2007年6月29日,第1页)。

⑧欧洲议会和欧盟理事会2014年4月3日关于机动车辆及其拖车定期道路适航性测试的第2014/45/EU号指令以及废除第2009/40/EC号指令(欧盟官方公报L127,2014年4月29日,第51页)。

⑨1995年10月24日欧洲议会和欧盟理事会关于在个人数据处理和此类数据自由流动方面保护个人的第95/46/EC号指令(欧盟官方公报L281,1995年11月23日,第31页)。

⑩欧洲议会和欧盟理事会2002年7月12日关于处理个人数据和保护电子通信领域隐私的第2002/58/EC号指令(隐私和电子通信指令)(欧盟官方公报L201,2002年7月31日,第37页)。

⑪欧盟官方公报C326,2012年10月26日,第391页。

⑫欧洲议会和欧盟理事会2011年2月16日第(EU)182/2011号条例,规定了成员国对委员会行使执行权力的控制机制一般原则(欧盟官方公报L55,2011年2月28日,第13页)。

⑬欧洲议会和欧盟理事会2000年12月18日第(EC)45/2001号条例,关于在共同体机构和团体处理个人数据以及此类数据的自由流动方面的权利(欧盟官方公报L8,2001年1月12日,第1页)。

⑭欧盟官方公报C38,2014年2月8日,第8页。

⑮欧洲议会和欧盟理事会2002年3月7日关于电子通信网络和服务共同监管框架的第2002/21/EC号指令(框架指令)(欧盟官方公报L108,2002年4月24日,第33页)。

⑯欧洲议会和欧盟理事会2002年3月7日关于普遍服务和电子通信网络以及用户权利的第2002/22/EC号指令(通用服务指令)(欧盟官方公报L108,2002年4月24日,第51页)。

⑰欧洲议会和欧盟理事会2012年10月25日关于欧洲标准化的第(EU)1025/2012号条例,修订欧共体理事会指令89/686/EEC和93/15/EEC以及指令94/9/EC、94/25/EC、95/16/EC、97/23/EC、98/34/EC、欧洲议会和欧盟理事会的第2004/22/EC、2007/23/EC、2009/23/EC和2009/105/EC号指令,并废除欧共体理事会第87/95/EEC号决议及欧洲议会和欧盟理事会第1673/2006/EC号决议(欧盟官方公报L316,2012年11月14日,第12页)。

第二部分　欧盟卫星导航相关指令要览

欧盟的指令(directive)是欧盟委员会对其成员国颁布的法律文件,要求其成员国必须在给定的时间内自行选择适合的方式、方法来达到欧盟所要求的目标。与条例相比,指令是为了协调成员国的立法,且在严格的约束下使成员国拥有一定的自由裁量权。2019年3月19日,欧洲议会和欧盟理事会通过第(EU)2019/520号指令:关于电子道路收费系统的互操作性及促进欧盟未缴纳道路费用的跨境信息交换。该指令自2019年3月29日公布,自公布之日起第20日生效,共9章35条,正文包括一般规定、欧洲电子收费服务提供商的一般原则、调解机构、技术规定、保障条款、行政安排、试点系统、未缴纳道路费用的信息交换以及最后条款,旨在提升欧洲电子道路收费系统的互操作性,并对未缴纳道路费用的信息交换相关事项进行规定。附件包括车辆自动搜索所需要的有关数据要素、信息函模板等。

该指令就伽利略系统和EGNOS系统应用主要明确了以下内容:一是明确要求新型电子道路收费系统在进行电子收费交易时,与伽利略系统和EGNOS系统提供的定位服务兼容。该指令"技术解决方案"规定,将兼容伽利略系统和EGNOS系统的卫星定位技术列为新型电子道路收费系统必须采取的技术手段之一。二是明确了具体生效时间。2021年10月19日之后投放市场的与电子道路收费系统相关的适用卫星导航的车载设备,应兼容伽利略系统和EGNOS系统的卫星定位技术。三是明确了包括卫星定位技术在内的电子道路收费系统应用的信息数据保护要求。对未缴纳道路费用用户的信息数据收集设定具体范围,并设定了存储个人数据的时间限制。2022年2月24日欧洲议会和欧盟理事会通过第(EU)2022/362号指令对该指令附件部分的相关内容进行修订。

欧盟卫星导航相关指令

■ 2019年《欧洲议会和欧盟理事会第(EU)2019/520号指令:关于电子道路收费系统的互操作性及促进欧盟未缴纳道路费用的跨境信息交换(重新制定)》

欧洲议会和欧盟理事会
第(EU)2019/520号指令

欧洲议会和欧盟理事会第(EU)2019/520号指令

关于电子道路收费系统的互操作性及促进欧盟未缴纳
道路费用的跨境信息交换(重新制定)

2019年3月19日

(文本适用于欧洲经济区)

欧洲议会和欧盟理事会,考虑到《欧盟运作条约》,特别是其中的第91(1)条,考虑到欧盟委员会的提议,在立法法案草案转交各国议会后,考虑到欧洲经济和社会委员会[①]的意见,考虑到地区委员会[②]的意见,按照普通立法程序行事。[③]

鉴于:

(1)欧洲议会和欧盟理事会[④]的第2004/52/EC号指令已被大幅修订。由于要进行进一步的修订,为了清楚起见,应重新制定该指令。

(2)希望在成员国和周边国家实现电子道路收费系统的广泛部署,并尽可能拥有可靠、用户友好和具有成本效益的系统,以适应欧盟层面道路收费政策的发展和技术发展。因此,有必要使电子道路收费系统具有互操作性,以降低整个欧盟范围内支付通行费的成本和相关负担。

(3)可互操作的电子道路收费系统有助于实现欧盟法律规定的道路收费目标。

(4)在电子道路收费系统中,缺乏互操作性是一个重大问题,该系统中应付的道路费用与车辆行驶的距离(基于距离的收费)或车辆通过特定点(如警戒线收费)相关联。因此,有关电子道路收费系统互操作性的规定应仅适用于这些系统,而不应适用于应付道路费用与车辆在收费基础设施上花费的时间相关的系统(例如,基于时间的系统,如vignettes)。

(5)在欧盟中跨境执行支付道路费用的义务是所有类型系统中的一个重大问题,无论是在基于距离的、基于警戒线的还是基于时间的、电子的或手动的系统中。因此,为了解决未支付道路费用后的跨境执法问题,有关跨境信息交换的规定应适用于所有这些系统。

(6)在国内法中,未支付道路费用的犯罪可归类为行政犯罪或刑事犯罪。无论犯罪的分类如何,本指令都应适用。

(7)由于整个欧盟缺乏一致的分类,并且他们与基础设施的使用有间接联系,停车费应不在本指令的范围内。

(8)电子道路收费系统的互操作性需要协调所使用的技术和互操作性组成部分之间的接口。

(9)技术和接口的协调应通过开发和维护适当的开放和公共标准来支持,这些标准应在非歧视的基础上提供给所有系统供应商。

(10)为了覆盖车载设备(又称 OBE)所需的通信技术,应允许欧洲电子收费服务(又称 EETS)提供商使用并链接到车上已有的其他硬件和软件系统。

(11)应考虑目前应用于轻型车辆的电子道路收费系统的具体特点。由于目前没有此类电子道路收费系统使用卫星定位或移动通信,应允许 EETS 提供商在有限的时间内向轻型车辆用户提供仅适用于 5.8GHz 微波技术的 OBE。这种减少不应损害成员国对轻型车辆实施卫星收费的权利。

(12)与使用 OBE 的系统相比,基于自动车牌识别(又称 ANPR)技术的收费系统需要在后台对收费交易进行更多的人工检查。使用 OBE 的系统对于大型电子收费领域更有效,而使用 ANPR 技术的系统更适合小范围领域,例如城市通行费,在这些领域中使用 OBE 会产生不成比例的成本或管理负担。ANPR 技术在与其他技术结合时尤其有用。

(13)鉴于与基于 ANPR 技术的解决方案相关的技术发展,应鼓励标准化机构定义必要的技术标准。

(14)EETS 提供商的具体权利和义务应适用于证明其已满足某些要求并已在其成立成员国注册为 EETS 提供商的实体。

(15)EETS 主要参与者,即 EETS 提供商、收费者和 EETS 用户的权利和义务应明确界定,以确保市场以公平和高效的方式运行。

(16)保护 EETS 提供商的某些权利(如保护商业敏感数据的权利)尤其重要,并且这样做不会对提供给收费站和 EETS 用户的服务质量产生负面影响。特别是,收费站不得向任何 EETS 提供商的竞争对手披露商业敏感数据。EETS 提供商为了计算和征收通行费或验证 EETS 提供商对 EETS 用户车辆征收的通行费的计算而与收费站通信的数据量和类型应严格保持在最低限度。

(17)应要求 EETS 提供商在执法工作中与收费站充分合作,以提高电子道路收费系统的整体效率。因此，应该允许收费站向 EETS 提供商索取与车辆以及作为 EETS 提供商客户的车辆所有者或持有人有关的数据，前提是这些数据不得用于执法以外的任何目的。

（18）为了使 EETS 提供商能够以非歧视的方式竞争给定 EETS 域中的所有客户，重要的是让他们有可能尽早获得该领域的认可，以便他们能够在收费系统运行第一天起为用户提供服务。

（19）收费站应在非歧视的基础上向 EETS 提供商提供其 EETS 域的访问权限。

（20）为确保所有 EETS 提供商对 EETS 域的透明性和非歧视性访问，收费站应在 EETS 域声明中发布与访问权限相关的所有必要信息。

（21）由成员国或收费站提供的所有 OBE 用户回扣或通行费折扣应透明、公开宣布并在相同条件下提供给 EETS 提供商的客户。

（22）EETS 提供商应有权获得基于透明、非歧视和相同方法计算的公平报酬。

（23）应允许收费者从 EETS 提供商的报酬中扣除为提供、运营和维护电子道路收费系统的 EETS 特定元素而产生的适当成本。

（24）EETS 提供商应向收费站支付其客户应付的所有通行费。但是，当客户配备的 OBE 已向收费站声明为无效时，EETS 提供商不应对其客户未支付的通行费负责。

（25）作为收费服务提供者的法人实体在电子道路收费系统中还扮演其他角色，或有其他与电子收费不直接相关的活动的，应要求保留会计记录，以明确区分与提供收费服务有关的成本和收入以及与其他活动有关的成本和收入，并应要求向相关调解机构或司法机构提供与收费服务有关的成本和收入信息。不应允许以收费服务提供者身份开展的活动与其他活动之间进行交叉补贴。

（26）用户应有可能通过任何 EETS 提供商订阅 EETS，无论其国籍、居住成员国或车辆注册成员国如何。

（27）为避免双重支付并为用户提供法律确定性，向 EETS 提供商支付通行费应被视为使用者履行对相关收费站的义务。

（28）收费人与 EETS 提供商之间的合同关系应确保正确支付通行费等。

（29）应建立调解程序，以解决收费站和 EETS 提供商在合同谈判期间及其合同关系中的争议。收费站和 EETS 提供商在寻求解决与非歧视性访问 EETS 领域的权利相关的争议时，应咨询国家调解机构。

（30）调解机构应有权核实强加于任何 EETS 提供商的合同条件是否具有非歧

视性。特别是,他们应有权验证收费站向 EETS 提供商提供的报酬是否遵守本指令中规定的原则。

(31) EETS 用户的交通数据对加强成员国交通政策至关重要。因此,成员国应有可能根据适用的数据保护规则向收费服务提供商(包括 EETS 提供商)索取此类数据,以设计交通政策和加强交通管理或供国家进行其他非商业用途。

(32)需要建立一个框架,规定对 EETS 领域的 EETS 提供商进行认证的程序,并确保市场进入的公平性,同时保障服务水平的适当性。EETS 领域声明应详细规定对 EETS 领域提供商进行认证的程序,尤其是检查是否符合规格和是否适合使用互操作性组件的程序。该程序对所有 EETS 提供商都应该相同。

(33)为确保 EETS 市场参与者轻松获取信息,应要求成员国在公开可用的国家登记册中汇编和发布有关 EETS 的所有重要数据。

(34)为了实现技术进步,收费站有可能测试新的收费技术或概念非常重要。但是,此类测试应受到限制,并且不应要求 EETS 提供商参与其中。如果此类测试可能会影响常规电子道路收费系统或 EETS 的正常运行,则欧盟委员会应有可能不批准此类测试。

(35)电子道路收费系统技术规格的巨大差异可能会阻碍实现欧盟范围内电子收费的互操作性,从而导致用户需要多个 OBE 来支付欧盟内的通行费的现状持续存在。这种情况不利于交通运营的效率、收费系统的成本效益以及交通政策目标的实现。因此,应处理造成这种情况的根本问题。

(36)虽然整个欧盟的跨境互操作性正在改善,但中长期目标是仅携带一件 OBE 即可穿越欧盟。因此,为了避免道路使用者的行政负担和成本,欧盟委员会制定路线图以实现这一目标,并促进欧盟内人员和货物的自由流动,同时不对市场竞争产生负面影响,这一点很重要。

(37) EETS 是一项基于市场的服务,因此 EETS 提供商不应有义务在整个欧盟范围内提供服务。但是,为了用户的利益,EETS 提供商应涵盖他们决定提供服务的任何成员国的所有 EETS 域。此外,欧盟委员会应评估给予 EETS 提供商的灵活性是否会导致小型或外围 EETS 域被排除在 EETS 之外,如果发现确实如此,则应在必要时采取行动。

(38) EETS 域声明应详细描述 EETS 提供商在相关 EETS 域运营的框架商业条件。特别是,它应该描述用于计算 EETS 提供商报酬的方法。

(39)如果正在启动新的电子道路收费系统或对现有系统进行重大修改,收费站应发布新的或更新的 EETS 域声明,并有足够的通知时间,以允许 EETS 提供商在该系统中获得认可或重新认可。收费站应设计并遵循 EETS 提供商的认证或重新认证程序,以确保该程序最迟在新系统或大幅修改后的系统投入运营前一个月完成。收费站应遵守 EETS 域声明中定义的计划程序部分。

(40)收费站不应请求或要求 EETS 提供商提供任何具体的技术解决方案,因为这可能危及与其他 EETS 领域的互操作性以及与 EETS 提供商现有成员的互操作性。

(41)EETS 有可能大大降低国际道路运输运营商和司机的管理成本和负担。

(42)应允许 EETS 提供商向 EETS 用户开具发票。但是,应该允许收费站以他们的名义发送发票,因为在某些 EETS 域中,直接以 EETS 提供商的名义开票可能会产生不利的管理和税收影响。

(43)每个拥有至少两个 EETS 域的成员国应为希望在其领土内提供 EETS 的 EETS 提供商指定一个联系办公室,以促进他们与收费站的联系。

(44)电子收费和其他服务,例如协作 ITS(C－ITS)应用程序,使用类似的技术和邻近频段进行短程车对车和车对基础设施通信。未来,在对成本、收益、技术障碍和可能的解决方案进行彻底评估后,应探讨其他新兴技术应用于电子收费的潜力。重要的是要采取措施保护 5.8GHz 微波技术的现有投资免受其他技术的干扰。

(45)在不损害国家援助和竞争法的情况下,应允许成员国制定措施以促进电子收费和计费。

(46)当标准化机构审查与 EETS 相关的标准时,应有适当的过渡安排,以确保 EETS 的连续性以及在标准修订时已在使用的互操作性组件与收费系统的兼容性。

(47)EETS 应允许多式联运发展,同时遵守“用户付费”和“污染者付费”原则。

(48)在电子道路收费系统中识别非居民违法者的问题阻碍了此类系统的进一步部署,也阻碍了“用户付费”和“污染者付费”原则在联合道路上的更广泛应用,因此有必要找到一种方法来识别这些人并处理他们的个人数据。

(49)为保持一致性和资源的有效利用,未缴纳道路费者及其车辆信息交换系统应使用欧洲议会和欧盟理事会⑤第(EU)2015/413 号指令中规定的交通违法行为中与道路安全相关信息交换系统相同的工具。

(50)在某些成员国,只有在向用户通知了支付道路费用的义务后,才能确定未支付道路费用。由于本指令在这方面没有协调各国法律,成员国应当可以应用本指令来识别用户和车辆以进行通知。但是,只有在满足某些条件的情况下,才应允许这种扩展的应用。

(51)在未能支付道路费后启动的后续程序在整个欧盟中并不统一。通常,在成员国当局启动任何进一步的行政或刑事诉讼之前,确定的道路使用者有可能直接向负责征收道路费用的实体支付应付的道路费用或固定的替代金额。重要的是,所有道路使用者都可以以类似的条件使用这种有效的程序来结束不支付道路费用的情况。为此,应允许成员国向负责征收道路费用的实体提供必要的数据,以识别未支付道路费用的车辆并识别其所有者或持有人,前提是确保适当地保护个人数据。在这方面,会员国应确保遵守有关实体发出的付款命令,从而结束不支付道路费的情况。

(52)在某些成员国,OBE 的缺失或功能障碍被视为未能支付道路费用,此类费用只能通过使用 OBE 支付。

(53)成员国应向欧盟委员会提供必要的信息和数据,以评估系统的有效性和效率,以交换有关未支付道路费用的人的信息。欧盟委员会应评估获得的数据和信息,并在必要时提出对本指令的修订。

(54)在分析进一步促进跨境执行欧盟道路收费义务的可能措施的同时,欧盟委员会还应在其报告中评估成员国之间互助的必要性。

(55)执行支付道路费用的义务,确定车辆以及确定未支付道路费用的车辆所有者或持有人的身份,并收集有关用户的信息以确保合规收费站对税务机关的义务都需要处理个人数据。此类处理需要根据欧盟规则进行,特别是欧洲议会和欧盟理事会第(EU)2016/679 号条例[⑥]、第(EU)2016/680 号指令[⑦]和第 2002/58/EC 号指令。[⑧]《欧盟基本权利宪章》第 8 条明确承认保护个人数据的权利。

(56)本指令不影响成员国制定道路基础设施收费和税收事宜规则的自由。

(57)为了促进有关车辆和车辆所有者或未支付道路费用的车辆持有人信息的跨境交换,应根据《欧盟运作条约》(TFEU)第 290 条将采取行动的权力授予欧盟委员会,包括授权其对附件一进行修正,以反映欧盟法律的变化。根据 TFEU 第 290 条采取法案的权力也应授予欧盟委员会,以制定车辆分类的详细信息,建立适用的关税计划,进一步界定 EETS 用户向 EETS 提供商提供数据以及 OBE 的使用和处理,制定关于安全和健康、可靠性和可用性、环境保护、技术兼容性、安全和隐私以及运营和管理的互操作性要素的要求,制定互操作性要素的一般基础设施要求,并制定公告机构资格的最低标准。特别重要的是,欧盟委员会在其筹备工作期间进行适当的磋商,包括专家级别的磋商,并且这些磋商应按照 2016 年 4 月 13 日关于更好立法的机构间协议中规定的原则进行。[9]特别是，为了确保平等参与授权法案的准备工作，欧洲议会和欧盟理事会与成员国的专家同时收到所有文件，并且他们的专家可以系统地参加欧盟委员会专家组的会议，处理授权法案的编制工作。

（58）本指令的实施需要统一的条件来应用技术和管理规范，以便在成员国部署涉及 EETS 参与者的程序以及他们之间的接口，以促进互操作性并确保国家收费市场受等效规则管辖。为了确保实施本指令的统一条件并定义这些技术和管理规范，应授予欧盟委员会实施权力。这些权力应根据欧洲议会和欧盟理事会第（EU）182/2011 号条例[10]行使。

（59）本指令不应影响成员国在附件三 B 部分规定的将指令转化为国内法的时限方面的义务。

（60）该指令尊重基本权利并遵守《欧盟基本权利宪章》中承认的原则，特别是个人数据的保护。

（61）根据欧洲议会和欧盟理事会第（EC）45/2001 号条例第 28（2）条[11]，咨询了欧洲数据保护监督员。

已通过本指令：

第一章　一般规定

第 1 条　主题和范围

1. 本指令为以下目的规定了必要条件：

（a）确保整个联合路网、城市和城际高速公路、主要和次要道路以及各种结构（如隧道或桥梁和渡轮）上的电子道路收费系统的互操作性；

（b）促进有关车辆和车辆所有者或持有人的车辆登记数据的跨境交换，这些数据未在联盟内支付任何类型的道路费用。

为尊重辅助性原则，本指令的适用应不影响成员国对特定类型车辆征收道路费的决定，并确定这些费用的水平和征收此类费用的目的。

2. 第 3 条至第 22 条不适用于：

（a）第 2 条第 10 项所指的非电子式道路收费系统；

（b）小型、严格的地方性道路收费系统，遵守第 3 至 22 条要求的成本与其收益不成比例。

3. 本指令不适用于停车费。

4. 欧盟电子道路收费系统互操作性的目标应通过欧洲电子收费服务（EETS）

来实现,该服务应补充成员国的国家电子收费服务。

5. 如果国家法律要求在未支付道路费之前通知用户支付义务,成员国也可以应用本指令来识别车辆的所有者或持有人以及车辆本身出于通知目的,仅当满足以下所有条件时:

(a)没有其他方法可以识别车辆的所有者或持有人;

(b)向车辆所有人或持有人通知支付义务是国家法律规定的道路费用支付程序的一个强制性阶段。

6. 如果成员国适用第5款,则应采取必要措施,确保与缴纳道路费的义务有关的任何后续程序由公共当局进行。本指令中提及的未支付道路费应包括第5款所涵盖的情况,发生未支付道路费情况的成员国适用该款。

第2条　定义

就本指令而言,应适用以下定义:

(1)"收费服务"是指使用户能够根据一份合同在一个或多个EETS域中使用车辆的服务,并在必要时使用一件车载设备(OBE),其中包括:

(a)必要时,向用户提供定制的OBE并维护其功能;

(b)保证收费站按用户缴纳的通行费;

(c)向用户提供支付方式或接受现有方式;

(d)向用户收取通行费;

(e)管理与用户的客户关系;

(f)实施并遵守道路收费系统的安全和隐私政策。

(2)"收费服务提供商"是指在一个或多个EETS域上为一类或多类车辆提供收费服务的法律实体。

(3)"收费站"是指对EETS域内的车辆通行征收通行费的公共或私人实体。

(4)"指定收费站"是指在未来的EETS域中被指定为收费站的公共或私人实体。

(5)"欧洲电子收费服务"是指EETS提供商根据合同在一个或多个EETS域上向EETS用户提供的收费服务。

(6)"EETS提供商"是指根据单独的合同向EETS用户授予EETS访问权限、将通行费转移到相关收费站并在其成立成员国注册的实体。

(7)"EETS用户"是指与EETS提供商签订合同以访问EETS的自然人或法人。

(8)“EETS 域”是指使用电子道路收费系统收取通行费的道路、道路网络、结构(如桥梁或隧道或渡轮)。

(9)“EETS 兼容系统”是指电子道路收费系统的一组元素,专门用于将 EETS 提供商集成到系统中和运行 EETS。

(10)“电子道路收费系统”是指一种收费系统,其中用户支付通行费的义务完全由通过 OBE 的远程通信自动检测特定位置车辆的存在触发并由与之相关的车辆或自动车牌识别。

(11)“车载设备”是指作为收费服务的一部分使用的整套硬件和软件组件,安装或携带在车辆上,以便收集、存储、处理和远程接收或传输数据,作为单独的设备或嵌入车辆中。

(12)“主要服务提供者”是指具有特定义务的收费服务提供者,例如与所有相关用户签订合同的义务,或享有特定权利,例如特定的报酬或有保证的长期合同,与其他服务提供者的权利和义务不同。

(13)“互操作性组件”是指纳入或打算纳入 EETS 的任何基本组件、组件组、设备的子组件或完整组件,服务的互操作性直接或间接依赖于这些组件,包括有形对象和无形对象,例如软件。

(14)“适用性”是指互操作性组件在服务中实现和保持指定性能的能力,代表性地集成到与收费站系统相关的 EETS 中。

(15)“通行费上下文数据”是指由负责的收费站定义的必要信息,以建立在特定收费域上行驶的车辆的通行费并完成通行费交易。

(16)“收费声明”是指以收费服务提供商和收费公司之间商定的格式向收费公司作出的声明,以确认车辆在 EETS 域中的存在。

(17)“车辆分类参数”是指根据通行费上下文数据计算通行费所依据的车辆相关信息。

(18)“后台”是指收费站、创建互操作中心的收费站组或 EETS 提供商在电子道路收费系统框架内收集、处理和发送信息所使用的中央电子系统。

(19)“实质性修改的系统”是指已经发生或正在经历变化的现有电子道路收费系统,该变化需要 EETS 提供商对运行中的互操作性组件进行修改,例如重新编程或调整其后台的接口,以至于需要重新认证。

(20)“认证”是指收费站定义和管理的过程,EETS 提供商在被授权在 EETS 域中提供 EETS 之前必须经历该流程。

(21)“通行费”或“道路费”是指道路使用者为在特定道路、道路网络、桥梁或隧道等结构或渡轮上行驶而必须支付的费用。

(22)“未支付道路费用”是指道路使用者未在成员国支付道路费用的罪行，由该成员国的相关规定所界定的犯罪行为。

(23)“注册成员国”是指需要缴纳道路费的车辆的注册成员国。

(24)“国家联络点”是指成员国指定的负责车辆登记数据跨境交换的主管部门。

(25)“自动搜索”是指一种在线访问程序，用于查询一个、多个或所有成员国的数据库。

(26)“车辆”是指通过公路运输乘客或货物的机动车辆或铰接式车辆组合。

(27)“车辆持有人”是指以注册会员国法律定义的名义注册车辆的人。

(28)“重型车辆”是指最大允许质量超过3.5吨的车辆。

(29)“轻型车辆”是指最大允许质量不超过3.5吨的车辆。

第3条　技术解决方案

1. 所有需要安装或使用OBE的新型电子道路收费系统，在进行电子收费交易时，应采用以下一种或多种技术：

(a)卫星定位；

(b)移动通讯；

(c)5.8GHz微波技术。

现有的电子道路收费系统需要安装或使用OBE并使用其他技术的，如果进行实质性技术改进，应符合本款第1项的要求。

2. 欧盟委员会应要求相关标准化机构，根据欧洲议会和欧盟理事会第(EU)2015/1535号指令[12]规定的程序，迅速采用适用于电子道路收费系统的标准。第1款第1项所列技术和ANPR技术，在必要时对其进行更新。欧盟委员会应要求标准化机构确保互操作性成分的持续兼容性。

3. 使用卫星定位技术并于2021年10月19日之后投放市场的OBE应与伽利略系统和EGNOS系统提供的定位服务兼容。

4. 在不影响第6款的情况下，EETS提供商可使用第1款第1项所列技术，向EETS用户提供适合使用、具有互操作性并能与成员国正在使用的相关电子公路收费系统进行通信的OBE。

5. OBE可以使用自己的硬件和软件，使用车辆中存在的其他硬件和软件的元素,或两者兼而有之。为了与车辆中存在的其他硬件系统进行通信,OBE 可以使用第 1 款第 1 项所列技术以外的技术,前提是确保安全性、服务质量和隐私保护。

EETS 和 OBE 被允许为收费以外的服务提供便利,前提是此类服务的运行不会干扰任何 EETS 域中的收费服务。

6. 在不损害成员国为轻型车辆引入基于卫星定位或移动通信的电子道路收费系统的权利的情况下,EETS 提供商可在 2027 年 12 月 31 日前向轻型车辆用户提供 5. 8GHz 微波技术,用于不需要卫星定位或移动通信技术的 EETS 域。

第二章　EETS 的一般原则

第 4 条　EETS 提供商的注册

每个成员国应建立注册 EETS 提供商的程序,应将注册授予在其领土上设立的、请求注册并能够证明其满足以下要求的实体:

(a)持有 ENISO9001 证书或同等证书;

(b)拥有技术设备和 EC 声明或证书,证明互操作性部分符合规范;

(c)具备提供电子收费服务或其他相关领域的能力;

(d)有适当的财务状况;

(e)维持至少每两年审核一次的全球风险管理计划;

(f)有良好的声誉。

第 5 条　EETS 提供商的权利和义务

1. 成员国应采取必要措施确保其已注册的 EETS 提供商在其注册后 36 个月内根据第 4 条签订涵盖至少 4 个成员国领土上所有 EETS 域的 EETS 合同。他们应采取确保这些 EETS 提供商在该成员国签订第一份合同后 24 个月内签订涵盖该成员国所有 EETS 域的合同,除非是那些负责的收费者不符合第 6(3)条规定的 EETS 域。

2. 成员国应采取必要措施确保其注册的 EETS 提供商在签订合同后始终保持对所有 EETS 域的覆盖。他们应采取必要措施确保当 EETS 提供商因收费站不符合本指令而无法维持 EETS 域的覆盖范围时,尽快重新建立相关域的覆盖范围。

3. 成员国应采取必要措施确保已注册的 EETS 提供商发布有关其 EETS 域覆盖范围及其任何更改的信息,并在注册后一个月内发布有关其服务扩展到其他 EETS 域的详细计划,并每年更新。

4. 成员国应采取必要措施,确保其已注册或在其领土上提供 EETS 的 EETS 提供商在必要时向 EETS 用户提供满足本指令规定的 OBE,以及在欧洲议会和欧盟理事会的第 2014/53/EU 号指令[13]和第 2014/30/EU 号[14]指令中。他们可能会要求相关 EETS 提供商提供满足这些要求的证据。

5. 成员国应采取必要措施,确保在其领土上提供 EETS 的 EETS 提供商保留与其与 EETS 用户签订的 EETS 合同相关的无效 OBE 清单。他们应采取必要措施确保此类名单严格遵守欧盟关于保护个人数据的规则,特别是在第(EU)2016/679 号条例和第 2002/58/EC 号指令中的有关规定。

6. 成员国应采取必要措施,确保其注册的 EETS 提供商向 EETS 用户公开其合同政策。

7. 成员国应采取必要措施确保在其领土内提供 EETS 的 EETS 提供商向收费站提供他们计算和应用 EETS 用户车辆通行费所需的信息,或向收费站提供所有必要的信息允许他们验证 EETS 提供商对 EETS 用户的车辆征收的通行费的计算。

8. 成员国应采取必要措施,确保在其领土上提供 EETS 的 EETS 提供商与收费站合作,努力识别涉嫌违法者。成员国应采取必要措施,确保在怀疑未支付道路费用的情况下,收费站能够从 EETS 提供商处获取与涉嫌未支付道路费用的车辆有关的数据,以及作为 EETS 提供商客户的该车辆的所有者或持有人的数据。EETS 提供商应立即提供此类数据。

成员国应采取必要措施确保收费站不向任何其他收费服务提供商披露此类数据。他们应采取必要措施,确保在收费站与收费服务提供商整合在一个实体中的情况下,数据仅用于识别涉嫌违法者的目的,或根据本指令第 27 条第 3 款的规定使用。

9. 成员国应采取必要措施,确保负责其境内 EETS 域的收费站能够从 EETS 提供商处获取与 EETS 提供商的客户拥有或持有的所有车辆相关的数据(这些车辆在特定的时间段内行驶在收费站负责的 EETS 域),以及与这些车辆的所有者或持有人有关的数据,前提是收费站需要这些数据来履行其对税务机关的义务。成员国应采取必要措施确保 EETS 提供商在收到请求后不迟于两天提供所请求的数据。他们应采取必要措施确保收费站不向任何其他收费服务提供商披露此类数据。

10. EETS 提供商向收费站提供的数据应按照第(EU)2016/679 号条例中关于个人数据保护的欧盟规则以及国家法律、法规或第 2002/58/EC 号指令和第(EU)2016/680 号指令进行处理。

11. 欧盟委员会最迟应在 2019 年 10 月 19 日之前通过实施法案,以进一步定义

EETS 提供商在以下方面的义务：

(a)监控其服务水平的表现,并在验证审计中与收费站合作；

(b)与收费站合作进行收费站系统测试；

(c)为 EETS 用户提供服务和技术支持以及 OBE 的个性化；

(d)EETS 用户的发票；

(e)EETS 提供商必须向收费站提供的信息,以及本条第 7 款中提到的信息；

(f)将检测到的收费非申报情况通知 EETS 用户。

这些实施行为应按照第 31 条第 2 款规定的审查程序通过。

第 6 条　收费站的权利和义务

1. 如果 EETS 域不符合本指令规定的技术和程序 EETS 互操作性条件,EETS 域所在成员国应采取必要措施确保负责的收费站与相关利益相关者评估该问题,并在其职责范围内采取补救措施,以确保收费系统的 EETS 互操作性。如有必要,成员国应更新本指令第21 条第1 款中所述的登记册中关于(a)项所述信息的内容。

2. 每个成员国应采取必要措施,确保在该成员国领土内负责 EETS 域的任何收费站制定并维护一份 EETS 域声明,根据本条第 9 款中提到的实施法案,规定了 EETS 提供商访问其 EETS 域的一般条件。

如果在成员国领土上创建了新的电子道路收费系统,该成员国应采取必要措施确保负责该系统的指定收费站发布 EETS 域声明并提供足够的通知,以允许对感兴趣的 EETS 提供商最迟在新系统投入运营前一个月进行认证,并适当考虑本指令第 15 条第 1 款中提及的对规范的符合性和互操作性成分的适用性的评估过程的长度。

如果成员国领土上的电子道路收费系统发生重大修改,该成员国应采取必要措施确保负责该系统的收费站发布更新后的 EETS 域声明,并给予足够的通知,以允许已经获得认可的 EETS 提供商使他们的互操作性成分适应新的要求,并最迟在修改后的系统投入运行前一个月获得重新认证,适当考虑评估符合规范和本指令第 15 条第 1 款所述的互操作性成分是否适合使用的评估过程。

3. 成员国应采取必要措施,确保负责其领土内 EETS 域的收费员在非歧视的基础上接受任何在所述 EETS 域上提供 EETS 的 EETS 提供商的请求。

在 EETS 域中接受 EETS 提供商应取决于提供商遵守 EETS 域声明中规定的义务和一般条件。

成员国应采取必要措施确保收费站不要求 EETS 提供商使用特定技术解决方

案或流程,这些技术解决方案或流程会阻碍EETS提供商的互操作性组件与其他EETS领域的电子道路收费系统的互操作性。

如果收费站和EETS提供商无法达成协议,可以将此事提交给负责相关收费领域的调解机构。

4. 各成员国应采取必要措施确保收费者与EETS提供商之间关于在该成员国领土上提供EETS的合同允许向EETS用户开具通行费发票直接由EETS提供商提供。

收费人可以要求EETS提供商以收费人的名义并代表收费人向用户开具发票,EETS提供商应遵守该请求。

5. 收费站向EETS用户收取的通行费不得超过相应的国家或地方通行费。这不影响成员国引入回扣或折扣以促进使用电子通行费支付的权利。由成员国或收费站提供的所有OBE用户回扣或通行费折扣应透明、公开宣布并在相同条件下提供给EETS提供商的客户。

6. 成员国应采取必要措施,确保收费站在其EETS域中接受与他们有合同关系的EETS提供商提供的任何可运营OBE,这些OBE已按照第15条第7款所述实施细则规定的程序进行了认证,并且没有出现在本指令第5条第1款提到的无效的OBE名单上。

7. 如果收费站造成EETS功能障碍,收费站应提供降级服务模式,使配备本条第6款所述设备的车辆能够以最少的延迟安全行驶,并且不会被怀疑是未能支付道路费。

8. 成员国应采取必要措施确保收费站以非歧视方式与EETS提供商或制造商或公告机构合作,以评估互操作性成分在其EETS域中使用的适用性。

9. 欧盟委员会应最迟在2019年10月19日之前通过实施法案,规定EETS域声明的最低内容,包括:

(a)对EETS提供商的要求;

(b)程序条件,包括商业条件;

(c)EETS提供商的认证程序;

(d)收费上下文数据。

这些实施法案应按照本指令第31条第2款所述的审查程序通过。

第7条　报酬

1. 成员国应采取必要措施确保EETS提供商有权从收费站获得报酬。

2. 成员国应采取必要措施，确保 EETS 提供商薪酬的确定方法对所有获准进入给定 EETS 域的 EETS 提供商而言是透明、非歧视和相同的。他们应采取必要措施确保该方法作为 EETS 域声明中商业条件的一部分发布。

3. 成员国应采取必要措施确保在有主要服务提供商的 EETS 域中，计算 EETS 提供商报酬的方法遵循与主要服务提供商提供的可比服务报酬相同的结构。EETS 提供商的报酬金额可能与主要服务提供商的报酬不同，但必须有如下理由：

(a)主要服务提供商而非 EETS 提供商的特定要求和义务的成本；

(b)需要从 EETS 提供商的报酬中扣除收费站收取的固定费用，收费标准是收费站在其收费领域内提供、运营和维护符合 EETS 的系统的成本，包括认证成本，此类费用不包含在通行费中。

第 8 条　通行费

1. 成员国应采取必要措施，以确保在建立适用于特定车辆的通行费率，EETS 提供商使用的车辆分类与收费站使用的车辆分类不一致时，以收费站的分类为准，除非可以证明错误。

2. 成员国应采取必要措施，确保收费站有权要求 EETS 提供商为任何经证实的申报通行费以及任何经证实的与 EETS 供应商管理的用户账户有关的不申报通行费而付款。

3. 成员国应采取必要措施确保，如果 EETS 提供商已将本指令第 5 条第 5 款中提及的无效 OBE 清单发送给收费站，则 EETS 提供商不应对使用这种无效的 OBE 而产生的任何进一步费用承担责任。失效 OBE 列表中的条目数量、列表格式和更新频率应由收费站和 EETS 提供商商定。

4. 成员国应采取必要措施，确保在基于微波的收费系统中，收费者就各自 EETS 用户产生的通行费向 EETS 提供商通报了有根据的收费声明。

5. 欧盟委员会应根据本指令第 30 条通过授权法案，最迟在 2019 年 10 月 19 日之前制定车辆分类的详细信息，以制订适用的关税计划，包括制定此类计划所需的任何程序。EETS 支持的车辆分类参数集不应限制收费站对资费方案的选择。欧盟委员会应确保足够的灵活性，以允许 EETS 支持的分类参数集根据可预见的未来需求发展。这些法案不应影响欧洲议会和欧盟理事会指令第 1999/62/EC 号指令[⑮]中对通行费变化参数的定义。

第 9 条　会计

成员国应采取必要措施确保提供收费服务的法人实体保留会计记录，以明确区分与提供收费服务相关的成本和收入以及与其他活动相关的成本和收入。有关提供收费服务的成本和收入的信息应根据要求提供给相关调解机构或司法机构。成员国还应采取必要措施,确保不允许以收费服务提供者身份开展的活动与其他活动之间存在交叉补贴。

第 10 条　EETS 用户的权利和义务

1. 成员国应采取必要措施,允许 EETS 用户通过任何 EETS 提供商订阅 EETS,无论其国籍、居住成员国或车辆注册所在成员国如何。签订合同时,EETS 用户应被适当告知有效的支付方式,并根据第(EU)2016/679 号法规,了解其个人数据的处理以及适用的个人数据保护立法所产生的权利。

2. EETS 用户向其 EETS 提供商支付通行费,视为 EETS 用户向相关收费机构履行缴费义务。

如果在车辆上安装或携带两个或更多 OBE,EETS 用户有责任使用或激活特定 EETS 域的相关 OBE。

3. 欧盟委员会应根据本指令第 30 条的规定,最迟在 2019 年 10 月 19 日之前通过授权法案,进一步明确 EETS 用户在以下方面的义务:

(a)向 EETS 提供商提供数据;

(b)OBE 的使用和处理。

第三章　调 解 机 构

第 11 条　设立及职能

1. 拥有至少一个 EETS 域的每个成员国应指定或建立一个调解机构,以促进在其领土内具有 EETS 域的收费站和与这些收费站有合同或正在谈判合同的 EETS 提供商之间的调解。

2. 调解机构应特别有权核实收费站对 EETS 提供商施加的合同条件是非歧视性的,有权核实 EETS 提供商是否按照第 7 条规定的原则获得报酬。

3. 第 1 款中提及的成员国应采取必要措施确保其调解机构在其组织和法律结构上独立于收费站和收费服务提供商的商业利益。

第 12 条　调解程序

1. 拥有至少一个 EETS 域的每个成员国应制定调解程序,以使收费站或 EETS 提供商能够请求相关调解机构介入与其合同关系或谈判有关的任何争议。

2. 本条第 1 款所指的调解程序应要求调解机构在收到要求其进行干预的请求

后一个月内声明其是否拥有调解所需的所有文件。

3. 本条第 1 款所述的调解程序应要求调解机构在收到要求其进行干预的请求后 6 个月内就争议发表意见。

4. 为促进其任务，成员国应授权调解机构向收费站、EETS 提供商和在相关成员国内积极提供 EETS 的任何第三方索取相关信息。

5. 拥有至少一个 EETS 域的成员国和欧盟委员会应采取必要措施确保调解机构之间就其工作、指导原则和实践进行信息交流。

第四章　技 术 规 定

第 13 条　单次连续服务

成员国应采取必要措施，确保向 EETS 用户提供的 EETS 是一种单一的连续服务。

这意味着：

(a) 一旦车辆分类参数(包括可变参数)已被存储或声明，或两者兼有，则在旅途中不需要进一步的车内人工干预，除非对车辆特性进行修改；

(b) 无论 EETS 域如何，用户与特定 OBE 片段的交互都保持不变。

第 14 条　关于 EETS 的附加要素

1. 成员国应采取必要措施，确保 EETS 用户与作为 EETS 一部分的收费站的互动仅限于根据本指令第 6 条第 4 款的开票流程和执法流程。EETS 用户和 EETS 提供商或他们与 OBE 之间的交互可能特定于每个 EETS 提供商，而不会影响 EETS 的互操作性。

2. 成员国可要求收费服务提供商，包括 EETS 提供商，应成员国当局的要求，提供其客户的交通数据，但须遵守适用的数据保护规则。此类数据仅应由成员国用于制定交通政策和加强交通管理，不得用于识别客户。

3. 欧盟委员会应最迟在 2019 年 10 月 19 日之前通过实施法案，规定收费站、EETS 提供商和 EETS 用户的互操作性组成部分之间的电子接口规范，包括在适用情况下，行为者之间通过这些接口交换的信息内容。这些实施细则应按照第 31 条第 2 款规定的审查程序通过。

第 15 条　互操作性成分

1. 在成员国境内新建电子道路收费系统时，该成员国应采取必要措施确保负责该系统的指定收费站建立并在 EETS 域声明中公布详细规划。对规范的符合性和互操作性成分的适用性的评估过程，允许最迟在新系统运行前一个月对感兴趣的EETS提供商进行认证。

如果成员国领土上的电子道路收费系统发生重大修改，该成员国还应采取必要措施确保负责该系统的收费站建立，并在EETS域声明中发布除本条第1项所述内容外的详细规划，包括重新评估是否符合规格，以及是否适合使用已被系统认可的EETS提供商的互操作性成分，EETS提供商在系统进行实质性修改之前已经被认可的互操作性成分的符合性的重新评估的详细规划，该规划应允许相关EETS提供商最迟在修改后的系统投入运营前一个月重新认证。收费站应遵循该规划。

2. 成员国应采取必要措施，确保负责该成员国领土上EETS域的每个收费站都建立一个测试环境，EETS提供商或其授权代表可以在其中检查其OBE是否适合收费站在EETS领域中使用，并获得成功完成相应测试的认证。成员国应采取必要措施，允许收费站为多个EETS域设置单一测试环境，并允许一名授权代表代表不止一个EETS提供商检查使用一种类型的OBE的适用性。

成员国应采取必要措施，允许收费站要求EETS提供商或其授权代表承担相应测试的费用。

3. 成员国不得禁止、限制或阻碍将带有CE标志或符合规范声明或适用性声明或两者兼而有之的EETS中使用的互操作性成分投放市场。特别是，成员国不得要求已经进行的检查，作为检查是否符合规格或使用适用性或两者兼而有之的程序的一部分。

4. 欧盟委员会应根据本指令第30条的规定，最迟于2019年10月19日之前通过授权法案，制定关于安全和健康、可靠性和可用性、环境保护、技术兼容性、安全和隐私以及操作和管理等方面的要求。

5. 欧盟委员会还应根据本指令第30条，最迟于2019年10月19日之前通过授权法案，制定关于以下方面的一般基础设施要求：

(a)通行费申报数据的准确性，以保证EETS用户在通行费和服务费方面的平等待遇；

(b)通过OBE确定负责的EETS提供商；

(c)对EETS设备的互操作性成分使用开放标准；

(d)OBE在车辆中的集成；

(e)向司机发出需要支付道路费的信号。

6. 欧盟委员会最迟应在2019年10月19日之前通过实施法案，以规定以下具体的基础设施要求：

(a)收费站与 EETS 提供商设备之间通用通信协议的要求；

(b)对收费站检测在其 EETS 域上行驶的车辆是否配备有效且正常运行的 OBE 机制的要求；

(c)对 OBE 中人机界面的要求；

(d)专门适用于基于微波技术的收费系统中的互操作性成分的要求；

(e)特别适用于基于欧洲全球卫星导航系统的收费系统的要求。

这些实施细则应按照第 31 条第 2 款规定的审查程序通过。

7. 欧盟委员会应最迟在 2019 年 10 月 19 日之前通过实施法案，制定成员国用于评估规范的符合性和互操作性成分的适用性的程序，包括欧盟声明的内容和格式。这些实施行为应按照第 31 条第 2 款规定的审查程序通过。

第五章　保 障 条 款

第 16 条　保障程序

1. 如果成员国有理由相信带有 CE 标志并投放市场的互操作性成分在按预期使用时不太可能满足相关要求，则应采取一切必要措施限制其应用领域，禁止他们的使用或从市场上撤出。成员国应立即将所采取的措施通知欧盟委员会并说明其决定的理由，特别是说明不符合是否是由于：

(a)技术规范的错误应用；

(b)技术规范不足。

2. 欧盟委员会应尽快咨询相关成员国、制造商、EETS 提供商或其在联盟内设立的授权代表。如果经过协商，欧盟委员会确定该措施合理，则应立即通知有关成员国和其他成员国。但是，如果经过协商，欧盟委员会确定该措施不合理，则应立即通知有关成员国以及制造商或其在联盟和其他成员国内设立的授权代表。

3. 如果带有 CE 标志的互操作性组件不符合互操作性要求，主管成员国应要求制造商或其在联盟设立的授权代表在该成员国规定的条件下将互操作性组件恢复到符合规范或适用性的状态，或两者兼有，并应通知欧盟委员会和其他成员国。

第 17 条　评估的透明度

成员国或收费站就互操作性成分的使用符合性或适用性评估作出的任何决定，以及根据本指令第 16 条作出的任何决定，均应详细说明其所依据的理由。应尽快通知相关制造商、EETS 提供商或其授权代表，并说明根据相关成员国现行法律可获得的补救措施以及行使此类补救措施所允许的时间限制。

第六章 行政安排

第18条 单一联络处

在其领土上拥有至少两个EETS域的每个成员国应为EETS提供商指定一个联系办公室。成员国应公开该办公室的联系方式,并应要求将其提供给感兴趣的EETS提供商。成员国应采取必要措施,确保应EETS提供商的请求,联络办公室促进和协调EETS提供商与成员国领土上负责EETS域的收费员之间的早期行政联系。联络处既可以是自然人,也可以是公共或私人机构。

第19条 公告机构

1. 成员国应向欧盟委员会和其他成员国通报本指令第15条第7款中提及的实施法案中提及的任何有权执行或监督规范符合性或使用适宜性评估程序的机构,表明每个机构的职权范围,以及事先从委员会获得的识别号码。委员会应在欧盟官方公报上公布机构名单、其识别号和职权范围,并应及时更新名单。

2. 成员国应采用本条第5款所指的授权法案中规定的标准来评估要通知的机构。符合相关欧洲标准规定的评估标准的机构应被视为符合上述标准。

3. 成员国应撤回不再符合本条第5款所指授权法案规定标准的机构的批准。它应立即通知欧盟委员会和其他成员国。

4. 如果成员国或欧盟委员会认为另一成员国通知的机构不符合本条第5款所指的授权法案中规定的标准,则应将此事提交给所指的电子收费委员会。第31条第1款规定的,应当在3个月内提出意见。根据该委员会的意见,欧盟委员会应将通知机构为保持其授予的地位所必需的任何更改通知该机构的成员国。

5. 欧盟委员会应根据第30条通过授权法案,最迟在2019年10月19日之前制定公告机构资格的最低标准。

第20条 协调小组

根据第19条第1款通知的机构的协调组应根据第31条第1款所述的电子收费委员会的议事规则设立该委员会的工作组。

第21条 登记册

1. 为实施本指令,各成员国应保存以下国家电子登记册:

(a)其领土内的EETS域,包括与以下内容相关的信息:

(i)相应的收费站;

(ii)采用的收费技术;

(iii)收费上下文数据;

(iv)EETS 域声明

(v)与活跃在该成员国领土内的收费站签订了 EETS 合同的 EETS 提供商。

(b)根据本指令第 4 条授予注册的 EETS 提供商。

(c)第 18 条中提及的 EETS 单一联系办公室的详细信息,包括联系电子邮件地址和电话号码。

除非另有规定,成员国应至少每年核实一次本指令第 4 条第(a)、(d)、(e)和(f)项规定的要求,并相应更新登记册。登记册还应包含本指令第 4 条第(e)项规定的审计结论。成员国对其登记册中提到的 EETS 提供商的行为不承担任何责任。

2. 成员国应采取必要措施确保国家电子登记册中包含的所有数据保持最新且准确。

3. 登记册应以电子方式向公众开放。

4. 这些登记册应在 2021 年 10 月 19 日之前提供。

5. 在每个日历年末,负责注册的成员国当局应通过电子方式将 EETS 域和 EETS 提供商的注册信息传达给欧盟委员会。欧盟委员会应向其他成员国提供该信息。与成员国情况的任何不一致应提请注册成员国和欧盟委员会注意。

第七章　试 点 系 统

第 22 条　试点收费系统

1. 为允许 EETS 技术发展,成员国可在其收费领域的有限部分临时授权,与 EETS 兼容系统并行,采用不符合本指令一项或多项规定的新技术或概念的试点收费系统。

2. EETS 提供商不应被要求参与试点收费系统。

3. 在启动收费系统试点之前,有关成员国应请求欧盟委员会的授权。欧盟委员会应在收到请求之日起 6 个月内以决定的形式发出授权或拒绝授权。如果试点收费系统可能会影响常规电子道路收费系统或 EETS 的正常运行,欧盟委员会可以拒绝授权。此类授权的初始期限不得超过 3 年。

第八章　未能支付道路费用的信息交换

第 23 条　成员国之间交换信息的程序

1. 为了能够识别车辆以及该车辆的所有者或持有人(已确定未支付道路费),

每个成员国应仅允许其他成员国的国家联络点访问以下国家车辆登记数据，并有权对其进行自动搜索：

(a)与车辆有关的数据；

(b)与车辆所有者或持有人有关的数据。

(a)和(b)中提到的数据元素是进行自动搜索所必需的，应符合附件一。

2. 为了进行本条第1款中提到的数据交换，每个成员国应指定一个国家联络点。成员国应采取必要措施确保成员国之间的信息交流仅在国家联络点之间进行。国家联络点的权力应受有关成员国的适用法律管辖。在该数据交换过程中，应特别注意对个人数据的适当保护。

3. 在以传出请求的形式进行自动搜索时，未缴纳道路费的成员国的国家联络点应使用完整的注册号。

这些自动搜索应按照理事会第2008/616/JHA号决定[16]附件第三章第2点和第3点中提到的程序以及本指令附件一的要求进行。

未缴纳道路费的成员国应使用获得的数据来确定谁应对未缴纳道路费负责。

4. 成员国应采取必要措施确保使用欧洲车辆和驾驶执照信息系统(Eucaris)软件应用程序和该软件的修订版本进行信息交换，符合本指令的附件一和第2008/616/JHA号决定附件第三章第2点和第3点。

5. 各成员国应自行承担因管理、使用和维护本条第4款所述的软件应用程序而产生的费用。

第24条　关于未能支付道路费的信息

1. 未缴纳道路费的成员国应决定是否启动与未缴纳道路费有关的后续程序。

如果未在其领土内支付道路费的成员国决定启动此类程序，则该成员国应根据其国家法律通知车主、车辆持有人或以其他方式确定的涉嫌未能支付道路费的嫌疑人。

在国家法律的适用的情况下，这一信息应包括在该成员国境内，未按成员国法律规定缴纳道路费的法律后果。

2. 在向车主、车辆持有人或其他被认定的未缴纳道路费的嫌疑人发送信息函件时，未缴纳道路费的成员国应根据本国法律列入任何相关信息，特别是未缴纳道路费的性质，未缴纳道路费的地点、日期和时间，被违反的国家法律文本的名称，上诉权和查阅权，以及制裁，并在适当情况下，提供检测未支付道路费的设备有关的数据。为此，其领土内未能支付道路费的成员国应以附件二中列出的模板为基础，发出告知函。

3. 如果在其领土内未缴纳道路费的成员国决定启动与未缴纳道路费有关的后续程序，则为了确保尊重基本权利，它应以车辆注册文件的语言（如果有）或注册成员国的一种官方语言发送信息信函。

第 25 条　征收单位的跟进程序

1. 只有在满足以下条件的情况下，在其领土上未缴纳道路费的成员国才能向负责征收道路费的实体提供通过本指令第 23 条第 1 款所述程序获得的数据：

（a）传输的数据仅限于该实体获得应付道路费所需的数据；

（b）收取道路费的程序符合本指令第 24 条规定的程序；

（c）有关实体负责执行此程序；

（d）遵守接收数据的实体发出的支付令，就结束了不支付道路费的情况。

2. 成员国应确保提供给责任实体的数据仅用于获得应付的道路费，并在支付道路费后立即删除，或者如果仍未支付，则在合理期限内删除数据的传输，由成员国设定。

第 26 条　成员国向欧盟委员会报告

每个成员国应在 2023 年 4 月 19 日之前以及此后每 3 年向欧盟委员会发送一份综合报告。

综合报告应说明在其领土内未能支付道路费后，在其领土内未能向注册成员国的国家联络点支付道路费用的成员国进行自动搜索的次数，以及请求失败的次数。综合报告还应包括国家层面对不缴纳道路费用的后续情况的说明，根据此类不缴纳道路费已通过信息函进行跟踪的比例。

第 27 条　数据保护

1. 第（EU）2016/679 号条例和转换指令的国家法律、法规或第 2002/58/EC 号和第（EU）2016/680 号行政规定应适用于根据本指令处理的个人数据。

2. 成员国应针对适用的数据保护立法，采取必要措施，以确保：

（a）为本指令第 23、24 和 25 条的目的处理个人数据仅限于本指令附件一中列出的数据类型；

（b）个人数据准确、及时更新，并且不会无故拖延地处理更正或删除请求；

（c）为存储个人数据设定了时间限制。

成员国应采取必要措施确保根据本指令处理的个人数据仅用于以下目的：

（a）根据本指令第 5 条第 8 款规定的支付道路费用的义务，确定涉嫌违法者；

(b)确保收费人遵守本指令第 5 条第 9 款范围内对税务机关的义务;

(c)在本指令第 23 条和第 24 条的范围内确定未支付道路费用的车辆和车辆的所有者或持有人的身份。

成员国还应采取必要措施,确保数据主体享有相同的信息、访问、纠正、删除和限制处理的权利,并按照第(EU)2016/679 号条例或在适用的情况下,根据第(EU)2016/680 号指令中的规定享有向数据保护监督机构提出投诉、赔偿和有效的司法救济的权利。

3. 本条不得影响成员国根据本指令第 23 条规定,出于该条第 1 款所列目的,限制第(EU)2016/679 号条例某些条款中规定的义务和权利范围的可能性。

4. 任何相关人员均有权获得在注册成员国记录的个人数据被传输到未能支付道路费的成员国的信息,不得无故拖延,包括请求的日期以及未在其领土内支付道路费的成员国的主管当局。

第九章　最 后 条 款

第 28 条　报告

1. 到 2023 年 4 月 19 日,欧盟委员会应向欧洲议会和欧盟理事会提交一份关于本指令实施和效果的报告,特别是关于 EETS 的推进和部署,以及在未支付道路费用事件调查框架内数据交换机制的有效性和效率。

报告应特别分析以下内容:

(a)本指令第 5 条第 1 款、第 2 款对 EETS 部署的影响,特别关注小型或外围 EETS 域中服务的可用性;

(b)本指令第 23、24 和 25 条关于减少联盟内未能支付道路费的数量的有效性;

(c)在使用卫星定位和 5.8GHz 微波技术的电子道路收费系统之间的互操作性方面取得的进展。

2. 报告应在适当情况下随附一份提交给欧洲议会和欧盟理事会的关于进一步修订本指令的提案,特别是关于以下要素:

(a)额外措施以确保 EETS 在所有 EETS 域中可用,包括小型和外围域;

(b)采取措施进一步促进跨境执行联盟内支付道路费的义务,包括互助安排;

(c)将促进跨境执法的规定扩展到低排放区、限制通行区或其他城市车辆通行监管计划。

第 29 条　委托行为

根据本指令第 30 条的规定,欧盟委员会有权通过授权行为,更新附件一,以考虑对欧盟理事会第 2008/615/JHA 号决定[17]和第 2008/616/JHA 号决定的任何相关修正,或欧洲的其他法律的要求。

第 30 条　代表团行使

1. 根据本条规定的条件,欧盟委员会有权采取授权行为。

2. 授予欧盟委员会在一段时间内采取本指令第 8 条第 5 款、第 10 条第 3 款、第 15 条第 4 款和第 5 款、第 19 条第 5 款和第 29 条所述的授权行为的权力,从 2019 年 4 月 18 日起为期 5 年。欧盟委员会应在 5 年期限结束前的 9 个月内起草一份关于权力下放的报告。权力下放应默认延长相同期限,除非欧洲议会或欧盟理事会在每个期限结束前 3 个月内反对这种延长。

3. 本指令第 8 条第 5 款、第 10 条第 3 款、第 15 条第 4 款和第 5 款、第 19 条第 5 款和第 29 条所提及的权力授权可由欧洲议会或欧盟理事会随时撤销。撤销决定应终止该决定中规定的权力授权。该决定应在欧盟官方公报公布决定后的次日或其中指定的较晚日期生效。该决定不应影响任何已经生效的委托行为的有效性。

4. 在通过授权法案之前,欧盟委员会应根据 2016 年 4 月 13 日关于更好立法的机构间协议规定的原则咨询每个成员国指定的专家。

5. 一旦通过授权法案,欧盟委员会应同时通知欧洲议会和欧盟理事会。

6. 根据第 8 条第 5 款、第 10 条第 3 款、第 15 条第 4 款和第 5 款、第 19 条第 5 款和第 29 条通过的授权行为,只有在欧洲议会或欧盟理事会没有表示反对的情况下才能生效,在该法案通知欧洲议会和欧盟理事会后的两个月内,或者在该期限届满之前,如果欧洲议会和欧盟理事会在通知欧盟委员会后他们不反对,则生效。如果他们反对,该期限应根据欧洲议会或欧盟理事会的倡议延长两个月。

第 31 条　委员会程序

1. 欧盟委员会应得到电子收费委员会的协助。

该委员会应是第(EU)182/2011 号法规含义内的委员会。

2. 提及本款时,应适用第(EU)182/2011 号法规第 5 条。如果电子收费委员会未发表意见,则欧盟委员会不应通过实施法案草案,并应适用第(EU)182/2011 号法规第 5 条第 4 款第 3 项。

第 32 条　换位

1. 成员国应在 2021 年 10 月 19 日之前通过并公布遵守第 1 条至第 27 条以及

附件一和附件二所需的法律、法规和行政规定。他们应立即将这些措施的文本传达给欧盟委员会。

他们应自 2021 年 10 月 19 日起实施这些措施。

当成员国采取这些措施时，他们应包含对本指令的引用，或者在正式发布时应附有这样的引用。他们还应包括一项声明，即现行法律、法规和行政规定中对被本指令废除的指令的引用应被解释为对本指令的引用。成员国应确定如何提及以及如何表述该声明。

2. 成员国应向欧盟委员会通报他们在本指令所涉及的领域内通过的国家法律的主要条款文本。

第 33 条　废除

2004/52/EC 指令自 2021 年 10 月 20 日起废止，但不影响成员国在附件三 B 部分规定的将指令转化为国内法的时限方面的义务。

对已废除指令的引用应被解释为对本指令的引用，并应按照附件四中列出的相关表进行阅读。

第 34 条　生效

本指令自其在欧盟官方公报上公布之日起第 20 天生效。

第 35 条　收件人

本指令是针对成员国的。

2019 年 3 月 19 日在布鲁塞尔完成。

代表欧洲议会主席

A. TAJAN

代理欧盟理事会主席

G. CIAMBA

①欧盟官方公报 C81，2018 年 3 月 2 日，第 181 页。

②欧盟官方公报 C176，2018 年 5 月 23 日，第 66 页。

③2019 年 2 月 14 日欧洲议会的立场（尚未在官方公报上公布）和欧盟理事会 2019 年 3 月 4 日的决定。

④欧洲议会和欧盟理事会 2004 年 4 月 29 日关于共同体内电子道路收费系统互操作性的第 2004/52/EC 号指令（欧盟官方公报 L166，2004 年 4 月 30 日，第

124 页）。

⑤2015 年 3 月 11 日欧洲议会和欧盟理事会第(EU)2015/413 号指令促进了道路安全相关交通违法信息的跨境交流（欧盟官方公报 L68,2015 年 3 月 13 日,第 9 页）。

⑥2016 年 4 月 27 日欧洲议会和欧盟理事会关于在个人数据处理和此类数据的自由移动方面保护自然人的第(EU)2016/679 号法规,并废除第 95/46/EC 号指令（通用数据保护条例）（欧盟官方公报 L119,2016 年 5 月 4 日,第 1 页）。

⑦2016 年 4 月 27 日欧洲议会和欧盟理事会关于保护自然人的第(EU)2016/680 号指令由主管当局处理个人数据以进行预防、调查、检测或起诉刑事犯罪或执行刑事处罚,以及此类数据的自由流动,并废除欧盟理事会框架决定 2008/977/JHA（欧盟官方公报 L119,2016 年 5 月 4 日,第 89 页）。

⑧2002 年 7 月 12 日欧洲议会和欧盟理事会关于处理个人数据和保护电子通信领域隐私的第 2002/58/EC 号指令（隐私和电子通信指令）（欧盟官方公报 L201,2002 年 7 月 31 日,第 37 页）。

⑨欧盟官方公报 L123,2016 年 5 月 12 日,第 1 页。

⑩2011 年 2 月 16 日欧洲议会和欧盟理事会第(EU)182/2011 号条例规定了有关成员国控制委员会行使执行权力的机制的规则和一般原则（欧盟官方公报 L55,2011 年 2 月 28 日,第 13 页）。

⑪2000 年 12 月 18 日欧洲议会和欧盟理事会第(EC)45/2001 号条例关于在共同体机构和团体处理个人数据以及此类数据的自由流动方面保护个人（欧盟官方公报 L8,2001 年 1 月 12 日,第 1 页）。

⑫2015 年 9 月 9 日欧洲议会和欧盟理事会颁布的第(EU)2015/1535 号指令,规定了在技术法规和信息社会服务规则领域提供信息的程序（欧盟官方公报 L241,2015 年 9 月 17 日,第 1 页）。

⑬2014 年 4 月 16 日欧洲议会和欧盟理事会关于协调成员国有关向市场提供无线电设备的法律的第 2014/53/EU 号指令和废除第 1999/5/EC 号指令（欧盟官方公报 L153,2014 年 5 月 22 日,第 62 页）。

⑭2014 年 2 月 26 日欧洲议会和欧盟理事会关于协调成员国有关电磁兼容性的法律的第 2014/30/EU 号指令（欧盟官方公报 L96,2014 年 3 月 29 日,第 79 页）。

⑮1999 年 6 月 17 日欧洲议会和欧盟理事会关于使用某些基础设施对重型货车充电的第 1999/62/EC 号指令（欧盟官方公报 L187,1999 年 7 月 20 日,第 42 页）。

⑯2008年6月23日欧盟理事会第2008/616/JHA号决定，关于加强跨境合作，特别是打击恐怖主义和跨境犯罪的第2008/615/JHA号决定(欧盟官方公报L210，2008年8月6日，第12页)。

⑰2008年6月23日欧盟理事会关于加强跨境合作，特别是打击恐怖主义和跨境犯罪的第2008/615/JHA号决定(欧盟官方公报L210，2008年8月6日，第1页)。

附件(编者略)

第三部分　欧盟卫星导航相关决定要览

欧盟作为一体化程度比较高的国际性区域组织，拥有严密的组织机构和复杂的运作程序，而拥有立法权限的组织机构主要包括欧洲议会（European Parliament）、欧盟理事会（Council of the European Union）、欧盟委员会（European Commission）。其中，欧洲议会是欧盟的立法、监督和咨询机构，欧盟理事会作为欧盟日常决策机构，拥有绝大部分的立法权，欧盟委员会是唯一有权起草法令的机构，可以提出立法动议。欧盟的决定（decision）是针对特定对象颁布的单独法令，但它对其所通知的对象具有全面的约束力，①决定通常由欧盟理事会或欧盟委员会通过和发布。卫星导航系统被认为是欧盟的关键空间计划之一，欧盟为加快伽利略卫星导航系统建设出台系列决定，对其发展提供规范指引。这些决定对机密信息交换、公共管制服务管理、地面基础设施管理等具体管理内容进行了重点规范。

1. 2009年4月20日，欧洲共同体委员会通过第2009/334/EC号决定：设立欧洲全球卫星导航系统安全专家组，组建了欧洲全球卫星导航系统安全专家组，协助欧盟委员会管理与导航系统安全有关的所有工作。该决定自2009年4月21日公布和生效，共7条，包括安全委员会的设立、使命、咨询、组成、运作、会议费，以及生效条款，全面规范了安全委员会的工作程序。

该决定主要明确了以下内容：一是明确了安全委员会的职责。安全委员会协助欧盟委员会审查与欧洲全球卫星导航系统安全有关的事宜，欧盟委员会应定期咨询安全委员会，并充分考虑其意见。二是明确了安全委员会的组成要求。安全委员会由每个成员国推选的一名安全领域专家和欧盟委员会的一名代表组成；欧洲全球卫星导航系统监管局、欧洲航天局和欧盟高级代表以观察员的身份参加；第三国代表可以根据与欧洲共同体缔结的协定以正式成员身份参加安全委员会的工作；安全委员会主席可根据其议事规则规定的条件，邀请其他专家参加安全委员会

---

① 决定的对象可以是一个国家或数个国家，也可以是自然人或法人。对于特定对象，决定具有全面约束力，特定对象必须依照决定要求作为。但决定不具有普遍的约束力。

的工作。三是规定了安全委员会的工作要求。安全委员会由欧盟委员会的一名代表主持,经欧盟委员会同意,可设立小组委员会审查具体事宜。安全委员会及其小组委员会应按照欧盟委员会制定的程序和时间表在欧盟委员会所在地举行会议,秘书处应由欧盟委员会提供。安全委员会应根据欧盟委员会通过的标准通过其议事规则,并严格遵守欧盟委员会的安全和安保规定。四是明确了安全委员会的经费要求。成员、专家和观察员因安全委员会活动而发生的旅费和住宿费,应由欧盟委员会按照现行规定报销,会议费按年度资源配置程序分配给有关部门的经费限额报销,成员、专家和观察员不因执行安全委员会任务获取报酬。

2. 2009 年 10 月 20 日,欧洲共同体委员会通过第 2009/846/EC 号决定:欧盟委员会与欧洲全球卫星导航系统监管局关于机密信息的安全与交换缔结行政协议。该决定自 2009 年 11 月 20 日公布,明确了欧盟委员会与欧洲卫星导航系统主管机构间卫星导航相关机密信息交换的权利和义务。该决定是对欧盟委员会与欧洲全球卫星导航系统监管局就保密信息的安全和交换达成的协议的批准确认,该协议共 13 条,包括定义、适用范围、双方义务、信息披露、制定安全规定、安全审查、信函地址、监管、授权、通知、费用、解释、生效等内容。

该决定主要明确了以下内容:一是明确"机密信息"等核心概念的定义。二是明确了适用范围,该决定适用于欧盟委员会与欧洲全球卫星导航系统监管局之间交换的涉及欧洲卫星无线电导航计划(伽利略计划和 EGNOS 计划)的机密信息。三是明确了双方交换机密信息的义务,包括应对机密信息进行保护、确保机密信息的安全保护级别、不得将机密信息用于信息提供方所确定的用途以外的目的、未经信息提供方的事先同意不得对规定以外的第三方披露机密信息、仅授权确有必要且通过安全审查的人员访问机密信息等。四是明确了机密信息的披露要求。包括信息提供方可以向接收方传达并披露机密信息;接收方决定将机密信息披露或传达给规定以外的第三方时,应事先取得信息提供方的书面同意;委员会可能会自动将全球卫星导航系统监管局提供的机密信息披露给欧洲航天局、欧盟理事会和欧盟成员国等。五是明确了制定安全规定的要求。全球卫星导航系统监管局的安全部门在监管局执行董事授权的情况下代表其制定安全规定,委员会的安全理事会在负责安全事务的委员会成员授权下制定安全规定,双方相互审查评估该安全规定的有效性。六是明确了安全审查的要求。任何人执行公务时,如果需要访问本协议下传达或交换的机密信息,必须进行事前的安全审查。七是明确了双方信函交换的详细要求。八是明确监督要求。由欧洲全球卫星导航系统监管局执行董事和欧盟委员会安全理事会监督协议的实施。

3. 2011年10月25日,欧洲议会和欧盟理事会通过第1104/2011/EU号决定:伽利略计划下建立的全球卫星导航系统提供的公共管制服务获取规则,重点规范伽利略系统公共管制服务的接入规则和管理规则①,特别是规定与接入有关的一般原则、各管理和监督机构的职能、与接收器生产和安全有关的条件以及出口监测系统。该决定共17条,自2011年11月4日公布和生效,其中第5条最迟应于2013年11月6日在成员国适用,就欧盟成员国、欧盟理事会、欧盟委员会、欧盟对外行动署、欧盟机构、第三国和国际组织使用伽利略计划所建全球卫星导航系统提供的公共管制服务规则作出具体规定,包括使用公共管制服务的一般原则、安全条例的适用范围、公共管制服务的主管机构及职责、伽利略系统安全监测中心的职责、公共管制服务接收器和安全模块的生产与安全、公共管制服务的通用最低标准、出口管制、与公共管制服务有关机密信息泄露的处置等规定。

该决定主要明确了以下内容:一是明确了公共管制服务参与方、公共管制服务用户等概念。二是确定了使用公共管制服务的5项一般原则:欧盟成员国、欧盟理事会、欧盟委员会和欧盟对外行动署有权在全球范围内无限制和不间断地使用公共管制服务;应由欧盟成员国、欧盟理事会、欧盟委员会和欧盟对外行动署决定是否在其职权范围内使用;由欧盟成员国决定授权其领土范围内的公共管制服务用户,由欧盟理事会、欧盟委员会和欧盟对外行动署决定作为其代理人的公共管制服务用户;在履行必要职能的情况下,欧盟机构才能成为公共管制服务参与方;第三国或国际组织只有在按照《欧盟运作条约》第218条规定的程序,与欧盟签订协定的情况下,才能成为公共管制服务的参与方。三是确定了安全条例的适用范围。公共管制服务相关主体应适用安全条例,欧盟成员国应将国家安全条例的执行情况告知欧盟委员会,如发现与公共管制服务有关的欧盟机密信息被披露给未经授权的任何人,欧盟委员会有权采取措施。四是明确了公共管制服务主管机构及其职责。欧盟成员国使用公共管制服务,其公共管制服务主管机构应在相关成员国领土上设立,且一经设立应立即通报欧盟委员会。欧盟理事会、欧盟委员会和欧盟对外行动署,以及根据相关协定使用公共管制服务的欧盟机构和国际组织,其公共管制服务主管机构为欧洲全球卫星导航系统局。公共管制服务主管机构的职责:应

---

① 公共管制服务(Pubic Regulated Service,PRS)是伽利略系统提供的服务之一,仅限于政府授权的用户使用,为需要高度服务连续性的敏感应用提供,免费向欧盟成员国、欧盟理事会、欧盟委员会、欧盟对外行动署以及在适当情况下经正式授权的欧盟机构提供;这项服务使用强大的加密信号。

将公共管制服务的用户进行分组，确定和管理每个组或用户的公共管制服务访问权限；将从伽利略系统安全监测中心获得的公共管制服务密钥和其他相关机密信息分发给用户；对接收器的安全以及相关机密技术和信息进行管理和风险评估；建立联络点，以便在必要时协助报告检测到的影响公共管制服务的潜在有害电磁干扰；负责与伽利略系统安全监测中心对接；监督设立在欧盟成员国领土上的相关机构，按照安全认证委员会的授权和相关要求开发和生产公共管制服务接收器或安全模块；负责就公共管制服务的使用和开发及相关设备的生产与设备、技术和软件出口限制主管实体对接；请求欧洲全球卫星导航系统局提供技术援助，以便根据具体安排执行任务，一经确定，相关欧盟成员国应立即通报欧盟委员会；每三年向欧盟委员会和欧洲全球卫星导航系统局报告是否满足通用最低标准。五是明确了伽利略系统安全监测中心的作用。六是确定了公共管制服务接收器和安全模块的生产与安全要求。七是制定了公共管制服务主管机构应遵守的通用最低标准。八是明确了伽利略计划实施细则，授权欧盟委员会、伽利略计划下所建系统的运营商、欧洲全球卫星导航系统局和欧洲航天局获取公共管制服务技术、拥有或使用公共管制服务接收器。

4. 2016 年 3 月 18 日，欧盟委员会通过第（EU）2016/413 号执行决定：确定在伽利略计划下建立的系统地面基础设施位置，并制定必要措施以确保其顺利运行。 该执行决定 2016 年 3 月 19 日公布和生效，明确了根据伽利略计划建立的全球卫星导航系统地面基础设施的位置以及在附件中列出确保其正常运行的必要措施，同时废止了第 2012/117/EU 号执行决定。

该执行决定分为正文和附件两部分。正文共 3 条，主要规定根据伽利略计划建立的全球卫星导航系统的地面基础设施的位置以及确保其正常运行的必要措施。附件列出了地面中心和远程地面站在欧洲的具体位置以及应该采取的具体措施，其中地面中心包括两个伽利略系统控制中心、伽利略系统安全监测中心、欧洲全球卫星导航系统服务中心、搜救服务中心、伽利略系统参考中心、综合后勤支持中心和在轨测试站；远程地面站包括遥测、跟踪和控制站，传感器站，上行链路站及搜救站。2019 年 3 月 25 日欧盟委员会第（EU）2019/488 号执行决定修订了该执行决定的附件。

5. 2017 年 2 月 8 日，欧盟委员会通过第（EU）2017/224 号执行决定：制定技术和操作规范，使根据伽利略计划建立的系统能够提供具有欧洲议会和欧盟理事会第（EU）1285/2013 号条例第 2(4)(c) 条所述功能的商业服务。 该执行决定于 2017

年 2 月 9 日正式公布，在欧盟官方公报上公布后的第 20 日生效。规定了伽利略系统可以提供两大商业服务，高精度商业服务和认证商业服务，并明确了商业服务的技术和操作规范。

该执行决定分为正文和附件两部分。正文部分共 2 条指出附件列出了允许伽利略系统提供的商业服务实现第 1285/2013 号法规第 2 条第 4 款第 c 项所述功能的技术和操作规范。在附件部分指出与开放服务相比，商业服务有两大改进：更高的地理定位精度和增强的认证能力，可以相互独立地提供给用户；高精度商业服务和认证商业服务的技术和操作规范；与高精度商业服务和认证商业服务相关的缩略语。

6. 2017 年 7 月 31 日，欧盟委员会通过第（EU）2017/1406 号执行决定：确定 EGNOS 系统地面基础设施位置。该执行决定 2017 年 8 月 1 日公布，自其在欧盟官方公报上公布之日起第 20 日生效，分为正文和附件两部分。正文部分共 2 条，主要对 EGNOS 系统地面基础设施，包括系统运行协调中心、任务控制中心、测距和完好性监测站、导航陆地地面站和服务中心的位置作出了规定。附件部分通过表格的形式详细列出了相关基础设施的具体地理位置。

7. 2021 年 4 月 30 日，欧盟理事会通过第（CFSP）2021/698 号决定：欧盟空间计划下部署、运行和使用的可能影响欧盟安全的系统和服务的安全，并废除第 2014/496/CFSP 号决定。该决定于 2021 年 5 月 12 日正式公布和生效，自 2021 年 1 月 1 日起实施。该决定明确了当欧盟或成员国的安全、欧盟空间计划下系统和服务的安全面临威胁时，欧盟理事会、欧盟外交和安全政策高级代表、欧盟成员国、欧盟委员会、欧盟空间计划局、伽利略系统安全监测中心的职责，以及应对安全威胁的具体程序。

该决定共 10 条，规定了根据国际形势的需要，且在全球卫星导航系统的运行可能影响到欧盟或其成员国安全或在全球卫星导航系统的运行受到威胁的情况下，欧盟理事会应就拟采取必要的措施作出决策。明确了为降低安全威胁，欧盟理事会、欧盟外交和安全政策高级代表应履行的职责；指出在安全威胁已发生时，欧盟成员国、欧盟委员会、欧盟空间计划局或指定的安全监测机构应立即将信息通报欧盟外交和安全政策高级代表，欧盟外交和安全政策高级代表向欧盟理事会通知威胁和潜在影响；还规定了应急反应动作程序，规定欧盟理事会应酌情向欧盟空间计划局或指定的安全监测机构发出必要的指示，情况紧急时欧盟外交和安全政策高级代表有权向欧盟空间计划局或指定的安全监测机构发布临时指示。

欧盟卫星导航相关决定

- 2009 年《欧洲共同体委员会第 2009/334/EC 号决定：设立欧洲全球卫星导航系统安全专家组》
- 2009 年《欧洲共同体委员会第 2009/846/EC 号决定：欧盟委员会与欧洲全球卫星导航系统监管局关于机密信息的安全与交换缔结行政协议》
- 2011 年《欧洲议会和欧盟理事会第 1104/2011/EU 号决定：伽利略计划下建立的全球卫星导航系统提供的公共管制服务获取规则》
- 2016 年《欧盟委员会第（EU）2016/413 号执行决定：确定在伽利略计划下建立的系统地面基础设施位置，并制定必要措施以确保其顺利运行，并废除第 2012/117/EU 号执行决定》
- 2017 年《欧盟委员会第（EU）2017/224 号执行决定：制定技术和操作规范，使根据伽利略计划建立的系统能够提供具有欧洲议会和欧盟理事会第（EU）1285/2013 号条例第 2（4）（c）条所述功能的商业服务》
- 2017 年《欧盟委员会第（EU）2017/1406 号执行决定：确定 EGNOS 系统地面基础设施位置》
- 2021 年《欧盟理事会第（CFSP）2021/698 号决定：欧盟空间计划下部署、运行和使用的可能影响欧盟安全的系统和服务的安全，并废除第 2014/496/CFSP 号决定》

欧洲共同体委员会第 2009/334/EC 号决定

欧洲共同体委员会第2009/334/EC号决定

设立欧洲全球卫星导航系统安全专家组

2009年4月20日

(文本适用于欧洲经济区)

欧洲共同体委员会:

根据《建立欧洲共同体条约》,鉴于:

(1)欧洲议会和欧盟理事会2008年7月9日关于进一步实施欧洲卫星导航计划[欧洲地球静止导航重叠服务(EGNOS)和伽利略卫星导航(Galileo)计划①]的第(EC)683/2008号条例大幅改变了这两个计划的管理和拨款制度。

(2)第(EC)683/2008号条例第13条第1款规定,欧盟委员会应管理与导航系统安全有关的所有问题,并适当考虑是否有监督和整合总体计划中安全要求的必要性。根据该条第2款的规定,欧盟委员会应采取执行措施,规定主要技术要求,控制对导航系统提供安全保障技术的获取和处理。同时,该条第3款规定,欧盟委员会应充分考虑到专家意见,确保采取必要步骤遵守该条第2款所述的措施,并确保满足与导航系统安全有关的任何进一步要求。

(3)此外,第(EC)683/2008号条例第23条废除了2002年5月21日关于建立伽利略联合体的欧盟理事会第(EC)876/2002号条例第7条②,自2009年7月25日起生效。上述第7条设立了一个安全委员会,处理有关伽利略系统的安全事宜。

(4)为了完成第(EC)683/2008号条例第13条所述的任务,并从2009年7月25日起执行在此之前根据第(EC)876/2002号条例第7条所设安全委员会的任务,欧盟委员会需要成员国专家的协助。

(5)此外,在通过第(EC)683/2008号条例时,欧盟委员会发表声明,设立一个由成员国代表组成的专家组,以执行第(EC)683/2008号条例第13条第1款的规定,并审查与导航系统安全有关的事宜。

(6)此声明规定,欧盟委员会将确保专家组由每个成员国的一名代表和欧盟委员会的一名代表组成，由欧盟委员会代表担任主席并通过其议事规则，其中特别规定了采纳意见时需要协商一致，并规定了专家提出与导航系统安全性有关的问题的采纳流程。

(7)欧盟委员会在声明中还承诺，在履行职责时，将充分考虑该专家组的意见，并在确定第(EC)683/2008 号条例第 13 条规定的导航系统主要安全要求之前，与专家组进行磋商。

(8)在声明中，欧盟委员会还认为，一方面，欧洲全球卫星导航系统监管局、欧洲航天局以及欧盟高级代表/外长(SG/HR)的代表应在专家组议事规则规定的条件下作为观察员参与专家组的工作；另一方面，欧洲共同体缔结的协定规定第三国代表应在其议事规则规定的条件下参加专家组的工作。

(9)因此，设立一个名为"欧洲全球卫星导航系统安全委员会"的专家组是合适的，它的成立、使命、组成和运作符合上述欧盟委员会声明的要求，也符合欧盟委员会第 C(2005)2817 号决议所设立的欧盟委员会专家组框架内的跨部门规定。

(10)此外，必须为专家组可能参与第三国的工作作出规定。特别是，鉴于欧洲航天局的成员国挪威和瑞士参加了欧洲全球卫星导航系统计划，并密切参与与之相关的安全问题，因此让他们参与专家组的工作非常重要。他们的临时任期为 3 年，如果欧洲共同体与这两个第三国达成协议，则期限可以延长。

现决定如下：

第 1 条　欧洲全球卫星导航系统安全委员会

设立欧洲全球卫星导航系统安全专家组，又被称为欧洲全球卫星导航系统安全委员会(以下简称安全委员会)。

第 2 条　使命

安全委员会应协助欧盟委员会执行第(EC)683/2008 号条例第 13 条第 1 款的规定，并审查与欧洲全球卫星导航系统安全有关的事宜。欧盟委员会应在确定第 13 条第 2 款规定的有关导航系统安全性的主要要求之前咨询其意见，安全委员会应就第 13 条第 3 款规定的内容向欧盟委员会提供持续支持。

第 3 条　咨询

欧盟委员会应定期咨询安全委员会，并充分考虑其意见。

第 4 条　组成

1. 安全委员会应由从每个成员国安全和安保领域公认的专家中选出的一名代表和欧盟委员会的一名代表组成。

2. 欧洲全球卫星导航系统监管局、欧洲航天局和欧盟高级代表/外长(SG/HR)的代表可以观察员的身份参加安全委员会,并在其议事规则规定的条件下开展工作。

3. 欧洲共同体缔结的协定可规定第三国代表参加安全委员会的工作,包括作为其正式成员参加安全委员会的工作。

4. 自本决议生效之日起,挪威和瑞士的代表可在安全委员会议事规则规定的条件下暂时以观察员的身份参与工作。条件是挪威和瑞士各自事先确认他们打算在其领土上执行一切必要的安全措施,以确保适当保护欧洲全球卫星导航系统计划和导航系统的基础设施、服务和技术,特别是出口管制。这种临时参与的期限必须足以允许缔结本条第3款所述的协议,而且不得超过3年。

5. 如果第三国采取的行动无法确保安全方面所需的保护或无法遵守为欧洲全球卫星导航系统计划制定的安全规则,则可减少或暂停该国参与安全委员会的工作。

6. 安全委员会主席可根据其议事规则规定的条件,不时邀请其他专家参加安全委员会的工作。安全委员会主席必须事先向安全委员会成员通报这些专家出席的理由。

7. 一个国家或组织提名的代表应继续担任其职务,除非其被替换或任期结束。当某个国家或组织提名的专家不合适,特别是出现利益冲突时,欧盟委员会可以拒绝该专家担任职务。在这种情况下,欧盟委员会应迅速通知该国或该组织提名其他专家。

第5条　运作

1. 安全委员会应由欧盟委员会的一名代表主持。

2. 经欧盟委员会同意,可设立小组委员会,根据安全委员会规定的任务审查具体事宜。小组委员会在完成任务后应立即解散。

3. 安全委员会及其小组委员会通常应按照欧盟委员会制定的程序和时间表在欧盟委员会所在地举行会议。会议地点应以适合工作性质的方式确定。秘书处应由欧盟委员会提供。欧盟委员会其他有关官员可参加会议。

4. 安全委员会应根据欧盟委员会的标准议事规则通过其议事规则。[③]议事规则应规定,安全委员会应尽可能以协商一致的方式通过其意见或报告,各成员可提出与欧洲全球卫星导航系统安全有关的任何问题。

5. 安全委员会及其小组委员会会议的参会者必须严格遵守欧盟委员会的安全

和安保规定,特别是有关机密文件的规定。

第 6 条　会议费

1. 成员、专家和观察员因安全委员会活动而产生的旅费和住宿费,应由欧盟委员会按照现行规定报销。这些成员、专家和观察员不应因执行任务获取报酬。

2. 会议费按年度资源配置程序分配给有关部门的经费限额报销。

第 7 条　生效

本决议自欧盟委员会通过之日起生效,应在欧盟官方公报上公布。

2009 年 4 月 20 日于布鲁塞尔签署生效。

欧盟委员会副主席

安东尼奥·塔贾尼(Antonio TAJANI)

①欧盟官方公报 L 196,2008 年 7 月 24 日,第 1 页。

②欧盟官方公报 L 138,2002 年 5 月 28 日,第 1 页。

③2005 年 7 月 27 日第 SEC(2005)1004 号文件附件三。

欧洲共同体委员会第 2009/846/EC 号决定

欧洲共同体委员会第 2009/846/EC 号决定

欧盟委员会与欧洲全球卫星导航系统监管局

关于机密信息的安全与交换缔结行政协议

2009 年 10 月 20 日

欧洲共同体委员会：

根据《建立欧洲共同体条约》，根据欧洲议会和欧盟理事会于 2008 年 7 月 9 日发布的关于进一步实施欧洲卫星导航计划（EGNOS 计划和伽利略计划）[①] 的第（EC）683/2008 号条例，尤其是其中第 13 条，鉴于：

（1）根据第（EC）683/2008 号条例第 12（1）条，这两个计划的公共治理依据欧洲共同体之间严格划分责权的原则，由欧盟委员会、根据欧盟理事会第（EC）1321/2004 号条例[②] 成立的欧洲全球卫星导航系统监管局以及欧洲航天局共同治理。欧盟委员会负责这两个计划的管理。

（2）第（EC）683/2008 号条例第 13 条就欧洲卫星无线电导航计划安全方面的治理进行规定，特别规定这两个计划下的系统所有安全方面由欧盟委员会管理。

（3）根据第（EC）683/2008 号条例第 16 条，涉及计划安全性时，欧洲全球卫星导航系统监管局负责按照欧盟委员会通过的准则开展伽利略安全中心的安全认证和运作工作。

（4）根据上述规定分别分配给欧盟委员会和欧洲全球卫星导航系统监管局有关伽利略计划和 EGNOS 计划的任务涉及在这两个机构之间交换机密信息，而且也涉及通过欧盟委员会在欧洲全球卫星导航系统监管局与欧洲航天局、欧盟理事会以及欧盟成员国之间交换机密信息。

（5）在第 2001/844/EC，ECSC，Euratom 号决议中[③]，欧盟委员会修改了其内部议事规则，纳入了规定基本原则和最低安全标准的规则，特别是有关欧盟机密信息的规则。

（6）根据第（EC）1321/2004 号条例第 20 条，欧洲全球卫星导航系统监管局有义务采用第 2001/844/EC，ECSC，Euratom 号决议中规定的安全原则，尤其是有关机密信息的交换、处理和存储的规定。

(7)目前,没有在欧盟委员会与欧洲全球卫星导航系统监管局之间,或者通过欧盟委员会在欧洲全球卫星导航系统监管局与欧洲航天局、欧盟理事会及欧盟成员国之间建立交换机密信息的框架。

(8)有必要在欧盟委员会与欧洲全球卫星导航系统监管局之间就保密信息的安全和交换达成协议。欧盟委员会与欧洲全球卫星导航系统监管局已经就相关协议进行了协商,因此应予以批准并签署。现决定如下:

第1条

特此批准欧盟委员会与欧洲全球卫星导航系统监管局就机密信息的安全和交换签订协议。

协议文本作为本决定的附件。

第2条

特此授权欧盟委员会能源和运输总干事代表欧盟委员会签署该协议。

第3条

本决定应在欧盟官方公报上公布。

2009年10月20日于布鲁塞尔签字生效。

欧盟委员会副主席

安东尼奥·塔贾尼(Antonio TAJANI)

①欧盟官方公报L 196,2008年7月24日,第1页。

②欧盟官方公报L 246,2004年7月20日,第1页。

③欧盟官方公报L 317,2001年12月3日,第1页。

附　件

欧盟委员会与欧洲全球卫星导航系统监管局关于机密信息的安全与交换的协议

甲方:欧盟委员会(以下简称委员会),由能源和运输总干事代表

乙方:欧洲全球卫星导航系统监督管理局,由监管局执行董事代表

下文中称为双方或一方。

根据《建立欧洲共同体条约》,根据欧洲议会和欧盟理事会于2008年7月9日

发布的关于进一步实施欧洲卫星导航计划(EGNOS 计划和伽利略计划)的欧盟理事会第(EC)683/2008 号条例,根据 2004 年 7 月 12 日关于建立欧洲卫星无线电导航计划管理结构的欧盟理事会第(EC)1321/2004 号条例,根据 2001 年 11 月 29 日第 2001/844/EC,ECSC,Euratom 号决定修改其内部议事规则的决议,鉴于在欧洲卫星导航计划(EGNOS 计划和伽利略计划)的背景下,需要双方之间永久交换机密信息,同时为确保最佳和有效的合作与磋商,可能有必要访问双方的机密信息,并在各方之间交换机密信息,考虑到此类访问和机密信息交换需要采取适当的安全措施,双方现达成如下协议。

第 1 条

在本协议中:

(1)“机密信息”指一方认为需要防止未经授权的披露并指定了安全级别的任何信息(可以以任何形式传播的知识或任何材料,包括文件);

(2)“信息提供方”指向另一方(接收方)传达或披露机密信息的一方;

(3)“接收方”指从另一方(信息提供方)接收机密信息的一方;

(4)“安全条例”是指适用于双方的第 2001/844/EC,ECSC,Euratom 号决议以及双方的内部程序和法规。

第 2 条

本协议应适用于根据各自的安全条例一方传达给另一方或在双方之间交换的涉及欧洲卫星无线电导航计划(伽利略计划和 EGNOS 计划)的机密信息。

第 3 条

每一方:

(1)应确保对本协议涵盖的、由一方传达给另一方或在双方之间交换的机密信息进行保护;

(2)必须确保本协议下传达或交换的机密信息保留信息提供方为其指定的安全级别。接收方应确保根据本协议第 9 条建立的安全规定,按照其自身对同等安全级别的机密信息所规定的安全条例来保护此类机密信息;

(3)不得将本协议下的此类机密信息用于信息提供方所确定的用途以外的目的;

(4)未经信息提供方的事先同意,不得向本协议第 4 条第 4 款和 5 款未提及的任何第三方披露本协议下的此类机密信息;

(5)仅授权那些有必要知道机密信息且通过了相应级别的安全审查的人员访

问此类机密信息。

第 4 条

1. 根据信息提供方的控制原则,信息提供方可以向接收方传达并披露机密信息。

2. 接收方决定将机密信息披露或传达给本条第 4 款和第 5 款未列出的第三方时,应根据信息提供机构的安全条例中所定义的信息披露控制原则,事先取得信息提供方的书面同意。

3. 在执行本条第 1 款和第 2 款时,只有在协议方之间出于业务需要就某些类别的信息建立并采用了相关程序时,才有可能自动将信息披露给除本条第 4 款和第 5 款所述机构以外的第三方。

4. 委员会可能会自动将欧洲全球卫星导航系统监管局提供的机密信息披露给欧洲航天局(ESA)、欧盟理事会和欧盟成员国。

5. 委员会应努力与欧洲航天局、欧盟理事会和欧盟成员国分别签订协议和协定,允许将来自欧洲航天局、欧盟理事会和欧盟成员国的机密信息自动披露给欧洲全球卫星导航系统监管局。

第 5 条

1. 双方应努力建立一个安全系统,并制定符合各自安全条例中规定的基本原则和最低标准的安全措施,包括本协议第 9 条中要建立的安全规定,以确保本协议涵盖的机密信息获得同等程度的保护。

2. 双方应就本协议涵盖的机密信息的安全以及共同关心的安全问题提供相互协助。本协议第 9 条指定的安全责任机关应就安全相关问题进行磋商和相互审查,以评估由其根据该条款负责制定的安全规定的有效性。

3. 在双方传达或交换本协定所涵盖的机密信息之前,本协议第 9 条指定的安全责任机关应声明,他们认可只要接收方遵守其在本协议第 9 条下制定的安全规定就能够保护机密信息。

第 6 条

双方应努力确保任何人执行公务时,如果需要访问本协议下传达或交换的机密信息,应在授权其访问此类机密信息之前,先对其背景进行适当的安全审查。

安全审查程序的目的是判断其忠诚度和可靠性,确定其是否可以访问机密信息。

第 7 条

1. 本协议下的信函:

(1)就委员会而言,所有信函均应发送至委员会秘书长的总部办公室,地址如下:

比利时布鲁塞尔 1049

欧盟委员会秘书长

(2)就欧洲全球卫星导航系统监管局而言,所有信函均应发送至以下地址:

比利时布鲁塞尔 1049

RuedelaLoi/Wetstraat56

欧洲全球卫星导航系统监管局当地安全官

2. 尽管有本条第 1 款的规定,但出于操作上的原因,一方发给另一方特定工作人员、机构或部门可以访问的信函,考虑到他们的责任并根据“需要了解”的原则,只能寄送给另一方专门指定为接收者的工作人员、机构或部门。在这种情况下:

(1)就委员会而言,此类信函应由欧洲全球卫星导航系统监管局直接发送给服务于委员会内特定工作人员、机关或部门的当地办事处,如果没有当地办事处,则通过委员会(秘书长总部办公室)转交;

(2)就欧洲全球卫星导航系统监管局而言,相关信函应通过欧洲全球卫星导航系统监管局的安全部门转送。

第 8 条

欧洲全球卫星导航系统监管局执行董事和欧盟委员会安全理事会应监督本协议的执行。

第 9 条

1. 为执行本协议,应由本条第 2 款和第 3 款指定的机关制定安全规定,以确定本协议下传达或交换机密信息的安全保护和相互保护的标准。

2. 欧洲全球卫星导航系统监管局的安全部门应在监管局执行董事授权的情况下代表其制定安全规定,以确保本协议下传达给监管局或与其交换的机密信息得到保护。

3. 委员会的安全理事会应在负责安全事务的委员会成员的授权下,制定安全规定,以确保本协议下在委员会内部及其工作大楼内传达或交换的机密信息得到保护。

4. 对于欧洲全球卫星导航系统监管局,本条第 1 款中提及的安全规定必须获得欧洲全球卫星导航系统监管局行政管理委员会的批准。

第 10 条

本协议第 9 条所指定的机关应建立确认或怀疑本协定下的机密信息受到损害

时应遵循的程序,包括将情况和所采取的措施通知另一方。

第 11 条

协议双方应各自承担执行本协议所产生的费用。

第 12 条

因本协议的解释或适用引起的委员会与全球卫星导航系统监管局之间的任何争议均应协商解决。

第 13 条

1. 本协议应在双方通知对方必要的内部程序已完成之日后的第一个月的第一天开始生效。

2. 每一方均应将可能影响本协议下的机密信息保护的任何法规变更及时通知对方。

3. 本协议可应任何一方或另一方的请求进行审核,以进行可能的修改。

4. 对本协议的任何修改须经双方同意并以书面形式进行。所有修改应按照本协议第 8 条第 1 款的地址通知对方后生效。

5. 本协议的期限是无期限的。一方或另一方可以随时以书面形式通知另一方来终止本协议。终止应在另一方收到通知后 6 个月生效。但是,它不影响本协议下先前约定的义务。尤其是,本协议下传达或交换的所有机密信息应继续根据本协议受到保护,直到接收方根据提供方的要求将其退还给提供方。

6. 本协议以英文撰写,一式两份。

兹证明,本协议由下列授权代表签字生效。

2009 年 11 月 11 日于布鲁塞尔签署。

欧盟委员会总干事

马提亚斯·吕特(Matthias RUETE)

欧洲全球卫星导航系统监管局执行董事

佩德罗·佩德雷拉(Pedro PEDREIRA)

欧洲议会和欧盟理事会
第 1104/2011/EU 号决定

欧洲议会和欧盟理事会第1104/2011/EU号决定

伽利略计划下建立的全球卫星导航系统提供的公共管制服务获取规则

2011年10月25日

欧洲议会和欧盟理事会：

根据《欧盟运作条约》，特别是其中的第172条，基于欧盟委员会的提案，立法草案提交各国议会，根据欧洲经济和社会委员会的意见[①]，并咨询地区委员会，按照普通立法程序。[②]

鉴于：

(1)2008年7月9日欧洲议会和欧盟理事会关于进一步执行欧洲卫星导航计划(EGNOS计划和伽利略计划)[③]的第(EC)683/2008号条例在其附件中规定，伽利略计划的具体目标是，确保在该计划下建立的系统所发射的信号可特别用于提供仅限于政府授权用户使用的公共管制服务(PRS)，以及需要有效控制接入权限和要求较高服务连续性的敏感应用。

(2)虽然第(EC)683/2008号条例的有关规定也适用于附件所列的服务(包括公共管制服务)，但鉴于伽利略计划下所建系统与公共管制服务之间在法律、技术、运营、财务和所有权等方面相互关联，因此本决议宜再次强调有关安全条例执行的相关规定。

(3)欧洲议会和欧盟理事会曾在若干场合提及，伽利略计划所建的系统是一个由民用体系控制的系统，也就是说，该系统是在欧盟机构的控制下根据民用要求或按照民用标准建立的。

(4)伽利略计划对于欧盟在卫星导航、定位和授时服务等方面的独立性具有战略意义，并为实施《2020年欧洲智能化、可持续和多元化增长战略》做出了重要贡献。

(5)在欧洲卫星导航系统提供的各种服务中，公共管制服务是最安全、最敏感的，因此适用于需要完全确保稳健性和全面可靠性的服务。它必须为参与方保证服务的连续性，即使在最严重的危机情况下也能保证服务的运行。使用此服务时，如果违反安全规则,其后果不仅会涉及相关用户,而且可能波及其他用户。因此,公共管制服务的使用和管理是欧盟成员国共同的责任,以保护欧盟的安全及欧盟成员国自身的安全。因此,对公共管制服务的访问必须严格限制在某些类别的用户之内,并对这些用户进行持续监测。

(6)有必要界定公共管制服务的接入规则和管理规则,特别是规定与接入有关的一般原则、各管理和监督机构的职能、与接收器生产和安全有关的条件以及出口监测系统。

(7)关于公共管制服务接入的一般原则,鉴于该项服务的实际目的及其特点,必须严格限制其使用,欧盟成员国、欧盟理事会、欧盟委员会和欧盟对外行动署(EEAS)可在全世界自由、不受限制和不间断地使用该服务。此外,每个欧盟成员国必须能够根据通用最低标准,自行决定授权哪些用户可以使用公共管制服务,以及公共管制服务的用途,包括与安全有关的用途。

(8)为了促进欧洲技术在世界范围内的使用,某些第三国和国际组织应能够单独签订协定参与公共管制服务。对于安全的政府卫星无线电导航应用,第三国和国际组织使用公共管制服务的条款和条件应在国际协定中规定,须注意,遵守安全要求始终是强制性规定。在此类协定的范围内,应允许在特定条件和要求下生产公共管制服务接收器,但上述条件和要求至少应与适用于欧盟成员国的条件和要求相当。此外,此类协定不应包括安全敏感事项,如安全模块的生产。

(9)在与第三国或国际组织进行协定谈判时,应充分考虑到尊重民主、法治、人权和基本自由的普适性和不可分割性,以及思想、良知和宗教自由、言论和信息自由、人格尊严、平等和团结原则以及尊重《联合国宪章》及国际法的原则的重要性。

(10)欧洲航天局的安全条例提供的保护程度应至少与欧盟委员会第2001/844/EC,ECSC,Euratom号决议[④]附件所载安全规则及欧盟理事会2011年3月31日关于保护欧盟机密信息安全规则的第2011/292/EU号决议提供的保护程度相当。[⑤]

(11)欧盟及其成员国应尽最大努力确保伽利略计划下所建系统以及公共管制服务技术和设备安全可靠,防止为公共管制服务发射的信号被非法的自然人或法人使用,并防止公共管制服务被恶意使用以攻击欧盟及其成员国。

(12)重要的是,欧盟成员国必须确立不遵守本决议所规定义务的相关处罚制度,并确保这些处罚措施的执行。处罚必须是有效、相称、有劝阻性的。

(13)就管理和监督机构而言,公共管制服务参与方指定一个负责管理和监督用户的公共管制服务主管机构似乎是有效管理公共管制服务使用的最佳方式，这有助于促进负责安全的各利益相关方之间的关系，并确保按照通用最低标准对用户（特别是国家用户）进行长期监督。但这一机构也应具备灵活性，以便欧盟成员国能够高效地实施相关职责。

（14）执行本决议时，任何个人数据的处理都应依据欧盟法律进行，特别是欧洲议会和欧盟理事会 1995 年 10 月 24 日第 95/46/EC 号指令关于个人数据处理和个人数据自由流动时对个人的保护规定[⑥]，以及欧洲议会和欧盟理事会 2002 年 7 月 12 日第 2002/58/EC 号指令关于电子通信领域的个人数据处理和隐私保护的规定（隐私和电子通信指令）。[⑦]

（15）第（EC）683/2008 号条例第 16 条第 1 款第 2 项提到的伽利略安全中心（伽利略系统安全监测中心或称为 GSMC）的任务之一是，成为负责公共管制服务安全的各利益相关方之间的协调对接机构。

（16）欧盟理事会和欧盟外交和安全政策高级代表应在管理公共管制服务方面发挥作用，执行 2004 年 7 月 12 日发布的欧盟理事会联合行动第 2004/552/CFSP 号决议（《关于影响欧盟安全的欧洲卫星无线电导航系统的运作相关事宜》）。[⑧]欧盟理事会应批准通过国际协定授权第三国或国际组织使用公共管制服务。

（17）关于公共管制服务接收器的生产和安全，安全要求规定只能将这项任务委托给指定了公共管制服务主管机构的欧盟成员国或在指定了公共管制服务主管机构的欧盟成员国领土上设立的企业。此外，接收器制造商必须获得依据第 912/2010/EU 号条例成立的欧洲全球卫星导航系统安全认证委员会[⑨]（以下简称安全认证委员会）的正式授权，并必须遵守安全认证委员会的决议。公共管制服务主管机构负责持续监测其对授权要求和这些决定的遵守情况，以及对依据通用最低标准得出的具体技术要求的遵守情况。

（18）未指定公共管制服务主管机构的欧盟成员国应指定一个联络点，负责管理任何检测到的影响公共管制服务的有害电磁干扰。该联络点应是充当报告点的自然人或法人，或是欧盟委员会在发生潜在有害电磁干扰时可以联系的地址，以便解决此类干扰。

（19）关于出口限制，在将与公共管制服务的使用以及开发和生产有关的设备或技术、软件出口到欧盟以外的国家/地区时，无论该设备、软件或技术是否在 2009 年 5 月 5 日第（EC）428/2009 号条例附件一中列出，只能将其出口到与欧盟签订了国际协定、经正式授权接入公共管制服务的第三国，第（EC）428/2009 号条例建立了一个管制军民两用物品的出口、转让、代理和运输的欧盟制度。[10]在领土上安装了载有公共管制服务设备的地面参考站,且参考站构成伽利略计划下所建系统一部分的第三国,不应仅据此而被视为公共管制服务的参与国。

(20)根据《欧盟运作条约》第290条的规定,由欧盟委员会对附件所列各领域的通用最低标准制定细则,并在必要时对其进行更新和修正,将伽利略计划的发展情况纳入其中。尤为重要的是,欧盟委员会在筹备工作期间应进行适当的协商(包括专家级协商)。欧盟委员会在制定和起草授权法案时,应确保将相关文件同时、及时和适当地转交给欧洲议会和欧盟理事会。

(21)鉴于对伽利略计划下所建系统的安全可能产生影响,欧盟及其成员国必须单独和共同地在每个成员国统一执行关于获取公共管制服务和生产公共管制服务接收器及安全模块的通用规则。因此,有必要由欧盟委员会就执行给出细则、准则和其他措施,使通用最低标准生效。为了确保本决议的执行有统一的条件,应赋予欧盟委员会执行权力,并根据2011年2月16日欧洲议会和欧盟理事会第182/2011/EU号条例行使上述权力,该条例规定了成员国委托欧盟委员会行使执行权力机制的相关规则和一般原则。[11]

(22)欧盟委员会在欧盟成员国协助下进行的审计和视察应酌情按欧盟第2011/292号决议附件三第7节规定的类似方式进行。

(23)为伽利略计划所建系统提供的公共管制服务制定相应的使用规则是执行公共管制服务的先决条件。欧盟委员会应分析是否应制定公共管制服务的收费政策,包括对第三国和国际组织的收费政策,并向欧洲议会和欧盟理事会报告分析结果。

(24)由于本决定的目标,即制定成员国、欧盟理事会、欧盟委员会、欧洲经济区、欧盟机构、第三国和国际组织可以访问公共管制服务的规则——如果成员国不能充分实现,并且由于拟议行动的规模,在欧盟层面可以更好地实现,那么欧盟可根据《欧盟条约》第5条规定的辅助性原则采取适当措施。根据该条规定的相称原则,本决议不超出实现上述目标所必需的范围。

(25)一旦公共管制服务宣布投入运行,就应建立报告和审查机制。

本决议已获通过:

第1条　主题

本决议规定了欧盟成员国、欧盟理事会、欧盟委员会、欧盟对外行动署、欧盟机构、第三国和国际组织使用伽利略计划所建全球卫星导航系统提供的公共管制服务的规则。

第 2 条　定义

下列定义适用于本决议：

(1)“公共管制服务参与方”是指欧盟成员国、欧盟理事会、欧盟委员会和欧盟对外行动署、欧盟机构，以及经正式授权的第三国和国际组织；

(2)“公共管制服务用户”是指经公共管制服务参与方正式授权拥有或使用公共管制服务接收器的自然人或法人。

第 3 条　获取公共管制服务的一般原则

1. 欧盟成员国、欧盟理事会、欧盟委员会和欧盟对外行动署有权在世界范围内无限和不间断地获取公共管制服务。

2. 欧盟各成员国、欧盟理事会、欧盟委员会和欧盟对外行动署应决定是否在各自职权范围内使用公共管制服务。

3. 使用公共管制服务的欧盟各成员国应独立决定居住在其领土上或代表该成员国在国外履行公务的哪些类别的自然人，以及在其领土上设立的法人是否有权成为公共管制服务的用户，并根据本决议第 8 条和本决议附件第 1 条第①和②款决定公共管制服务的用途。这些用途可包括与安全有关的用途。

欧盟理事会、欧盟委员会和欧盟对外行动署应根据本决议第 8 条和附件第 1 条第①和②款，决定哪些类别的代理人有权成为公共管制服务的用户。

4. 只有因履行任务有必要的情况下，欧盟机构才可成为公共管制服务的参与方，并遵守欧盟委员会与有关机构缔结的行政协定中的详细规则。

5. 第三国或国际组织只有在按照《欧盟运作条约》第 218 条规定的程序，与欧盟签订了下列协定的情况下，方可成为公共管制服务的参与方：

(1)规定交换和保护机密信息框架的信息安全协议，提供的保护程度至少应与欧盟成员国的相当；

(2)规定第三国或国际组织获取公共管制服务条款和条件细则的协定，此类协定可包括在特定条件下生产公共管制服务接收器，但不包括安全模块。

第 4 条　安全条例的适用范围

1. 欧盟各成员国应确保其国家安全条例对机密信息提供的保护程度至少等同于第 2001/844/EC，ECSC，Euratom 号决议附件和第 2011/292/EU 号决议所载的安全条例，并确保这些国家安全条例适用于其公共管制服务的用户、居住在其领土上的所有自然人以及在其领土上设立的处理与公共管制服务有关的欧盟机密信息的所有法人。

2. 欧盟成员国应立即将本条第 1 款所述国家安全条例的执行情况告知欧盟委员会。

3. 如果发现与公共管制服务有关的欧盟机密信息已披露给未经授权的任何人，则欧盟委员会应与有关欧盟成员国在充分协商的情况下采取以下行动：

(1)通知公共管制服务机密数据的提供方；

(2)评估对欧盟或成员国潜在的利益损害；

(3)将评估结果告知有关当局，并附上补救建议，在这种情况下，有关当局应立即告知欧盟委员会其打算采取或已经采取的行动，包括防止再次发生此类事件的行动，以及此类行动的结果；

(4)酌情向欧洲议会和欧盟理事会通报这些结果。

第 5 条　公共管制服务主管机构

1. 公共管制服务主管机构应由以下机构或组织指定：

(1)对于使用公共管制服务的欧盟成员国以及在其领土上设立本决议第 7 条第 1 款所述任何机构的欧盟成员国，公共管制服务主管机构应在相关成员国领土上设立，且一经设立应立即通报欧盟委员会；

(2)如果欧盟理事会、欧盟委员会和欧盟对外行动署使用公共管制服务。根据第 912/2010/EU 号条例成立的欧洲全球卫星导航系统局可根据适当部署被指定为公共管制服务主管机构；

(3)欧盟机构和国际组织根据本决议第 3 条第 4 款和第 5 款所述协定的条款，在这种情况下，欧洲全球卫星导航系统局可被指定为公共管制服务主管机构；

(4)第三国使用公共管制服务，应当遵守本决议第 3 条第 5 款所述协定的规定。

2. 公共管制服务主管机构的运营费用应由指定该机构的公共管制服务参与方承担。

3. 未根据本条第 1 款第 1 项指定公共管制服务主管机构的欧盟成员国，应指定一个联络点，在必要时协助报告检测到的影响公共管制服务的潜在有害电磁干扰，且一经设立，相关成员国应立即通报欧盟委员会。

4. 公共管制服务主管机构应确保公共管制服务的使用符合本决议第 8 条和本决议附件的第 1 条，并确保：

(1)将公共管制服务的用户进行分组，以便与伽利略系统安全监测中心

(GSMC)一起管理公共管制服务;

(2)确定和管理每个组或用户的公共管制服务访问权限;

(3)公共管制服务密钥和其他相关机密信息从伽利略系统安全监测中心获得;

(4)将公共管制服务密钥和其他相关机密信息分发给用户;

(5)对接收器的安全以及相关机密技术和信息进行管理和风险评估;

(6)建立一个联络点,以便在必要时协助报告检测到的影响公共管制服务的潜在有害电磁干扰。

5. 欧盟成员国的公共管制服务主管机构应确保在该成员国领土上设立的机构只有在下列情况下才能开发或生产公共管制服务接收器或安全模块:

(1)已由安全认证委员会根据第(EU)912/2010 号法规第 11 条第 2 款正式授权;

(2)遵守安全认证委员会的决议以及本决议第 8 条和本决议附件第 2 条关于开发和生产公共管制服务接收器或安全模块的规定,只要这些规定与其活动有关。

本款规定的任何设备制造授权应至少每 5 年审查一次。

6. 对于本条第 5 款所述的开发或生产,或向欧盟以外国家/地区的出口,相关欧盟成员国的公共管制服务主管机构就公共管制服务的使用和开发及相关设备的生产与设备、技术和软件出口限制主管实体对接,以确保符合本决议第 9 条的规定。

7. 根据本决议第 8 条和附件第 4 条的规定,公共管制服务主管机构应与伽利略系统安全监测中心对接。

8. 本条第 4 款和第 7 款不应妨碍欧盟成员国经双方同意将其各自公共管制服务主管机构的某些具体任务委托给另一成员国的权利,但不包括与对其各自领土行使主权有关的任何任务。本条第 4 款和第 7 款所述任务以及本条第 5 款所述任务可由欧盟成员国联合执行。一经确定,相关成员国应立即通报欧盟委员会。

9. 公共管制服务主管机构可请求欧洲全球卫星导航系统局提供技术援助,以便根据具体安排执行任务。一经确定,相关欧盟成员国应立即通报欧盟委员会。

10. 公共管制主管机构应每 3 年向欧盟委员会和欧洲全球卫星导航系统局报告是否满足通用最低标准。

11. 欧盟委员会应在欧洲全球卫星导航系统局的协助下,每 3 年向欧洲议会和欧盟理事会报告公共管制服务主管机构遵守通用最低标准的情况,以及严重违反这些标准的情况。

12. 如果公共管制服务主管机构未满足本决议第 8 条规定的通用最低标准,则欧盟委员会可在适当考虑辅助性原则的情况下，与相关欧盟成员国协商，如有必要，在获得进一步的具体信息后，可提出相关建议。公共管制服务主管机构应在建议发出后3个月内，或遵从欧盟委员会的建议，或申请提出修改建议，以确保满足通用最低标准，并按照与欧盟委员会协商一致的情况予以执行。

如果在3个月期满后，有关公共管制服务主管机构仍不能确保符合通用最低标准，欧盟委员会应通知欧洲议会和欧盟理事会，并提议应采取的适当措施。

第6条　伽利略系统安全监测中心的作用

伽利略系统安全监测中心应充当公共管制服务主管机构、欧盟理事会和根据联合行动第2004/552/CFSP号决议采取行动的欧盟外交和安全政策高级代表与控制中心之间的运营对接机构，并将可能影响公共管制服务顺利实施的任何事件通报给欧盟委员会。

第7条　公共管制服务接收器和安全模块的生产与安全

1. 欧盟成员国可根据本决议第5条第5款的要求，将生产公共管制服务接收器或相关安全模块的任务分配给在其领土或另一成员国领土上建立的机构。欧盟理事会、欧盟委员会或欧盟对外行动署可将生产自用公共管制服务接收器或相关安全模块的任务分配给在欧盟成员国领土上建立的机构。

2. 如果未遵守本决议第5条第5款第2项规定的措施，安全认证委员会可随时撤销其对本条第1款所述机构生产公共管制服务接收器或相关安全模块的授权。

第8条　通用最低标准

1. 本决议第5条所述公共管制服务主管机构应遵守的通用最低标准应涵盖附件所列领域。

2. 欧盟委员会有权根据本决议第11条（对附件所列领域采用通用最低标准）通过委托监管法案，将伽利略计划的进展情况纳入其中，特别是技术和安全需求变化，并在必要时进行修订，以更新附件。

3. 在本条第2款所述通用最低标准的基础上，欧盟委员会可执行必要的技术要求、准则和其他措施。应根据本决议第12条第2款所述的审查程序通过这些实施方案。

4. 欧盟委员会应确保采取必要措施，遵守本条第2款和第3款所述措施，并在充分考虑专家意见的情况下，满足与公共管制服务及其用户和相关技术有关的安全要求。

5. 为了协助遵守本条的规定，欧盟委员会应至少每年举行一次所有公共管制服务主管机构的全体会议。

6. 欧盟委员会应在欧盟成员国和欧洲全球卫星导航系统局的协助下，确保公共管制服务主管机构遵从通用最低标准，特别是要开展审计或检查工作。

第 9 条　出口管制

除根据本决议第 8 条和附件第 3 点以及根据本决议第 3 条第 5 款所述协定或关于托管和运行参考站细则的协定外，不得授权相关机构向欧盟以外的国家/地区出口与公共管制服务的使用和开发及生产有关的设备、技术和软件。

第 10 条　联合行动第 2004/552/CFSP 号决议的适用

本决议的执行不影响根据联合行动第 2004/552/CFSP 号决议所采取的措施。

第 11 条　行使委托

1. 根据本条规定的条件，授予欧盟委员会通过委托监管法案的权力。

2. 授予欧盟委员会通过委托监管法案的权力，自 2011 年 11 月 5 日起生效，为期 5 年。欧盟委员会应在 5 年期结束前 9 个月就行使的委托授权起草一份报告。

3. 欧洲议会或欧盟理事会可随时撤销本决议第 8 条第 2 款所述的委托授权。撤销委托授权的决定一经作出，即终止该决定中规定的授权。撤销决定应在欧盟官方公报上公布的次日或决定规定的日期两者中较晚的日期生效。此类决定不影响任何已生效的委托监管法案的有效性。

4. 一旦欧盟委员会通过了委托监管法案，应同时通知欧洲议会和欧盟理事会。

5. 对于根据本决议第 8 条第 2 款通过的委托监管法案，只有在向欧洲议会或欧盟理事会通报该法案后 2 个月内，欧洲议会和欧盟理事会均未表示反对，或在该期限届满前，欧洲议会和欧盟理事会已通知欧盟委员会他们不会反对，该法案方可生效。经欧洲议会或欧盟理事会提议，该通知期限可延长 2 个月。

第 12 条　委员会程序

1. 欧盟委员会应由根据第(EC)683/2008 号条例成立的委员会协助。该委员会应属于第(EU)182/2011 号条例规定的委员会。

2. 凡提到本款，适用第(EU)182/2011 号条例第 5 条。如果第 1 款所述委员会未发表意见，则欧盟委员会不得通过实施法案草案。

第 13 条　审查和报告

公共管制服务宣布运行后 2 年内，欧盟委员会应向欧洲议会和欧盟理事会报告公共管制服务获取规则的运行情况和适当性，并在必要时提出对本决议进行相应修订。

第 14 条　伽利略计划实施细则

尽管本决议存在其他规定,但为了确保伽利略计划下所建的系统能够顺利运行,在遵守本决议第 8 条和本决议附件所述原则的前提下,应授权以下机构获取公共管制服务技术、拥有或使用公共管制服务接收器,具体如下:

(1)欧盟委员会,在充当伽利略计划的主管机构时;

(2)伽利略计划下所建系统的运营商,按照与欧盟委员会签订的具体协定,严格履行其职责;

(3)欧洲全球卫星导航系统局,使其能够履行与欧盟委员会签订的具体协定中规定的委托给它的任务;

(4)欧洲航天局,按照与委员会签订的具体协定,为研究、开发和大规模部署基础设施而设立。

第 15 条　处罚措施

欧盟成员国应确立不遵守根据本决议制定的国家条例的处罚措施。处罚措施应是有效、相称、有劝阻性的。

第 16 条　生效和执行

1. 本决议自在欧盟官方公报发布之日起生效。

2. 欧盟成员国最迟应于 2013 年 11 月 6 日执行本决议第 5 条。

第 17 条　适用范围

本决议针对欧盟成员国。

2011 年 10 月 25 日于斯特拉斯堡签署。

欧洲议会议长
J. 布泽克(J. BUZEK)
欧盟理事会理事长
M. 道吉耶维奇(M. DOWGIELEWICZ)

①欧盟官方公报 C 54,2011 年 2 月 19 日,第 36 页。

②欧洲议会 2011 年 9 月 13 日的立场(尚未在官方公报上公布)和欧盟理事会 2011 年 10 月 10 日的决定。

③欧盟官方公报 L 196,2008 年 7 月 24 日,第 1 页。

④欧盟官方公报 L 317,2001 年 12 月 3 日,第 1 页。

⑤欧盟官方公报 L 141,2011 年 5 月 27 日,第 17 页。

⑥欧盟官方公报 L 281,1995 年 11 月 23 日,第 31 页。

⑦欧盟官方公报 L 201,2002 年 7 月 31 日,第 37 页。

⑧欧盟官方公报 L 246,2004 年 7 月 20 日,第 30 页。

⑨欧盟官方公报 L 276,2010 年 10 月 20 日,第 11 页。

⑩欧盟官方公报 L 134,2009 年 5 月 29 日,第 1 页。

⑪欧盟官方公报 L 55,2011 年 2 月 28 日,第 13 页。

附　　件

《通用最低标准》

1. 关于本决议第 5 条第 4 款,使用公共管制服务的通用最低标准包括以下方面:

①公共管制服务用户组的组织;

②界定和管理公共管制服务用户和公共管制服务参与方用户组的访问权限;

③在伽利略系统安全监测中心和公共管制服务主管机构之间分发公共管制服务密钥和相关机密信息;

④向用户分发公共管制服务密钥和相关机密信息;

⑤安全管理,包括安全事件,以及对公共管制服务接收器及相关机密技术和信息的风险评估;

⑥报告检测到的影响公共管制服务的潜在有害电磁干扰;

⑦公共管制服务接收器的操作概念和程序。

2. 关于本决议第 5 条第 5 款,开发和生产公共管制服务接收器或安全模块的通用最低标准包括以下方面:

①公共管制服务用户组的授权;

②研究、开发和生产公共管制服务接收器和公共管制服务技术的安全;

③公共管制服务接收器和公共管制服务技术的集成;

④公共管制服务接收器、安全模块和使用公共管制服务技术的材料的保护概况。

3. 关于本决议第 5 条第 6 款和第 9 条,出口管制的通用最低标准涉及以下方面:

①授权的公共管制服务参与方;

②与公共管制服务有关的材料和技术的出口。

4. 关于本决议第 5 条第 7 款,伽利略系统安全监测中心与公共管制服务主管机构之间联系的通用最低标准涉及数据和语音联系。

欧盟委员会第(EU)2016/413号执行决定

欧盟委员会第(EU)2016/413 号执行决定

确定在伽利略计划下建立的系统地面基础设施位置，
并制定必要措施以确保其顺利运行，并废除第 2012/117/EU 号执行决定

2016 年 3 月 18 日

（文本适用于欧洲经济区）

欧盟委员会：

根据《欧盟运作条约》，考虑到欧洲议会和欧盟理事会 2013 年 12 月 11 日关于实施和利用欧洲卫星导航系统的第(EU)1285/2013 号条例，并废除欧盟理事会第(EC)876/2002 号条例和欧洲议会和欧盟理事会第(EC)683/2008 号条例[①]，特别是其中第 12(3)(c)条。

鉴于：

(1)第(EU)1285/2013 号条例第 12 条规定，应由欧盟委员会全面负责伽利略计划，并授予其实施权力，以确定该项目下系统配套的地面基础设施的位置，并确保其功能正常。这一基础设施包括地面中心和地面站。

(2)在第 2012/117/EU 号执行决定中[②]，欧盟委员会已经基本确定了在伽利略计划下建立的系统配套的地面基础设施的位置。

(3)第 2012/117/EU 号执行决定是在欧洲议会和欧盟理事会第(EC)683/2008 号条例第 12(3)条的基础上作出的。[③]目前，该条例已被第(EU)1285/2013 号条例废除并取代。为了确保该项目的连续性，并考虑到发展过程中出现的制约因素和新需求，应再次确定在伽利略计划下建立的系统配套的地面基础设施的位置，并应采取必要措施确保其功能正常。这里必须指出的是，第 2012/117/EU 号执行决定中提到的地面中心和地面站的数量和选址考虑到了在世界各地最佳分布的地理和技术限制、可能存在适合指定任务的现有设施和设备、遵守每个地面中心和地面站具体安全要求以及每个成员国的国家安全要求。

(4)在第 2012/117/EU 号执行决定中提到的与地面中心和地面站有关的某些

要素方面,应考虑到该项目发展过程中出现的制约因素和新需求。

(5)主要就各中心而言,为了促进该系统更好地运作,有必要建立第七个中心,即综合后勤支持中心,以确保基础设施各种设备和备用零件的集中储存。

(6)综合后勤支持中心地点的选择主要是分两个阶段在公开、透明程序上完成的。首先,欧盟委员会向成员国发出征求意向,比利时和捷克共和国的申请被选中。随后,为了在这两个申请之间作出决定,欧盟委员会邀请了这两个会员国提交详细的方案。在由欧盟委员会、欧洲航天局、欧洲全球卫星导航系统局代表组成的委员会根据与安全、风险、时间和成本有关的标准对这些方案进行评估后,比利时的方案被认为是最合适的,因为特朗西纳基地上的建筑设计确实已经完全优化,能够确保伽利略计划下系统的后勤。该中心于 2016 年成立,应该是与比利时达成的协议的主题。

(7)此外,两个控制中心(GCC)的创建已于 2014 年完成,这些中心将成为与德国和意大利达成的协议的主题;伽利略系统安全中心(GSMC)的创建始于 2013 年,它是 2013 年与法国和英国签署的协议的主题,但它计划于 2017 年竣工,而不是 2015 年;欧洲全球卫星导航系统服务中心(GSC)是 2014 年 6 月 30 日(而不是在 2013 年)创建的,该中心是与西班牙签署的一项协议的主题;搜救服务中心成立于 2012 年至 2014 年,授予法国国家太空研究中心签署的服务框架合同(而不是与法国签署的协议)的约束;欧洲伽利略全球卫星导航系统参考中心(以下简称伽利略系统参考中心)位于荷兰诺德韦克,它虽然靠近欧洲空间研究与技术中心,但并不在欧洲空间研究与技术中心内,其创建时间为 2015 年至 2017 年,而不是 2013 年至 2016 年,它是于 2016 年与荷兰签署的协议的主题;与 SpaceOpal 有限责任公司缔结的合同不包括在雷杜创建在轨测试站。

(8)关于各站,位于留尼汪岛和努美阿的遥测、跟踪和控制站是在 2012 年至 2014 年建立的,但塔希提岛帕皮提的遥测、跟踪和控制站应该在 2016 年至 2017 年才建立。此外,虽然位于基律纳、扬马延、亚速尔、凯尔盖朗、圣皮埃尔和密克隆、阿森松岛和福克兰群岛伽利略系统传感器站在 2012 年至 2014 年投入运行,但加纳利群岛和马德拉群岛伽利略系统传感器站的建立被取消,瓦利斯伽利略传感器站的建立被推迟到 2016 年至 2017 年。此外,可能会建立东京、阿德利岛和迪戈加西亚的伽利略系统传感器站,但具体事项仍在考虑之中。同时,雷杜已经建立了一个伽利略系统传感器站。

(9)虽然搜救站的建立按计划进行,而且是合同和谅解备忘录的主题,但应该指出的是，目前有两种类型的搜救站：首先是位于马卡里奥斯、马斯帕洛马斯和斯瓦尔巴的中地球轨道当地用户终端站，他们用于接收卫星转发的遇险信号；其次是配有搜救参考信标、发射参考遇险信号的站，他们可用于校准系统和测量其性能，这些站位于马卡里奥斯、马斯帕洛马斯和斯瓦尔巴群岛，以及图卢兹和圣玛丽亚。

(10)一旦本决定取代了第2012/117/EU号执行决定，后一项决定即应废除。为了确保法律的明确性和良好的行政管理，第2012/117/EU号执行决定附件中包含的细节和本决定中列出的新信息应合并到本决定附件中。

(11)本决定中规定的措施符合根据第(EU)1285/2013号条例第36(1)条设立的委员会的意见。

通过了以下决定：

第1条

本决定附件中应列出根据伽利略计划建立的系统配套的地面基础设施的位置以及确保其功能正常的必要措施。

第2条

第2012/117/EU号执行决定应被废除。

第3条

本决定自在欧洲联盟公报上公布后的第20天起生效。

2016年3月18日签订于布鲁塞尔。

欧盟委员会主席

让－克洛德·容克

①欧盟官方公报L 347，2013年12月20日，第1页。

②欧盟委员会2012年2月23日第2012/117/EU号执行决定，该决定确立了一份关键决策点清单，以评估伽利略计划在作为项目开发和部署的一部分而建立的地面中心和地面站方面的实施情况(欧盟官方公报L 52，2012年2月24日，第28页)。

③欧洲议会和欧盟理事会2008年7月9日关于进一步实施欧洲卫星导航计划(EGNOS计划和欧洲伽利略全球卫星导航计划)的第(EC)683/2008号条例(欧盟官方公报L 196，2008年7月24日，第1页)。

附　　件

地面基础设施的位置以及确保其功能正常的必要措施

标题	地面基础设施位置以及为确保功能正常而采取的措施
地面中心	
两个伽利略系统控制中心(GCC)	这两个控制中心于2009年至2014年分别在奥伯法芬霍芬(德国)和富齐诺(意大利)建立。它们应该是分别与德国和意大利签署的两项协议的主题。
伽利略系统安全监测中心(GSMC)	这个伽利略系统安全中心分为两个基地,将在法国和西班牙建设。根据2013年与法国签署的协议,在法国建立的中心工作已于2017年结束工作。在西班牙的选址工作将于2018年3月启动,设施数量有限,应于2019年3月完工。该项目将于2018年与西班牙签署协议。*
全球卫星导航系统服务中心(GSC)	全球卫星导航系统服务中心正在马德里(西班牙)分期建设。工作始于2011年,应于2016年结束。它是2014年与西班牙签署的一项协议的主题。
搜救服务中心	搜救服务中心于2012年至2014年在图卢兹(法国)成立。它应该是与法国国家太空研究中心签订的框架服务合同的主题。
伽利略系统参考中心(GRC)	伽利略系统参考中心正在诺德韦克(荷兰)分期建设。工作始于2015年,应于2017年结束。这应该是2016年与荷兰签署的一项协议的主题。
综合后勤支持中心	综合后勤支持中心将于2016年在特朗西纳(比利时)投入运行,并将成为与比利时达成的一项协议的主题。
在轨测试站	在轨测试站于2010年在雷杜(比利时)建立。
远程地面站	
遥测、跟踪和控制站	2010年至2014年,在基律纳(瑞典)、库鲁(法属圭亚那)、留尼汪(法国)和努美阿(新喀里多尼亚)建立了遥测、跟踪和控制站。 2016年至2017年将在帕皮提(法属波利尼西亚)建立一个遥测、跟踪和控制站。 这些遥测、跟踪和控制站的建立是欧洲航天局和服务提供商之间缔结合同的主题。

* 【编者注】本条根据欧盟委员会第(EU)2018/115号决定修改,自2018年2月13日起生效。

续表

标题	地面基础设施位置以及为确保功能正常而采取的措施
远程地面站	
伽利略系统传感器站	2009 年至 2014 年,在亚速尔群岛(葡萄牙)、富齐诺岛(意大利)、扬马延岛(挪威)、凯尔盖朗岛、基律纳岛(瑞典)、库鲁岛(法属圭亚那)、留尼汪岛(法国)、努美阿(新喀里多尼亚)、帕皮提岛(法属波利尼西亚)、雷杜(比利时)、圣皮埃尔和密克隆群岛、斯瓦尔巴群岛(挪威)和特罗尔岛(挪威)建立了伽利略传感器站。* 2016 年至 2017 年将在沃利斯建立一个伽利略系统传感器站。 这些伽利略系统传感器站的建立是欧洲航天局和服务提供商之间缔结合同的主题。
上行链路站	2009 年至 2011 年,在塔希提岛(法属波利尼西亚)、库鲁(法属圭亚那)、留尼汪岛(法国)、新喀里多尼亚和斯瓦尔巴群岛(挪威)建立了上行链路站。 这些上行链路站的建立是欧洲航天局和服务提供商之间缔结合同的主题。
搜救站	2012 年和 2013 年在马卡里奥斯(塞浦路斯)、马斯帕洛马斯(西班牙)和斯瓦尔巴群岛(挪威)建立了"中地球轨道当地用户终端"搜救站。在马卡里奥斯(塞浦路斯)、马斯帕洛马斯(西班牙)、圣玛丽亚(葡萄牙)、图卢兹(法国)和斯瓦尔巴群岛(挪威)建立了带有搜救参考信标的搜救站。 这些搜救站的建立是欧洲航天局与服务提供商之间关于马斯帕洛马斯、圣玛丽亚和斯瓦尔巴站的合同、欧盟委员会与塞浦路斯之间关于马卡里奥斯站的谅解备忘录、欧盟委员会与服务提供商之间关于图卢兹站的合同的主题。

* 【编者注】本条根据 2019 年 3 月 25 日欧盟委员会第(EU)2019/488 号决定修改,删除阿森松岛、福兰克群岛,自 2019 年 3 月 30 日起生效。

欧盟委员会第(EU)2017/224号执行决定

欧盟委员会第(EU)2017/224号执行决定

制定技术和操作规范,使根据伽利略计划建立的系统能够提供具有欧洲议会和欧盟理事会第(EU)1285/2013号条例第2(4)(c)条所述功能的商业服务

2017年2月8日

欧盟委员会:

考虑到《欧洲联盟运作条约》,考虑到欧洲议会和欧盟理事会2013年12月11日关于实施和利用欧洲卫星导航系统的第(EU)1285/2013号条例,并废除欧盟理事会第(EC)876/2002号条例和欧洲议会和欧盟理事会第(EC)683/2008号条例[①],特别是其中第12(3)(d)条,鉴于:

(1)第(EU)1285/2013号条例第2条规定,伽利略计划下建立的系统提供的商业服务必须允许通过改进性能和开放服务获得更大附加值的数据来开发专业或商业用途的应用程序。

(2)这种商业服务是在伽利略计划下建立的系统的基本要素之一,一方面,其他全球卫星导航系统不包括这种服务;另一方面,根据第(EU)1285/2013号条例第10条,这种服务应产生收益。使用这项服务需要付费。本决定未涉及这种商业服务的定价政策,应在后续工作中加以明确。

(3)这种商业服务应根据与一个或多个服务提供商签订的合同提供。

(4)现在即应制定这种商业服务的技术和操作规范,因为规范被采用后,这种服务还需要几年才能开始运营。近年来,规范的制定一直是许多利益相关方共同进行研究、实验和协商的主题。该规范是一种妥协的结果,一方面,它需要为用户利益提供真正的价值,最大限度减少对系统的修改(因为修改涉及风险);另一方面,它也遵守第(EU)1285/2013号条例中规定的时间表。

(5)为了考虑到专业或商业应用的开发,这种商业服务必须对开放服务进行两大改进,即提高地理位置定位的精确度和增强认证能力,这在技术上是可行的。此外,为了这种商业服务能够更好地满足不同用户群体的各种需求,这两种改进必须

相互独立地提供给他们。

(6)地理位置定位方面的高精度将扩大卫星导航技术的应用范围。因此,必须提高伽利略计划下所开发系统提供的数据质量,以便在正常使用条件下将定位误差降低到1分米以下。应该注意的是,美国GPS等其他全球卫星导航系统发出的信号也有助于实现这一目标。

(7)认证能力将提高安全程度,特别是预防伪造和欺诈的风险。因此,必须在卫星信号中加入额外的特征,以便向用户保证他们收到的信息确实来自伽利略计划下的系统,而不是来自无法识别的来源。例如,商业服务的认证能力一方面将集成认证与地理位置相关的数据的能力,这包含在免费提供的公开服务的信号中,另一方面为了改善保护,商业服务中信号的认证是不同的,这得益于信号中包含的加密代码,使用这些代码需要付费。

(8)在开始这种商业服务的运营开发之前,应进行详尽的风险分析。该分析应定于2017年6月1日进行的"全球卫星导航系统服务中心德尔塔关键设计评审"获得批准之前进行。

(9)与开放服务相比,这种商业服务应当提供附加值,以便实现商业或专业应用的开发,因此应当让尽可能多的用户使用,并内含商业加密。考虑到这一点,这种商业服务的提供商或最终用户对欧盟机密信息的使用不在开放服务或商业服务的计划之内。然而,必须使用时,应根据第(EU)1285/2013号条例第17(a)条规定的安全规则,特别是在安全风险分析的基础上,并充分考虑成员国专家的意见之后,对此作出决策。这一决策还应进行成本效益分析。

(10)根据本决定制定的规范应符合国际上制定的无线电导航规则,特别是符合国际电信联盟制定的标准以及2004年6月26日欧洲联盟及其成员国与美国就推广、提供和使用欧洲伽利略系统和美国GPS的星基导航系统及相关应用所达成协议的规定。

(11)因此,应制定技术和操作规范,以使伽利略计划下的系统提供的商业服务能够实现第(EU)1285/2013号条例第2(4)(c)条中提到的功能,同时应注意的是,欧盟理事会第2014/496/CFSP②号决定仍然完全适用。

(12)本决定中规定的措施符合第(EU)1285/2013号条例第36(1)条设立的委员会的意见。

通过了以下决定:

第1条

本决定附件中列出了技术和操作规范,以便根据伽利略计划建立的系统提供的商业服务实现第(EU)1285/2013号条例第2(4)(c)条中提及的功能。

第2条

本决定自在欧洲联盟公报上公布后的第20天起生效。

2017年2月8日签订于布鲁塞尔。

欧盟委员会主席

让－克洛德·容克

①欧盟官方公报L 347,2013年12月20日,第1页。

②2014年7月22日欧盟理事会关于影响欧洲联盟安全的欧洲全球卫星导航系统部署、运行和使用方面的第2014/496/CFSP号决定,同时废除第2004/552/CFSP联合行动(欧盟官方公报L 219,2014年7月25日,第53页)。

附 件

为了使根据伽利略计划建立的系统提供的商业服务实现第(EU)1285/2013号条例第2(4)(c)条中提及的功能而制定的技术和操作规范。

与开放服务相比,这种商业服务带来了两大改进:地理位置定位精度更高(以下简称高精度商业服务)、增强的认证能力(以下简称认证商业服务)。他们可以互不影响地分别提供给用户。表3－1列出了相应的技术和操作规范:

表3－1

	高精度商业服务	认证商业服务	
		开放服务和商业服务共用的规范:地理位置定位信息的认证	商业服务专用的规范:使用加密代码进行认证
通用规范	提供高精度数据,以便在正常使用条件下将定位误差降低到1分米以下	为包含在信号中的、开放服务提供的地理位置定位信息提供认证数据	通过访问包含在信号中的加密代码来对信号进行认证
所用信号的分量	用于提供高精度数据的E6、E6－B分量	来自地理位置定位信息的认证数据的E1、E1－B分量	加密代码访问数据的E6、E6－B分量、E6－C分量(导频)

续表

	高精度商业服务	认证商业服务	
		开放服务和商业服务共用的规范：地理位置定位信息的认证	商业服务专用的规范：使用加密代码进行认证
用户部分的规范	使用集成到接收机中的精确定位算法以及信号中传输的数据获得高精度定位	使用在信号中传输的非对称加密协议和公共密钥来验证数据的真实性	使用私有密钥解密加密信号的代码来验证信号的真实性
地理覆盖范围	全球	全球	全球
系统架构	一个或多个服务提供商提供的高精度数据通过全球卫星导航系统服务中心、地面部分和与地面部分相连的卫星传输给用户	认证数据被插入到E1－B信号分量外部数据广播服务场的可用容量中，并由连接到地面部分的卫星进行传播	由伽利略卫星加密E6信号代码，通过全球卫星导航系统服务中心向一个或多个服务提供商传输地面部分生成的私钥，并在E6－B信号分量中传输空中密钥更新信息
服务的提供	由一个或多个服务提供商提供高精度数据	由伽利略计划下建立的系统提供认证数据	由系统运营经理提供加密信号
服务的使用	是否需要付费使用取决于现行的定价政策 由一个或多个服务提供商进行检查	是否需要付费访问加密代码取决于现行的定价政策 在系统运营经理的帮助下，访问由一个或多个服务提供商监控的加密代码	
服务的部署	测试和验证阶段将于2018年结束 2018年至2020年的初步商业运营阶段 从2020年开始的全面商业运营阶段	测试和验证阶段将于2018年结束 2018年至2020年的初步信号提供阶段 从2020年开始的全面服务提供阶段	测试和验证阶段最迟将于2020年结束之后开始商业运营阶段

续表

	高精度商业服务	认证商业服务	
		开放服务和商业服务共用的规范：地理位置定位信息的认证	商业服务专用的规范：使用加密代码进行认证
欧盟机密信息的使用	商业服务提供商或最终用户不得使用欧盟机密信息。然而，如果需要此类授权，则根据第（EU）1285/2013号条例第17(a)条规定的安全规则作出决策	商业服务提供商或最终用户不得使用欧盟机密信息。然而，如果需要此类授权，则根据第（EU）1285/2013号条例第17(a)条规定的安全规则作出决策	商业服务提供商或最终用户不得使用欧盟机密信息。然而，如果需要此类授权，则根据第（EU）1285/2013号条例第17(a)条规定的安全规则作出决策
其他规范	为伽利略卫星以及可能为其他星座的卫星提供高精度数据	认证数据的传输不得以任何方式降低开放服务的质量 必须为伽利略卫星并且可能为其他星座的卫星提供认证数据 开放服务的用户接受与使用认证数据相关的风险	不适用

缩略语	
E1 – B	伽利略系统 E1 频段信号的数据信道，频率为 157545 兆赫
E6	伽利略系统的 E6 频段，频率为 127875 兆赫
E6 – B	E6 信号的分量，对应于数据信道
E6 – C	E6 信号的分量，对应于导频信道
EDBS	外部数据广播服务
GNSS	全球卫星导航系统
n/a	不适用
OTAR	空中密钥更新

欧盟委员会第(EU)2017/1406号执行决定

欧盟委员会第(EU)2017/1406号执行决定

确定EGNOS系统地面基础设施位置

2017年7月31日

(文本适用于欧洲经济区)

欧盟委员会:

考虑到《欧盟运作条约》,考虑到欧洲议会和欧盟理事会2013年12月11日关于实施和利用欧洲卫星导航系统的第(EU)1285/2013号条例,和废除的欧盟理事会第(EC)876/2002号条例以及欧洲议会和欧盟理事会第(EC)683/2008号条例①,特别是其中第12(3)(c)条。

鉴于:

(1)根据第(EU)1285/2013号条例第6条,欧洲地球静止导航重叠服务系统属于欧洲联盟。欧洲航天局与欧盟委员会2009年3月24日和3月31日通信的主题为欧洲联盟于2009年4月1日完全取得其控制权,它得到了欧盟委员会2009年3月31日决定的批准。②欧盟委员会在2009年3月31日致欧洲航天局的信中表示,它接受这些资产的事实和法律状况。

(2)EGNOS系统的地面基础设施包括一个系统运行协调中心、若干个任务控制中心、若干个测距和完好性监控站、若干个地球同步卫星通信站、一个服务中心和一个安全数据传输网络。

(3)系统运行协调中心是EGNOS系统的基础,因为它管理运行活动并进行系统维护。自2004年以来,即在欧洲联盟取得该系统的控制权之前,它一直位于图卢兹(法国)。如果这个地点符合项目的需要,充分利用已经拨付给它的公共投资,并与系统运行协调中心所在的成员国协调,满足安全要求,就没有必要重新考虑其所在地。此外,将其转移到另一个地方会产生费用,并且可能扰乱系统功能的发挥。

(4)两个任务控制中心的作用是持续监测和控制系统的状态和功能。在欧盟取得该系统的控制权之前,他们分别于2004 年在钱皮诺(意大利)和2003 年在托雷洪(西班牙)运作。如果这两个地点符合项目的需要,充分利用已经拨付给他们的公共投资,并与这些任务控制中心所在的成员国协调,满足安全要求,就没有必要重新考虑其所在地。此外,将其转移到其他地方会产生费用,并且可能扰乱系统功能的发挥。

(5)测距和完好性监控站的作用是监控全球卫星导航系统在当地的平稳运行。他们对从这些系统发出的信号中获得的地理位置定位数据与他们自己的参考位置之间的差异进行实时测量,结果极其精确。这一工作站地点的选择不但首先要考虑到在 EGNOS 系统覆盖的所有地区上协调地域分布的技术需要,而且也要考虑到可能预先存在的设施和设备,并与成员国和他们所在的第三国协调遵守安全要求。

(6)测距和完好性监控站的数量和位置可能会随着项目的进展情况及其需求而发生变化,尤其是可能会随着系统覆盖范围扩展是否完全符合第(EU)1285/2013 号条例第 2(5)条第 3 项的要求而发生变化。他们也可以根据安全风险分析的结果进行变更,尤其是位于第三国的测距和完好性监控站。

(7)导航陆地地面站(NLES)将修正后的数据发送到安装在静止卫星上的 EGNOS 系统转发器,这使 EGNOS 系统覆盖区域内的全球卫星导航系统信号接收方能够对其定位进行适当的修正。每个地球同步卫星有两个 NLES 站。这一工作站位置的选择基本上反映技术要求,特别是需要在 EGNOS 系统设备和属于安装 EGNOS 转发器的地球静止卫星运营商的信号传输设备之间建立本地连接。不过,它还考虑了安全要求方面的合规性。

(8)导航陆地地面站的数量和位置可能会随着项目的进展情况和需要而发生变化,尤其是可能会随着目前在轨地球同步卫星上安装的 EGNOS 系统的转发器的寿命以及未来将搭载应答器的卫星的选择而发生变化。

(9)服务中心的目的,一方面是监控安装在地球同步卫星上的应答器发送的信号和数据的质量,另一方面是作为与 EGNOS 用户的接口。此外,它还传播第(EU)1285/2013 号条例第 2(5)(b)条中提到的 EGNOS 数据访问(EDAS)服务的商业数据。自 2004 年以来,即在欧洲联盟取得该系统的控制权之前,它一直位于托雷洪(西班牙)。如果这个地点符合项目的需要、充分利用已经拨付给它的公共投资,并与该服务中心所在的成员国协调,满足安全要求,就没有必要重新考虑其所在地。此外，将其转移到另一个地方会产生费用，并且可能扰乱系统功能的发挥。

（10）为了确保EGNOS系统地面基础设施所有组件的实时安全互连，他们是通过专门用于该系统的安全数据传输网络，即EWAN网络（EGNOS广域网）相互连接的。考虑到该网络的物理特性，本决定无法确定其位置并说明其规格参数。

（11）构成EGNOS系统地面基础设施的系统运行协调中心、任务控制中心、测距和完好性监控站、导航陆地地面站、服务中心的位置应进行审批。

（12）本决定中规定的措施符合根据第（EU）1285/2013号条例第36（1）条设立的委员会的意见。

通过了以下决定：

第1条

本决定附件中应列出构成EGNOS系统地面基础设施的系统运行协调中心、任务控制中心、测距和完好性监控站与地球静止卫星通信的站点和服务中心的位置。

第2条

本决定自在欧洲联盟公报上公布后的第20天起生效。

2017年7月31日签订于布鲁塞尔。

欧盟委员会主席

让－克洛德·容克

①欧盟官方公报L 347，2013年12月20日，第1页。

②C（2009）2386。

附　　件

名称	基　　地
系统运行协调中心	图卢兹（法国）
任务控制中心	钱皮诺（意大利）、托雷洪（西班牙）

续表

名称	基　　地
测距和完好性监控站	奥尔堡（丹麦）、阿布辛贝（埃及）、亚速尔群岛（葡萄牙）、阿加迪尔（摩洛哥）、亚喀巴（约旦）、亚历山大（埃及）、雅典（希腊）、柏林（德国）、卡塔尼亚（意大利）、钱皮诺（意大利）、科克（爱尔兰）、杰尔巴（突尼斯）、埃吉尔斯塔迪尔（冰岛）、加夫勒（瑞典）、格拉斯哥（英国）、戈尔巴西（土耳其）、加纳利群岛（西班牙）、海法（以色列）、哈特贝肖克（南非）、扬马延（挪威）、基辅（乌克兰）、希尔克内斯（挪威）、库鲁（法属圭亚那）、库萨莫（芬兰）、拉普兰塔（芬兰）、拉帕尔马（西班牙）、里斯本（葡萄牙）、马德拉（葡萄牙）、马拉加（西班牙）、蒙克顿（加拿大）、努瓦克肖特（毛里塔尼亚）、奥兰（阿尔及利亚）、马洛卡（西班牙）、巴黎（法国）、雷克雅未克（冰岛）、圣地亚哥－德－孔波斯特拉（西班牙）、索菲亚（保加利亚）、斯瓦尔巴群岛（挪威）、斯旺维克（英国）、图卢兹（法国）、特罗姆瑟（挪威）、特隆赫姆（挪威）、华沙（波兰）、苏黎世（瑞士）
导航陆地地面站	奥萨古埃尔（法国）、贝兹多夫（卢森堡）、布鲁姆（荷兰）、卡利亚里（意大利）、富齐诺（意大利）、朗布依埃（法国）、雷杜（比利时）
服务中心	托雷洪（西班牙）

欧盟理事会第(CFSP)2021/698号决定

欧盟理事会第(CFSP)2021/698号决定

欧盟空间计划下部署、运行和使用的可能影响
欧盟安全的系统和服务的安全,并废除第2014/496/CFSP号决定

2021年4月30日

欧盟理事会:

考虑到《欧洲联盟条约》,特别是其中第28条,考虑到欧盟外交和安全政策高级代表的提议。

鉴于:

(1)考虑到其战略层面、区域和全球覆盖面以及多种用途,欧洲全球卫星导航系统属于敏感的基础设施,其部署和使用容易影响欧盟及其成员国的安全。

(2)如果国际形势要求欧盟采取行动,如果全球卫星导航系统的运行可能影响欧盟或其成员国的安全,或者如果全球卫星导航系统的运行受到威胁,欧盟理事会应就拟采取必要的措施作出决策。

(3)为此,欧盟理事会审议通过了第2014/496/CFSP号决定。[①]

(4)欧洲议会和欧盟理事会第(EU)2021/696号条例[②]确立了欧盟空间计划和欧盟空间计划局。其中第3条规定,该计划由5个部分组成:一个全球卫星导航系统(伽利略系统);一个区域卫星导航系统(EGNOS系统);一个地球观测系统(哥白尼系统);一个太空监控和跟踪系统,辅之以与太空天气和近地物体有关的观测参数(空间态势感知系统)和一项卫星通信服务(GOVSATCOM系统)。

(5)空间技术、数据和服务已成为欧洲人日常生活中不可或缺的组成部分,并在维护欧盟及其成员国的许多战略利益方面发挥着至关重要的作用。此外,与太空有关的系统和服务本身也是安全威胁的潜在目标。

(6)对欧盟及其成员国的安全和基本利益的一系列潜在威胁可能来自欧盟空间计划各个组成部分的部署、运行和使用。因此,适当的做法是:将第2014/496/CFSP号决定的范围扩大到根据第(EU)2021/696号条例第107(1)(e)条设立的委员会制定的安全配置确定为对安全敏感的组成部分建立的系统和服务,并考虑到

欧盟空间计划各组成部分之间的差异，特别是成员国对与该项目相关的传感器、系统或其他能力的权限和控制。

(7)从近年来执行第2014/496/CFSP号决定的经验中吸取教训。因此，应相应调整第2014/496/CFSP号决定中预测到的运行程序。

(8)欧盟空间计划局或在适当情况下被指定的相关机构应将与空间相关系统或服务有关的事件，是否对欧盟、成员国或空间相关系统和服务构成威胁的信息和专业知识提供给欧盟理事会、欧盟外交和安全政策高级代表(以下简称高级代表)，以监控根据第(EU)2021/696号条例第34(4)条在该欧盟空间计划某一组成部分下或者由成员国或欧盟委员会所建立的系统或所提供的服务的安全性(指定安全监测机构)。此外，第三国也可以提供此类信息。

(9)欧盟理事会、高级代表、欧盟空间计划局、任何指定安全监测机构和成员国各自的作用应在将要建立的运行责任链中得到澄清，以便对欧盟、成员国或根据欧盟空间计划建立的任何系统和服务面临的威胁作出反应。

(10)第(EU)2021/696号条例第28条规定，由欧盟委员会全面负责该计划的实施，包括在安全领域的实施。本决定应明确欧盟理事会和高级代表在避免因空间相关系统和服务的部署、运行和使用受到威胁的情况下需承担的责任。

(11)《系统特定安全要求声明》包含了威胁的基本参考资料。该声明包含了欧盟空间计划各个组成部分要应对的主要的一般威胁，以及相应的系统安全计划。该计划包含了在各个组成部分的安全认证流程中建立的安全风险登记册。这些基本参考资料将作为明确本决定要具体处理的威胁、完成实施本决定的运行程序的参考资料。

(12)在紧急情况下，可能必须在收到威胁信息的几个小时内作出决策。在情况不允许欧盟理事会作出决策来避免威胁或减轻对欧盟或者其一个或多个成员国基本利益的严重损害，或在空间相关系统或者服务受到威胁时，高级代表有权作出必要的临时指示。此时，应立即通知欧盟理事会，并尽快审查临时指示。

(13)根据第(EU)2021/696号条例第34条第5款第(b)项，欧盟空间计划局应在其职责范围内，确保伽利略系统安全监测中心按照该条第2款提及的要求和在本决定范围内作出的指示运行。根据第(EU)2021/696号条例第79(1)(j)条，欧盟空间计划局执行主任应确保该局作为伽利略系统安全监测中心的运营者，能够对本决定作出的指示作出回应。

(14)相关指定安全监测机构应根据第(EU)2021/696号条例第34(2)条第1

项中提及的安全要求以及根据本决定作出的指示运作。

(15)此外,欧洲议会和欧盟理事会第1104/2011/EU号决定[③]规定了成员国、欧盟理事会、欧盟委员会、欧洲对外行动署、欧盟各机构、第三国和国际组织可以适用伽利略计划下构建的全球卫星导航系统提供的公共管制服务的规则。特别是,第1104/2011/EU号决定第6条规定,由伽利略系统安全监测中心提供公共管制服务主管当局、欧盟理事会、高级代表、各控制中心之间的业务接口。

通过了以下决定:

第1条

1. 本决定规定了以下目的或者在以下情况下欧盟理事会和高级代表应履行的职责:

(a)为了避免对欧盟或其中一个或多个成员国的安全构成威胁,或为减轻对欧盟或其中一个或多个成员国的基本利益造成的严重损害,运行或使用欧盟空间计划各个组成部分下所建立的系统和提供的服务;

(b)当这些系统的运行或这些服务的提供受到威胁时。

2. 在落实本决定时,应适当考虑到该计划各个组成部分之间的差异,特别是成员国在传感器、系统或与该项目有关的其他能力方面的权限和控制。

第2条

1. 出现这种威胁时,成员国、欧盟委员会、欧盟空间计划局或第(EU)2021/696号条例第34(4)条指定的任何安全监测机构(以下简称指定安全监测机构)应酌情立即向高级代表通报他们掌握的相关的所有情况。

2. 高级代表应立即将威胁及对欧盟或其一个或多个成员国的安全以及对有关系统的运行或服务的提供带来的潜在影响通知欧盟理事会。

第3条

1. 欧盟理事会应根据高级代表的提议一致行动,酌情决定向欧盟空间计划局或任何指定安全监测机构发出必要的指示。

2. 欧盟空间计划局或指定安全监测机构、欧盟委员会应发表意见,向高级代表说明根据本条第1段向欧盟理事会发出的任何指示是否可能对根据该欧盟空间计划各个组成部分建立的系统、提供的服务产生更广泛影响。

3. 本条第1款中提到的高级代表的提议应包括对拟议指示的影响评估。

4. 政治和安全委员会应酌情就拟议的任何指示向欧盟理事会提出意见。

第4条

1. 如果情况紧急,需要在欧盟理事会根据本决定第3条第1款作出决定之前立即采取行动,高级代表有权向欧盟空间计划局或相关的指定安全监测机构发出必要的临时指示。高级代表可指示欧洲对外行动署秘书长代表高级代表向欧盟空间计划局或指定安全监测机构发出此类指示。

2. 高级代表应立即根据本条第 1 款发出的任何指示通知欧盟理事会和欧盟委员会。

3. 欧盟理事会应尽快确认、修改或撤销高级代表的临时指示。

4. 高级代表应持续审查这些临时指示,酌情予以修订,或在不再需要这些临时指示采取行动时立即予以撤销。无论如何,临时指示应在发布后 4 周或欧盟理事会根据本条第 3 段作出相关决定后失效。

第 5 条

1. 在欧盟委员会根据第(EU)2021/696 号条例第 34(2)条完成风险和威胁分析的基础上,根据第(EU)2021/696 号条例第 107(1)(e)条确立欧盟委员会安全配置,按照该条例第 107(3)条所述程序判定在该项目某一特定组成部分下建立的系统或提供的服务或两者是否对安全敏感后一年内,高级代表应就本决定与之规定在相关系统或服务或两者中切实落实编制必要的业务程序,并将其提交给政治和安全委员会进行审批。为此,成员国、欧盟委员会、欧盟空间计划局和相关指定安全监测机构的专家应酌情为高级代表提供支持。

2. 第 1 段中提到的业务程序可包括由欧盟空间计划局或任何相关的指定安全监测机构酌情落实的预定指示。

3. 高级代表应至少每两年对业务程序进行一次评审,特别是作为每年落实本决定后的经验教训评审过程的结果,或应成员国的请求时进行评审,并应提交给政治和安全委员会进行审批。

4. 高级代表应至少每年一次向政治和安全委员会通报为切实落实本决定而正在开展的活动。

第 6 条

1. 根据欧盟及其成员国缔结的国际协议,包括根据第 1104/2011/EU 号决定第 3(5)条准许使用公共管制服务的协议,高级代表应有权与第三国缔结关于合作落实本决定的行政安排。这种安排须经欧盟理事会一致通过。

2. 如果这种安排要求访问欧盟机密信息,则应根据适用的安全规则对机密信息的发布或交流进行审批。

第 7 条

欧盟理事会应在本决定生效之日起 3 年内,或应一个成员国的请求,审查并在必要时修订本决定中规定的规则和程序。

第 8 条

各成员国应采取必要措施,确保根据第(EU)2021/696 号条例第 34(6)(a)条等规定,在各自的职责范围内落实本决定。为此,成员国应指定一个或多个联络点,为威胁相关的运营管理提供协助。这些联络点可以是自然人,也可以是法人。

第 9 条

特此废除第 2014/496/CFSP 号决定。

根据第 2014/496/CFSP 号决定制定的关于伽利略系统的业务程序应继续适用,直至根据本决定进行更新为止。

第 10 条

本决定自在欧洲联盟公报上公布之日起生效。

自 2021 年 1 月 1 日起实施。

2021 年 4 月 30 日签订于布鲁塞尔。

欧盟理事会主席

安娜·保拉·扎卡里亚斯

①2014 年 7 月 22 日欧盟理事会关于影响欧盟安全的欧洲全球卫星导航系统部署、运行和使用方面的第 2014/496/CFSP 号决定,同时废除联合行动第 2004/552/CFSP 号(欧盟官方公报 L 219,2014 年 7 月 25 日,第 53 页)。

②2021 年 4 月 28 日欧洲议会和欧盟理事会第(EU)2021/696 号条例,它确立了欧盟空间计划,成立了欧盟空间计划局,并同时废除第(EU)912/2010 号条例、第(EU)1285/2013 号条例和第(EU)377/2014 号条例以及第 541/2014/EU 号决定(见本《官方公报》第 69 页)。

③2011 年 10 月 25 日欧洲议会和欧盟理事会第 1104/2011/EU 号决定,内容涉及根据伽利略系统构建的全球卫星导航系统所提供公共管制服务的使用规则(欧盟官方公报 L 287,2011 年 11 月 4 日,第 1 页)。

第四部分 欧洲无线电导航计划要览

《欧洲无线电导航计划 2018》(ERNP)是欧盟委员会发布的首部无线电导航计划,该计划的诞生源自 2016 年 10 月《欧洲空间战略》提出的要求,“发布欧洲无线电导航计划,以促进在行业政策中引入全球卫星导航系统应用”。该计划对欧洲无线电导航系统的状况、预期发展、用户要求、参与无线电导航系统设计、管理和运行的主要利益相关者的角色和职责进行全面描述,介绍了欧洲无线电导航格局的特点,提供了欧洲现有和新兴无线电导航系统以及现代化计划的清单,并概述了欧盟有关无线电导航的相关法规。

根据欧盟委员会介绍,《欧洲无线电导航计划 2018》的发布意义重大,包括可以对欧洲现有的成套无线电导航系统进行一致的协调;推出激励措施,简化对地面定位、导航和授时(PNT)基础设施的投资,同时提高定位、导航和授时整体格局的安全性、稳健性和可靠性(包括太空和地面系统);促进整个欧洲传统无线电导航基础设施最终统筹协调至合理化的程度;支持定义无线电导航服务的最佳组合,以满足关键用户群(如海运、民航、铁路、自动驾驶车辆、智能运输系统)的需求,实现符合安全性、稳健性和可靠性高标准的经济高效的解决方案;减少欧洲对非欧洲定位、导航和授时系统的依赖;为欧洲不断发展的无线电导航系统和基础设施生态系统提供前瞻性视角;促进欧盟全球卫星导航系统服务的采用,并帮助确定其现代化计划;构建行业之间的协同,并促进相关措施在各行业彼此之间采用;支持在关键政策领域(如交通运输、安全和太空)中制定一致的欧洲长期战略等。

《欧洲无线电导航计划 2018》由 7 部分正文和 4 个附件组成:第一部分为引言,阐明欧洲无线电导航和授时系统的关键性,重点突出了全球卫星导航系统在欧洲经济中的重要意义;第二部分为《欧洲无线电导航计划》的目的,介绍了该计划将便于人们制定一个融合框架,以优化欧洲无线电导航的格局;第三部分为欧洲的无线电导航系统结构,包括地基和天基无线电导航系统,如美国 GPS、俄罗斯格洛纳斯系统、欧洲伽利略系统、中国北斗系统、欧洲地球静止导航重叠服务系统(EGNOS)、地基增强系统(GBAS)、差分全球卫星导航系统(DGNSS)、无方向性信标(NDB)

等;第四部分为指导原则,包括适用于所有行业的通用指导原则,以及适用于民航、海上和内河航道导航行业、公路运输行业等 11 个行业的指导原则;第五部分为使用欧洲全球卫星导航系统的益处和机会,包括对各个行业的共同益处和机会,以及对 11 个行业各自的益处和机会;第六部分为优化欧盟无线电导航格局所面临的挑战,包括各个行业所面临的共同挑战,以及 11 个行业面临的不同挑战;第七部分为结论。附件一是对无线电导航和授时系统的说明,介绍了不同类型的星基系统、地基系统;附件二是终端用户要求,介绍了民航、海上和内河航道导航、地基导航等 6 类不同用户的要求;附件三是欧洲无线导航管理的参与者、角色和责任,介绍了包括欧盟委员会、欧洲全球卫星导航系统局、欧洲航天局等部门的职责;附件四是监管框架,列举并概述欧盟制定的卫星导航相关条例、指令、决定、战略等政策法规。

欧洲无线电导航计划

■ 《欧洲无线电导航计划 2018》

欧洲无线电导航计划 2018

欧洲无线电导航计划2018

欧盟委员会

免 责 声 明

《欧洲无线电导航计划 2018》中表达的观点是欧盟委员会服务机构的初步观点，在任何情况下都不得视为代表欧盟委员会的官方立场。《欧洲无线电导航计划 2018》中传递的信息旨在供成员国和(或)指定实体审议。《欧洲无线电导航计划 2018》特此发给这些成员国和(或)实体，以便日后进行讨论和可能的合作。

摘　　要

《欧洲无线电导航计划》(ERNP)第一版介绍了欧洲无线电导航格局的特点。它提供了现有和新兴无线电导航系统[①]以及现代化计划的清单，详细介绍了用户要求，列出了主要利益相关者，并概述了与无线电导航相关的欧盟法规。

这项举措遵循了欧盟委员会的承诺，即按照《欧洲空间战略》中的规定的要求，"发布欧洲无线电导航计划，以促进在行业政策中引入全球卫星导航系统应用"[②]。考虑到这一点，《欧洲无线电导航计划 2018》的总体目标是，让决策者和利益相关者了解欧洲各个行业充分利用欧洲全球卫星导航系统[③](伽利略系统和 EGNOS 系统[④])的潜在途径。

更具体地说，《欧洲无线电导航计划 2018》的发布可以：

(1)对欧洲现有的成套无线电导航系统进行一致的协调。

(2)推出激励措施，简化对地面定位、导航和授时(PNT)基础设施的投资，同时

---

① "无线电导航系统"是用于确定物体在陆地或太空中位置的射频系统。在某些情况下，他们还为同步应用提供精确的授时。

② 《欧洲空间战略》，COM(2016)705 最终版，2016 年 10 月。

③ 全球卫星导航系统简称为 GNSS。

④ 欧洲地球静止导航重叠服务系统简称为 EGNOS 系统。

提高定位、导航和授时整体格局的安全性、稳健性和可靠性(包括空间和地面系统)。

(3)促进整个欧洲传统无线电导航基础设施最终统筹协调至合理化的程度。

(4)支持定义无线电导航服务的最佳组合,以满足关键用户群(如海运、民航、铁路、自动驾驶车辆、智能运输系统)的需求,实现符合安全性、稳健性和可靠性的高标准经济高效解决方案。

(5)减少欧洲对非欧洲定位、导航和授时系统的依赖。

(6)为欧洲不断发展的无线电导航系统和基础设施生态系统提供前瞻性视角。

(7)促进欧盟全球卫星导航系统服务的采用,并帮助确定其现代化计划。

(8)构建行业之间的协同,并促进相关措施在各行业之间相互采用。

(9)支持在关键政策领域(如交通运输、安全和太空)中制定一致的欧洲长期战略。

(10)为研究和创新方面的突破提供支持。

《欧洲无线电导航计划2018》的适用范围

优化欧洲未来无线电导航格局是一个需要集体努力的过程。它必须与用户需求、将要提供的服务质量、对备用服务的需求以及所需投资水平等紧密结合。本《欧洲无线电导航计划2018》为解决依赖无线电导航服务的下列用户群或行业提供了一种包容性方法:民用航空;海上和内河航道导航;公路运输;农业;测绘和测量;基于位置的服务;铁路运输;太空用户;精确授时和同步;新兴应用;安全与防御。

《欧洲无线电导航计划2018》考察了在上述行业中使用的无线电导航系统,包括全球卫星导航系统及其增强系统、无方向性信标、甚高频全向无线电信标、测距仪、仪表着陆系统、微波着陆系统①、罗兰-C导航系统②、长波时间和频率分布系统(DCF77)③、移动蜂窝网络、卫星时间和位置。④

① 无方向性信标、甚高频全向无线电信标、测距仪、仪表着陆系统和微波着陆系统是航空行业常用的无线电导航系统。

② 罗兰-C导航系统是一个用来为海上用户提供服务的无线电导航系统。

③ DCF77是德国的一个使用低频无线电波的时间和频率分配系统。

④ 卫星时间和位置是一个铱星公司发射的私营卫星导航系统。

主要发现

不同的行业，包括那些受到严格监管的行业，如航空和海事行业，对无线电导航设备有着共同的理解：

(1)全球卫星导航系统及其增强系统的出现引发了无线电导航的一场革命。全球卫星导航系统已经成为这一领域的主导者，它可以在以前不可能的地点和条件下运行。例如，在低能见度环境、恶劣天气和交通拥挤的情况下也可以接近正常地工作。

(2)全球卫星导航系统可以给欧洲所有行业带来好处，以新的、更高效、更快捷、更具成本效益且对环境影响较小的技术路线提供便利。全球卫星导航系统还可以提高运输能力，更好地利用运输网络。

(3)未来几年中，至少将有四个全球卫星导航系统投入使用(美国 GPS、欧洲伽利略系统、俄罗斯格洛纳斯系统和中国北斗系统)。他们都将具有多频功能。增强系统将支持多星座/多频环境，这将提升全球卫星导航系统服务欧洲终端用户的性能。

(4)对航空行业而言，由于全球卫星导航系统及其增强系统的激增，无方向性信标、甚高频全向无线电信标等传统无线电导航基础设施的合理化改造将成为可能。欧洲已经关闭罗兰－C 导航系统在海事领域的应用。

(5)上述发展导致用户对卫星导航系统的依赖性增加。全球卫星导航系统现在支持绝大多数定位、导航和授时用户设备。考虑到这一点，最重要的是尽一切努力保护全球卫星导航系统的信号频带，并(改进信号设计、信号强度、天线和接收机设计、认证特征、空间使用、时间和频率分集等)使其尽可能保持稳健和富有弹性。

(6)欧洲伽利略系统已经在提高全球卫星导航系统的稳健性和弹性，为在多个频率上运行(具有更高精度、更好抗干扰能力、更好抗多径能力)的多星座实现上(在特定时间和困难环境中应用更多卫星)做出贡献。欧洲伽利略系统将是第一个提供信号认证的全球卫星导航系统(使它在防欺骗方面更具有弹性)。

(7)在某些特定情况下，例如，对于“生命安全”导航等需要持续可用性和故障安全保障的关键应用，在其关键阶段，全球卫星导航系统不会成为定位、导航和授时信息的唯一手段。必须针对这种情况制订应急计划，采用冗余、容错、恢复程序和独立的备用定位、导航和授时解决方案。重要的是，提供足够冗余所需的附加技术手段通常是针对特定行业的，而且不一定是基于无线电的。

(8)在这方面,航空界计划保持一个优化的测距仪网络(用于基于性能的导航),辅以仪表着陆系统/微波着陆系统(用于精确进近和着陆),以便在全球卫星导航系统出现故障时提供基本的导航能力。甚高频全向无线电信标(VOR)的最小运行网络也将保留。

(9)海事界接受“综合定位、导航和授时系统”这一概念。该系统由卫星、岸上和船上组件组成,在船舶航行的各个阶段提供弹性的定位、导航和授时数据。目前还在进行研究,以测试基于国际航标协会①现有信标台、自动识别系统②基站(在海上和内河航道区域)和罗兰-C发射器或其组合发射的信号,运用三边测量技术为全球卫星导航系统做一套备用定位、导航和授时系统的可行性。

主要挑战

尽管在欧洲许多行业使用全球卫星导航系统很有吸引力,但仍有许多挑战需要应对,例如:

(1)所有无线电导航信号都容易受到自然和人为干扰,以极低功率接收的全球卫星导航系统信号也不能免于这些风险。为了满足用户当前和未来的需求,并使全球卫星导航系统克服与责任和生命安全应用有关的顾虑,全球卫星导航系统服务需要更高的精度、可用性和可靠性。此外,对全球卫星导航系统信号的蓄意攻击,如干扰和欺骗,正变得越来越复杂。

(2)在航空、海事和铁路等特定行业使用传统基础设施,以及为用户升级设备的相关成本,可能会限制全球卫星导航系统服务的普及。

(3)至关重要的是,要确保欧洲伽利略系统与其他全球卫星导航系统之间的兼容性,以及欧洲伽利略系统与其他定位技术(如雷达、激光雷达、传感器、4G/5G、无线网络,这些技术在不久的将来可能会与全球卫星导航系统在集成多源终端中同时使用)之间的兼容性。

(4)不同行业的适用场景都是在对全球卫星导航系统信号要求非常高的场合(隧道、深路堑、城市峡谷、室内区域、船闸、桥梁等)进行的。在所有这些环境中,对全球卫星导航系统信号传播和性能进行表征是必要的。

本《欧洲无线电导航计划2018》描述了欧洲无线电导航的现状,并为后续分析

---

① 国际航标协会简称为IALA。

② 自动识别系统简称为AIS。

提供了依据，这些分析可用作克服已确定挑战的输入数据，用于确定需保留系统的适当组合，并决定未来投资和撤资的优先顺序。现在的工作重点必须集中在欧洲和本计划涵盖的各个行业如何优化其定位、导航和授时基础设施，在考虑总体成本、抵消风险的需要以及向用户群体提供持续高性能定位、导航和授时服务的需要的同时，找到合适的系统组合。

1. 引　　言

背景

依赖无线电导航和授时系统的服务早已成为经济增长的引擎。无线电导航和授时系统在支持欧盟多个行业的关键基础设施方面也发挥着关键作用。不但民用和商业应用对无线电导航和授时系统的依赖日益增加，这些系统在国防、安全和生命运行安全方面也发挥着越来越大的作用。

地面和天基无线电导航系统构成了欧洲无线电导航的格局。多年来，无论是与全球卫星导航系统相结合还是独立于全球卫星导航系统，地面系统在增强和加强定位、导航和授时服务方面都发挥了关键作用。近年来，依托现有星座的进一步演变，再加上新星座的出现，全球卫星导航系统的使用已经扩展到许多行业。

如今，欧洲经济约 10% [①]依赖于全球卫星导航系统的运用，而且现有趋势表明这种情况只会增加。总之，许多行业内部和行业之间都有很大的潜力来更好地利用全球卫星导航系统服务，并利用和受益于全球卫星导航系统提供的卓越性能。

全球卫星导航系统解决方案的采用和发展为一些地基无线电导航系统的退役或合理化改造带来了可能性。这将节省地面基础设施的安装、运行和维护费用。它还将释放相关的电磁无线电频谱。然而，全球卫星导航系统信号容易受到自然和人为干涉以及干扰、欺骗等蓄意攻击。因此，对于交通运输或关键基础设施保护等关键应用，人们普遍认为，全球卫星导航系统，即使他们是多星座和多频的系统，也不应成为定位、导航和授时信息的唯一来源。对于这些应用，应维护或开发补充、替代或备用的但并不一定是基于无线电技术的解决方案。

鉴于上述情况，本文件遵循欧盟委员会的以下承诺：

“发布《欧洲无线电导航计划》，以促进全球卫星导航系统应用在行业政策中的导入。”

---

① 参见 VVA 咨询公司：《全球卫星导航系统对欧盟经济的影响分析》，2016 年版。

正如2016年10月发布的《欧洲空间战略》[①]所设想的那样。

欧洲全球卫星导航系统(EGNSS):欧洲伽利略系统(Galileo)和欧洲地球静止导航重叠服务系统(EGNOS)。

欧洲伽利略系统是欧洲民用控制下的自主全球卫星导航系统,为全球用户提供最先进的定位、导航和授时服务。EGNOS系统是欧洲的一个增强系统,它改进了现有GPS产生的导航信号。EGNOS系统为其用户提供更好、更准确的信号服务,为关键生命安全应用(尤其是在航空行业)增强了完好性。

欧洲全球卫星导航系统提供覆盖全球的持续定位、导航和授时服务。欧洲全球卫星导航系统通过其服务的多样化,确保:

(1)服务真正有保障,包括持续的可用性和精度。

(2)验证数据源的可能性。

(3)信号的完好性。

(4)高度敏感的安全相关应用使用加密信号的可能性。

(5)高精度服务,提供比开放服务更高的精度和完好性。

全球卫星导航系统目前正用于改善交通流量和提高车辆效率。他们通过提供增值的物流解决方案来帮助跟踪包裹和货运。他们促进恶劣环境中的平民保护行动,加快救援行动,并为海岸警卫队和边境管制当局提供关键性的工具。全球卫星导航系统也是一个强大的工具,可以为金融交易打上时间戳,还可以在气象学、大气科学、地球物理学和大地测量学等领域进行科学研究。全球卫星导航系统还用于精确授时和同步,提高关键经济活动的运行效率。

尽管全球卫星导航系统的使用正在增加,但全球卫星导航系统提供的服务尚未在民航、海上和内河导航、公路运输、农业、测绘和测量、基于位置的服务、铁路、授时和同步以及新兴应用市场等行业得到充分利用。此外,自动驾驶、无人驾驶和遥控车辆的使用正经历着投资和应用方面的指数级增长。考虑到全球卫星导航系统在这方面可以发挥的作用,欧洲显然需要充分利用其伽利略系统和EGNOS系统可以带来的效益,并按行业具体说明他们的影响,为欧洲的无线电导航计划奠定了基础。

---

① 参见 http://ec.europa.eu/docsroom/documents/19442。

2.《欧洲无线电导航计划2018》的目的

《欧洲无线电导航计划2018》的目的：鉴于卫星导航系统日益增长的重要性，为优化欧洲当前的无线电导航格局提供佐证。在现代化的无线电导航系统组合中，欧洲伽利略系统和EGNOS系统可以发挥主要作用，收获其运用所产生的社会、经济和环境效益。

主要效益将来自对外国天基系统的依赖减少、对地面基础设施投资的合理化，同时提高整个无线电导航系统（空间和地面）的安全性、稳健性和可靠性。本《欧洲无线电导航计划》也是一个有用的工具，可以突出行业之间的协同效应，并促进相关措施在各行业彼此之间的采用。

更具体地说，《欧洲无线电导航计划2018》可以：

（1）对欧洲现有的成套无线电导航服务进行一致的协调。

（2）推出激励措施，简化对地面定位、导航和授时基础设施的投资，同时提高定位、导航和授时整体格局的安全性、稳健性和可靠性（包括空间和地面系统）。

（3）促进整个欧洲传统无线电导航基础设施统筹协调至合理化的程度。

（4）支持定义无线电导航服务的最佳组合，以满足关键用户群（例如，海运、民航、铁路、自动驾驶车辆、授时和同步、太空用户……）的需求，实现符合安全性、稳健性和可靠性的高标准经济高效解决方案。

（5）减少对国外全球定位、导航和授时系统的依赖。

（6）为欧洲不断发展、可供使用的无线电导航基础设施生态系统提供前瞻性视角。

（7）支持在关键政策领域（例如，交通运输、安全和太空……）中制定一致的欧盟长期战略。

（8）促进欧盟全球卫星导航系统服务的采用，并帮助确定其现代化计划。

（9）构建行业之间的协同，并促进相关措施在各行业彼此之间采用。

（10）为研究和创新方面的突破提供支持。

最后，《欧洲无线电导航计划2018》将便于人们制定一个融合框架，以优化欧洲无线电导航的格局。它将基于主要“指导原则”“效益”“挑战和机遇”，优化无线电导航的格局。

《欧洲无线电导航计划 2018》的结构

为支持《欧洲无线电导航计划 2018》，对欧洲的无线电导航服务范围界定进行了研究。2017 年 2 月 15 日欧盟委员会与成员国举行了一次研讨会，以收集关于范围界定研究的额外反馈信息，作为将最相关的信息和数据整合到一个单一、一致和综合计划的前奏。

《欧洲无线电导航计划 2018》包括对无线电导航系统的状况、其预期发展、用户要求，参与无线电导航系统设计、管理和运行的主要利益相关者的角色和职责以及现有相关法规的全面描述。

本计划的适用范围包括陆基和天基无线电导航系统。本计划的适用范围不包括主要用于监视的其他系统和技术（例如雷达、摄像机等）或不基于射频的系统（磁传感器、激光雷达、惯性系统等）。《欧洲无线电导航计划 2018》涉及的系统如下：

（1）美国全球定位系统，GPS。

（2）俄罗斯格洛纳斯系统，GLONASS。

（3）欧洲伽利略系统，Galileo。

（4）中国北斗系统，Beidou。

（5）欧洲地球静止导航重叠服务系统，EGNOS。

（6）地基增强系统，GBAS。

（7）差分全球卫星导航系统，DGNSS。

（8）无方向性信标，NDB。

（9）甚高频全向无线电信标，VOR。

（10）测距仪，DME。

（11）仪表着陆系统，ILS。

（12）微波着陆系统，MLS。

（13）罗兰 - C/恰卡地基无线电导航系统，Lorant/Chayka。

（14）增强型远距离无线电导航系统，eLoran。

（15）差分增强型远距离无线电导航系统，eDLoran。

（16）长波时间和频率分布系统，DCF77。

（17）基于蜂窝网络的定位。

（18）铱星 - Satelles 公司授时和位置系统，STL。

对于上面列出的每个无线电导航系统，附件 1 提供了每个系统的描述、他们的给定状态、每个系统的预期发展(现有的现代化或合理化改造计划等)及其各自的开发战略。

附件2着眼于最终用户需求和上述系统对本计划所涵盖的每个行业的经济影响。这些要素对于了解未来几年每个行业的无线电导航系统组合将如何发展非常重要。

附件3介绍了欧盟的主要利益相关者,代表了不同的用户群体和相关协会、无线电导航服务提供商、负责基础设施部署和运营的组织,以及负责制定政策框架和管理欧盟卫星导航方案的欧盟机构。已确定的利益相关者如下:

(1)欧盟委员会。

(2)欧洲全球卫星导航系统管理局。

(3)欧洲航天局。

(4)欧洲防务局。

(5)欧洲伽利略系统服务运营商:Spaceopal公司。

(6)EGNOS系统服务运营商:欧洲卫星服务提供商。

(7)欧洲航空安全组织。

(8)"欧洲单一天空空中交通管理研究计划"联合执行体。

(9)欧洲航空安全局。

(10)欧洲海事安全局。

(11)欧洲渔业管理局。

(12)欧盟铁路局。

(13)"欧盟下一代铁路开发计划"联合执行体。

(14)欧洲海上无线电导航论坛。

(15)国际海事组织。

(16)国际航标协会。

(17)国际民用航空组织。

(18)国际海运事业无线电技术委员会。

附件4对自2010年以来就无线电导航服务作出的主要监管决定进行了汇总。它包括在欧盟范围内与关键行业政策相关的立法程序、通过标准化或国际合作倡议对欧盟全球卫星导航计划方案的市场采用进行的管理和促进、对行业战略和跨行业政策的建议(例如,以协调的方式为无线电导航服务分配频谱带)。

3. 欧洲的无线电导航格局

各种现有无线电导航系统的详细说明见附件 1。

欧洲无线电导航系统的可用性正在飞速发展,并且在短期和中期内将继续维持这种态势。在过去几十年里,人们见证了美国 GPS 和俄罗斯格洛纳斯系统这两大全球卫星导航系统以及地面和天基增强系统的问世和演进。在未来几年里,我们将见证欧洲伽利略系统和中国北斗系统这两大全新的全球卫星导航系统开始运行。这四大全球卫星导航系统的现代化工作也已经列入计划。因此,短短几年内,将有四个卫星导航系统提供具有多频能力的全球覆盖。一方面,像 EGNOS 系统这样的增强系统也将发展成为多星座和多频的系统。另一方面,传统的地面导航设备有可能被进行合理化改造,或者直接退役。这将节省维护和运营成本。他们相关的电磁频谱将被释放出来并用于其他用途。对在某些关键应用中全球卫星导航系统出现故障或中断的情况,仍然需要一个备用的导航基础设施来提供基本的导航能力。其他关键系统将需要评估其对全球卫星导航系统中断的脆弱性,以及对替代性系统的需求。

图 4－1 展示了 2017 年至 2027 年欧洲主要无线电导航和授时系统的发展预期。我们可以做几项重要的观察。

(1)全球卫星导航系统

目前,有两个具有完全运营能力的全球卫星导航系统(美国 GPS 和俄罗斯格洛纳斯系统),两者都提供双频信号。

GPS 在 L1 和 L2 波段上均已经具有完全运营能力。L2C 波段发射了 19 颗卫星,在 L5 波段的第三个频率发射了 12 颗卫星。新的全球定位系统第三代(Block Ⅲ)卫星的第一次发射计划于 2018 年下半年进行,带 L1C 波段的附加信号。根据 GPS 的发射速度,L2C 和 L5 波段可能分别在 2020 年和 2026 年达到完全运营能力。到那时,GPS 系统将成为一个三频系统。L1C 波段将会发射大约 12 颗卫星。预计 L1C 波段将在 2030 年前后达到完全运营能力。①

俄罗斯格洛纳斯系统已经在 L1F 和 L2F 波段具有完全运营能力。有几颗卫星发射在 L3C 波段第三频率上。俄罗斯格洛纳斯系统新一代卫星将于 2019 年首次发射,向系统添加 L1C 和 L2C 两个新信号。2022 年,L3C 将具有完全运营能力,俄

---

① 参见 GPS 理事会:《PNT 咨询委员会 GPS 更新》(2017 年 11 月 15 日)。

罗斯格洛纳斯系统将成为一个三频系统。2025 年,L2C 也将具有完全运营能力。预计 L1C 大约将在 2030 年像 GPS 一样达到完全运营能力。

欧洲伽利略系统目前处于部署阶段,已有 22 颗卫星在轨。这些卫星在 E1、E5 和 E6 这三种频率上发射信号。欧盟委员会于 2016 年 12 月 15 日宣布,欧洲伽利略系统开始初步提供服务。该系统将在今后几年稳步发展,2020 年具有完全运营能力。随着第二代伽利略卫星的发射,欧洲伽利略系统未来还将保持发展态势。《欧洲空间战略》需要包括欧洲全球卫星导航系统在内的欧洲旗舰级空间计划稳步发展。为了继续提供最先进的服务,人们需要伽利略系统的发展。此外,欧洲伽利略系统未来的政策演变可能需要应对新的社会挑战和新出现的需求。

伽利略系统的发展也是必要的,因为竞争越来越激烈,不仅是全球卫星导航系统本身之间的竞争,而且还有与在特定应用领域提供替代性定位、导航和授时解决方案的其他现有地面系统(例如,惯性传感器、地面信标、增强型远距离无线电导航系统、无线网络等)进行的竞争。如今,伽利略系统发展的几种情况已经拟定好,并将在今后几年中进行分析。

一旦对所有方面(架构、技术选择、收益和成本、下一个多年期财务框架的可用预算)进行了深入分析,应不迟于 2020 年对其发展方向作出最终决定。

中国北斗系统与欧洲伽利略系统类似,仍处于发展阶段,其卫星在 B1、B2 和 B3 这三种频率上发射信号。中国计划在 2020 年宣布北斗系统具备完全运营能力。

2020 年将是采用全球卫星导航系统服务的一个重要里程碑。届时,作为一个三频全球卫星导航系统,欧洲伽利略系统将具有完全运营能力。4 个可运营全球卫星导航系统的投入使用不仅将带来更好的可用性和冗余性,而且还将改善接收机自主完好性监视(和高级接收机自主完好性监视)技术,进而提高完好性。俄罗斯格洛纳斯系统和美国 GPS 分别有望在 2022 年和 2026 年成为三频系统。

随着全球卫星导航系统的发展,增强系统也将得到发展,以增强提供的新信号。特别是,EGNOS 系统将进一步发展,在 E1/L1 和 E5/L5 频段增强伽利略系统和 GPS。目前,EGNOS 系统部署的版本为 v2.4.1,仅增强了 GPS 的 L1 波段信号。随着 EGNOS 系统 EGNOS V3 的计划部署,该系统将转变为一个多星座和多频增强系统,带来更好的服务水平、稳健性和覆盖范围。EGNOS V3 计划在 2025 年增强伽利略系统和 GPS E1/L1 和 E5/L5 波段的信号。

(2)空中导航案例

除了提供增强生命安全服务的星基增强系统(特别是 EGNOS V3)之外,地基增强系统也将进一步发展。目前,地基增强系统只需使用 GPS L1 波段信号即可进行精确进近和第一类着陆操作。根据计划,到 2020 年,地基增强系统仍然只需使用 GPS L1 波段信号即可进行精确进近和第二类/第三类着陆操作。预计到 2026 年,地基增强系统将使用 GPS L1 和 L5 波段信号、欧洲伽利略系统 E1 和 E5 波段信号进行精确进近和第二类/第三类着陆操作。[①] 多星座和多频地基增强系统将能够提供支持深受电离层异常困扰的低纬度地区进行第二类/第三类操作所需的稳健性。此外,多星座和多频地基增强系统将在中纬度场景下,针对全星座或单频损耗提供更好的稳健性。

完成伽利略系统、EGNOS 系统和地基增强系统的全面部署后,其他导航辅助设施的合理化改造将成为可能。

仪表着陆系统(ILS)是精确进近和着陆的扩展最充分的系统,支持第一类/第二类/第三类操作。目前,也可以使用地基增强系统进行第一类操作。使用 EGNOS 系统可以进行带垂直引导的航向信标性能 LPV200 操作,相当于仪表着陆系统第一类操作。地基增强系统第二类/第三类业务将在 2020 年投入运营,届时将可以对仪表着陆系统进行合理化改造。

无方向性信标(NDBs)和甚高频全向无线电信标(VORs)是非常古老的系统。在宣布欧洲伽利略系统预计在 2020 年具备完全运营能力之后,《基于性能的导航实施条例》和《欧洲空中交通管理总体规划》等文件已提议使无方向性信标网络退役,并将甚高频全向无线电信标数量减少到最小运行网络所需的数量。在丢失全球卫星导航系统服务时,该网络将提供一些有限的导航功能。

经过优化或扩展的**测距仪(DME)**网络还将为基于性能的导航提供支持,并将构成在丢失全球卫星导航系统服务时的备用基础设施。预计到 2020 年,将开始传统辅助基础设施网络(VOR,NDB,DME,ILS)的优化。预计到 2030 年,最终实现合理化的、以全球卫星导航系统为依托的基于性能的导航场景。

针对传统助航设备(ILS,MLS,DME,VOR,NDB)的发展计划是由国际民航组织(在全球范围内管理民用航空的国际组织)和欧盟(在欧洲范围内)构思完成的。

---

① 参见《欧洲空中交通管理总体规划》2015 年版。

不过,这一基础设施最终由各相关的国家当局负责。有些政策和计划可能不同于国际机构制订的政策和计划,即欧盟的每个成员国对这些基础设施可能都有自己的合理化改造或退役计划。例如,法国公布了一项国家战略,旨在通过甚高频全向无线电信标、无方向性信标以及仪表着陆系统的退役来实现其地面设备基础设施的合理化改造,以便过渡到仪表着陆系统的最小网络。在西班牙,替代性飞行程序实施计划已经到位,其目标是避免在每种场景下依赖单一的导航设备。这些新的替代方案大多数基于全球卫星导航系统,一旦实施,将根据具体情况解决无方向性信标的合理化或退役问题。

关于长期的逆转性解决方案,“欧洲单一天空空中交通管理研究计划”联合执行体考虑采用多种新技术来增强甚至取代测距仪和甚高频全向无线电信标。这些替代性定位、导航和授时技术(A－PNT),包括增强型测距仪、多普勒甚高频全向无线电信标、Mosaic/测距仪、L 波段数字航空通信系统导航、增强型远距离无线电导航系统、广域多点相关/广播式交通信息服务、伪卫星、Mode－N 和惯性系统。根据《欧洲空中交通管理总体规划》,这些替代性定位、导航和授时解决方案仍在研究中,预计在 2029 年前不会投入使用。

(3)其他案例

卫星导航系统的发展大大减少了罗兰－C 导航系统用户的数量。随后,美国、加拿大和欧洲关闭,并在某些情况下拆除了他们拥有的大多数罗兰－C 发射机。法国、挪威、丹麦和德国于 2015 年终止了罗兰－C 导航系统的传输。灯塔管理总局于 2015 年 12 月宣布停止在英国和爱尔兰的增强型远距离无线电导航系统(eLoran)原型服务。[①] 在法国和挪威计划停止其罗兰－系统的数据传输之后,灯塔管理总局表示,eLoran 系统服务将不会为其用户提供定位和导航能力。差分增强型远距离无线电导航系统(eDLoran)是 eLoran 系统的一个局域增强系统。自从罗兰－C 导航系统和 eLoran 系统在欧洲的数据传输在 2015 年停止后,就不再可能使用 eDLoran 系统服务了。

灯塔管理总局提议在欧洲伽利略系统达到其完全运营能力之后,在 2021 年对其差分**全球卫星导航系统无线电信标(DGNSS)**的服务进行合理化改造。

DCF77 目前的合同规定延长至 2021 年。然而,我们希望这项服务届时能够继

① 参见 https://www.nlb.org.uk/NoticeToMariners.aspx? id＝1715。

续提供。

基于蜂窝网络的定位（目前是4G网络中的LTE定位）已经可供使用。在欧洲，首批5G网络预计将于2020年前后可供使用。

卫星时间和位置系统于2016年开始运营。这项服务是否继续提供将取决于业主的决定，这可能会受到其商业成功程度的影响。

目前的情况表明，全球卫星导航系统及其增强系统的使用明显增多。卫星导航系统的先进功能使新的应用成为可能，并可以在比以前更苛刻的条件下开展传统业务操作。例如，在能见度低、近海作业、交通拥挤的情况下操作。总体来说，它带来的好处是使运营更具成本效益，另外，也提高了不同行业对全球卫星导航系统中断的脆弱性。对于关键性的应用，主要的利益相关者一致认为，单点故障是高风险的一个因素，必须尽可能避免。

当前和新兴的应用将利用全球卫星导航系统及其改进的性能。目前，航空和航海界依赖美国GPS、俄罗斯格洛纳斯系统和EGNOS系统的单一频率。2020年，欧洲伽利略系统和中国北斗系统将达到完全运营能力。航空和航海界将立即受益于这些新服务。同样在2020年，欧洲全球卫星导航系统管理局预计将在铁路交通管理系统中采用欧洲全球卫星导航系统，并将其纳入欧洲铁路交通管理系统。预计2025年至2026年，具有多频和多星座功能的增强系统“EGNOS系统”和“地基增强系统”将得到采用。

还有其他几个行业，其中最突出的是公路运输行业，其管理不如航空和海运行业那样严格，一旦这些新的服务可供使用，且市场上有可以利用这些服务的产品，这些行业将逐步采用这些新的服务。

（4）对全球卫星导航系统的依赖和应急措施的需求

多种行业和服务正在采用全球卫星导航系统作为定位、导航和授时的首选技术。全球卫星导航系统的优势众所周知：高精度、全球可用、免费。然而，与其他基于无线电的系统相比，全球卫星导航系统信号的功率较低，容易受到干扰，不管是自然的或人为的、有意的或无意的。不同行业的全球卫星导航系统用户正在考察全球卫星导航系统中断可能产生的影响。他们也正在制定措施来预防这些中断，以及在他们发生时积极应对。

包括全球卫星导航系统在内的所有无线电导航系统都容易受到干扰和欺骗。4个可互通的全球卫星导航系统星座的出现，再加上星基增强系统服务的改进，将增加干扰全球卫星导航系统的难度。尽管如此，促成干扰事件仍然不是十分费力，并且已经证明在具有足够资源量的情况下是发生欺骗的。伽利略开放服务导航消息身份验证将提供其他方法来检测这种意义上的异常。

在某些环境中，使用全球卫星导航系统服务是困难的，甚至是不可能的。城市峡谷就是这其中的一个例子，这是因为多路径效应和视线内卫星数量的减少。可用的导航星座数量增多肯定会改善这种情况，因为在接收机的视野内将会有更多的卫星。另一个例子是室内或地下的隧道，这种覆盖范围上的差距对于一些用户来说是不可接受的和需要加以解决的，比如自动驾驶领域。

目前，还不存在一个具有全球覆盖面和类似全球卫星导航系统精度的替代性定位、导航和授时系统。取而代之的是，不同的行业根据自己的需要有自己的举措。航空界计划保持一个优化的测距仪网络（用于基于性能的导航），辅以仪表着陆系统/微波着陆系统（用于精确进近和着陆），以便在全球卫星导航系统出现故障时提供基本的导航能力。甚高频全向无线电信标的最小运行网络也将保留。

在海事界，一些利益相关者支持保留罗兰 – C 导航系统装置，甚至支持将他们升级为增强型远距离无线电导航系统。尽管如此，欧洲一些国家当局还是决定在 2015 年 12 月 31 日终止罗兰 – C 导航系统和 eLoran 系统的数据传输。在美国和加拿大，尽管有一个新的倡议将罗兰 – C 导航系统开发为一个独立于全球卫星导航系统的替代性定位、导航和授时系统，但其数据传输还是停止了。作为首个备用系统，其功能可仅限用于传输授时信息。eLoran 系统就是其中一个正在讨论的替代性备用系统。[①] 目前还在进行研究，以测试所谓的 R – MODE 的可行性，并测试是否有可能基于国际航标协会现有信标台、自动识别系统基站（在海上和内河航道区域）和罗兰 – C 发射机或其组合发射的信号，运用三边测量技术为全球卫星导航系统做一套备用系统。

其他行业也在寻找作为全球卫星导航系统的备用方案的替代性的定位、导航和授时解决方案。方案有许多可能性，如雷达、激光雷达、视觉或声学定位、无线网络、惯性传感器、磁力计，这取决于不同用户的特征和需求。每个行业选择的备用解决方案应该能够在主方案显示其固有弱点时为用户带来弹性。对于像自动驾驶和无人驾驶汽车这样的新兴行业，精确而灵活的定位和导航能力将是至关重要的。

---

① 参见众议院第 2518 号文件，第 411 节“备用 GPS”，2017 年 5 月 18 日。

		2017年	2018 年	2019年	2020年	2021年	2022年	2023年	2024年	2025年	2026年	2027年
美国GPS	L1	完全运营能力										
	L1C		<12颗卫星								≥12颗卫星	
	L2	完全运营能力										
	L2C	≥19颗卫星			完全运营能力							
	L5	≥12颗卫星									完全运营能力	
俄罗斯格洛纳斯系统	L1F	完全运营能力										
	L1C			<12颗卫星				≥12颗卫星				
	L2F	完全运营能力										
	L2C			<12颗卫星		≥12颗卫星				完全运营能力		
	L3C	<12颗卫星		≥12颗卫星			完全运营能力					
欧洲伽利略系统	E1	≥12颗卫星			完全运营能力							
	E5	≥12颗卫星			完全运营能力							
	E6	≥12颗卫星			完全运营能力							
中国北斗卫星导航系统	B1	≥12颗卫星			完全运营能力							
	B2	≥12颗卫星			完全运营能力							
	B3	≥12颗卫星			完全运营能力							
欧洲地球静止导航覆盖系统	GPS L1	完全运营能力										
	GPS L5									完全运营能力		
	Galileo E1									完全运营能力		
	Galileo E5									完全运营能力		
地基增强系统	Cat I（GPS L1）	完全运营能力										
	Cat II/Cat III（GPS L1）				完全运营能力							
	CatII/CatIII（GPS－GalileoL1/E1 L5/E5）										完全运营能力	
差分全球卫星导航系统		完全运营能力										
仪表着陆系统		完全运营能力			合理化改造							
微波着陆系统		完全运营能力			合理化改造							
测距仪		完全运营能力		优化								
甚高频全向无线电信标		合理化改造			最小运行网络							
无方向性信标		合理化改造			退役							
替代性定位、导航和授时		研究阶段										
罗兰-C系统		已经关闭										
增强型远距离无线电导航系统		已经关闭										
差分增强型远距离无线电导航系统		已经关闭										
DCF77		完全运营能力（签署的合同到2021年截止，且该合同届时有望续约）										
长期演进技术		完全运营能力（4G）。欧洲有望2020年初步开始5G运营										
卫星时间和位置系统		于2016年开始运营。服务是否继续提供取决于公司的决定										

图4–1　欧洲无线电导航系统的预期演进

4. 指 导 原 则

4.1　所有行业适用的通用指导原则

欧洲全球卫星导航系统的市场应用以及欧洲未来无线电导航系统的优化和现代化进程必须共同进行，并且必须与用户需求、所提供服务的质量、备用服务的需求、所需投资水平等密切相关。这种整体性的方法规定了指导原则，在整个决策/政策制定过程中必须遵循这些原则，这将使《欧洲无线电导航计划 2018》取得丰硕的成果。以下是所有行业适用的通用指导原则，没有任何优先顺序：

(1)无线电导航格局的发展和演进必须由用户驱动。定位、导航和授时服务在精度、可用性、连续性、稳健性和完好性方面的性能应满足用户需求。

(2)无线电导航格局将不断发展，尽可能实现最佳性价比和降低成本。

(3)无线电导航格局应不断发展，以适应用户不断变化的需求，例如满足新兴和新应用的需求。

全球卫星导航系统和增强系统是无线电导航系统领域的一场革命。此外，欧洲伽利略系统和 EGNOS 系统这两个全球卫星导航系统提供了一个满足欧洲战略性自主需要的定位、导航和授时解决方案。全球卫星导航系统在可预见的未来将继续是这一领域的主导者。

全球卫星导航系统，即使是多星座和多频系统，也无法持续提供以下关键应用所需的故障保障型的定位、导航和授时解决方案：

(1)现有应用：

①安全性十分关键的交通运输(航空、海运)。

②关键基础设施(电网、银行系统、电信基础设施)。

(2)新兴/未来应用：

①安全性十分关键的交通运输(铁路、公路)。

②无人驾驶车辆。

③无人机。

即使行业不同，他们对备用或替代性的定位、导航和授时解决方案的需求也可能是相似的。确定这些跨行业的协同效应至关重要，因为这将提供一个机会，在已确定的行业之间分享此类解决方案，减少所需的总体投资，并制定一个具有成本效益的解决方案。

4.2　民航行业的指导原则

2004 年，欧盟通过了“欧洲单一天空”(SES)立法框架。该框架涵盖了空中导航服务、自动导航系统、空域的组织和使用以及欧洲空中交通管理网(EATMN)的互操作性。欧洲航空安全局能力的提升和"欧洲单一天空空中交通管理研究计划"(SESAR)联合执行体的建立,对"欧洲单一天空"立法框架进行了有益的补充。"欧洲单一天空空中交通管理研究计划"联合执行体始终使作为基本运营和技术变更纲要的《欧洲空中交通管理总体规划》保持在最新状态,以便"欧洲单一天空空中交通管理研究计划"为既定的欧洲单一天空目标做出贡献。《欧洲空中交通管理总体规划》目前正在根据最新的《欧盟空中导航战略》和《基于性能的导航实施条例》进行更新。其关于通信、导航和监视的部分,将与《欧洲无线电导航计划 2018》保持一致。

民航行业确定的指导原则如下:

通信、导航和监视基础设施的未来将建立在为以下关键创新应用赋能的星基技术(全球卫星导航系统、星基增强系统、机载增强系统和地基增强系统)导入的基础上:

(1)提高空中交通管理效能(例如,基于性能的导航的空中航行程序)。

(2)增加机场容量(ADS)。

(3)提高环境和经济效率(例如,降低噪音影响、让路线更有效、节省燃料、减少排放)。

(4)保证安全。

必须特别注意全球卫星导航系统潜在的失效模式和可逆(备用)运行模式,这是维持最低服务水平和可接受的安全水平所必需的。

欧洲未来的空中导航基础设施将充分利用所有可用的卫星技术,包括使用 EGNOS 系统和伽利略系统的服务。为了在全球卫星导航系统将成为主要导航手段时确保必要的独立性,伽利略系统和 EGNOS 系统作为欧盟拥有的系统,将成为欧盟在多频、多星座全球卫星导航系统中所需的系统要素。可以就进一步的立法要求加以预测,以更新特定技术和设备的标准化和认证,并确保使用卫星定位技术的机载设备与伽利略系统、EGNOS 系统提供的定位服务兼容。

4.3 海上和内河航道导航行业的指导原则

国际海事组织和国际航标协会从全局层面制定了全球无线电导航系统可靠部件的基本导航性能参数要求。为了在系统层面满足精度、完好性、可用性和连续性性能方面的运营要求,国际海事组织于 2016 年 5 月将欧洲伽利略系统确认为全球无线电导航系统的一个组成部分。国际海事组织在 2017 年 6 月召开的海上安全委员会第 98 次会议上表示,星基增强系统无须得到海事组织的首肯。国际海事组织和国际航标协会提出了基于具有冗余性的稳健定位、导航和授时服务的电子导航概念。富有弹性的定位、导航和授时是国际海事组织电子导航架构的七大支柱之一。电子导航概念有望推广多星座全球卫星导航系统接收机的使用。

包括增强系统在内的星基系统的普及和技术(自动识别系统、甚高频数据交换系统、雷达、雷达信标)日新月异的发展,正在引领全球监管框架演进的步伐,使不同国家和国际当局之间有计划地进行协调变得不可或缺。

欧洲海事安全局关于海上事故和意外事故的统计数据让人回想起与碰撞和搁浅相关的成本正在日益上升。人为错误导致的损失在总金额中占很大比例。人们不得不考虑全球卫星导航系统的发展在提高海上安全水平方面可以发挥的作用。采用渐进的方法发展海上通信、导航和监视基础设施,可以填补技术发展和监管框架之间的差距,可采用以下短期和长期手段。

(1)未来的海上导航基础设施应尽可能充分利用所有可用的卫星技术,并应保持灵活性,以升级和纳入新技术。海上安全与适当的无线电导航基础设施有关,这种基础设施将建立在引进卫星技术的基础上,使关键的创新导航应用成为可能,并建立在灵活吸收替代性非卫星系统的技术基础上。

(2)现有的全球卫星导航系统信号脆弱性与本地误差源有关,需要在系统和接收机层面加以解决。星基无线电导航系统容易出现故障、干扰和欺骗。所有公认的全球卫星导航系统组件都需要增强系统来执行最关键的操作,例如港口入口、进近和受限水域的导航。目前,最常用的增强系统是国际航标协会差分全球卫星导航系统。

(3)国际航标协会差分全球卫星导航系统在只有一个差分全球卫星导航系统参考站的地区存在局限性。我们可以通过增加参考站的数量,提高差分全球卫星导航系统的服务可靠性。在大多数需要增强的情况下,EGNOS 系统可以作为国际航标协会差分全球卫星导航系统的有益补充。它能够填补差分全球卫星导航系统服务覆盖区域的可能空白,从而提供无缝增强导航解决方案,同时降低安装和维护成本。

(4)弹性无线电导航架构必须考虑到星基增强系统和全球卫星导航系统的未来发展。强健而有弹性的定位、导航和授时信息不仅仅需要核心的全球卫星导航系统、增强系统和充分的备用系统。完好性监控系统是全球无线电导航系统任何通用组件的基本要素。目前还在进行研究,以测试所谓的 R－MODE 的可行性,并测试是否有可能基于国际航标协会现有信标台、自动识别系统/甚高频数据交换系统基站和罗兰－C 发射机或其组合发射的信号,运用三边测量技术为全球卫星导航系统做一套备用系统。

(5)通过制定专门为海运量身定制的标准,可以促进星基增强系统的运用。其目标是,最大限度地让星基增强系统的性能符合全球无线电导航系统的运营要求。现有的性能和标准化问题将在海事界内部解决。

通用渔业政策是用于管理和养护鱼类种群的一套规则,用于为欧洲渔船的活动制定规则。它旨在管理共同的资源,让所有欧洲捕鱼船队平等进入欧盟水域和资源,并使渔民能够公平竞争。在日常工作中,工作人员都运用一系列技术来监测捕鱼活动,并为共同渔业政策规则(包括关于进入水域、捕鱼活动和技术措施控制的规则)的执行提供支持。通用渔业政策依靠两个主要的船舶探测和活动监测系统,这两个系统从定位、导航和授时服务中获取数据。船舶监控系统定期向渔业当局提供有关船舶位置、航向和速度的数据。该系统对于所有水域中的欧盟船舶和欧盟水域中的第三国船舶都是强制性的。自动识别系统(AIS)是一套用于海上和内河航道区域安全和安保的、自主和连续的船舶识别系统。海上和内河航道使用的自动识别系统技术是兼容的,它允许船舶与附近的其他船舶以电子化的方式交换数据,并向岸上当局提供船舶识别数据、位置、航向和速度。在国际航行中或在欧盟成员国港口停靠的所有大于 300 吨的船舶都必须使用自动识别系统。自 2014 年以来,在莱茵河和一些港口区域,搭载内河自动识别系统是强制性要求。所有 15 米以上的欧盟渔船都必须搭载自动识别系统。船舶监控系统和自动识别系统都从安装在渔船上的定位、导航和授时系统获取位置、导航和时间。可用性和精度有保证的欧洲定位、导航和授时服务将直接影响船舶监控系统和自动识别系统控制方面的有效性。

4.4 公路运输行业的指导原则

二十多年来,全球卫星导航系统已广泛用于公路运输,特别是弯道导航。虽然最初主要归功于便携式导航设备,但也越来越多地通过直接集成到车辆和/或智能手机应用中而得到应用。此外,由于 2015 年审议通过了 e－Call 紧急呼叫型式认证法规,自 2018 年 3 月 31 日起,欧盟所有新款个人汽车和轻型车辆必须配备与全球卫星导航系统兼容的设备。

协同、智能网联和自动出行旨在减少道路上的死亡和交通拥堵。为此,未来的车辆将越来越多地交换包括他们的位置在内的信息,以协调操作和避免事故。为了确保有效,这将需要更准确和可靠的定位、导航和授时信息。此外,自动驾驶汽车显然需要独立于其他道路使用者的精确定位。这在自然参考点(如建筑物)可能不存在、无法用于相对定位的城市以外环境中尤其重要。

监管应用的强制性采用将为所有车辆带来通信和定位平台,从而为新的远程信息处理应用开辟道路。

(1)从 2018 年起,基于全球卫星导航系统的 e – Call 紧急呼叫将成为欧洲销售的所有新车和货车的必备功能。

(2)从 2019 年起,基于全球卫星导航系统的智能行驶记录仪将成为欧洲销售的所有卡车的必备装备。

个人导航设备正在退出市场,被集成的远程信息处理设备和智能手机所取代。

由于其价格更实惠以及人们对信息娱乐的需求不断增长,车载系统也在不断增长。CarPlay 和 Android Auto 等汽车操作系统越来越多地被采用,有利于创新的全球卫星导航系统应用得到采用。

城市地区对提高精确度和可用性的需求表征了全新“出行即服务”应用和服务的定位要求,这促进了多星座接收机的采用,并且在不久的将来可能采用多频接收机。

公共部门对优化交通管理、减轻城市地区污染和道路安全的需求,将进一步推动定位、导航和授时解决方案的采用。

4.5 农业行业的指导原则

人口增长、城市化加剧等原因导致粮食产量增加,由全球卫星导航系统赋能的精准农业应用的市场采纳度将会提升。

基于星基增强系统的解决方案提高了基本全球卫星导航系统信号的精度、完好性和可用性,越来越多地用于精准农业应用,经常成为农民进入精准农业市场的首选。基于星基增强系统的解决方案覆盖整个欧洲大陆,不收取订阅费或额外的投资成本,在要求精确度低于米级的农民中广泛使用。这将使星基增强系统在农业全球卫星导航系统接收机中进一步渗透(目前为 80%)。

高精度的自动化解决方案(亚分米级)通常由实时动态/网络实时动态服务提供,在整个欧洲大陆都可以以非常低廉的价格获得。商业或机构的实时精密单点定位服务(伽利略系统高精度服务)正在进行部署,并将完成服务选择。

将全球卫星导航系统的定位集成到农场管理信息系统(FMIS)中,以及使用来自各种传感器(包括地球观测)的额外信息,将彻底改变精准农业,并进一步推动精准农业的发展。农场管理信息系统是一个收集、处理、储存和提供数据的系统,有助于农民做出明智的决策和制定管理战略。全球卫星导航系统将这些数据与特定的地理坐标联系起来。在这种情况下,鉴于收集的数据来自不同硬件品牌提供的不同设备,互操作性和易用性成为了精准农业的关键要求。

在对全球卫星导航系统不利的环境中,市场对多星座接收机的接受能够提高定位的性能和可靠性,这将进一步引导全球卫星导航系统在农业领域的应用。

精准度仍将是农民最基本的全球卫星导航系统参数。可靠性、可用性、真实性和覆盖范围也与特定应用相关。

4.6 测绘和测量行业的指导原则

作为对精准度要求最高的市场领域,测绘和测量行业采用全球卫星导航系统的主要驱动原则是,考虑到用户对其的持续需求,能够在精度、可用性、连续性和可靠性方面提供越来越好的性能。

对集成解决方案的需求将满足对支持全球卫星导航系统的测绘和测量设备的需求,综合解决方案能够最佳地、互补性地利用不同的技术(包括激光雷达和扫描仪),实现互操作性和软件灵活性。全球卫星导航系统接收机与这些技术(也包括全站仪和摄影测量相机)结合在一起,为这些系统获取当地数据提供绝对的地理参考。

实时动态(RTK)应用的发展趋势如下:

(1)实时动态全球卫星导航系统接收机板激增。

(2)由几个国家测绘机构和商业供应商运营的主动和被动参考站和实时动态参考站网络的广泛可用性。

(3)由于拥挤的市场和来自新兴精密单点定位(PPP)解决方案的竞争压力,实时动态全球卫星导航系统接收机的价格大幅下降。

这些元件推动了能够实现厘米级水平和垂直方向精度的低成本、双频(L1/E1和L5/E5)接收机的发展。随着这些技术的广泛应用,他们将使实时动态在一系列高精度应用中得以普及。

尽管在交付精密单点定位解决方案方面存在挑战,特别是在实时环境中,但低成本双频接收机越来越被视为是差分全球卫星导航系统解决方案的可行替代方案,并在需要亚分米级精度的用户中变得越来越受欢迎。对在不能选择实时动态(远离海岸)的环境中的用户来说尤其如此,在没有永久网络的地区也是如此。完整的实时动态系统(两个接收机+一个数据链路)所需的投资必须与更低成本的精密单点定位解决方案(仅一个接收机)相当。因此,在厘米精度应用的场景下,虽然实时动态仍然是最佳选择,并提供即时的解决方案融合,但设备需求最少和全球可访问性使精密单点定位成为一个十分吸引人的替代性方案,也为欧洲伽利略系统高精度服务提供了机会。

4.7　基于位置服务的指导原则

智能手机是访问位置服务(LBS)的主要平台,其次是可穿戴设备和跟踪设备。对应用使用的不断增长和多样化,例如增强现实场景中定位信息的集成和上下文感知应用,将继续推动位置服务的增长。现代中高档典型智能手机的定位、导航和授时解决方案包括:

(1)多星座全球卫星导航系统接收机,包括美国 GPS 和俄罗斯格洛纳斯系统,以及崛起的欧洲伽利略系统和中国北斗系统。

(2)无线网络定位。

(3)LTE 定位。

(4)传感器套件,包括气压计、加速度计、陀螺仪、接近传感器、指南针等。

(5)前置和后置摄像头,允许地图匹配地理参考图像。

(6)通信能力,包括 3G、4G、蓝牙、近场通信、无线网络等。

(7)嵌入式数字地图。

(8)实时处理所有数据的最先进的硬件和软件。

最终目标是达到导航和授时功能随时随地可用的情况。为了实现这一目标,唯一的选择是混合使用接收机,利用来自全球卫星导航系统、通信网络和独立传感器的所有数据,向最终用户提供尽可能好的定位、导航和授时信息。在这种情况下,无论用户身在何处,所有传感器协同工作,提供无缝的定位、导航和授时信息流(例如,开放区域采用全球卫星导航系统、高密度城市中心和隧道中采用 LTE 长期演进技术、室内采用无线网络、在电磁干扰的环境中采用嵌入式传感器……)。

智慧城市概念的出现将推动基于全球卫星导航系统的 LBS 在城市环境中的应用,因为:

(1)全球卫星导航系统与其他智慧城市赋能技术的互补性。

(2)多星座接收机的普及增强了城市环境的性能。

(3)室外环境中,全球卫星导航系统仍然是最有效的定位技术。

4.8　铁路运输行业的指导原则

欧洲铁路交通管理系统(ERTMS)是一个重大的行业项目,旨在通过一个统一的解决方案来替代欧洲不同的国家列车控制和指挥系统。欧洲铁路交通管理系统的部署将有助于建立一个信号一致的无缝欧洲铁路系统,这对提高欧洲铁路的竞争力至关重要。

如今,铁路领域的全球卫星导航系统主要用于与安全无关的应用。乘客信息系统是使用全球卫星导航系统的主要应用,资产管理日益重要。在未来几年里,基于全球卫星导航系统的安全相关应用、信号和列车控制将日益发展,以补充传统技术。这些应用要求非常高的性能水平。根据所采用的策略,全球卫星导航系统可用作:

(1)美国所预见的列车主动控制的主要手段。

(2)欧洲计划内的备用解决方案。

(3)混合解决方案中的一种手段。

对铁路线路额外能力的日益增长的需求,将促进全球卫星导航系统解决方案的发展和采用。新的解决方案需要具有竞争力,将基础设施和运营成本降到最低,这也将在未来铁路领域应用全球卫星导航系统的需求中发挥重要作用。

4.9 太空用户的指导原则

太空任务非常复杂。航天器需要处理非常困难的任务,同时在功率、重量、尺寸和体积方面有非常严格的限制。因此,太空应用是一个要求非常高的领域。太空用户的主要指导原则如下:

(1)多星座。全球卫星导航系统信号在某些轨道(例如,地球静止轨道、地球同步转移轨道和大椭圆轨道)上的可用性非常有限。为了最大限度地增加在这些轨道上可见的信号数量,从而最大限度地提高定位服务的可用性,使用多星座接收机是至关重要的。

(2)超灵敏接收机。其轨道不同于近地轨道的太空用户需要使用超灵敏接收机。地球表面的全球卫星导航系统信号设计得非常弱。在某些轨道上,如地球静止轨道,出于以下两个方面因素,接收到的信号甚至更微弱:

①位于全球卫星导航系统星座轨道(例如,地球静止轨道)上方的用户需要依靠从地球肩部通过并来自地球另一侧的全球卫星导航系统信号。距离增加意味着接收到的功率减少。

②在地球表面,接收到的信号是在全球卫星导航系统卫星导航天线主瓣内传输的信号。对地球静止轨道用户来说,信号需要越过地球。对于这些角度区域,与地球视场相比,全球卫星导航系统卫星天线提供的增益较小。相关的角度区域包

括天线主瓣的边缘(一些全球卫星导航系统已经为其建立了规范),甚至包括天线旁瓣(迄今为止全球卫星导航系统还没有为其建立规范)。

(3)互相隔离。太空用户从不同的全球卫星导航系统卫星接收的信号之间可能有非常不同的功率水平。因此,导航信号提供良好的互相隔离,以便尽管功率变化很大,但所有到达信号之间能够可靠地进行区分,这是至关重要的。

4.10 精确授时和同步服务的指导原则

全球卫星导航系统为电网、电信网络和金融行业等大多数关键基础设施提供精确的授时和同步。电网在提供与网络状态相关的测量的系统中使用全球卫星导航系统的授时。世界各地都在发展智能电网。相量测量单元(PMU)是网络自动保护系统发展的关键。相量测量单元部署在电力网络的远程位置,需要达到微秒级的精度。电信网络在无线通信、时隙管理和事件记录中使用全球卫星导航系统的授时功能在基站之间进行切换。银行和证券交易所等金融行业使用全球卫星导航系统来标记金融交易,以便追踪因果关系并使金融计算机系统同步。主要应用包括金融交易时间戳。

授时和同步服务的稳健性和弹性是避免对电信、能源和金融网络的运营造成严重后果,从而避免巨大社会损失的关键。此外,欧洲的基础设施高度交织在一起,一个欧盟成员国单靠自己的力量无法增强网络的弹性。提高欧盟的独立性是关键基础设施的战略目标。

电信网络正不断向更高容量、更高传输速度和更高频率的开发方向发展,这需要更精确的授时和同步服务。

此外,对于电网和金融行业来说,目前全球卫星导航系统授时的精度可能已经足够。然而,新风险的出现可能需要更安全可靠的授时和同步服务。

4.11 新兴应用领域的指导原则

(1)物联网

物联网(IoT)是一项新兴技术,旨在改善我们的生活,加快我们行业和社会的数字化进程。物联网与人工智能和互动技术等相结合,将在连通性、导航和定位方面开辟新的地面和太空应用前景。智能网联和自动驾驶汽车、电子医疗设备、工业自动化控制系统或智能电网就是其产品和服务的一些例子。物联网技术将用于智慧城市和城市基础设施的管理,街道智能照明等初步应用将发展为更复杂的系统,如智能电网或智能水管理(包括清洁用水、灌溉用水和灰水)。导航系统可用于远程控制和维护。

在多模式、实时出行系统中，来自用户社区的实时信息将使数字地图内容越来越丰富，例如 Google - Waze、CityMapper、UrbanEngines。随着城市变得越来越复杂，出现新的出行方式，出行越来越少地依赖单一交通工具，而日益依赖相互依存的互补网络。

在解决残疾和老年人的需求时，智慧城市导航系统的最大受益用途之一将是为残疾公民提供实用的出行解决方案，例如为视力障碍者或有认知问题的人提供解决方案。

低功耗广域网（LPWAN）的部署刺激了物联网的发展。低功耗广域网技术的目标是为数十亿的物联网设备提供经济高效的连接，以支持低功耗、低成本设备的使用和广泛覆盖。大多数设备是可以移动的，仅限于电池供电。因此，低功耗定位技术仍然是一个优先考虑的问题。

（2）遥控驾驶航空器系统和无人机

在单一成员国负责的事务（包括授权、认证和空间限制）方面，监管方面朝着不那么分散的框架发展，这将推动遥控驾驶航空器系统技术在欧洲的应用。

大多数商业化的遥控驾驶航空器系统将是消费级产品，航程有限、飞行能力有限。然而，相关的细分市场将由专业消费者和商业零售终端用户组成，其数量将会增长，直到非常迅速地超过其他传统的航空细分市场。

全球卫星导航系统是有前途的无人机服务市场以及欧盟和“欧洲单一天空”空中交通管理研究计划新的 U - Space 计划的关键促成因素。[①] 空中交通穿插技术，包括监视或地理围栏，以及与任务相关的功能，将依赖于全球卫星导航系统信号的执行。“欧洲单一天空空中交通管理研究计划”将制定空中交通穿插的具体要求和特点，并将其纳入《欧洲空中交通管理总体规划》中。

（3）第四次工业革命

第四次工业革命将带来人们对制造和施工业务无线定位解决方案的需求。工业机器人、其他移动制造设备以及工厂和建筑工人的可穿戴设备将需要可靠、安全、有保障和高度精确的定位解决方案，并在室内和室外环境中都能发挥作用。

4.12 安全和防御行业的指导原则

定位、导航和授时服务是安全和防御行动中的关键赋能能力。天基无线电导航信号，特别是安全的 GPS P(Y)码，被用作军队的定位、导航和授时信息的主要来

---

① 参见 https://www.sesarju.eu/u - space - blueprint。

源。随着多个军事系统越来越依赖全球卫星导航系统,欧盟防御行业寻求保持定位、导航和授时的适当能力和自主权,特别是考虑到定位、导航和授时信息保障面临的不断变化和日益增加的威胁。在此背景下,2017 年 3 月商定了一项欧洲军事卫星导航政策,为欧盟成员国确定全球卫星导航系统服务的军事用途要求提供指导。根据这项政策,正在对定位、导航和授时的能力要求和优先事项进行更广泛的审查,以编制《工作人员共同目标》这份文件。能力目标将从以下原则中得出:

(1)定位、导航和授时服务在精度、连续性和完好性方面的表现应与成员国在能力发展计划中确定的运营需求相称。

(2)定位、导航和授时服务的交付必须完全由欧洲控制,或者由盟国可信赖的防务伙伴提供。

(3)由于欧盟战略利益领域的全球范围,定位、导航和授时服务必须确保全球覆盖,欧盟成员国有权不受限制和不间断地获得全球范围内安全的定位、导航和授时服务。

(4)军事用途的定位、导航和授时服务必须确保对所有威胁和风险具有高度的弹性或者说韧性,这应该明确包括网络战的所有方面。

(5)我们应寻求最高水平的定位、导航和授时服务可用性;定位、导航和授时应该对扰乱、否认、欺骗和恶化具有很强的抵御能力。

(6)在竞争激烈且拥挤的环境中,必须能够使用定位、导航和授时服务。

(7)必须有可能杜绝敌对势力对安全的定位、导航和授时服务的利用。

(8)必须确保定位、导航和授时服务的互操作性。

(9)定位、导航和授时服务必须在所有运行环境(尤其是城市环境)中高度可靠。

(10)为了提升可供使用的服务,可以考虑采用区域或局域增强系统。

(11)从战略到战术层面,从最复杂的武器系统到步兵装备,定位、导航和授时服务都必须是可行的。

尽管有这些原则,但仍有必要与其他部门,尤其是航空部门,协调未来的防御规划措施。

5. 使用欧洲全球卫星导航系统的益处和机会(按行业)

5.1　对各个行业的共同益处和机会

欧洲伽利略系统和 EGNOS 系统,连同中国北斗系统,以及美国 GPS 和俄罗斯格洛纳斯系统等现有系统，将构成一个多星座和多频环境的基础。此外，欧洲伽利略系统的特定特征，如导航信息的认证，对于专业应用来说至关重要。所有行业的用户都将受益于更高的精度、可用性、稳健性、可靠性和安全性。

多星座。在城市和室内环境中，通过多星座增加可用性尤为重要。尽管移动蜂窝网络、无线网络和相关定位技术提供了一些帮助，但全球卫星导航系统仍然是这种环境中的核心定位技术。这可能与公路运输、位置服务、授时和同步以及物联网等行业非常相关。将嵌入欧洲伽利略系统的多星座全球卫星导航系统集成到区域卫星导航系统中，将提高接收信号的精度和连续性，从而直接有助于提高导航的安全性。

多频。双频接收机的使用将降低全球卫星导航系统信号易受干扰和欺骗的风险。双频是提高精度和完好性的关键促成因素。目前，大众市场产品只使用 L1/E1 波段信号。不过，预计在未来几年，E5/L5 波段信号将会被采用。芯片组制造商已经在努力推出新一代的全球卫星导航系统接收机，利用双频信号处理提供的更精确和更可靠的定位服务。在这方面，欧洲伽利略系统 L5/E5 波段的关键特性使其成为更好的选择：

(1)L5/E5 波段信号比 L2 波段信号具有更好的多径抑制能力和更高的精度，这得益于其 10 倍的削波速率(10. 23MHzvs. 1MHz)。这意味着 E5/L5 波段的相关三角形比 L2 波段窄 10 倍(30 而不是 300m)。

(2)L5/E5 波段的接收功率比 L2 波段高 3dB。在受限环境中使用时，这是一个非常显著的优势。

(3)(像 L1 波段一样)L5 波段是航空无线电导航服务频率，因此比 L2 波段更好地防止频段内干扰。

(4)L5 波段上的卫星(全球卫星导航系统 + 综合卫星导航系统的全部数量)将比 L2 波段上的卫星多得多。

认证。得益于认证功能，欧洲伽利略系统将能够对抗对全球卫星导航系统进行故意和恶意干扰(如欺骗)所带来的威胁。自动驾驶车辆、道路用户充电、数字行驶记录仪和保险远程信息处理等应用将受益于这一功能。定位的法律价值是可以预见的(如地籍测量)，这将有利于测绘和测量应用。随着智能手机中支付系统的集成，位置信息可以用作关键的认证因素，将用户位置与购买事件联系起来，并有助于减少欺诈。在物联网领域，人们越来越认识到安全威胁的严重性和广泛性。在某些情况下，设备需要额外的保护，因为他们可能控制产生敏感信息的关键任务设备。在这种情况下，伽利略系统的认证可能是提高全球卫星导航系统解决方案对抗欺骗之稳健性的一个有价值的特征。最后，遥控驾驶航空器系统用户将很快能够获得更多的信任，同时免受恶意干扰。

研究与创新(R&I)。全球卫星导航系统还为学术研究(例如，地质学、海洋学、气象学和气候学、环境科学、天文学)提供了大量机会。全球卫星导航系统的研究与创新方案使大学和国家研究中心受益匪浅，促进了学生的流动性和国际合作。欧洲全球卫星导航系统下游的产业和价值链具有巨大的发展潜力，通过欧盟资助的、与全球卫星导航系统相关的、受 FP7 和 H2020 计划支持的研究与创新计划已经步入发展轨道。应当指出，在 FP7 和 H2020 计划下开展的研究和创新活动都特别侧重于民用应用。

5.2　在民用航空中使用欧洲全球卫星导航系统的益处和机会

欧洲伽利略系统和 EGNOS 系统可能对欧洲航空的现代化做出重大贡献。相对于传统的航空导航系统，电子导航系统在民用航空中的使用为所有相关航空利益相关者带来了巨大优势。

欧洲小型机场的可达性。小型区域机场(可能位于偏远地区)的可达性得到改善，意味着连通性大大改善。在现代全球化的世界和像欧洲这样一个在经济竞争力方面经常表现不佳的大陆，连通性是至关重要的。新航线和新联系的打通具有巨大的、积极的经济和社会影响，将原本孤立的不同社区联系起来，带来了社会凝聚力和发展，促进了商业和贸易，并推动了当地经济的发展。目前，小型区域机场的地面基础设施不足，阻碍了一些公司开通航线。EGNOS 系统启用带垂直引导的航向信标性能程序，这样的话，就可以在没有地面基础设施的情况下着陆。对于一个小型区域性机场来说，考虑到机场运营商并不必被迫进行昂贵的投资来购买和维护仪表着陆系统，这就意味着机会成本更低。在所有天气条件下为区域机场的可达性提供支持也将有助于缓解主要枢纽的拥挤情况。

提高安全性。EGNOS 系统可以为非精密进近跑道提供一个具有高性价比且更安全的解决方案。EGNOS 系统使带垂直引导的航向信标性能程序具有更高的垂直引导精度，减少高达 75% 可控飞行撞地的发生率，从而提高了安全性。他们还能为旋翼飞行器实施更灵活、更安全的进近程序。

搜索和救援。旋翼飞行器操作人员通常在极端天气条件下操作，完全没有地面导航辅助设备，他们也可以从欧洲全球卫星导航系统的使用中受益匪浅。尽管如今相当多的任务不得不中止，但在未来，他们可以在任何天气条件下安全地执行任务,挽救更多人的生命。遗憾的是,目前只有大约2%的飞机配备了EGNOS系统兼容的航空电子设备。提高对EGNOS系统所带来的效益认识,并使太空用户采用EGNOS系统在财务上可行,对于欧洲采用这一战略技术来说是至关重要的。

为地面和机载设备的合理化改造节省成本。伽利略系统、EGNOS系统和地基增强系统为传统导航基础设施的合理化改造提供了机会(例如,仪表着陆系统第一类、无方向性信标、甚高频全向无线电信标),从而降低维护和操作老化的传统系统的成本。对应的机载设备也可以移除。

全球卫星导航系统的扩展预计将有助于国际民航组织"基于性能的导航"这一概念的实施。EGNOS系统生命安全服务被广泛认为是"所需导航性能"操作的关键促成因素之一。即将出台的《欧盟委员会机载防撞系统和基于性能的导航执行条例》预计将推动全球卫星导航系统在欧洲民航的使用。

与美国相比,GPS和WAAS在总体上创造了市场信心,尤其是在航空业。自从2001年第一份《联邦无线电导航计划》发布以来,美国已经批准了大约4000个基于广域增强系统的飞机在美国机场着陆的程序。这约占广域增强系统所能服务的机场数量的70%,反映了10多年的运营情况。

欧洲全球卫星导航系统下游产业和价值链。全球卫星导航系统的民用航空市场基本上已经非常成熟了,未来几年的数字将会是令人振奋的。欧洲全球卫星导航系统下游产业已经蓬勃发展,为整个价值链(设备制造商、飞机制造商、太空用户、空中导航服务提供商和机场运营商)创造了直接和间接的就业机会。预计演进路线图的实施(星基增强系统L1/L5波段标准的实施、扩展至双频以及向多星座概念演进)将为全球卫星导航系统行业带来更多动力。

环境效益。基于性能的导航可以优化水平和垂直剖面,这意味着节省燃料和减少排放。此外,在进近和离场段,地基增强系统将可以创建降噪程序,进行曲线进近。

5.3 在海上和内河航道导航中使用欧洲全球卫星导航系统的益处和机会

欧洲海事行业以及成员国的监视和执法机构高度依赖全球卫星导航系统,并且在很大程度上依赖于下游服务。在碰撞和搁浅仍然是一个主要问题的情况下,用户希望以更快的速度和更低的成本导航,同时不损害安全性。全球卫星导航系统已经成为在海上获取定位、导航和授时信息的主要手段。多星座全球卫星导航系统是各种海事应用的首选解决方案。几年来,海上和内河航道领域也一直使用EGNOS系统的开放服务。

船舶作业。全球卫星导航系统既用于海外高交通量的地区，也用于确保内河航道（河流、运河、湖泊和河口）的安全航行。EGNOS 系统的海上服务有可能提供另一个差分校正和完好性信息来源，作为国际航标协会差分全球卫星导航系统基础设施的有益补充。它将特别加强港口和内河航道的进近和导航。EGNOS 系统的差分校正和本地完好性检查可以从地球同步卫星接收数据，或者当使用 EGNOS 系统数据访问服务时，通过互联网接收。在 EGNOS 系统卫星可能不可见的地区，例如内河航道的阴影部分和高纬度地区，从 EGNOS 系统数据访问服务接收到的地球静止导航覆盖系统校正数据可以使用自动识别系统基站，或通过使用其他通信手段重新传输。将来，这种重新传输也可以通过甚高频数据交换系统进行。

渔业管制。渔业检查当局同时使用船舶监控系统和自动识别系统来得到海上情况的综合概貌。这种海上意识大大提高了视察活动的协调性和效率，大大节省了成员国的运营成本。此外，管制工作利用定位、导航和授时信息对观察到的渔船和捕鱼活动进行地理参照，以确定海洋和捕鱼区边界。同样地，准确可靠的定位、导航和授时服务将有助于渔业更好地遵守进入某一地区的规则。欧洲伽利略系统的信号认证有望加强船舶监测系统的功能，以检查渔船的位置以及在国际和外国水域、海洋保护区等度过的时间。

港口作业。通过基于全球卫星导航系统的技术监测运输进度、对接和装卸作业。EGNOS 系统已经投入运营，用户数量日益增加。目前正在为支持 EGNOS 系统的海上接收机制定接收机实施指南，并开发满足这些指南要求的接收机。其背景是，以类似的方式在所有接收机中部署 EGNOS 系统，以从该系统中获得最佳效益。在即将投入使用的 EGNOS V3 系统中明确如何部署潜在的生命安全服务也在紧锣密鼓地进行中。这项新服务可能还包括适用于海事的、比如今 EGNOS 系统的完好性还要更成熟的完整性部署。由于港口内和港口周围日益拥挤，加上船舶不断增加，港口全球卫星导航系统的使用频率预计将迅速增长。在这种情况下，欧洲全球卫星导航系统可以特别支持以下两个比船舶导航要求更严格的重要应用：

（1）便携式引航仪。支持全球卫星导航系统、用于进入港口的专业导航设备。

（2）港口自动化，如跟踪集装箱和其他货物。

多式联运物流。多式联运物流业非常需要可靠性、安全性、灵活性和成本效益。全球卫星导航系统有助于监测整个供应链中的货物，并支持关键的资产管理应用。尽管仍然存在障碍，但全球卫星导航系统对集装箱跟踪的采用正日益增加。为集装箱配备支持全球卫星导航系统的远程信息处理系统，运输公司将能够节省保险费。

海洋工程。全球卫星导航系统用于支持海上施工活动。工程和海上海底电缆铺设可以在更短的时间内完成。全球卫星导航系统在近海石油和天然气活动以及地震勘测活动中也发挥着重要作用。海上能源行业使用增强系统和服务(星基增强系统、差分全球卫星导航系统、精密单点定位和实时动态)来提高全球卫星导航系统从初始勘测、海上施工阶段到钻井,船舶在平台、施工现场附近动态定位的各项活动中的性能。在建筑和平台附近工作通常意味着只能看到天空的一部分。视线中卫星的数量越多,多星座接收机(例如,美国 GPS 和欧洲伽利略系统的接收机)将越获益,从而增加导航解决方案的可用性。

搜索和救援。欧洲伽利略系统的搜索和救援服务将帮助操作人员在应对紧急遇险警报时以更加高效和有效的方式进行。它还将是欧洲对国际搜救卫星 COSPAS－SARSAT 系统计划的贡献。欧洲伽利略系统在紧急位置指示无线电信标中的渗透率有望提高,因为欧洲伽利略系统将能够提供回复链路服务来通知伤员已收到其信息,从而它成为唯一提供双向通信的系统。

无人驾驶、遥控和自动驾驶船舶。全球卫星导航系统是无人机的使用、智能船舶的开发等传统和创新海事应用和操作的关键促成因素。在不久的将来,我们的海洋可能会见证智能自动驾驶船舶的问世。预计从现在起的 20 年内,通过对大数据的智慧运用支撑的船舶智能将对整个海运业,尤其是船舶类型产生影响。智能船舶将能够支持船员避免人为错误。目前几个正在进行的项目计划到 2020 年拥有完全自主驾驶的船舶,但规格和开发活动仍有待完成。可以预见的是,标准化将是该应用中的一个关键问题。完全自主驾驶船舶是很难实现的,但我们将看到一些功能的逐步实现,这些功能将有助于水手执行任务,并逐渐提高安全性和可靠性,降低海上作业的成本。由于自主运输也意味着不可忽视的安全风险,在欧洲伽利略系统中使用认证服务被认为是这一不断发展的应用的关键促成因素。

国际海事组织的认可。国际海事组织已经认可欧洲伽利略系统是全球无线电导航系统的一部分。欧洲伽利略系统双频接收机将符合在海洋和沿海水域、港口入口和港口进近导航所需的精度水平。这一认可是将欧洲伽利略系统用于商业运输的一个重要里程碑,也是当前全球卫星导航系统多星座接收机发展的一个推动因素。

监视和环境保护。欧洲伽利略系统与星基增强系统相结合,可用于监测和保护海洋公园等环境脆弱地区,并监测和防止非法捕鱼。根据欧盟共同渔业政策的立法，目前，欧洲船队中约有 9000 艘渔船已经安装了支持全球卫星导航系统的船舶监测系统设备以及强制性的自动识别系统应答器。

5.4　在公路运输中使用欧洲全球卫星导航系统的益处和机会

公路运输行业将受益于可用卫星数量更多和全球卫星导航系统多星座芯片带来的冗余。双频（尤其是 E1/L1 和 E5/L5 的组合）是该行业目前的新发展方向，尤其是随着正在走向市场第一级自动化对性能的要求越来越高。对于双频调制，E5 被认为更适合于减少影响城市环境中导航的局部效应，例如多径误差。它还将受益于抗干扰和反欺骗措施，以确保定位服务的可靠性和连续性。从这个意义上说，位置服务的认证机制和某种形式的完好性也利用了全球卫星导航系统，但要求比航空更严格，这可以加强全球卫星导航系统对公路行业的重要性和实用性。

高精度。欧洲伽利略系统将通过其 E6 – B 信号传输精密单点定位信息，提供高精度服务，在全球范围内可以实现小于两分米的精度。这种服务可能会给要求更高的应用带来额外的好处，如自动驾驶汽车。

提高安全性。EGNOS 系统提供关于定位信息可靠性的信息，从而使危险货物在整个欧洲的运输更加安全。

新应用。到目前为止，4 个成员国（比利时、德国、匈牙利和斯洛伐克）以及邻国瑞士和俄罗斯已经为使用全球卫星导航系统的重型车辆安装了电子收费系统。更多成员国，特别是保加利亚考虑在不久的将来为使用全球卫星导航系统的重型车辆部署电子收费系统。虽然由于该技术必备的车载设备成本比较高，在最近的将来不考虑实施，但对使用该技术的轻型车辆（轿车、货车）收费是可行的。然而，随着卫星定位技术成本的降低，这种情况在中长期内可能会发生变化。

改装市场的专用设备。越来越多的车型安装了支持全球卫星导航系统的车载系统，这种车载系统成为了一个支持安全应用和信息娱乐服务的平台。这一趋势将给售后市场供应商带来挑战和机遇。目前，只有最新的车型配备了内置应用，如保险远程信息处理、e – Call 紧急呼叫、高级驾驶辅助系统等。目前的情况可能有利于售后解决方案提供商，他们得以向一个庞大的、在欧洲全球卫星导航系统服务方面差异化可以发挥关键作用的改装市场提供专用设备。

欧洲伽利略系统为出行即服务增值。总体来说，全球卫星导航系统在出行即服务中发挥着关键作用。一方面，它使服务提供商能够管理和优化对提供不同运输选择所需资产的运用。另一方面，它能够为用户提供智能的出行解决方案，包括直接导航、交通信息和行程规划。在出行即服务的框架中，其精度和在城市地区的可用性以及对可信任交易的需求代表了这其中十分重要的要求。得益于其额外的卫星和开放服务导航信息认证,欧洲伽利略系统完全有能力满足这些要求。

5.5 在农业中使用欧洲全球卫星导航系统的益处和机会

通过提高卫星信号的精度、可用性、可靠性和连续性,EGNOS 系统和欧洲伽利略系统可以消除农民采用精准农业的一些障碍,特别是:

(1)经济可靠的星基增强系统解决方案为入门级用户打开了市场,并为采用更先进的解决方案铺平了道路。

(2)EGNOS 系统的开放服务将 GPS 信号的精度提高到约一米,支持基本作物种植、施肥和收割、个体牲畜定位、虚拟围栏地块识别(这里仅举几个例子)等操作。此外,EGNOS 系统提供系统完好性的验证,这是满足农民应对的任何法律要求所必需的功能,例如根据欧盟共同农业政策(EU's Common Agricultural Policy,CAP)测量要进行补偿的田地。这同样适用于进行现场检查以管控已备案申请的共同农业政策检查员。

(3)农民可以将 EGNOS 系统的高精度充分应用于变量施用(VRA)。变量施用要求使用全球卫星导航系统传感器、航空图像和其他信息管理工具来确定最佳除草剂剂量、肥料需求和其他投入,以帮助农民省钱、减少对环境的影响并提高作物产量。借助变量施用,农民可以在田间作业中根据观察到的田间变化调整剂量。例如,只有杂草丛生的田地才会用除草剂处理。

(4)使用欧洲全球卫星导航系统的实时信息可以应用于农场资产的有效跟踪和追溯。

(5)欧洲伽利略系统的高精度服务将提供两个额外的稳定信号,提供更高的数据吞吐率和更高的精度(达到分米级)。这将为高价值作物种植(如土豆和蔬菜)、精准作业(如播种和移植)等更高要求的精准农业应用提供支持。目前,这些应用需要使用通过网络实时动态或新兴的实时精密单点定位技术提供的高精度服务。

农业领域的新兴技术为采用欧洲全球卫星导航系统带来了广阔的机遇:

(1)遥控驾驶航空器系统。遥控驾驶航空器系统在精准农业中的应用标志着这样一个持续的趋势:大量的专门研发工作,推出了越来越多的商业解决方案,并且严格的监管框架限制了他们的采用。遥控驾驶航空器系统可以用作卫星的高分辨率图像的替代品,也可以用作农用设备(如农作物喷雾器)。他们的应用范围包括农业项目规划阶段的勘测飞行、产量测绘、作物切割记录和田间管理。遥控驾驶航空器系统在精准农业中的应用为电子导航系统提供了机会,使之成为机载自主导航系统的主要推动者。

(2)机器人技术。另一个趋势是在越来越多的农业实践中使用机器人。全自动或机器人田间机械正越来越多地被应用于小规模农业环境。机器人自动精准农业技术有望通过优化生长和收获过程来提高单产,同时还通过更有针对性的干预措施来帮助降低肥料、农药的使用量,并改善土壤质量。自动转向技术和全球卫星导航系统的高精度定位使机器人能够进行自主工作。这些应用目前需要使用网络实时动态或实时精密单点定位技术,而欧洲伽利略系统的高精度服务将很快解决这些问题。

(3)农作物保险。农作物保险行业也可以受益于定位和地球观测工具,因为该技术创造了更好的模型来预测天气模式和确定农作物产量。有了这些信息,农作物保险公司可以制定可预测的费率并管理利润。

5.6 在测绘和测量中使用欧洲全球卫星导航系统的益处和机会

EGNOS 系统在全欧洲提供免费的米级精度,为全球卫星导航系统在实时测绘解决方案中的日益广泛使用做出了贡献。因此,EGNOS 系统不再需要复杂而昂贵的设备,包括软件解决方案和对增强服务提供商所需基础设施的投资。对于地理信息系统和许多测绘应用,EGNOS 系统提供的米级精度就可满足要求。这些应用包括中小城市的专题制图、林业和公园管理,以及公用设施基础设施(如电力线)的勘测。欧洲全球卫星导航系统简化了地理参照工作方法,提高了成本效益,减少了开展工作所需的人员。

全球卫星导航定位系统是提供厘米级定位的高精度增强服务的核心技术,如实时动态定位和精密单点定位,这对要求高精度的地籍、采矿、基础设施的监控和建设等测量应用至关重要。欧洲伽利略系统的开放服务提供单频(E1)或双频(E1/E5)服务,这进一步改善了实时动态/差分全球卫星导航系统或精密单点定位解决方案等增强服务。为测量界带来的好处(尤其是在多星座环境中)有很多:减少多径误差、提高信噪比、增加可用性、连续性和可靠性,以及在诸如城市或自然峡谷或树冠下等恶劣环境中更好地运行。

未来,欧洲伽利略系统的高精度服务将带来更多好处:

(1)它将为纯民用目的提供全球卫星导航系统首个扩频码加密,提升测量的稳健性。

(2)它将通过伽利略系统 E6 波段在全球范围内进行校正,为所有领域的应用带来分米级的定位精度。它可与差分定位技术相媲美。此外,该高精度服务将提供三频,使测量应用的收敛时间更快,精度可与实时动态媲美。

全球卫星导航系统测绘设备的平民化。全球卫星导航系统接收机价格的降低和精确度的提高正在将测绘转变为一项更加平民化的活动。具体而言,使精确测量更容易执行,将定位设备市场上集成的、高性能和易于使用的工具成倍增加,用于范围不断扩大的定位应用。如今,模块化使全球卫星导航系统接收机更加紧凑、可靠、性能高,而且价格也更合理。这一趋势也推动了众包数据的收集。

众包数据。用户只需使用智能手机或任何全球卫星导航系统便携式设备,结合同步定位和测绘技术,就能成为测绘活动的数据采集者,尤其是在城市地区。这种大规模的数据收集有望改变测绘行业的范式,并因全球卫星导航系统测绘设备的平民化而得到加强。

遥控驾驶航空器系统。航空和卫星图像已经成为测绘和测量活动的补充。如今,除了为导航系统提供支持之外,全球卫星导航系统还被广泛用于地理参照收集的图像。在这种情况下,伽利略系统高精度服务增加的精度和认证功能可能变得具有相关性。

5.7 在基于位置的服务中使用欧洲全球卫星导航系统的益处和机会

全球卫星导航系统是用于以下领域基于位置的服务的主要促成因素:导航、测绘和地理信息系统、地理营销和广告、安全和应急、体育、增强现实、游戏、电子健康、个人追踪和社交网络。

许多现有应用受益于位置精度的提高,例如基于位置的广告和增强现实。欧洲伽利略系统与其他全球卫星导航系统相结合,不但可以提高精确度和可用性,而且缩短了首次定位的时间。此外,伽利略系统信号的强度,加上先进的编码调制,使得伽利略系统能够更好地减轻在城市环境中很明显的多径效应。

在紧急服务中,伽利略系统提供的更高精确度和可用性服务使当局可以在最短的时间内定位遇险人员。

(1)E112 是《欧盟 2002 年通用服务指令》中引入的、欧洲紧急号码 112 的位置增强型版本。它要求蜂窝网络运营商向紧急服务管理人员提供呼叫者的位置信息。全球卫星导航系统,特别是欧洲伽利略系统,已经在地方建筑中得到使用,预计将越来越多地被采用。

(2)欧洲伽利略系统提高了精确度,这也有利于智能手机在灾害管理方面的应用。整合来自用户的众包数据,结合哥白尼和气象站等其他系统,将使民防部门和政策制定者能够有效预防和应对自然灾害。

伪距可用性。安卓7.0操作系统可以访问全球卫星导航系统的原始测量数据，从而更灵活、更深入地访问定位数据。这些以前无法获得的数据为更高的精度和部署目前仅限于更先进的全球卫星导航系统接收机的算法开辟了新的可能性。

5.8　在铁路运输中使用欧洲全球卫星导航系统的益处和机会

欧洲全球卫星导航系统将为铁路信号等安全性十分关键的应用提供完好性、改善可用性并提高精度。由于开始转向采用基于全球卫星导航系统的欧洲列车控制系统，铁路运输将从更高的安全性和更低的运营成本中受益匪浅，从而在区域和低密度线路上提供更安全的铁路运输、减少污染、提高乘客信息服务的精确度。当前和潜在的好处包括：

(1)具有列车识别的实时、准确和可靠的列车定位可以优化基础设施上的实时容量分配。

(2)一种固定应答器标志的解决方案。列车定位目前基于应答器，一种沿铁路轨道以特定间隔安装的物理元件。全球卫星导航系统可用于向欧洲列车控制系统的车载系统提供信息(相当于向轨道中的固定应答器提供位置标记)，从而在保持欧洲列车控制系统运行安全的同时降低成本。

(3)EGNOS系统可以进一步支持铁路物流应用，如货运和危险品运输监控，提供连续跟踪性能，而目前使用的、基于替代技术的其他解决方案提供离散跟踪性能。EGNOS系统的下一个版本将增强伽利略系统的信号，这可进一步提高EGNOS系统向铁路界提供服务的质量。如果再加上列车识别和对网络状态和能力的监测，这种影响可能会被放大，使与运输的具体货物直接相关的预计到达时间更可靠。

(4)伽利略系统和EGNOS系统正在积极地为欧洲铁路交通管理系统的发展做出贡献。集成额外的传感器和公共通信网络之后，欧洲全球卫星导航系统能够通过卫星定位列车，并监控轨道交通。

5.9　太空用户使用欧洲全球卫星导航系统的益处和机会

多年来，太空用户越来越依赖全球卫星导航系统，因为支持任务定位的传统基础设施已被部分拆除，取而代之的是更有效的全球卫星导航系统解决方案。与此同时，由于全球卫星导航系统带来的可能性，新的任务开始涌现。对于欧洲太空用户来说，欧洲全球卫星导航系统意味着减少对外国全球卫星导航系统的依赖，并在欧洲伽利略系统、EGNOS系统与其他全球卫星导航系统结合使用时提高性能。对于欧洲航天工业和卫星运营商而言，欧洲全球卫星导航系统意味着有可能培育一

种以前不存在的能力,来支持欧洲全球卫星导航计划的实施。对所有太空用户而言,全球卫星导航系统的主要益处包括:

(1)通过使用与其他全球卫星导航系统可互通的伽利略系统信号,提高服务的可用性(特别是在高海拔地区)。

(2)显著改善实时位置、速度和时间的计算。

(3)支持快速轨迹机动恢复。

(4)提高航天器的机载自主性。

(5)提高运行的稳健性。

(6)提高精度,特别是使用伽利略系统 E6 波段精确校正时。

(7)提高对其他全球卫星导航系统的独立性。

精确定轨的高精度校正。欧洲伽利略系统目前处于一个独特的地位:它将成为第一个通过 E6 波段中可预见的高精度服务,在全球范围内为全球卫星导航系统轨道和时钟提供实时精确校正服务的系统。这项服务将实现空间厘米级的实时定位精度,并将非常有助于支持近地轨道高度的精确定轨。地球附近的飞行任务将从抵御电离层闪烁的能力在极地地区仍然可用等特点中受益匪浅。EGNOS 系统应答器还可以在标准星基增强系统广播的基础上广播高精度的校正信号。

立方体卫星(CubeSat)的数量在过去几年里,呈指数级增长。计划在不久的将来执行飞行任务。欧洲伽利略系统将成为确保对太空中位置、速度和时间进行估计的关键促成因素。

气象服务已经在使用无线电掩星测量。欧洲伽利略系统将提高测量的数量和质量。

巨型星座。目前的巨型星座计划(如 OneWeb、三星、谷歌……)将依靠全球卫星导航系统进行定位。欧洲伽利略系统可以确保其可用性和精度,这将为与欧洲伽利略系统兼容的空间接收机制造商打开一个巨大的市场。

在月球上使用欧洲伽利略系统。几项研究表明,在月球上使用全球卫星导航系统信号是可行的,可以为永久性基地的发展提供支持。①

为全球卫星导航系统反射测量技术的开发执行欧洲任务。已证明,在太空中可以使用从地球表面反射、从近地轨道卫星接收到的全球卫星导航系统信号(TechDemoSat-1)。2016 年 12 月,美国国家航空航天局发起了一项任务(CY 欧洲全球

① 参见欧洲航天局一般研究项目,《月球上全球卫星导航系统微弱信号导航》,2013—2015 年。

卫星导航系统),利用这一技术测量海洋风速。

5.10 在精确授时和同步服务中使用欧洲全球卫星导航系统的益处和机会

作为授时信息的主要来源或作为冗余解决方案,欧洲伽利略系统将提高授时服务的可用性,为授时和同步运营商带来另一个独立的星座。欧洲伽利略系统具有几大关键的差异化优势。特别是,欧洲伽利略系统的认证功能具有抵御欺骗的能力。

EGNOS 系统时间信息可以从地球静止轨道卫星或通过 EGNOS 系统数据访问服务获得,这使得用户能够实时在线访问 EGNOS 系统数据。因此,EGNOS 系统通过两种不同的渠道提供稳定的时间服务。

小型蜂窝同步越来越引起人们的兴趣。小型蜂窝是低功率的无线电接入节点,在许可和未许可的频谱中工作,其范围在几米到 1 千米或 2 千米之间。小型蜂窝基站可以进行街道级部署或部署建筑物内部。他们是长期演进技术的关键要素,尤其是在 5G 部署中。因此,小型蜂窝市场正在快速增长,以满足更大覆盖范围和不断增长的移动宽带流量的需求。基于长期演进技术的小型蜂窝网络同步可以依赖于全球卫星导航系统。这是一个有潜力的全球卫星导航系统市场,因为从现在到 2020 年,户外小型蜂窝市场预计将增长 43%(复合年增长率)。

金融监管的变化。关于金融工具市场的第 2014/65/EU 号欧洲指令(MiFIDII 指令)是于 2014 年审议通过的,已于 2018 年 1 月生效。在为其审议通过做准备工作时,欧洲证券和市场管理局发布了一份关于时钟同步的监管技术标准 RTS25。RTS25 第 4 条规定:"交易场所的经营者及其成员或参与者应建立按协调世界时进行追溯的系统。"可追溯性要求意味着要证明如何生成协调世界时,这对于金融运营商来说意味着要能够证明时间戳是如何创建的。因此,像欧洲伽利略系统开放服务导航消息认证这样的内置功能可以被视为这一应用的附加值。

5.11 在新兴应用中使用欧洲全球卫星导航系统的益处和机会

(1)物联网

全球卫星导航系统用于授时。时间同步可以让物联网网络对来自分散传感器的数据流进行排序。例如,远距离广域网地理定位系统就是这种情况。虽然这项服务可以被视为全球卫星导航系统定位的竞争对手,但它需要基站极其精确的同步,这可以通过全球卫星导航系统的授时来实现。

智能网联自动驾驶(CAD)。智能网联自动驾驶是汽车领域的下一个大趋势。它不仅保证了更加舒适地出行,使乘客可以做其他事情而不是专注于驾驶,而且还具有显著降低交通拥堵和伤亡率,并减少环境足迹的潜力。智能网联自动驾驶还带来了一系列新的数字服务,从导航到文化、教育或娱乐,这些服务被带到了汽车上,带来了大量新的高技能工作岗位。欧洲在高精尖导航系统方面的领先地位是一大资产。

(2)遥控驾驶航空器系统和无人机

完好性。EGNOS 系统的校正服务为欧洲的终端用户提供了一个免费手段来提高增强信号的可靠性和完好性。由于这些都是城市地区运行的促成因素,预计它们将为 EGNOS 系统的采用提供支持。EGNOS 系统还支持地理围栏等专业应用,它带来了实质性的性能提升,可以有效地为非隔离空域中遥控驾驶航空器系统的融入做出贡献。

对更好性能的需求。与传统航空一样,为提高安全性、可靠性和抗干扰性而不断增加的压力将促进双频多星座解决方案的采用。应对这一需求时,市场高度认可欧洲全球卫星导航系统能力的提升。全球卫星导航系统是实现低空飞行无人机导航的主要手段。在低空飞行中,预计会有更多的经济活动。

(3)第四次工业革命

高度精确的定位解决方案将通过自主移动制造设备(如工业机器人)实现精确、灵活的制造和施工操作。此外,人工辅助的制造和施工操作也将受益于精确定位,尤其是在户外情况下,例如大型海上能源设施的组装和维护。

5.12 在安全和防御中使用欧洲全球卫星导航系统的益处和机会

军事行动。欧洲全球卫星导航系统可以提高欧盟共同安全和防御政策行动和其他多国及国家行动时定位、导航和授时信息和服务的弹性、完好性和可用性。举例来说,一个更强、更安全、更准确的信号,可以转化为更高的武器精度、物流效率、监视和侦察行动以及指挥、控制、通信和情报任务。特别是,更高的武器精度将有助于减少军事行动中的附带损害。从这个角度来看,定位、导航和授时服务对于保护平民的安全来说是至关重要的。

欧盟的战略自主性。《欧盟全球战略》呼吁“天基服务的自主性和安全性”。为此,一个经过增强之后的欧洲全球卫星导航系统将有效降低欧盟对外部体系的依赖,并让欧盟走向战略自主。考虑获得太空能力的参与者是多样化的(中国北斗系统、俄罗斯格洛纳斯系统……),战略自主对于危机规划和处理尤其重要。

增强/全频谱能力。欧洲全球卫星导航系统将增强欧盟在所有任务(指挥、部署等)方面的能力,并带来以全频谱能力为方向的跨领域协同效应。例如,提高态势感知能力将对多领域、多目的的行动产生积极影响。此外，如《欧洲军事导航政策》所述，欧洲全球卫星导航系统需要与现有的导航系统兼容，以提高军事系统的频谱能力。

防御市场。将欧洲全球卫星导航系统服务融入用户新颖、强大的定位、导航和授时设备架构中，可以进一步促成防御市场的创新，进而满足特定的防御行动和任务要求。

欧洲防御倡议。为防御行业合作提供支持的欧洲防御基金，如果被成员国视为优先事项，可以帮助发展空间和防御之间的协同效应。这种解决方案也可以在永久结构化合作框架内发展。

军民协同。跨部门的共同点是可以让民事和军事领域都受益。针对信息保障（特别是完好性和可用性）或弹性等受益方面联合分析和开发解决方案，不仅可以证明具有成本效益，还可以确保在欧盟范围内得到综合和集成的产出。

6. 优化欧盟无线电导航格局所面临的挑战

6.1　各个行业所面临的共同挑战

提高全球卫星导航系统服务的弹性。有意（如欺骗、干扰）或无意（如太空天气、多路径）干扰超过规定水平时，可能会导致全球卫星导航系统的服务质量下降甚至丧失。全球卫星导航系统面临的威胁是多种多样的，而应对现有威胁的脆弱性，对用户、接收机制造商、空中导航服务提供商和监管机构来说是一个重要的挑战。

在全球卫星导航系统航空应用中，高精度水平以及对保护程度的精确评估至关重要，消除或减少测距误差亦至关重要。幸运的是，目前已经存在多径干扰的校正措施（窄接收机相关器、码观测的载波相位平滑等）。而且，使用双频多星座星基增强系统接收机或高级接收机自主完好性监控（ARAIM）在这个方向上还是有希望的。

未来双频和多星座接收机在航空领域的潜在应用将有可能降低无意干扰的风险，并增强对有意干扰的排除。

在海事领域，全球卫星导航系统提供的位置信息在发送给控制当局之前可以被操纵。因此，建议采用完好性检查技术（多普勒频率检查）。欧洲伽利略系统的全新认证功能被认为是一个很好的工具，可以用于证明导航的信号有没有被篡改，并且在关键应用中意义重大。

对太空用户来说,太空中的地面射频干扰是目前的一个主要问题,特别是对无线电掩星和全球卫星导航系统反射测量技术而言。

授时和同步领域正面临许多挑战,这些挑战与对弹性、可靠性和安全性的需求增加有关。全球卫星导航系统所面临威胁的频率和严重性正在从非结构化实验发展到更有组织攻击,而且资金和准备更充分。扰乱全球卫星导航系统的技术变得更加容易获得。随着全球卫星导航系统面临的这些新威胁的出现,以及保护关键基础设施的重要性日益增加,弹性已成为强制性要求。与用户群体的互动促使人们认识到未来需要基于全球卫星导航系统的授时系统带来高水平的弹性。考虑到可达到的精度水平对于大多数当前授时应用来说已经足够,因此所提供服务的稳健性和信任度被赋予了更高的优先级。

覆盖范围。EGNOS 系统仅覆盖欧洲和邻近水域。然而,欧盟在监测某些捕捞活动和打击非法、未事先报备和无管制的捕捞活动方面的责任远远超出了欧盟的范围。

在某些地理区域(芬兰北部、瑞典和挪威、大西洋葡萄牙和西班牙群岛、保加利亚东部和罗马尼亚)以及在太阳活动强烈的时期,EGNOS 系统 LPV－200 的可用性可能成为一项挑战,直接影响到安全和太空用户群体及某些成员国的接受程度。系统中断(通常是由于主卫星星座服务的中断)对系统可靠性的总体感知也有许多影响。未来,多星座全球卫星导航系统将可以让接收机跟踪更多的卫星以及来自不同独立星座的卫星,从而提高系统的弹性,并降低服务中断的可能性。

对于空间行业来说,近地轨道上方的全球卫星导航系统信号覆盖也很重要。地球静止轨道、地球同步转移轨道和大椭圆轨道因缺乏全球卫星导航系统卫星的连续可见性而受到影响。此外,全球卫星导航系统中的卫星是为地球表面的最佳信号接收而设计的。因此,全球卫星导航系统轨道以上高度的太空用户需要应对明显较低的接收功率水平。L5/E5a 波段明显优于 GPS 的 L1 波段(提高了高海拔地区的信号可见性、改善相关交叉保护)。

欧洲伽利略系统 E6 波段接收机的设计和开发。欧洲伽利略系统是唯一使用 E6 频率的全球卫星导航系统。接收机制造商可能更愿意主要投资于四星座接收机,而不是欧洲伽利略系统商业服务的具体开发。支持其商业服务的接收机可用性有限,这将不利于这些服务被人们所接受。

6.2 在民用航空中使用欧洲全球卫星导航系统的挑战

机载设备升级成本。支持 EGNOS 系统的全球卫星导航系统接收机可能是一项重大的投资。不同类别太空用户的需求和财政资源也是十分多样化的。已发布的带垂直引导的航向信标性能程序在目标机场的可用性对运营商进行或者不进行设备投资的决策有重大影响。公务航空和区域航空是采用 EGNOS 系统的两个天然的候选领域,因为他们大量使用区域和二级机场。在这些机场中,LPV－200 程序是仪表着陆系统第一类进近的一个有效替代性方案。所面临的挑战是,达到实施 LPV 程序的跑道末端的临界质量,从而促使太空用户作出决定,实现 SBAS 完全用于最终进近的愿景。传统飞机的高改装成本也是一个问题;不得不为整个现有机队配备 EGNOS 系统支持的 SBAS 天线和接收机,这可能是一个财务负担。监管者需要在他们的工作活动中考虑到这一点。此外,财政激励措施可以相当有效地刺激投资。

安全法规要求。民用航空是一个受到严格监管的行业,这对全球卫星导航系统的使用既是挑战也是机遇。民航标准和条例主要是以安全为导向的,在国际民航组织规定的系统性能要求方面非常明确。空间信号的精度、完好性、连续性、可用性和稳健性都是航空业中优先级非常高的关键性能参数,而监管机构在这方面非常不灵活,这一点并不令人意外。更为遗憾的是,创新通常比监管更快,漫长的监管过程和高昂的认证成本构成了对全球卫星导航系统设计者和制造商的制约。

6.3　在海上和内河航道导航中使用欧洲全球卫星导航系统的挑战

海上弹性定位、导航和授时的部件选择。提供弹性定位、导航和授时,除全球卫星导航系统外,地面无线电信号和船载部件也是必要的。有些人认为增强型远距离无线电导航系统是全球卫星导航系统的理想备用系统,并在国际海事组织加以推广。然而,这一选择受到缺乏国际协议、恢复和维护笨重基础设施成本高昂的挑战。测距模式(R－Mode)也是一种有前途的技术方法,将在不久的将来得到进一步的检验。

差分全球卫星导航系统基础设施的改善。增加参考站的数量以扩大用户可以接收差分校正的区域,进而来维持和提高国际航标协会差分全球卫星导航系统服务的可靠性。但这一过程意味着大量的投资和维护成本,如《国际航标协会指南 G1129》(2017 年 12 月 1.0 版)所述,在导航设备(差分全球卫星导航系统和自动识别系统信号)上应用的潜在星基增强系统解决方案,可以为基础设施合理化改造提供一些空间,解决遗留的差分全球卫星导航系统的当前局限性,进而为 EGNOS 系统服务的采用铺平道路。

人们对支持星基增强系统的船载接收机的采用有限。目前并没有相关的海事标准或指南可用于在船载接收机中部署星基增强系统。在这些部署中,大多数没有考虑到与星基增强系统广播的系统完好性消息相关的信息。目前,国际海运事业无线电技术委员会正在为支持 EGNOS 系统的海上接收机制定接收机部署指南,并且已有人在开发满足这些指南要求的接收机。其背景是以类似的方式在所有接收机中部署 EGNOS 系统,以从该系统中获得最佳效益。所面临的挑战是需要确保星基增强系统在船载接收机中的适当集成,这将有助于提高定位信息的精度和可靠性,这最终是保证海上生命安全的主要因素之一。在即将投入使用的 EGNOS V3 系统中部署潜在的海上生命安全服务也在紧锣密鼓地进行中。这项新服务可能还包括比如今 EGNOS 系统的完好性还要更成熟的完整性部署。

内河航道。内河航道的导航需要一定的位置精度(包括垂直域),用于计算桥梁、船闸等的净空,并监控交通状况。为了提高全球卫星导航系统的性能,国际航标协会已经建立了差分全球定位系统站,在一定程度上也覆盖了内河航道。除此之外,在一些地区,差分全球定位系统数据的分发也是借助于内河自动识别系统基站进行的。这些基站可用于装备有内河自动识别系统应答器(与海上自动识别系统应答器兼容)的船舶。与海上导航相比,由于陆地阴影、山脉或人造物体等障碍物,内河导航面临更多与卫星阴影和阻挡有关的困难。因此,内河导航员将从多星座导航中受益,因为有更多的卫星可用。我们也有理由相信,这些用户可以受益于欧洲伽利略系统的高精度服务和未来专用于海上的 EGNOS V3 服务。

已安装的全球卫星导航系统设备数量。虽然自动识别系统只对总长 15 米及以上的渔船是强制性的,但更小的渔船组成的船队越来越多地在船上安装自动识别系统。如此大量的定位、导航和授时信息的管理、整合和操作使用构成了一个挑战,特别是当此类信息被整合到一个共同的海洋画面中时。

全球卫星导航系统在多式联运物流中的应用。尽管得益于全球卫星导航系统集装箱监控,多式联运物流企业可从中受益,但其采用仍然受到限制。主要原因包括运营成本、监控无动力资产时的功耗、运输过程中受恶劣环境影响的设备的耐用性问题以及集装箱存放在船舶低层甲板上或仓库中时的信号可用性。一旦这些挑战得到解决,业界预计全球卫星导航系统的采用将稳步增长,同时通过规模经济降低设备成本。

使用全球卫星导航系统服务识别船舶。渔船搭载自动识别系统的义务以及成员国出于控制目的使用自动识别系统的可行性是渔业监测和监督的有利条件。尽管接收到的定位、导航和授时信息的精度非常重要,但是识别提供定位、导航和授时信息的船舶通常是一个更大的挑战。在规划和安装全球卫星导航系统设备时，引导渔业使用完整和标准化的船舶识别标志至关重要。

6.4 在公路运输中使用欧洲全球卫星导航系统的挑战

开发安全关键型欧洲全球卫星导航系统引擎。在不久的将来，车载系统预计将进行架构融合，这将需要更可靠、更精确的定位来服务于创新型应用。当前的方法是，采用不同的信息源，包括昂贵的基于雷达的传感器、基于基础设施的传感器、差分技术等。如之前一些研发项目所证明的那样，欧洲全球卫星导航系统及其差异化优势（如信号特征、认证服务、完好性服务等）对于提供所需的精确定位来说是必不可少的。不过，我们仍然有必要设计一个专用的、可靠的和精确的发动机，而不是简单地从现有的、非汽车专用的消费应用中改造一个。

促进采用性能更高的全球卫星导航系统芯片组。汽车行业通常将全球卫星导航系统视为一种商品。传统上，该行业仅考虑全球卫星导航系统的基本性能。汽车行业可以更好地利用许多技术创新来提高安全性和可靠性。最近的一些发展（如市场上出现的第一款双频芯片组）证实了一个新兴的创新趋势：

（1）可多径抑制和提高可用性的多频接收机；

（2）专为公路环境量身定制的高完好性解决方案；

（3）欧洲伽利略系统的认证服务提高了抵御外部漏洞的稳健性；

（4）精密单点定位和其他高精度服务。

6.5 在农业中使用欧洲全球卫星导航系统的挑战

其局限性主要与农业作业环境（树冠、建筑物或高反射表面）的约束有关。这些约束会降低全球卫星导航系统信号的可用性。

现有的实时动态解决方案已经为该行业提供了高水平的精度（约 1 厘米）。EGNOS 系统和欧洲伽利略系统只能对农作物管理带来一些微小的改进。不过，欧洲全球卫星导航系统将逐步被包括进来，因为它将为系统集成商提供一个增加另一项功能并使其解决方案与众不同的营销机会。

6.6 在测绘和测量中使用欧洲全球卫星导航系统的挑战

互操作性。兼容性，特别是涉及接口和通信链接的兼容性，可以促进创新测量技术的采用，并将其扩展到新的应用领域。不同制造商提供的设备之间的互操作性需求也非常重要。目前，有许多不同的差分全球卫星导航系统/实时动态数据格式可供使用（例如国际海运事业无线电技术委员会的格式、压缩测量记录格式等），使得使用不同来源和设备的数据变得相当具有挑战性。通常，从使用其他竞争者的设备运营的网络接收增强校正时,不同品牌的互操作性水平是不同的。此外,全球卫星导航系统与激光雷达、激光扫描仪、遥感、微机电系统、机器人等互补技术的整合日益广泛。为了获得复杂的集成解决方案,设置通用标准可能是有益的。

6.7 在基于位置的服务中使用欧洲全球卫星导航系统的挑战

动态的市场。基于位置的服务市场是由全球卫星导航系统行业中最短的生命周期驱动的,这有利于创新,但同时也带来了对成本的重要限制。移动应用中使用的半导体的复杂性急剧增加。移动芯片组不再仅仅是用于进行呼叫管理的无线电收发器;如今,他们还集成了传感器和其他射频技术(全球卫星导航系统、无线网络、近场通信、蓝牙)。除了技术创新之外,芯片组制造商还专注于成本、功耗和性能的持续改进,这将对所采用的全球卫星导航系统接收机产生直接影响。

电池寿命。大多数基于位置的服务设备是电池供电的,必须保持小巧轻便。如今,全球卫星导航系统已成为智能手机电池耗电的重要来源。为了跟上不断变化的需求,需要努力开发新的全球卫星导航系统芯片组,重点是设备小型化和降低功耗。

无处不在的定位。对无处不在的定位的需求不断增长,旨在缩小户外和室内位置服务之间的差距。定位的连续性很重要,尤其是在城市峡谷和门口。挑战在于开发新的定位系统,将全球卫星导航系统与互补技术(3G/4G、无线网络、微机电系统、三维制图、SOOP……)相结合,确保定位无处不在。

6.8 在铁路运输中使用欧洲全球卫星导航系统的挑战

遗留系统。目前部署的解决方案利用了传统技术(如实体应答器、条形码、射频识别),这些技术仍然是当前安全和非安全相关应用高效且经济的解决方案。在可能的情况下,欧洲铁路界旨在以基于全球卫星导航系统的精确定位为基础,用虚拟应答器取代实体应答器,同时维护欧洲列车控制系统的运营安全。

安全相关的应用。在铁路领域,市场焦点主要集中在非安全相关的应用上,如乘客信息系统和货运物流,这些通常都不是标准化的。对于这些应用,根据目前的知识,铁路环境中的全球卫星导航系统性能基本上是足够的。进入安全相关应用领域,如信号和列车控制,需要对全球卫星导航系统的性能有更好的了解,这对于全球卫星导航系统未来可能在欧洲铁路交通管理系统使用来说尤其如此。在欧洲铁路交通管理系统中,全球卫星导航系统接收机的性能必须协调一致,以便根据互操作性相关技术规范(目前它以全球卫星导航系统以外技术为基础)来保障其性能。

铁路环境表征。就全球卫星导航系统信号传播而言，铁路环境非常复杂（隧道、深路堑、多径）。关于轨道环境中卫星定位性能表征的必要知识仍然缺乏，所以铁路环境表征是在铁路安全相关应用中采用欧洲全球卫星导航系统所需的重要一步。为了预测铁路环境中全球卫星导航系统在精度、可用性和安全性方面的性能，我们必须进行研发。其结果将是实现来自不同供应商的设备之间的互操作性，这是让欧洲铁路交通管理系统在欧洲以外得到大量应用的关键因素。

6.9 太空用户使用欧洲全球卫星导航系统的挑战

为太空用户设计和开发欧洲伽利略系统 E6 波段。目前还不存在使用欧洲伽利略系统 E6 波段的全球卫星导航系统接收机。

天线旁瓣表征。天线旁瓣的使用显著改善了定位、导航和授时性能。对全球定位系统上的投入和欧洲伽利略系统现有卫星的表征仅涵盖了导航天线主瓣区域，旁瓣信号性能未得到正式认可。一般认为，对天线旁瓣进行表征并公布由此产生的增益模式对太空应用是非常有益的。

6.10 在精确授时和同步服务中使用欧洲全球卫星导航系统的挑战

制定标准化倡议来支持欧洲全球卫星导航系统的采用。目前还没有针对全球卫星导航系统授时和同步关键基础设施应用的标准。因此，挑战在于使欧洲标准化领域的主要参与者参与基于全球卫星导航系统的授时和同步服务标准的制定。

更好的同步精度。第五代移动技术（5G）将在 2020 年推出，这意味着流量密度将增加。为了满足这一需求，频谱效率应该比 4G 显著提高，以便运营商能够在频谱限制下维持如此巨大的流量需求。3G 合作伙伴项目和国际电信联盟正在向下一代通信网络标准化和频谱需求发展。下一届世界无线电大会将于 2019 年举行，会议将关注垂直行业使用的新频谱，以便他们能够受益于欧盟委员会关于欧洲千兆社会互联互通的通函和《5G 行动计划》中所述的欧洲 5G 战略。它包含了公共生态系统对交通运输、电子健康、能源管理和潜在安全应用等广泛的垂直行业的预期效益。

在 5G 中，预计同步精度将比当前实际值提高一个数量级。

数字视频广播还将要求更高的同步精度，以便能够传输即将推出的 4K 视频分辨率标准。这是对欧洲全球卫星导航系统的挑战。该系统需要不断地演进，以继续为这些市场提供支持。

6.11 在新兴应用中使用欧洲全球卫星导航系统的挑战

(1)物联网

全球卫星导航系统被视为一个功率耗散器。随着智能设备在智慧城市应用中的安装,无线传感器越来越受欢迎。电池供电的无线设备易于安装,但从易用性或成本角度来看,频繁更换电池并不理想。全球卫星导航系统被视为一个重要的功率耗散器,这是因为全球卫星导航系统接收机需要相对较高的功耗。这方面的挑战在于需要促进旨在减少全球卫星导航系统电池影响的有效技术的运用。全球卫星导航系统云处理概念就是一个例子。其中,全球卫星导航系统云接收机不使用主机设备的处理功能,而是利用基于云的处理服务,从而从主机设备上转移了大部分处理任务和消耗能量的任务。

成本和尺寸在物联网中也很重要。支持全球卫星导航系统的芯片组的成本只有几欧元,在低价值物品需要贴标签的情况下是不合理的(对于某些应用来说,传感器是低成本的一次性设备)。

并行技术。利用全球卫星导航系统的局限性,新的并行技术已经进入竞争激烈的物联网市场。远距离广域网地理定位系统就是这种情况,它能够在不使用全球卫星导航系统或全球移动通信系统的情况下,利用传输的数据包来计算当前位置。地理位置是在接收到的数据包的网关时间戳上应用多点定位算法计算得出的,它具有比全球卫星导航系统更好的功率效率,因此赢得了市场的关注。然而,这种技术获得的精度性能(约 50 米)无法与全球卫星导航系统获得的精度性能相比,因此它并不会适用于所有需要定位的应用。欧洲全球卫星导航系统面临的挑战在于需要利用其差异化优势赢得市场份额。

欧盟提议的新电信监管框架旨在使适用于电信网络的规则现代化。要实现我们的千兆位/秒连接目标,包括 5G 部署,可能需要在未来 10 年内将该行业计划的投资增加一倍。

(2)遥控驾驶航空器系统和无人机

协调一致的欧盟法规。欧洲航空安全局目前正在制定法规,旨在解决欧盟范围内所有重量级别的遥控驾驶航空器系统操作的全部问题。当务之急在于确保遥控驾驶航空器系统的引入不会影响其他太空用户的安全,并在欧盟范围内对部署进行统筹协调。

(3)第四次工业革命

移动制造设备的精确定位将受到其复杂的工业和建筑环境以及室外和室内组

合环境的挑战,进而带来高风险的信号干扰。

6.12 在安全和防御中使用欧洲全球卫星导航系统的挑战

伽利略系统第二代。对第二代欧洲伽利略系统的需求预计将在未来几年内确定。因此,这里有一个有限的时间窗口,让安全和防御需求可以整合到需求定义过程中去。为了确保定位、导航和授时服务在精度、连续性、稳健性和完好性方面的性能满足国防用户的需求,这是必需的。

备用定位、导航和授时系统。安全和防御行业的备用系统具有更高的性能标准,这涉及更高的系统维护成本和可能与民用行业不同的要求。这可能会使系统退役更加复杂,因为出于安全、主权和所有权方面的军事需求,尽管有经济影响,仍可能需要维护这些系统。

跨机构的协同效应。目前,欧洲防务局正在自己的框架内分析军事卫星导航专题,并正在起草一份文件,在更广泛的定位、导航和授时服务(不仅是无线电服务)范围内界定高级军事需求。因此,有各种途径以更加专业化的方式开展欧洲全球卫星导航系统的安全和防御工作,并利用跨机构的协同效应来规划该行业内服务的需求和潜在未来用途。

7. 结　　论

目前欧洲的无线电导航系统依赖于卫星和地面系统。在过去 10 年中,卫星导航系统迅速成为向多个行业的用户群体传送定位、导航和授时信息的主要手段,甚至是独一无二的手段。在接下来的 10 年里,这种趋势将继续下去。欧洲伽利略系统和中国北斗系统这两个新的全球卫星导航系统“品牌”将很快达到其完全运营能力。已经投入运行的美国 GPS 和俄罗斯格洛纳斯导航系统也将提高他们的性能。总共将有大约 100 颗运行中的导航卫星在轨道上运行,为用户提供更高的精确度、可用性和安全性。增强系统也将演进,以便为新的星座和他们所转发的信号提供支持。

卫星导航系统的发展正在减少全球范围内使用地面系统的总体需求。在航空领域,欧盟委员会正在努力制定《欧盟空中导航战略》,以便为更现代化的导航系统铺平道路。在这种情况下,仪表着陆系统、微波着陆系统、甚高频全向无线电信标和无方向性信标系统将被合理化改造,甚至退役,其程度取决于不同国家当局所作的选择。在海事领域,罗兰 – C 导航系统已于 2015 年关闭。

使用移动蜂窝网络的基于位置的服务也是可行的,尽管精确度远低于全球卫星导航系统所能提供的水平。未来5G标准的发展有望大大提高该通信系统的定位性能。有趣的是,移动蜂窝网络可以在室内深处、隧道、地下和城市峡谷等全球卫星导航系统难以甚至无法正常工作的环境中提供定位、导航和授时服务。

DCF77是一种用于授时和频率分配的低频系统,自1959年开始运行,现有合同规定将其使用延长至2021年。DCF77的低频率和高功率传输使得它很难被干扰,而且可以在建筑物内接收它的信号。

官方即将宣布欧洲伽利略系统达到完全运营能力。下一代EGNOS系统的部署将使欧洲无线电导航格局发生转变,使其成为一个真正的多星座和多频环境。此外,欧洲伽利略系统的特定特征,如导航消息的认证能力,对于专业应用来说至关重要。总之,所有行业的用户都将受益于更高的精度、可用性、稳健性、可靠性和安全性。

然而,仍有一些挑战需要解决。在地球表面,全球卫星导航系统信号的功率非常低,这使得他们容易受到自然和人为的干扰。尤其突出的是,全球卫星导航系统信号容易受到干扰和欺骗等蓄意攻击。因此,人们普遍认为,至少对于关键应用而言,全球卫星导航系统不应是定位、导航和授时信息的唯一来源,甚至在新的多星座和多频现实中也不应如此。因此,替代性的定位、导航和授时系统,并不一定要使用射频,应该落实应用的关键所需。我们必须分析每个用户群对备用定位、导航和授时系统的需求,以及预测未来部门需求的公开挑战。

欧洲军事卫星导航政策与欧盟的欧洲卫星导航系统政策有许多共同之处。我们应进一步探索防御和天基定位、导航和授时之间的协同效应,并提供进一步合作的途径,例如在用户需求和互利的研发问题上。

我们邀请了在这项工作中征求意见的各个行业应对该计划中强调的挑战,酌情调整行业政策。现在的工作重点必须是欧洲如何优化其定位、导航和授时基础设施,在考虑总体成本、抵消风险的需要以及向用户群体提供持续高性能定位、导航和授时服务的需要的同时,找到合适的系统组合。

附件1:无线电导航和授时系统说明

附件1描述了以下无线电导航和授时系统的基本特征:

1. 美国全球定位系统,GPS。
2. 俄罗斯格洛纳斯系统,GLONASS。
3. 欧洲伽利略系统,Galileo。

4. 中国北斗系统，BeiDou。
5. 欧洲地球静止导航重叠服务系统，EGNOS。
6. 地基增强系统，GBAS。
7. 差分全球卫星导航系统，DGNSS。
8. 无方向性信标，NDB。
9. 甚高频全向无线电信标，VOR。
10. 测距仪，DME。
11. 仪表着陆系统，ILS。
12. 微波着陆系统，MLS。
13. 罗兰 – C/恰卡陆基无线电导航系统（Loran – C/Chayka）。
14. 增强型远距离无线电导航系统，eLoran。
15. 差分增强型远距离无线电导航系统，eDLoran。
16. 长波时间和频率分布系统，DCF77。
17. 基于蜂窝网络的定位。
18. 铱星 – Satelles 时间和位置系统，STL。

附件 1 还介绍了每个系统的状态和预期开发计划。

1. 星 基 系 统

1.1　全球卫星导航系统

1.1.1　美国全球定位系统

全球定位系统（GPS）是一个由美国政府拥有、美国空军运营的定位、导航和授时系统。它是一个两用系统，为民用和军用用户提供服务。全球定位系统由空间段、控制段和用户段组成。全球定位系统的工作原理是传输一些包含来自卫星星座的精确时间和位置信息的射频信号。用户可结合从至少 4 颗卫星接收到的信息，得到其位置和时间的估计值。全球定位系统的初步运营能力始于 1993 年。它能在任何天气条件下提供连续的全球覆盖。

中地球轨道上的一组卫星构成了全球定位系统的空间段。提供全球覆盖至少需要 24 颗卫星。不过，在轨卫星的实际数量往往比这多，从而提高了系统的性能。这些卫星位于 6 个等距的轨道平面上，倾角为 55°，高度为 20,200km。利用这种星座配置，地球表面的每个点在任何时候都至少能看到 4 颗全球定位系统卫星，这是获取定位信息所必需的。

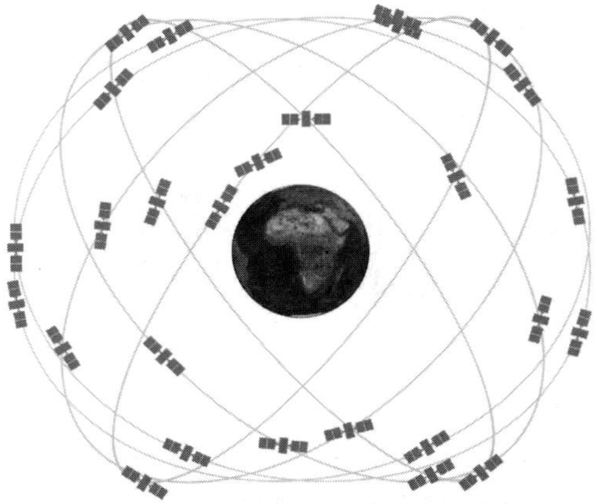

图 4－2　全球定位系统星座

资料来源：www. gps. gov。

自 1978 年首次发射以来，美国一直在不断改善 GPS 卫星的特性。与前一代相比，每一代或每一组卫星都发射更多的信号，编码有所改进，频率更高。现代化的卫星还包括更好的组件和特性：改进了原子钟，提高了功率，延长了预期寿命……其结果是为民用和军用用户提供了更好的性能和准确性。这种演进过程在未来还将继续。表 4－1 展示了不同系列 GPS 卫星的一些基本特征。

表 4－1　GPS 卫星的演进

传统的卫星		现代化的卫星		
0 颗卫星已经投入运营	12 颗卫星已经投入运营	7 颗卫星已经投入运营	12 颗卫星已经投入运营	正在进行生产
• 适用于民用用户的 L1 频率上的粗捕获(C/A)码 • 适用于军用用户的 L1 和 L2 频率上的精 P(Y)码 • 7. 5 年设计使用寿命 • 发射于 1990—1997 年 • 最后一颗于 2016 年退役	• L1 频率上的粗捕获码 • L1 和 L2 频率上的精码 • 星载时钟监控 • 7. 5 年设计使用寿命 • 发射于 1997—2004 年	• 全部为传统信号 • 第二个民用信号在 L2 频率(L2C)上 • 新军用 M 码信号用于提高抗干扰能力 • 功率电平灵活，适用于军用信号 • 7. 5 年设计使用寿命 • 发射于 2005—2009 年	• 全部为 BLOCKIIR－M 信号 • 第三个民用信号在 L5 频率(L5)上 • 采用先进的原子钟 • 准确性、信号强度、质量得到改善 • 12 年设计使用寿命 • 发射于 2010—2016 年	• 全部为 BLOCKIIF 信号 • 第四个民用信号在 L1 频率(L1C)上 • 信号的可靠性、精度、完好性得到提升 • 可用性不会有选择性 • 卫星数量 11＋：激光反射器、搜索和救援有效载荷 • 15 年设计使用寿命 • 第一颗卫星的发射不早于 2018 年

资料来源：www. gps. gov。

如图 4－3 所示，控制段由一个全球地面设施网络组成，用于跟踪、控制和指挥 GPS 卫星。控制段监控卫星的健康状态，解决任何可能的异常，控制卫星的轨道，在必要时调整它们，并调整星载时钟。总的来说，它执行保持系统正常工作所需的任何任务。它由 1 个主控站(科罗拉多州施里弗空军基地)、1 个备用主控站(加利福尼亚州范德堡空军基地)、15 个监测站(全球)和 4 个地面天线(卡纳维拉尔角、阿森松岛、迪戈加西亚和夸贾林岛)组成。GPS 的控制段连接到空军卫星控制网络，以增加跟踪和指挥的灵活性和稳健性。

用户段包括用于接收和解码全球定位系统信号的接收机。接收机向用户提供其三维位置信息以及非常精确的授时信号。图 4－3 全球定位系统控制段(编者略)。

主要特征

GPS 星座的地面服务范围包括地球表面到 3000km 的高度。表 4－2 和图 4－4 展示了 GPS 信号的主要特征。

表 4－2　GPS 信号的主要特征

L1				
信号	C/A	L1C	P(Y)	M
频率(MHz)	1575.42	1575.42	1575.42	1575.42
访问技术	CDMA	CDMA	CDMA	CDMA
调制	BPSK(1)	TMBOC(6,1,1/11)	BPSK(10)	BOCsin(10,5)
最小接收功率[dBW]	－158.5	－157	－161.5	不适用
L2				
信号	L2C	P(Y)	M	
频率(MHz)	1227.6	1227.6	1227.6	
访问技术	CDMA	CDMA	CDMA	
调制	BPSK(1)	BPSK(10)	BOCsin(10,5)	
最小接收功率[dBW]	－161.5	－160	不适用	
L5				
信号	L5			
频率(MHz)	1176.45			
访问技术	CDMA			
调制	BPSK(10)			
最小接收功率[dBW]	－157.9			

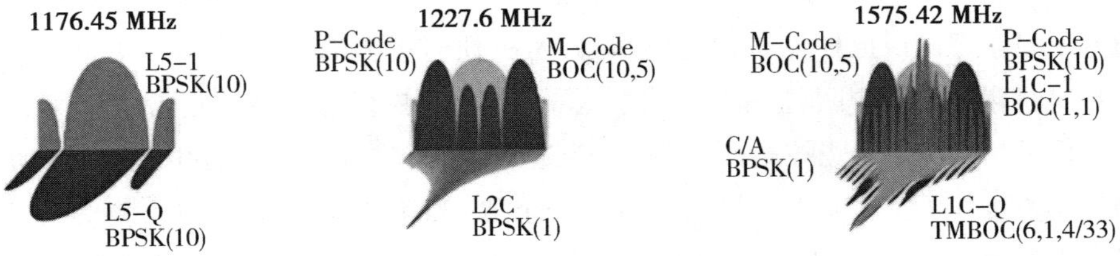

图 4-4 GPS 信号

资料来源：Navipedia。

用户将遇到的位置和时间误差取决于 GPS 卫星发送的信号的特性、信号的传播以及所用接收机的性能。表 4-3 展示了代表性用户条件下 GPS 标准定位服务的位置和时间精度标准。表 4-4 展示了 GPS 标准定位服务的可用性、完好性和连续性规格。

表 4-3 GPS 标准定位服务的位置和时间精度标准

全球平均位置域精度： 水平误差(95%)≤9m 垂直误差(95%)≤15m	基于服务范围中所有点的平均 24 小时测量时间间隔的标准
最差站点位置域精度： 水平误差(95%)≤17m 垂直误差(95%)≤37m	基于服务范围中任意点的 24 小时测量时间间隔的标准
时间传递域精度： 时间传递误差(95%)≤40ns(仅适用于太空中信号)	基于服务范围中所有点的平均 24 小时测量时间间隔的标准

表 4-4 GPS 标准定位服务的规格

可用性①	99%
完好性	$\geq 1-1\times10^{-5}$/小时
连续性	≥0.9998/小时

① 来自美国联邦无线电导航计划。

要利用 GPS 信号，用户只需要具有兼容的接收器即可。这意味着 GPS 可以同时为无限数量的用户服务。

现状和现代化计划

截至 2018 年 2 月，已经有 31 颗 GPS 卫星投入运营，其中 BlockIIR 卫星 12 颗，BlockIIR－M 卫星 7 颗，BlockIIF 卫星 12 颗，如图 2 所示。因此，只有 L1C/A、L1P(Y) 和 L2P(Y) 信号达到了完全运营能力。有 19 颗卫星广播 L2C、L1M 和 L2M 信号。有 12 颗卫星广播 L5 信号。GPS 计划于 2018 年下半年发射第一颗 GPSIII 卫星。根据 GPSIII 的发射速度，我们预计 L2C 将在 2020 年、L5 将在 2026 年得到完全运营能力，L1C 将在 2030 年达到完全运营能力。[①] 表 4－5 展示了 GPS 信号的预期演进。

表 4－5　GPS 信号的预期可用性

<table>
<tr><th></th><th></th><th>2015 年</th><th>2016 年</th><th>2017 年</th><th>2018 年</th><th>2019 年</th><th>2020 年</th><th>2021 年</th><th>2022 年</th><th>2023 年</th><th>2024 年</th><th>2025 年</th><th>2026 年</th><th>2027 年</th></tr>
<tr><td rowspan="5">美国 GPS</td><td>L1</td><td colspan="13">完全运营能力</td></tr>
<tr><td>L1C</td><td colspan="11">采用 L1C 的卫星数量 < 12 颗</td><td colspan="2">采用 L1C 的卫星数量≥12 颗</td></tr>
<tr><td>L2</td><td colspan="13">完全运营能力</td></tr>
<tr><td>L2C</td><td colspan="5">采用 L2C 的卫星数量≥19 颗</td><td colspan="8">完全运营能力</td></tr>
<tr><td>L5</td><td colspan="11">采用 L5 的卫星数量≥12 颗</td><td colspan="2">完全运营能力</td></tr>
</table>

图 4－5 展示了过去 15 年中获得的标准定位服务太空中信号的性能。我们看到，从 2001 年到 2015 年，用户距离误差持续下降，这是 GPS 不断演进的结果。我们还看到，所达到的精度优于性能标准中确立的精度，几乎是 2015 年的 3 倍（所有健康卫星中最差卫星的实测值为 2.8m，而规格值为 7.8m）。

① 参见《定位、导航和授时咨询委员会关于全球定位系统更新》，2017 年 11 月 15 日，全球定位系统理事会。

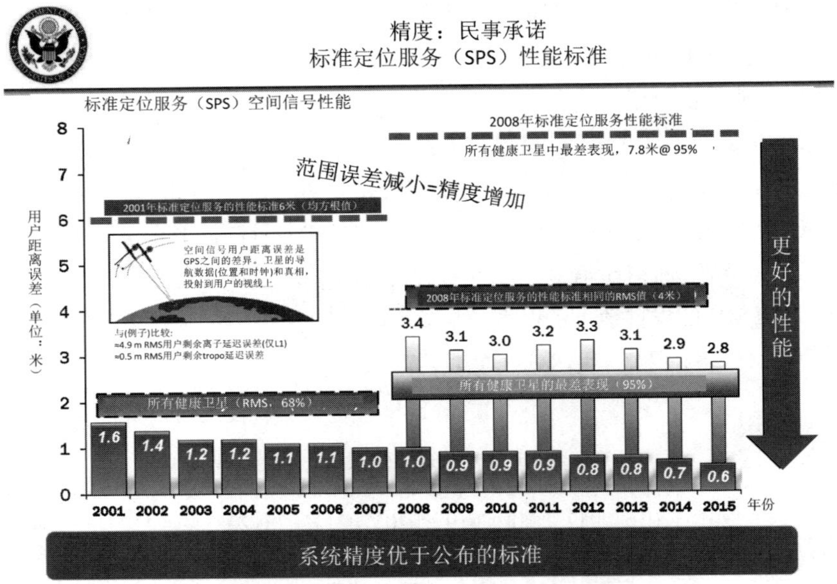

图 4 – 5　GPS 标准定位服务精度的演进

资料来源：GPS 理事会。

得克萨斯大学奥斯汀分校在 2016 年监测了 GPS 标准定位服务的性能。① 他们的报告显示，BlockIIR/IIR – M 系列卫星（最差卫星 2.45 米）和 BlockIIF 系列卫星（最差卫星 2.46 米）因太空中信号导致的用户距离误差均方根的年度 95% 百分位值分别为 1.22 米和 1.39 米。

开发战略

GPS 有两种类型的服务：GPS 标准定位服务（民用）和 GPS 精确定位服务（受限）。

基于民用、商业和科学用途访问 GPS 标准定位服务免收直接使用费。美国的政策是保持 GPS 标准定位服务免费。要使用 GPS 标准定位服务，用户只需有一个性能充分的 GPS 接收机即可。

只有美国政府、美国武装部队及其选定的盟友才能使用 GPS 的精确定位服务。

1.1.2　俄罗斯格洛纳斯系统

俄罗斯格洛纳斯系统（GLONASS）是俄罗斯联邦拥有和运营的星基无线电导航系统。它是一个两用系统，为民用和军用用户提供服务。俄罗斯格洛纳斯系统的工作原理与 GPS 相似：卫星星座发射包含精确位置和授时信息的无线电信号。用

---

① 参见《2016 年全球定位系统标准定位服务性能的分析》TR – SGL – 17 – 06，2017 年 5 月。

户从至少四颗卫星接收到信号后，便可以估算其三维位置和非常精确的时间信号。俄罗斯格洛纳斯系统由空间段、控制段和用户段组成。与 GPS 一样，至少需要 24 颗卫星才能覆盖全球。卫星位于三个倾斜度为 63.8° 的轨道平面中，高度为 19,140km。这种配置保证了对地球表面的全球覆盖，并针对俄罗斯联邦的高纬度地区进行了改编。俄罗斯格洛纳斯系统仍在不断演进。与 GPS 类似，相对于较旧的卫星区块，较新的卫星区块的特性得到了改进。图 4-6 展示了俄罗斯格洛纳斯系统的预期演进。与旧卫星相比，新卫星在更多频率上发射更多信号。它们还包含更精确的时钟和更好的部件，这使得为最终用户提供的服务得到了全面改善。

能力	GLONASS	GLONASS-M	GLONASS-K	GLONASS-K2
部署时间	1982 - 2005年	2003 - 2016年	2011 - 2018年	2017年+
状态	已经退役	正在使用	正在根据在轨验证来完善设计	正在开发
标称轨道参数	圆形高度：19,140km倾角：63.8° 周期：11个小时15分钟44秒			
（用于导航的）星座中卫星的数量	24			
轨道平面的数量	3			
一个平面内卫星的数量	8			
发射器	Scyu2. 1b. Procon - M			
设计使用寿命（单位：年）	3.5	7	10	10
质量（单位：kg）	1500	1415	935	1600
尺寸（单位：m）		2.71×3.05×2.71	2.53×3.01×1.43	2.53×6.01×1.43
功率（单位：W）		1400	1270	4370
平台设计	增压	增压	不增压	不增压
对接稳定性，以规范为依据（观测值）	$5*10^{-13}$ /$1*10^{-13}$	$1*10^{-13}$ /$5*10^{-14}$	$1*10^{-13}$ /$5*10^{-14}$	$1*10^{-14}$ /$5*10^{-15}$
信号类型	FDMA	FDMA（ CDMA，对于SV755-7611）	FDMA和CDMA	FDMA和CDMA
开发访问信号（对于FDMA信号，将提供中心频率值）	L1OF（1602M-u）	L1OF（1602M-U）L20 F（1246M-U）L30C （1202 M-U）forSVs755+	L1OF（1602M-U）L20F（1246M-U）L30 C（1202M-U）L20C（1248M-U）forSVs17L+	L1OF（1602M-U）L20F（1246M-U）L1OC（1600M-U）L20C（1248M-U）L30C（1202M-U）forSVs17L+
受限访问信号	L1SF（1592MHz） L2SF（1237MHz）	L1SF（1592MHz） L2SF（1237MHz）	L1SF（1592MHz） L2SF（1237MHz） L2SC（1248MHz） forSVs17L+	L1SF（1592MHz） L2SF（1237MHz） L1SC（1600MHz） L2SC（1248MHz）
卫星交叉链路射频 激光器	— —	+ —	+ —	+ +
搜索和救援	—	—	+	+

图 4-6　俄罗斯格洛纳斯系统卫星的演进

资料来源：www. GLONASS - iac. ru。

如图4－7所示，俄罗斯格洛纳斯系统的控制段由监控站、上行和下行通信天线、激光跟踪站和系统控制中心组成。控制段监控卫星的状态和性能，解决可能出现的任何潜在异常，控制和调整卫星的轨道，上传更新的导航信息。总的来说，它执行保持系统正常工作、为用户提供尽可能最佳服务所需的任何任务。俄罗斯格洛纳斯系统控制段的大部分结构位于俄罗斯联邦境内。俄罗斯有计划将俄罗斯格洛纳斯系统的控制段扩大到俄罗斯境外。

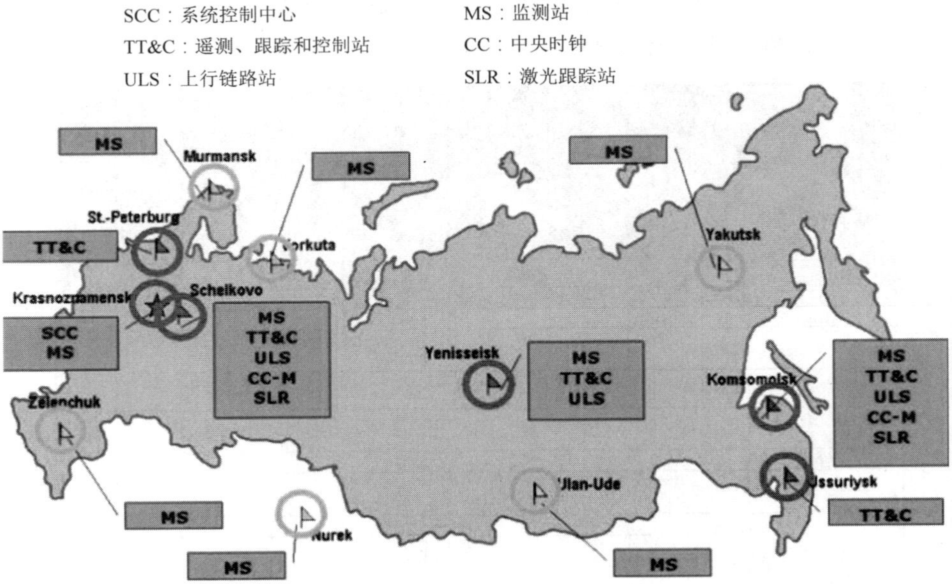

图4－7　俄罗斯格洛纳斯系统的控制段

资料来源：俄罗斯联邦航天局。

用户部分包括接收和处理俄罗斯格洛纳斯系统信号所需的接收机设备。

主要特征

俄罗斯格洛纳斯系统在所有天气条件下都能覆盖地球表面的整个范围，可提供定位、导航和授时服务。表4－6和图4－8展示了俄罗斯格洛纳斯系统信号的主要特征。

表 4－6　俄罗斯格洛纳斯系统信号的主要特征

L1				
信号	C/A	P	L1OC	L1OCM
频率(MHz)	1598.0625 至 1605.375	1598.0625 至 1605.375	1600.995	1600.995
访问技术	FDMA	FDMA	CDMA	CDMA
调制	BPSK(0.511)	BPSK(5.11)	BPSK(1)	BOC(5,2.5)
最小接收功率[dBW]	－161	不适用		
L2				
信号	C/A	P	L2OC	L2OCM
频率(MHz)	1242.9375 至 1248.625	1242.9375 至 1248.625	1248.06	1248.06
访问技术	FDMA	FDMA	CDMA	CDMA
调制	BPSK(0.511)	BPSK(5.11)	BPSK(1)	BOC(5,2.5)
最小接收功率[dBW]	－167	不适用		
L3				
信号	L3OC			
频率(MHz)	1202.025			
访问技术	CDMA			
调制	QPSK(10)			
L5				
信号	L5OC			
频率(MHz)	1176.45			
访问技术	CDMA			
调制	QPSK(10)			

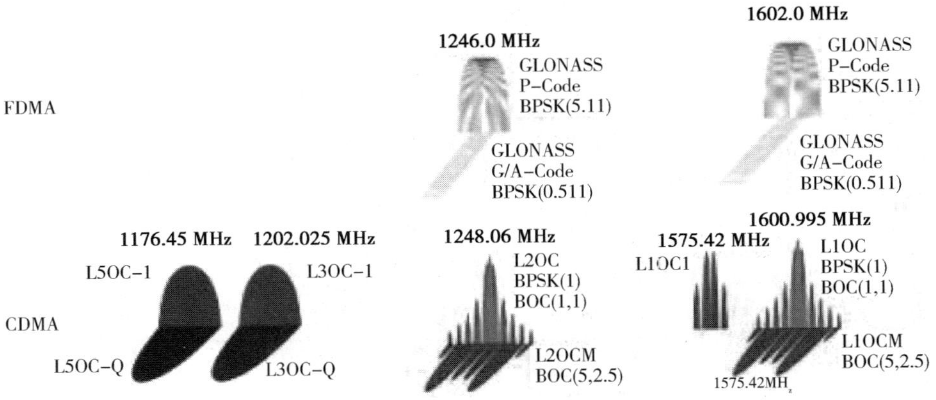

图 4-8　俄罗斯格洛纳斯系统的信号

资料来源:Navipedia。

要利用俄罗斯格洛纳斯系统的信号,用户只需要具有兼容的接收器即可。这意味着俄罗斯格洛纳斯系统可以同时为无限数量的用户服务。

现状和现代化计划

截至 2018 年 2 月,俄罗斯格洛纳斯系统已经有 24 颗在轨运行的卫星和 1 颗处于飞行测试阶段的卫星。除了两颗属于俄罗斯格洛纳斯系统 GLONASS - K 区块的卫星之外,所有其他卫星都属于俄罗斯格洛纳斯系统的 GLONASS - M 区块。从 2019 年起,俄罗斯联邦计划用现代化的 GLONASS - K1 和 GLONASS - K2 卫星对星座进行补充。图 4-9 和表 4-7 展示了俄罗斯格洛纳斯系统信号的预期可用性。L1 波段和 L2 波段频分多址已经达到完全运营能力。L3 波段码分多址、L2 波段码分多址和 L1 波段码分多址分别有望在 2022 年、2025 年和 2030 年左右得到完全运营能力。

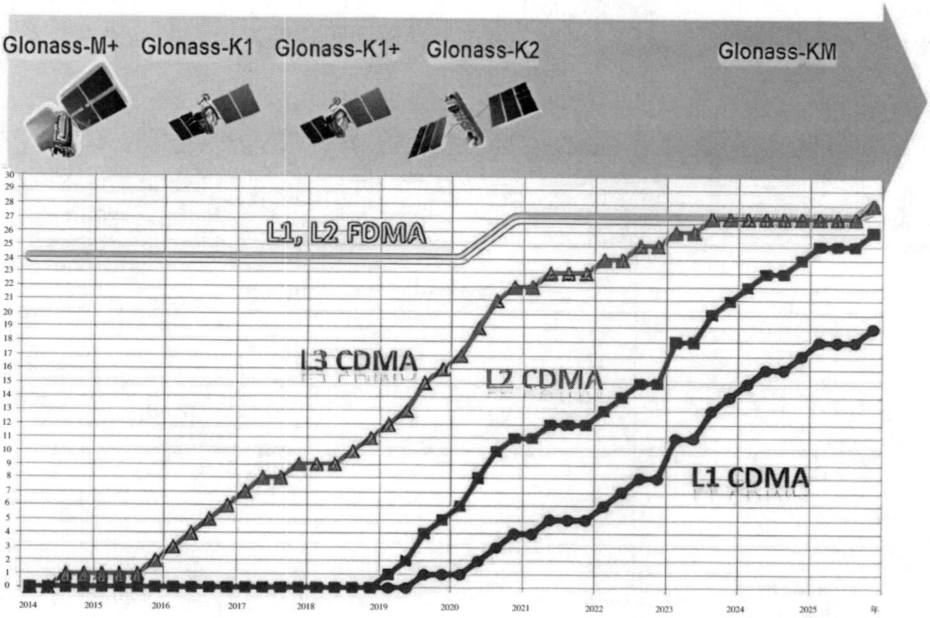

图 4－9　俄罗斯格洛纳斯系统信号的预期可用性

资料来源：俄罗斯联邦航天局。

表 4－7　俄罗斯格洛纳斯系统信号的预期可用性

<table>
<tr><th></th><th></th><th>2015年</th><th>2016年</th><th>2017年</th><th>2018年</th><th>2019年</th><th>2020年</th><th>2021年</th><th>2022年</th><th>2023年</th><th>2024年</th><th>2025年</th><th>2026年</th></tr>
<tr><td rowspan="5">俄罗斯格洛纳斯系统</td><td>L1F</td><td colspan="12">完全运营能力</td></tr>
<tr><td>L1C</td><td colspan="4"></td><td colspan="4">采用 L1C 的卫星数量<12 颗</td><td colspan="4">采用 L1C 的卫星数量≥12 颗</td></tr>
<tr><td>L2F</td><td colspan="12">完全运营能力</td></tr>
<tr><td>L2C</td><td colspan="4"></td><td colspan="2">采用 L2C 的卫星数量<12 颗</td><td colspan="4">采用 L2C 的卫星数量≥12 颗</td><td colspan="2">完全运营能力</td></tr>
<tr><td>L3C</td><td colspan="4">采用 L3C 的卫星数量<12 颗</td><td colspan="3">采用 L3C 的卫星数量≥12 颗</td><td colspan="5">完全运营能力</td></tr>
</table>

资料来源：俄罗斯联邦航天局。

图4-10展示了俄罗斯格洛纳斯系统星座在2017年7月至2017年9月因太空中信号导致的用户距离误差。因太空中信号导致的用户距离误差的范围在1米至2米之间,平均值约为1.5米。

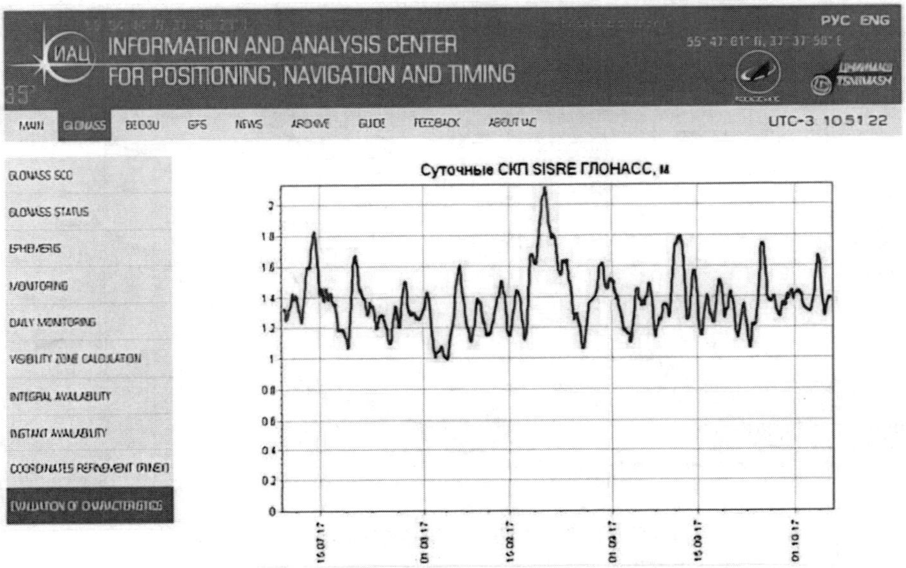

图4-10 俄罗斯格洛纳斯系统因太空中信号导致的用户距离误差

资料来源:俄罗斯联邦航天局。

开发战略

俄罗斯格洛纳斯系统有两种类型的服务:民用服务和受限服务。

使用俄罗斯格洛纳斯系统的民用服务是免费和不受限制的,俄罗斯联邦的政策是要保持这种状态。要使用俄罗斯格洛纳斯系统的民用服务,用户只需有一个性能充分、支持俄罗斯格洛纳斯系统的接收机即可。俄罗斯格洛纳斯系统的受限服务仅限俄罗斯政府及其武装部队使用。

1.1.3 欧洲伽利略系统

欧洲伽利略系统(Galileo)是欧洲的全球卫星导航系统,由欧盟委员会资助和管理。这是唯一完全由民政当局管理的全球卫星导航系统。然而,伽利略服务将通过开放服务、高精度服务和公共监管服务,适应民用和军用用户。欧洲伽利略系统由空间段、地面段和用户段组成。要达到全球覆盖,至少需要24颗卫星。这些卫星位于三个等距轨道平面的圆形轨道上,倾角为56°,高度为23,222km。自该计划开始以来，欧洲已经发射了三种类型的卫星，它们构成了欧洲伽利略系统的空间段：

• Giove – A 和 Giove – B 卫星。它们是实验卫星，用于测试不同的技术，并保留国际电信联盟分配给欧洲伽利略系统的频率。

• 伽利略在轨验证卫星。它们是欧洲伽利略系统已经投入运营的星座中的首批 4 颗卫星，用于验证系统设计。

• 欧洲伽利略系统完全运营能力卫星。它们将与 4 颗伽利略在轨验证卫星一起构成欧洲伽利略系统完整的星座。OHB 是欧洲伽利略系统完全运营能力卫星的主要承包商，图 4 – 11 展示了其系统参数主要特征。

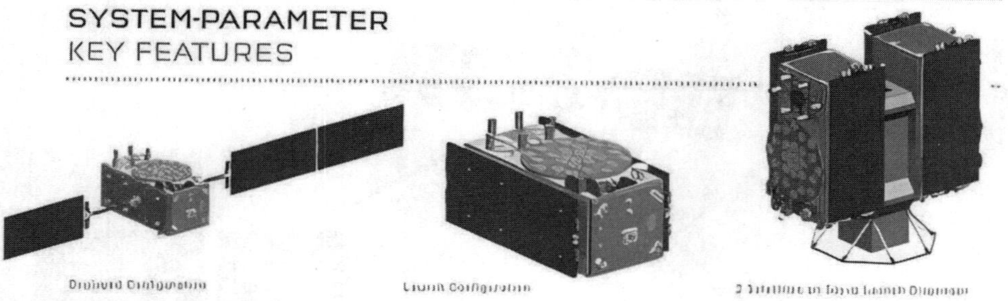

项目	参数
总发射质量	732.8kg
本体尺寸	2.5 × 1.2 × 1.1m
太阳能发电机	14.67m
外形尺寸（发射）	2.91 × 1.70 × 1.40m
轨道	中地球轨道，半径r=29,600km，倾角I=56°，3个轨道平面（升交点赤经间隔120°），在寿命终期转移至死亡轨道
寿命	>12年在轨，>5年地面储存
布局	卫星由7个模块组成，包括插接式助推模块（若干个简单接口，制造、组装、集成和测试可以同步进行）
导航信号・最小等效全向辐射功率（EOC）・带宽	3个频带（E5、E6、E1）E5–32.57 dBW / E6–33.20dBW / E1–35.06 dBWE5–92.07 MHz / E6–50.00MHz / E1–50.00MHz
时钟频率稳定性	被动型氢原子钟：<4.5 × 10^{-14}<30000s铷原子钟原子频率标准：<5.1 × 10^{-14}<10000s
搜索和救援应答器（搜索和救援服务COSPAS –SARSAT）	超高频接收机406MHz，转发信道L波段1544MHz
共用安全装置	防止未经授权访问卫星平台和导航有效载荷
电源・子系统布局・太阳能发电机	50V，稳压总线，锂离子电池，3.8kWh两翼，每个2块面板，三结砷化镓，1.9kW（寿命终期时）
卫星可靠性	>0.88/12年

图 4 – 11　欧洲伽利略系统完全运营能力卫星的特征

资料来源：OHB。

欧洲伽利略系统的地面段由两个控制中心（奥伯法芬霍芬和富齐诺），五个遥测、跟踪和控制站（基律纳、库鲁、雷杜、留尼汪岛和新喀里多尼亚岛），一个全球传感器站网络和一个全球上行链路站网络组成。图 4－12 描述了欧洲伽利略系统地面段的工作原理。遥测、跟踪和控制站从卫星接收状态和健康信息。与此同时，传感器站接收导航信号。所有这些信息都被发送到两个控制中心进行处理和分析。控制中心计算更新后的导航信息以及对卫星的指令，以纠正卫星平台中的任何轨道漂移或异常情况。更新后的导航信息和对卫星的指令分别通过上行链路和遥测、跟踪和控制站传输。这是一个持续的过程，旨在保持系统提供最佳性能和服务。

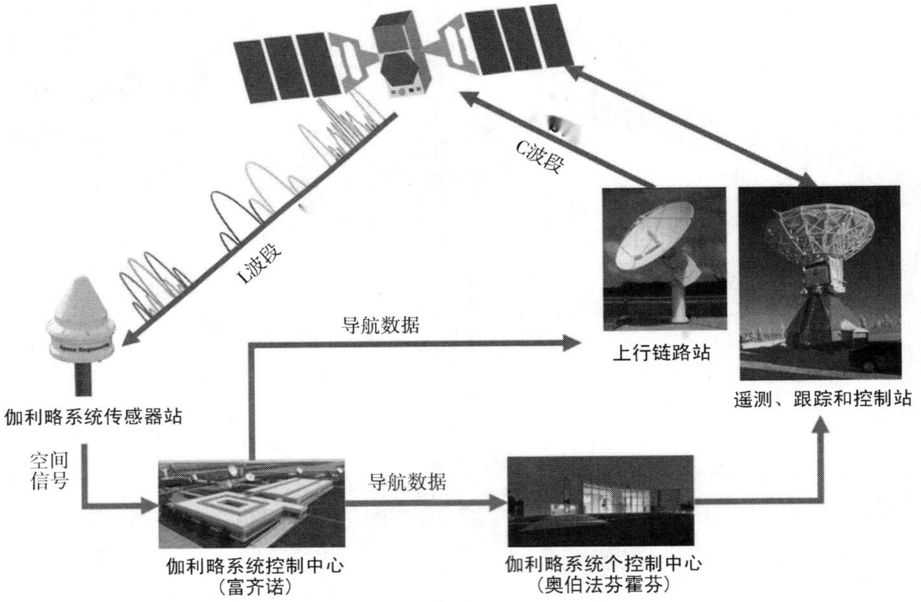

图 4－12　欧洲伽利略系统的地面段

资料来源：欧洲航天局。

主要特征

欧洲伽利略系统覆盖全球，在所有天气条件下提供定位、导航和授时信息。表 4－8 和图 4－13 展示了欧洲伽利略系统信号的主要特征。

表 4-8　欧洲伽利略系统信号的主要特征

E1		
信号	E1OS	E1PRS
频率(MHz)	1575.42	1575.42
访问技术	CDMA	CDMA
调制	CBOC(6,1,1/11)	BOC_{cos}(15,2.5)
最小接收功率[dBW]	-157	
E6		
信号	E6CS	E6PRS
频率(MHz)	1278.75	1278.75
访问技术	CDMA	CDMA
调制	BPSK(5)	BOCcos(10,5)
最小接收功率[dBW]	-155	
E5		
信号	E5a	E5b
频率(MHz)	1191.795	1191.795
访问技术	CDMA	CDMA
调制	AltBOC(15,10)	AltBOC(15,10)
最小接收功率[dBW]	-155	

图 4-13　欧洲伽利略系统的信号

资料来源：Navipedia。

《欧洲伽利略系统的初步服务—开放服务—服务定义文件》定义了在欧洲伽利略系统初始服务提供阶段拟提供开放服务的最低性能水平。表 4-9 展示了欧洲伽利略系统太空中信号测距精度的最低性能水平。表 4-10 展示了欧洲伽利略系统在太空中信号协调世界时间和频率传播精度的最低性能水平。

表 4－9　欧洲伽利略系统太空中信号测距精度的最低性能水平

欧洲伽利略系统太空中信号测距精度的最低性能水平（任何卫星）	条件和约束
对于每个单一频率： 在所有数据龄期范围内≤7m（95%），全球平均值	在 30 天时间跨度内计算 对于最小仰角超过 5 度的、任何健康的开放服务的太空中信号 包括广播组延迟误差 传播和用户贡献不包括在内 忽略单频电离层延迟模型误差
对于每个双频组合： 在所有数据龄期范围内≤7m（95%），全球平均值	在 30 天时间跨度内计算 对于最小仰角超过 5 度的、任何健康的开放服务的太空中信号 传播和用户贡献不包括在内
对于每个单一频率： ≤2m	在 30 天时间跨度内计算 根据在整个星座范围内欧洲伽利略系统每个健康的太空中信号得到的太空中信号测距精度的平均值（95%）
对于每个双频组合： ≤2m	在 30 天时间跨度内计算 根据在整个星座范围内欧洲伽利略系统每个健康的太空中信号得到的太空中信号测距精度的平均值（95%）

表 4－10　欧洲伽利略系统太空中信号协调世界时时间和频率传播精度的最低性能水平

欧洲伽利略系统太空中信号协调世界时时间传播精度的最低性能水平	条件和约束
对于每个单一频率和双频组合： 在所有数据龄期范围内＜30ns（95%）	对于任何健康的开放服务的太空中信号 在任何用户位置 每年归一化 传播和用户贡献不包括在内
对于每个单一频率和双频组合： 在所有数据龄期范围内 $< 3 \times 10^{-13}$（95%）	对于任何健康的开放服务的太空中信号 在任何用户位置 每年归一化 传播和用户贡献不包括在内

未来，《欧洲伽利略系统的初步服务—开放服务—服务定义文件》将进行更新，以反映欧洲伽利略系统开放服务的进一步变化和改进，特别是在欧洲伽利略系统

基础设施的部署过程中,直到得到完全运营能力为止。

要利用欧洲伽利略系统的信号,用户只需要具有兼容的接收器即可。这意味着伽利略系统可以同时为无限数量的用户服务。

现状和现代化计划

欧洲伽利略系统目前正处于开发阶段。2018 年 2 月,4 颗在轨验证卫星和 18 颗完全运营能力卫星组成了其星座。[①] 欧盟委员会于 2016 年 12 月宣布了欧洲伽利略系统的初步服务投入运营,并计划于 2020 年宣布得到完全运营能力。表 4 - 11 展示了欧洲伽利略系统信号的预期可用性。

表 4 - 11　欧洲伽利略系统信号的预期可用性

		2015 年	2016 年	2017 年	2018 年	2019 年	2020 年	2021 年	2022 年	2023 年	2024 年	2025 年	2026 年
欧洲伽利略系统	E1	采用 E1 的卫星数量<12 颗		采用 E1 的卫星数量≥12 颗			完全运营能力						
	E5	采用 E5 的卫星数量<12 颗		采用 E5 的卫星数量≥12 颗			完全运营能力						
	E6	采用 E6 的卫星数量<12 颗		采用 E6 的卫星数量≥12 颗			完全运营能力						

与美国 GPS 和俄罗斯格洛纳斯系统类似的是,随着第二代伽利略卫星的发射,欧洲伽利略系统未来还将继续演进。然而,我们必须注意到,关于欧洲伽利略系统演进的政治决定尚未作出。如今,伽利略系统发展的几种情况已经拟定好,并将在今后几年中进行分析。一旦对所有方面(架构、技术选择、收益和成本、下一个多年期财务框架的可用预算)进行了深入分析,最迟将在 2020 年对其发展方向作出最终决定。

开发战略

欧洲伽利略系统将提供四项服务:开放服务、高精度服务、公共监管服务、搜索和救援服务。

---

① 参见 https://www.gsc-europa.eu/system-status/Constellation-Information。

欧洲伽利略系统的开放服务将对用户免费。要使用这一服务，用户只需有一个性能充分、支持欧洲伽利略系统的接收机即可。

欧洲伽利略系统的高精度服务可以进行加密，以控制它的使用。它将提供比开放服务更高的精度和完好性。欧洲伽利略系统的高精度服务也将对用户免费。此外，也有可能在支付一定费用后进行高精度服务的认证。

欧洲伽利略系统的公共监管服务也将进行加密。它将提供更高的精度、完好性、连续性以及抵御干扰和欺骗的能力。公共监管服务将仅限于成员国、理事会、欧盟委员会和欧洲对外行动署，并在适当情况下限于欧盟的各机构。在某些情况下，第三国和国际组织可以使用这项服务。

欧洲伽利略系统还将为国际星基搜索救援遇险警报探测系统 COSPAS - SARSAT 作出贡献。

1.1.4 中国北斗系统

中国北斗系统(BeiDou)是中国拥有和开发的全球卫星导航系统。这是一个两用系统，可以满足民用和政府用户的需求。与全球卫星导航系统的其他成员一样，中国北斗系统由空间段、地面段和用户段组成。中国北斗系统的空间段由不同轨道的卫星组成，这在全球卫星导航系统中是一个独特特征。如图 4 - 14 所示，中国北斗系统的星座由 5 颗地球静止轨道卫星、3 颗倾斜地球同步轨道卫星和 27 颗在中圆地球轨道上的卫星组成。这些地球静止轨道卫星分别位于东经 58.75°、东经 80.0°、东经 110.5°、东经 140.0°和东经 160.0°。倾斜地球同步轨道卫星均匀分布在高度为 36,000km、倾角为 55°、交点为东经 118.0°的轨道上。在中圆地球轨道上的卫星均匀分布在三个轨道平面上的圆形轨道上，高度为 21,500km，倾角为 55°。

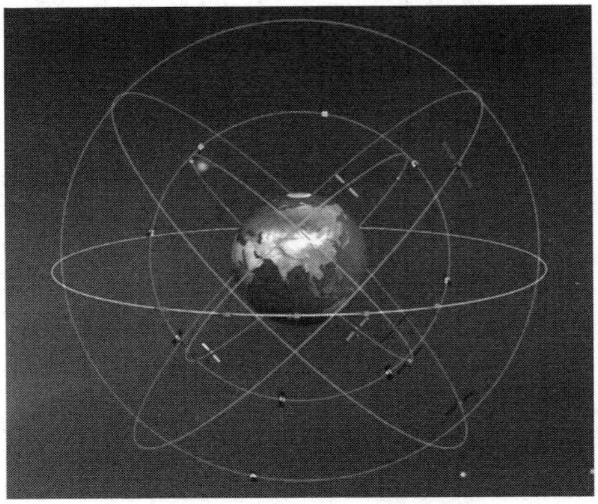

图 4 - 14　中国北斗系统的星座

中国北斗系统的地面段由一个主控站、注入站和一个监测站网络组成。地面段的工作原理与其他全球卫星导航系统相同。监测站检查导航信号的质量和卫星的状态,并将这些信息发送给控制中心。控制中心处理这些信息,产生新的导航信息,以及保持卫星正常工作所需的命令。注入站将这些信息传送给卫星。

用户段包括接收和处理中国北斗系统信号所需的设备。

主要特征

中国北斗系统在所有天气条件下都能覆盖地球表面的整个范围,可提供定位、导航和授时服务。表4－12和图4－15展示了中国北斗系统信号的主要特征。

表4－12　中国北斗系统信号的主要特征

B1				
信号	B1－I(OS)	B1－Q(AS)	B1－C	B1
频率(MHz)	1561.098	1561.098	1575.42	1575.42
访问技术	CDMA	CDMA	CDMA	CDMA
调制	BPSK(2)	BPSK(2)	MBOC(6,1,1/11)	BOC(14,2)
B3				
信号	B3－I(AS)	B3－Q(AS)	B3－A(AS)	B3(AS)
频率(MHz)	1268.52	1268.52	1268.52	1268.52
访问技术	CDMA	CDMA	CDMA	CDMA
调制	BPSK(10)	BPSK(10)	BOC(15,2.5)	BPSK(10)
B2				
信号	B2－I(OS)	B2－Q(AS)	B2a	B2b
频率(MHz)	1207.14	1207.14	1176.46	1207.14
访问技术	CDMA	CDMA	CDMA	CDMA
调制	BPSK(2)	BPSK(10)	AltBOC(15,10)	AltBOC(15,10)

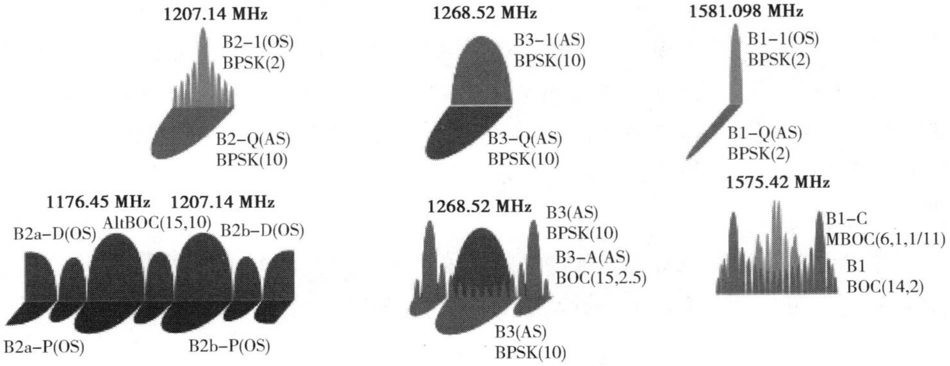

图 4-15　中国北斗系统的信号

资料来源:Navipedia。

中国卫星导航系统管理办公室于 2013 年发布了《北斗卫星导航系统公开服务性能规范》。我们在表 4-13 中再现了其位置、速度和授时精度的值。

表 4-13　中国北斗系统的规格

水平定位精度(95%)	≤10m	服务区任意点 24 小时的定位/测速/授时误差的统计值
垂直定位精度(95%)	≤10m	
速度精度(95%)	≤0.2m/s	
授时精度(95%)	≤50ns	
定位服务可用性	≥0.95	服务区任意点任意 24 小时

用户只需要具有兼容的接收器即可,接收使用中国北斗系统的信号。这意味着北斗系统可以同时为无限数量的用户服务。

现状和现代化计划

据报道,2016 年 3 月 30 日为中国北斗系统的星座发射了第 17 颗卫星。[①][*] 在 2017 年和 2018 年年初,中国北斗系统也发射了新的卫星。然而,几乎没有关于星

① 参见 http://www.beidou.gov.cn/2015/04/01/20150401b4b91ddc213a45129a665ea3272b5aed.html。

* 【编者注】有关北斗系统最新权威叙述见中华人民共和国国务院新闻办公室 2022 年 11 月发布的《新时代的中国北斗》白皮书。

座运行状态的信息。中国计划在2020年前完善这个星座。表4－14展示了中国北斗系统信号的预期可用性。

表4－14　中国北斗系统信号的预期可用性

		2015年	2016年	2017年	2018年	2019年	2020年	2021年	2022年	2023年	2024年	2025年	2026年
中国北斗系统	B1	采用B1的卫星数量≥12颗					完全运营能力						
	B2	采用B2的卫星数量≥12颗					完全运营能力						
	B3	采用B3的卫星数量≥12颗					完全运营能力						

开发战略

中国北斗系统有两种类型的服务：开放服务和授权服务。

使用中国北斗系统的开放服务是免费和不受限制的。要使用中国北斗系统的开放服务，用户只需有一个性能充分、支持中国北斗系统的接收机即可。

只有授权用户才能使用北斗系统的授权服务。

1.2　对全球卫星导航系统的增强

1.2.1　欧洲地球静止导航重叠服务系统

欧洲地球静止导航重叠服务系统简称EGNOS，它是GPS标准定位服务的区域性星基增强系统。欧盟和欧洲全球卫星导航系统局分别是EGNOS系统的所有者和项目管理者。EGNOS系统在L1波段（1575.42MHz）发射信号，并对GPS的标准定位服务进行校正，提高了其精度和完好性。EGNOS系统的基础设施由以下要素组成：

- 由39个测距和完好性监测站组成的地面网络，RIMS。
- 6个导航陆地地面站，NLES。
- 两个任务控制中心。
- 3颗地球同步卫星（Inmarsat3F2AOR－E、Astra5B和AstraSES－5）上的信号应答器。
- 性能评估和检验设施，PACF。
- 专用认证设施，ASQF。

图4－16描述了EGNOS系统的工作原理。测距和完好性监测站不断估计与GPS标准定位服务信号相关的时钟误差和电离层延迟数据。它们将这些信息发送

到控制中心，在那里进行处理，并生成带有校正参数的消息。导航地面站向提供EGNOS系统服务的3颗地球同步卫星发送带有校正编码的信号，这些卫星将信号广播到它们覆盖的区域。用户只要其设备性能充分即可接收到GPS的标准信号，此外还有EGNOS系统提供的校正信号。其结果是，与独立GPS服务相比，提高了其精度和完好性。

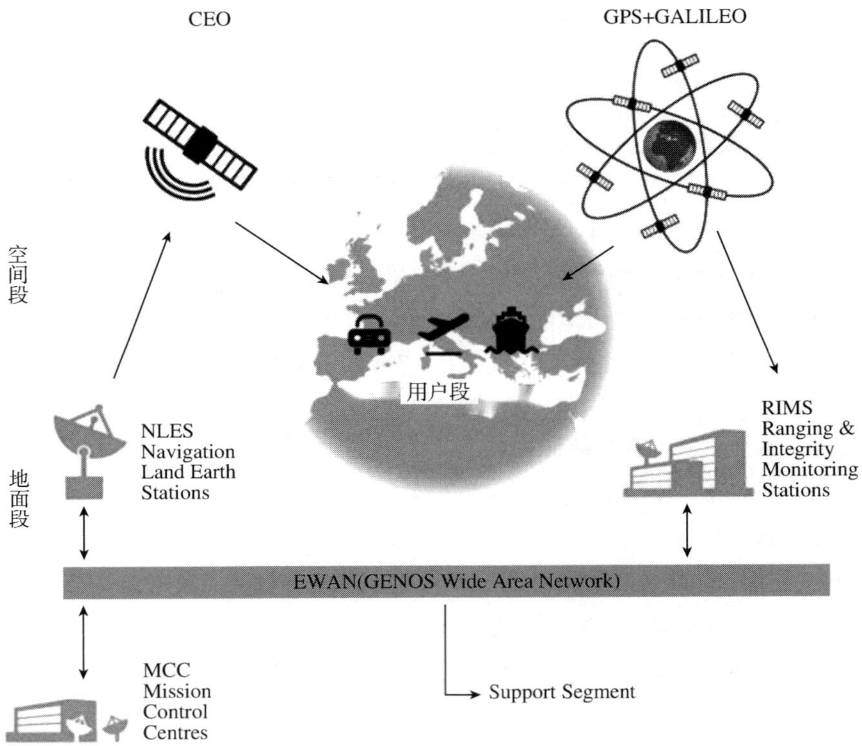

图4－16　EGNOS系统的架构

资料来源：欧洲全球卫星导航系统局。

主要特征

EGNOS系统在任何天气条件下都能覆盖欧洲领土。图4－17展示了开放服务的可用性地图。

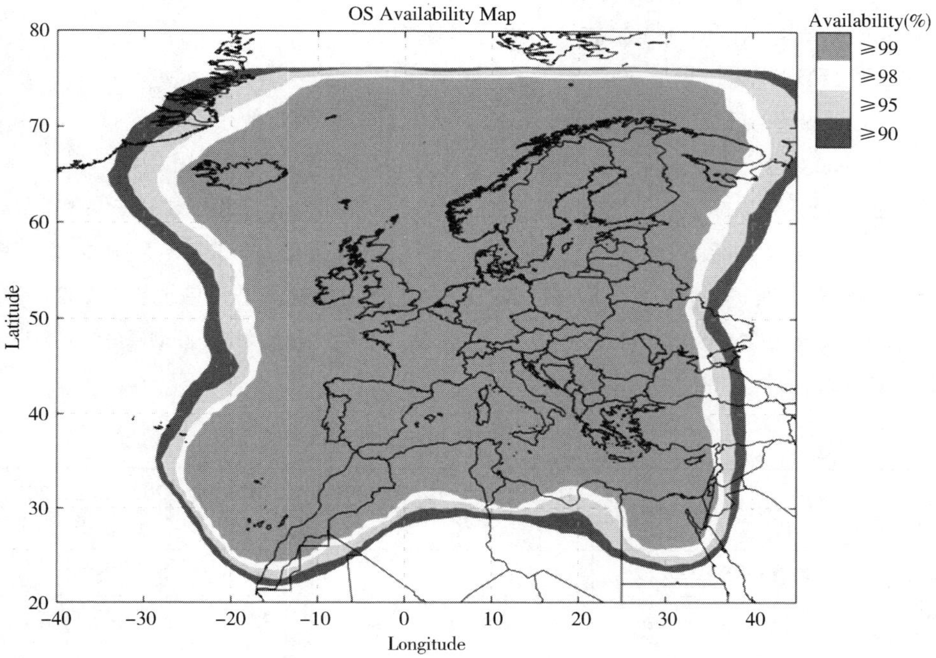

图 4－17　EGNOS 系统开放服务的可用性

资料来源：欧洲全球卫星导航系统局。

EGNOS 系统的卫星在 L 波段（1575.42MHz）上发射右旋圆极化信号。广播出来的信号是 GPS 系列的 1023 位导航伪随机噪声码与每秒 250 位、携带校正和完好性数据的导航数据信息的组合。对于高于 5°的仰角，接收到的射频信号电平在－161dBW到－153dBW 的范围内。在任何时间点，3 颗卫星中至少有两颗会广播投入运营的 EGNOS 系统的信号。表 4－15 展示了 EGNOS 系统开放服务的精度。

表 4－15　EGNOS 系统开放服务的精度①

水平误差	≤3m95%
垂直误差	≤4m95%
授时误差	≤20ns（3σ）

① 参见《欧洲地球静止导航覆盖系统的开放服务：服务定义文件》。

要利用EGNOS系统的信号，用户只需要具有兼容的接收器即可。这意味着EGNOS系统可以同时为无限数量的用户服务。

现状和现代化计划

EGNOS系统开放服务从2009年10月1日起可供用户使用。

EGNOS系统生命安全服务从2011年3月2日起可供用户使用。

EGNOS系统的第一套数据访问服务从2012年7月26日起可供用户使用。

目前，EGNOS系统为GPS L1波段信号提供增强服务。EGNOS系统将在未来几年经历若干改进，目标是将其改造成一个多星座和多频的增强系统。到2025年，EGNOS系统EGNOS V3将能够增强GPS的L1/L5波段和欧洲伽利略系统的E1/E5波段信号，如表4－16所示。

表4－16　EGNOS系统的预期演进

		2017年	2018年	2019年	2020年	2021年	2022年	2023年	2024年	2025年	2026年	2027年
欧洲地球静止导航重叠服务系统	美国GPS L1波段											
	美国GPS L5波段									完全运营能力		
	欧洲伽利略系统E1波段									完全运营能力		
	欧洲伽利略系统E5波段									完全运营能力		

在2018年1月，EGNOS系统开放服务的可用性超过99%。所有站点的水平精度保持在1.3米（95%）以下，垂直精度保持在2.5米（95%）以下。在过去的3个月中，EGNOS系统的网络时间和GPS的时间之间的偏差保持在7纳秒以下。①

开发战略

EGNOS系统提供3项服务：开放服务、生命安全服务和EGNOS数据访问服务（EDAS）。

开放服务和生命安全服务是公开提供的，不收取直接使用费。

EGNOS数据访问服务是一个受保护的服务。EGNOS数据访问服务是免费的，但是，愿意使用这项服务的用户需要注册。

1.2.2　地基增强系统

地基增强系统（GBAS）是全球卫星导航系统的局域增强系统。飞机用它进行

① 参见《欧洲地球静止导航覆盖系统月度性能报告》，2018年1月。

精确的进近操作。地基增强系统为全球卫星导航系统卫星广播伪距校正数据，飞机可以据此估计出准确的位置。此外，地基增强系统还提供了类似于仪表着陆系统的精确进近路径。知道了它的准确位置和要遵循的路径，飞机就能执行精确的进近和着陆。

图 4 – 18 展示了地基增强系统的架构。由已知位置的一系列参考接收机接收全球卫星导航系统的信号，并将其发送至控制中心。地基增强系统控制中心将估计视野中每颗全球卫星导航系统卫星的伪距误差以及完好性数据。全向甚高频天线将对这一信息进行广播，其中还包括精确进近航段数据。飞机一方面接收全球卫星导航系统的数据，另一方面接收地基增强系统的数据。它们可以利用地基增强系统数据校正全球卫星导航系统的伪距，并遵循提供的路径，执行精确的进近和着陆操作。

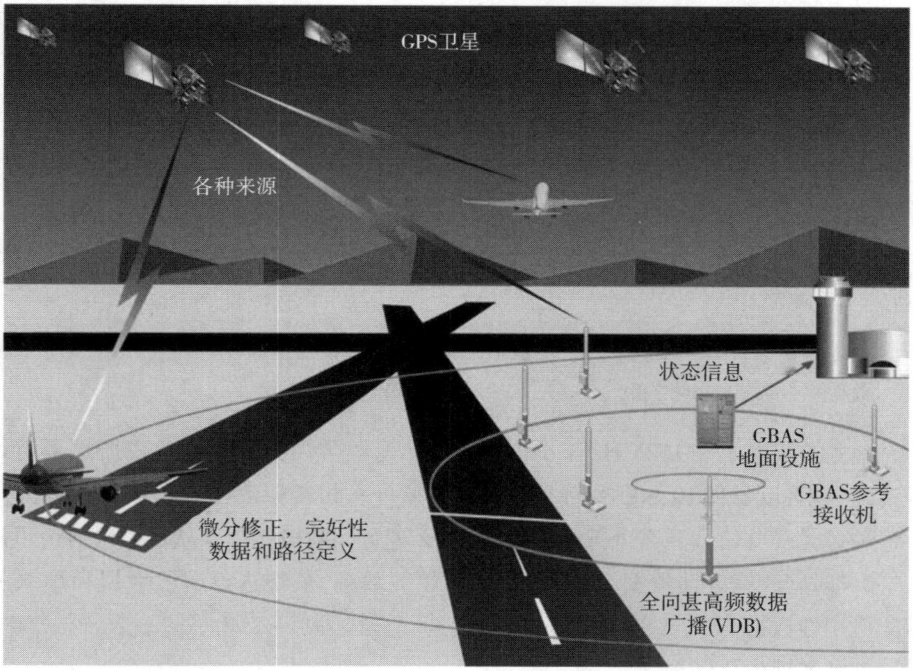

图 4 – 18　地基增强系统的架构

资料来源：美国联邦航空管理局。

主要特征

地基增强系统的地面部分由一个全球卫星导航系统参考接收机网络、一个控制中心、一个甚高频数据广播(VDB)和至少一个发射机组成。

如图4－19所示,地基增强系统的最小覆盖范围,在水平方向上延伸至离跑道不超过28km、±35°范围内的扇区区域和离跑道不超过37km、±10°范围内的扇区区域。其覆盖范围在垂直方向上延伸至离跑道上空不超过3000m高度、角度至少为7°的圆锥形区域。

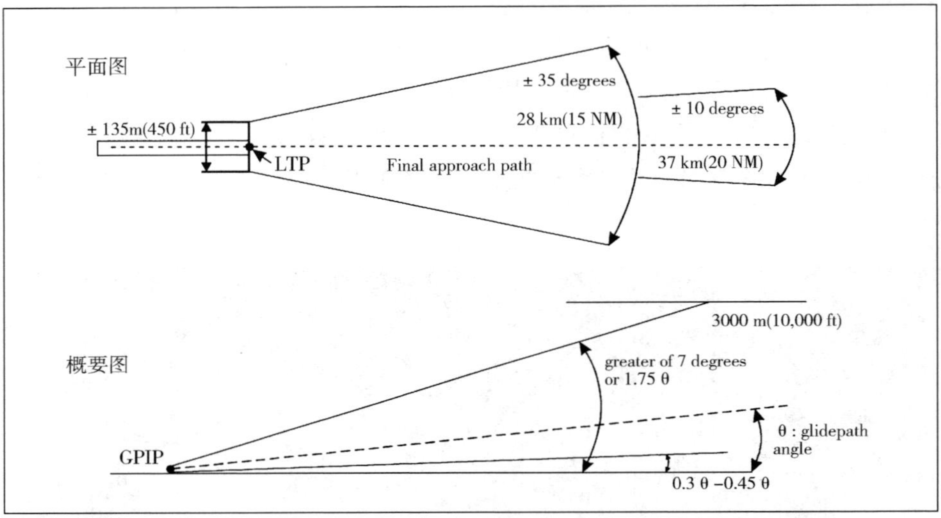

GPIP—滑翔道交点
LTP—着陆阈值点

图4－19　地基增强系统的最小覆盖范围

资料来源:国际民用航空组织。

地基增强系统在108MHz至117.975MHz的频带内传输数据。数据是采用时分多址技术,以每秒10,500个符号的速率以差分八相相移键控(D8PSK)调制方式传输的。无线电信号要么进行水平极化,要么进行椭圆极化。导航数据包括伪距校正、参考时间和完好性数据、地基增强系统相关数据、最终进近航段数据和预测测距源可用性数据。

现状和现代化计划

基于GPS L1波段的地基增强系统第一类操作已经可以使用。基于GPS L1波段的地基增强系统第二类/第三类操作预计将于2020年投入使用。基于GPS L1/L5波段和欧洲伽利略系统E1/E5波段的地基增强系统第二类/第三类操作预计将于

2026 年投入使用,如表 4 – 17[①] 所示。多星座和多频地基增强系统将能够提供支持深受电离层异常困扰的低纬度地区进行第二类/第三类操作所需的稳健性。此外,多星座和多频地基增强系统将在中纬度场景下,针对全星座或单频损耗提供更好的稳健性。

表 4 – 17　地基增强系统的预期演进

<table>
<tr><th></th><th></th><th>2017 年</th><th>2018 年</th><th>2019 年</th><th>2020 年</th><th>2021 年</th><th>2022 年</th><th>2023 年</th><th>2024 年</th><th>2025 年</th><th>2026 年</th><th>2027 年</th></tr>
<tr><td rowspan="3">地基增强系统</td><td>第一类(美国 GPS L1 波段)</td><td colspan="11">完全运营能力</td></tr>
<tr><td>第二类/第三类(美国 GPS L1 波段)</td><td colspan="3"></td><td colspan="8">完全运营能力</td></tr>
<tr><td>第二类/第三类(美国 GPS – 欧洲伽利略系统 L1/E1 波段、L5/E5 波段)</td><td colspan="8"></td><td colspan="3">完全运营能力</td></tr>
</table>

图 4 – 20(编者略)展示了目前在欧洲部署的地基增强系统的运营和研究站。

开发战略

欧洲空中交通管理服务的费用(基础设施、人员和其他运营成本)是根据“用户付费”原则通过空中导航收费项目支付的。空中导航收费项目有不同的种类:航线费、终端导航费和通信费。欧洲航空安全组织代表其所有成员国收取航线费。

1.2.3　差分全球卫星导航系统

差分全球卫星导航系统(DGNSS)是对卫星导航系统的地基增强。其工作原理类似于前面所描述的 EGNOS 系统和地基增强系统。一个非常精确的位于地面上的参考站网络监测全球卫星导航系统卫星传送的信号,并将其发送到控制中心。控制中心将计算卫星伪距的校正值以及完好性信息。该信息被广播给用户,用户使用该信息来校正直接从全球卫星导航系统星座接收的伪距。因此,用户可以更准确地估计其位置,并在任何卫星导航工作低于某个质量阈值的情况下得到警报。图 4 – 21 展示了差分全球卫星导航系统的架构。

---

① 参见《欧洲空中交通管理总体规划》2015 年版。

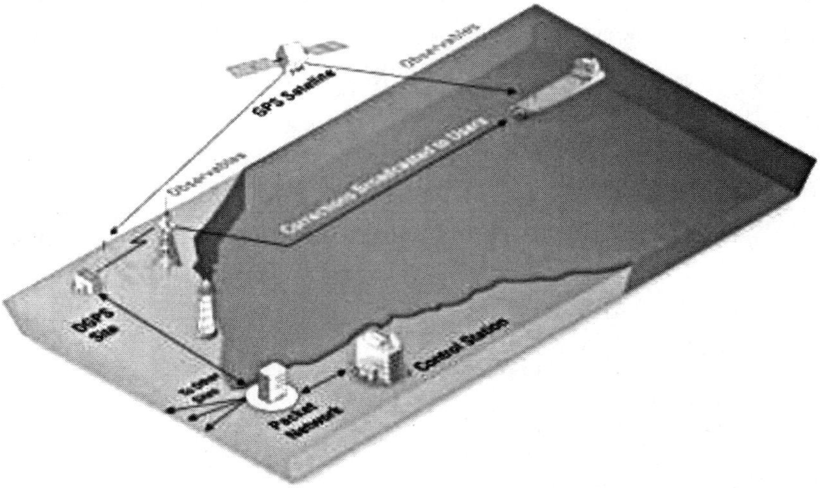

图 4-21　差分全球卫星导航系统的架构

资料来源:USA RNP。

有几种实现方式能够提供差分 GPS 服务,主要区别在于系统如何向用户发送校正数据(无线电广播、蜂窝电话、互联网……)。各种实施方式中,对服务的访问也可能在不同实施过程中会发生变化(免费使用、注册使用、注册加付费访问……)。

在发达国家,差分全球卫星导航系统的两种实施方式非常普遍:地面和海上。

地面差分全球卫星导航系统依靠遍布全国的监测站网络。通常使用移动蜂窝网络或互联网进行服务。服务可以是免费的,也可以在付费后提供。它可以实时提供,也可以在后处理模式下提供。实时服务达到厘米范围的精度,而后处理服务达到毫米范围的精度。(图 4-22,编者略)大多数欧洲国家有自己的差分全球卫星导航系统地面网络。例如,Flepos、Walros、Ignbru(比利时)、Eposa、Apos、NetFocus、Doris(奥地利)、RGP(法国)、Swipos(瑞士)、Netpos(荷兰)、Sapos 和 AXIO-Net(德国)。

移动蜂窝网络没有覆盖海洋。然而,对于海事界来说,无线电信标的差分全球卫星导航系统是向用户提供增强信息的标准方式。在这种情况下,校正数据将在 283.5KHz 至 325KHz 的海上无线电信标频带上进行广播。发射台位于海岸附近,为沿海和港口进近阶段的导航提供更高精度和完好性的信息。无线电信标差分全球卫星导航系统的典型精度在 1 米至 3 米之间,取决于用户和参考站之间的距离。这项服务是免费的,用户只需要配备一个兼容的接收机即可。例如,西班牙的海上差分全球卫星导航系统网络，能够覆盖西班牙海岸线外100海里的范围（图4－29，编者略）。

在海事行业采用EGNOS系统可以构成一个替代性的或互补性的海上差分全球卫星导航系统。例如，灯塔管理总局的所需导航性能规范对2021年左右完成的其无线电信标差分全球卫星导航系统的合理化改造提出了期望。

2. 地 基 系 统

2.1　无方向性信标

无方向性信标（NDB）是一种无线电导航设备，它能让飞机知道相对于它的方位。无方向性信标是非常简单的系统，由一个全向天线组成，以固定频率连续广播载波信号。装有自动测向仪（ADF）的飞机可以计算信号到达的角度，即无方向性信标的方位。我们可以使用若干个无方向性信标来指示一条航线。该系统的精度取决于安装在飞机上的自动测向仪设备。

主要特征

无方向性信标应在190KHz至1750KHz的频带范围内工作，并应连续发送带有识别信息的调制载波。调制音的频率应为1020±50Hz或者400±25Hz。每个无方向性信标应由一个代码单独识别，该代码至少每30秒发送一次。无方向性信标应包括一个监测系统，用于检测无方向性信标或监测器本身的故障。①

无方向性信标系统没有容量限制。

状态和合理化改造计划

几十年来，无方向性信标一直是空中交通管理导航设备地面基础设施的一部分。然而，由于其技术限制、全球卫星导航系统的出现以及向基于性能的导航的转变，我们预计无方向性信标将在不久的将来结束运营。《欧洲空中交通管理总体规划》已建议到2020年使无方向性信标退役。

国际民航组织《全球空中导航计划》预计无方向性信标作为无线电导航设备的重要性将会降低，并有可能退役。

开发战略

欧洲空中交通管理服务的费用（基础设施、人员和其他运营成本）是根据“用户付费”原则通过空中导航收费项目支付的。空中导航收费项目有不同的种类：航线费、终端导航费和通信费。欧洲航空安全组织代表其所有成员国收取航线费。

---

①　参见国际民用航空组织附件10第1卷《无线电导航设备》。

2.2 甚高频全向无线电信标

甚高频全向无线电信标(VOR)是一种让飞机知道其相对方位的系统。它由发射两个无线电信号的圆形天线阵列组成,其中一个信号是全向传输的,另一个信号非常窄,集中在特定的方向。这个方向以每秒 30 转的速度旋转。机载设备会接收这两个信号,并根据它们的相位差来估算相对于甚高频全向无线电信标的方位。如果甚高频全向无线电信标已与测距仪相关联,飞机还可以计算它们到甚高频全向无线电信标的斜距。地面上的甚高频全向无线电信标站网络使用三角测量法,让飞机知道自己的位置,并从一个点导航到另一个点。

主要特征

甚高频全向无线电信标应在 108MHz 至 117.975MHz 的频带内工作,并进行水平极化。方位信息的精度应在 ±2°以内。该系统的覆盖范围受到视线的限制,最高可达 40°。甚高频全向无线电信标应具有一个监控单元用于发出警告,并在不满足特定服务条件的情况下,从载波中去除导航内容或关闭辐射功率。如果监控器本身发生故障,也会发生同样的情况。①

甚高频全向无线电信标系统没有容量限制。

状态和合理化改造计划

几十年来,甚高频全向无线电信标一直是空中交通管理导航设备地面基础设施的一部分。然而,由于其技术限制、全球卫星导航系统的出现以及向基于性能的导航的转变,我们预计在接下来的几年中,甚高频全向无线电信标的重要性将会降低。《欧洲空中交通管理总体规划》计划到 2020 年将空中交通管理数量减少至最小运营网络。在全球卫星导航系统暂时中断的情况下,该网络将提供一些有限的导航功能。

国际民航组织《全球空中导航计划》预计,作为无线电导航设备,甚高频全向无线电信标将变得不那么重要,并有可能退役。

开发战略

欧洲空中交通管理服务的费用(基础设施、人员和其他运营成本)是根据“用户付费”原则通过空中导航收费项目支付的。空中导航收费项目有不同的种类:航线费、终端导航费和通信费。欧洲航空安全组织代表其所有成员国收取航线费。

2.3 测距仪

测距仪(DME)是一个提供飞机和地面相应设施之间斜距的系统。测距仪由两

---

① 参见国际民用航空组织附件 10 第 1 卷《无线电导航设备》。

个要素组成:询问器和应答器。询问器位于飞机上,应答器位于地面上。测距仪的操作很简单,即询问器广播无线电信号,应答器接收并处理该信号,经过指定的时间后,应答器将回复另一个无线电信号,往返时间用于计算两台设备之间的斜距。

主要特征

测距仪应在960MHz至1215MHz的频带内工作,并进行水平极化。通常情况下,测距仪与甚高频全向无线电信标、仪表着陆系统或微波着陆系统相关联。如果与甚高频全向无线电信标相关联,测距仪的覆盖范围至少应得到甚高频全向无线电信标的覆盖范围。如果与仪表着陆系统或微波着陆系统相关联,测距仪覆盖范围应至少是仪表着陆系统或微波着陆系统方位角引导扇区的覆盖范围。总系统误差(最大距离为370km)不应大于测量距离 ±460m 的1.25%。应答器辐射的功率必须确保在覆盖区域内、所有天气条件下的峰值脉冲功率密度达到 $-89dBW/m^2$。测距仪应答器应配有一个监控单元,以防不满足某些服务条件,或者即使自身的监控器出现故障时,该监控单元也可以发出警告并关闭辐射功率。这应在故障开始后不到10秒内完成。①

测距仪的容量限制为100架飞机。

状态和优化计划

测距仪是空中交通管理导航设备地面基础设施的一部分。经过优化甚至扩展的网络或测距仪将支持基于性能的导航。在全球卫星导航系统出现故障的情况下,测距仪可构成备用的基础设施。《欧洲空中交通管理总体规划》已建议在2019年之前完成测距仪网络的优化。

在基于性能的导航方面,国际民航组织《全球空中导航计划》认为测距仪是全球卫星导航系统适当的备用系统。为了在全球卫星导航系统中断的情况下提供良好的服务,我们可能需要扩大测距仪网络。

开发战略

欧洲空中交通管理服务的费用(基础设施、人员和其他运营成本)是根据“用户付费”原则通过空中导航收费项目支付的。空中导航收费项目有不同的种类:航线费、终端导航费和通信费。欧洲航空安全组织代表其所有成员国收取航线费。

2.4　仪表着陆系统

仪表着陆系统(ILS)是“一种可以在飞机着陆之前和着陆期间为飞机提供水平

---

① 参见国际民用航空组织附件10第1卷《无线电导航设备》。

和垂直引导,并在某些固定点上指示离着陆基准点距离的无线电导航系统”①。它由定位器、滑行路径和指点信标组成。仪表着陆系统定位器是“仪表着陆系统中指示飞机与其沿跑道轴线最佳下降路径之水平偏差的水平引导系统”②。仪表着陆系统滑行路径是“仪表着陆系统中指示飞机与其最佳下降路径之垂直偏差的垂直引导系统”③。指点信标是“航空无线电导航服务中垂直地辐射出独特的图形以向飞机提供位置信息的发射机”④。

如图 4－23 所示,仪表着陆系统定位器发射两条不同调制、在跑道中心线相交的无线电波束。它向飞机提供方位信息。

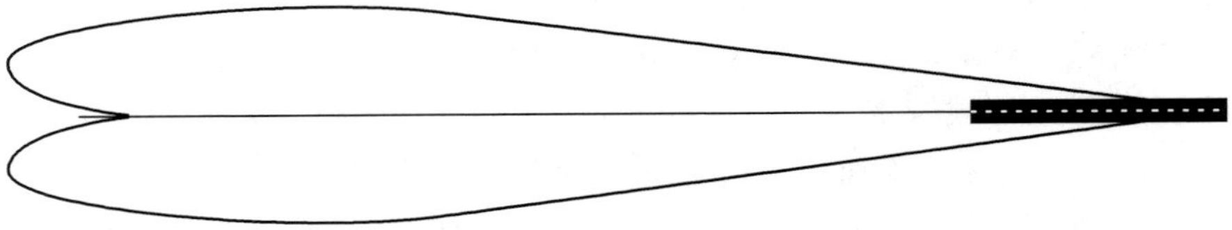

图 4－23　仪表着陆系统定位器无线电波束

资料来源:SKYbrary。

同样,仪表着陆系统滑行路径发射两条不同调制、在最佳下降路径相交的无线电波束。它向飞机提供垂直方向信息。指点信标位于距离跑道的特定点,并向飞机提供离跑道的距离。图 4－24 展示了仪表着陆系统的滑行路径和指点信标。飞机可以利用这三个要素,知道它们相对于跑道中心的水平偏差、它们相对于最佳下降路径的垂直偏差,以及它们离跑道的距离。

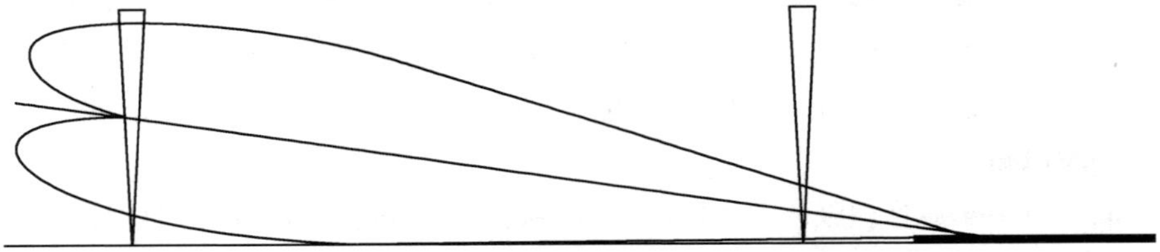

图 4－24　仪表着陆系统滑行路径和指点信标无线电波束

资料来源:SKYbrary。

---

① 《国际电信联盟无线电条例》,2012 年版,第 1.104 条。

② 《国际电信联盟无线电条例》,2012 年版,第 1.105 条。

③ 《国际电信联盟无线电条例》,2012 年版,第 1.106 条。

④ 《国际电信联盟无线电条例》,2012 年版,第 1.107 条。

主要特征

我们在下面总结了仪表着陆系统的主要规格。关于全部规格，请参考国际民用航空组织附件 10 第 1 卷《无线电导航设备》。

仪表着陆系统应包括一个甚高频定位器、一个超高频滑行路径和若干个甚高频指点信标。

定位器应在 108MHz 至 111.975MHz 的频段内工作。广播的信号在幅度调制中以 90Hz 和 150Hz 的音调进行调制，每一个音调在航道的一侧占优势，并被水平极化。定位器的覆盖范围应从天线的中心延伸至以下距离：

- 在离前航道线 46.3km 的距离、±10°角度之间的范围内。
- 在离前航道线 31.5km 的距离、10°和 35°角度之间的范围内。
- ±35°角度之外 18.5km 的范围内（如果能够覆盖到的话）。

场强不得低于 40μv/m。航道对中精度应保持在以下范围内：

- 对于第一类定位器，±10.5m 或 0.015DDM 的线性当量，以较小者为准。
- 对于第二类定位器，±7.5m。
- 对于第三类定位器，±3m。

如果不满足提供服务的某些条件，自动监控系统应提供警告，甚至关闭信号的发射。对于第二类/第三类定位器，完好性应大于 $1-0.5\times10^{-9}$，对于第一类定位器，完好性应大于 $1-1.0\times10^{-7}$。服务的连续性应大于：

- $1-4\times10^{-6}$（对于第一类定位器，在任意 15 秒的时间区间内）。
- $1-2\times10^{-6}$（对于第二类定位器，在任意 15 秒的时间区间内）。
- $1-2\times10^{-6}$（对于第三类定位器，在任意 30 秒的时间区间内）。

滑行路径设备应在 328.6MHz 至 335.4MHz 的频段内工作。辐射将以 90Hz 和 150Hz 的音调进行幅度调制，并水平极化。滑行路径的覆盖范围应延伸至仪表着陆系统滑行路径中心线每侧 8°方位角范围内的扇区区域，距离至少 18.5km。最小场强应为 400μv/m。如果不满足提供服务的某些条件，自动监控系统应提供警告，甚至关闭信号的发射。对于第二类/第三类设施，完好性应大于 $1-0.5\times10^{-9}$，对于第一类设施，完好性应大于 $1-1.0\times10^{-7}$。服务的连续性应大于：

- $1-4\times10^{-6}$（对于第一类设备，在任意 15 秒的时间区间内）。
- $1-2\times10^{-6}$（对于第二类/第三类设备，在任意 15 秒的时间区间内）。

指点信标应在 75MHz 的频率下工作，其信号水平极化。每个设施中应有两个指点信标，以指示预定距离。如果主管当局认为有必要，还应有第三个指点信标。

在覆盖范围的界限位置，场强应为 1.5mv/m，在覆盖区域内至少应上升至 3.0mv/m。调制频率应为：

- 内部指点，3000Hz。
- 中间指点，1300Hz。
- 外部指点，400Hz。

指点信标应位于以下距离：

- 内部指点，离着陆入口在 75m 到 450m 之间。
- 中间指点，在离着陆入口 1050 ± 150m 处。
- 外部指点，在离着陆入口 7.2km 处，或者在不可能达到的情况下，离该入口在 6.5km 至 11.1km 之间。

在一些仪表着陆系统的安装中，甚高频指点信标正在被与仪表着陆系统同处一处的测距仪所取代，为飞行员连续提供离跑道的水平距离。

如果自动监控器检测到系统故障，则应发出警告。

仪表着陆系统没有容量限制。

状态和优化计划

仪表着陆系统是用于精确进近和着陆的、扩展最充分的系统。近年来，地基增强系统的引入使得地基增强系统第一类操作成为可能。我们预计地基增强系统第二类/第三类项目将于近期启动。因此，我们将有机会实现仪表着陆系统基础设施的合理化。《欧洲空中交通管理总体规划》已建议在 2020 年之前完成仪表着陆系统网络的合理化。

在精确进近和着陆方面，国际民用航空组织《全球空中导航计划》认为仪表着陆系统是全球卫星导航系统适当的备用系统，并建议保留现有的基础设施。

开发战略

欧洲空中交通管理服务的费用（基础设施、人员和其他运营成本）是根据“用户付费”原则通过空中导航收费项目支付的。空中导航收费项目有不同的种类：航线费、终端导航费和通信费。欧洲航空安全组织代表其所有成员国收取航线费。

2.5 微波着陆系统

微波着陆系统（MLS）是一种设计用于取代仪表着陆系统的精确进近和着陆系统。它给飞机提供方位、仰角、测距和数据信息。它是通过覆盖区域内的扫描无线电波束来工作的，飞机可以通过它来估计自己的位置。它的覆盖范围比仪表着陆系统更广，进近路线可以更灵活。它还有一个反方位角覆盖区域，为那些不得不中止着陆的飞机提供信息。跑道和飞机之间的测距信息是通过测距仪给出的。

主要特征

我们在下面总结了微波着陆系统的主要规格。关于全部规格，请参考国际民用航空组织附件 10 第 1 卷《无线电导航设备》。

一个基本的微波着陆系统应包括一台进近方位角设备、一台进近仰角设备、一台数据传输设备和一台测距仪。

微波着陆系统的角度和数据设备应在 5030.4MHz 至 5150.0MHz 频带内工作。测距仪设备应在其特定的频带内工作。所有地面设备的数据传输应进行垂直极化。角度和数据信息应通过时分复用在单个射频信道上传输。

进近方位角地面设备在进近区域应具有以下覆盖范围：

- 横向在 80°的扇区内。
- 纵向距离为 41.7km。
- 垂直向上直到倾斜 15°的表面，高度不超过 6000m。

反方位角地面设备应具有以下覆盖范围：

- 水平方向在跑道中心线周围 ±20°的扇区内，向复飞方向延伸至少 18.5km。
- 在跑道区域内，垂直向上直到倾斜 20°的表面，高度不超过 600m。
- 在反方位角区域内，垂直向上直到倾斜 15°的表面，高度不超过 3000m。

进近和反方位角设备应有一个监控系统，在某些条件不满足时，或者即使监控系统出现故障，该监控系统也会发出警告并停止辐射。对于第二类/第三类设施，微波方位角完好性应大于 $1-0.5\times10^{-9}$，对于第一类设施，完好性应大于 $1-1.0\times10^{-7}$。微波着陆系统方位角设备的服务连续性应大于：

- $1-4\times10^{-6}$（对于第一类操作，在任意 15 秒的时间区间内）。
- $1-2\times10^{-6}$（对于第二类/第三类操作，在任意 15 秒的时间区间内）。
- $1-2\times10^{-6}$（对于所有第三类操作，在任意 30 秒的时间区间内）。

在进近区域，进近仰角地面设备应具有以下覆盖范围：

- 横向上，在一个角度范围至少等于纵向覆盖界限处比例引导扇区内。
- 纵向距离为 37km。
- 垂直向上直到倾斜 7.5°的表面，高度不超过 6000m。

进近仰角设备应有一个监控系统，在某些条件不满足时，或者即使监控系统出现故障，该监控系统也会发出警告并停止辐射。对于第二类/第三类设施，微波方位角完好性应大于 $1-0.5\times10^{-9}$，对于第一类设施，完好性应大于 $1-1.0\times10^{-7}$。微波着陆系统进近仰角设备的服务连续性应大于：

- $1-4\times10^{-6}$（对于第一类设备，在任意 15 秒的时间区间内）。
- $1-2\times10^{-6}$（对于第二类/第三类设备，在任意 15 秒的时间区间内）。

应至少在进近和反方位角引导的整个覆盖范围内设置测距仪。

状态和合理化改造计划

尽管微波着陆系统从未达到过作为仪表着陆系统升级版的部署状态，但它确实是作为仪表着陆系统的升级版进行设计的。地基增强系统第一类操作以及（将来的）地基增强系统第二类/第三类操作的引入，意味着微波着陆系统可能永远不会扩展用途了。《欧洲空中交通管理总体规划》已建议在 2020 年之前完成微波着陆系统网络的合理化。

在精确进近和着陆方面，国际民用航空组织《全球空中导航计划》认为，微波着陆系统是全球卫星导航系统适当的备用系统，并建议保留当前已经部署的基础设施。

开发战略

欧洲空中交通管理服务的费用（基础设施、人员和其他运营成本）是根据"用户付费"原则通过空中导航收费项目支付的。空中导航收费项目有不同的种类：航线费、终端导航费和通信费。欧洲航空安全组织代表其所有成员国收取航线费。

表 4－18 展示了民用航空领域常规导航设备的预期演进。在未来 10 年里，有几种系统将有机会进行合理化改造或直接退役。这是全球卫星导航系统及其星基和地基增强系统成功部署和升级的结果。这种基础设施合理化改造的两大重要成果是：节省运营成本并释放这些无线电导航系统占用的频段。不过，为了应对全球卫星导航系统可能在关键系统中发生的中断，我们需要设置备用系统。在民用航空领域，目前建议的备用系统将包括一个甚高频全向无线电信标最小运营网络和一个测距仪优化网络。对精确进近和着陆来说，该备用系统将由仪表着陆系统或微波着陆系统组成。

我们必须注意的是，这里提出的演进计划是由管理民用航空的国际协会（主要是国际民用航空组织和"欧洲单一天空空中交通管理研究计划"联合执行体）所设想的。不过，常规导航设备基础设施最终还是由各自国家当局负责。有些政策和计划可能不同于国际机构制定的那些政策和计划，即欧盟的每个成员国对这些基础设施可能都有自己的合理化改造或退役计划。

表 4－18　民用航空领域常规导航设备的预期演进

	2015 年	2016 年	2017 年	2018 年	2019 年	2020 年	2021 年	2022 年	2023 年	2024 年	2025 年	2026 年
仪表着陆系统	完全运营能力					合理化改造						
微波着陆系统	完全运营能力					合理化改造						
测距仪	完全运营能力									优化		
甚高频全向无线电信标	合理化改造					最小运行网络						
无方向性信标	合理化改造					退役						
替代性定位、导航和授时系统	正在进行研究											

关于长期的逆转性解决方案,"欧洲单一天空空中交通管理研究计划"联合执行体考虑采用多种新技术来增强甚至取代测距仪和甚高频全向无线电信标。这些替代性定位、导航和授时技术,即 A－PNT,包括增强型测距仪、Mosaic/测距仪、空地宽带数据通信技术—导航、增强型远距离无线电导航系统、广域多点相关/广播式交通信息服务、伪卫星、Mode－N 和惯性系统。根据《欧洲空中交通管理总体规划》,这些替代性的定位、导航和授时解决方案仍在研究中,预计在 2029 年前不会投入使用。因此,在该版《欧洲无线电导航计划 2018》中将不再对其进行详细说明。

2.6　罗兰－C/恰卡陆基无线电导航系统

远距离无线电导航系统(罗兰－C)是一个双曲线导航系统,最初开发于 20 世纪 50 年代。它的工作原理是比较来自一对同步发射机的信号的到达时间。从一对发射机接收信号,并知道它们的位置之后,用户即可将其位置限制在一个双曲线内。从另外两对发射机接收的信号将把位置限制在第二个和第三个双曲线上。双曲线的交点标志着接收机的位置。恰卡陆基无线电导航系统是俄罗斯的一个与罗兰－C 导航系统几乎相同的系统。接收机一般与两种导航系统均兼容。

主要特征

罗兰－C① 导航系统的工作频段为 90KHz 至 110KHz,功率输出范围从 100 千瓦到几兆瓦不等。罗兰－C 发射机是按链分组的。每个链有一个主台和至少两个副台。主台以预定的时间间隔发送九个脉冲。每个副台在接收到这些脉冲后,经过

① 罗兰系统的每次演进被赋予了各自不同的名称(罗兰、罗兰－A、罗兰－B、罗兰－C)。罗兰－C 是最新的扩展版本。

一个特定的延迟之后，发射八个脉冲。脉冲被编码，以便接收机能够识别发射的不同信号。主台和副台的位置、主台的重复时间间隔和二次传输时延都是已知的。因此，当用户接收到所有这些脉冲时，它可以估计其位置和不同台之间的传播时间。根据这些信息，可以估计接收机的位置。图 4－25 展示了具有一个主台和两个副台的罗兰－C 链的信号结构。

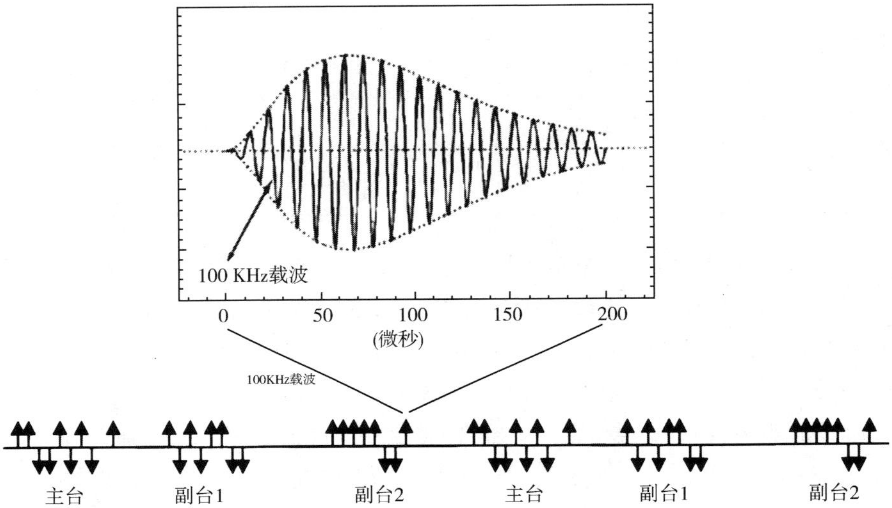

图 4－25　罗兰－C 的信号结构

资料来源：国际罗兰协会。

如果要在非常高的功率下传输非常低的频率，我们需要几百米高的传输天线杆。这些天线的辐射方向图是全向的。罗兰－C 导航系统的数据传输需要精确同步。为此，每个发射机最多包含三个原子钟。

罗兰－C 导航系统的精度优于 460 米，可用性为 99.7%①。每台发射机的典型覆盖范围可达数百公里。覆盖范围取决于白天/晚上的条件、天气以及陆地或海上的传输等因素。欧洲此前有几个罗兰－C 导航站。

罗兰－C 导航系统没有容量限制。

状态和合理化改造计划

卫星导航系统的发展大大减少了罗兰－C 导航系统用户的数量。法国、挪威、丹麦和德国于 2015 年终止了罗兰－C 导航系统的传输。

① 参见《美国联邦无线电导航计划》2008 年版。

2.7 增强型远距离无线电导航系统

国际罗兰协会在2007年发布了一份增强型远距离无线电导航系统(亦称为增强型罗兰系统)(eLoran)的定义文件。① 这项工作由美国海岸警卫队牵头,英国和爱尔兰的灯塔管理总局、美国联邦航空局、法国布雷思特舰艇建造局(法国国防部)以及几家独立咨询单位共同参与。

主要特征

增强型远距离无线电导航系统采用最先进的技术,以更高的精度、可用性和完好性提供罗兰式服务。两种系统之间的主要区别是在增强型远距离无线电导航系统中增加了与远距离无线电导航系统信号一起传输的数据信道。该数据信道用于传输校正和完好性信息,这提高了基本远距离无线电导航系统的性能。该数据信道还传输授时信息。

增强型远距离无线电导航系统由发射站、监控站点和控制中心组成,如图4－26所示。监控站点检查传输信号的授时精度,并在需要时向控制中心发送校正数据。控制中心从监控站收集观测数据,对其进行处理,并产生拟由发射站进行广播的校正和完好性数据。这些站使用数据信道传输校正数据。其结果是,系统的精度、完好性、可用性和连续性比罗兰－C导航系统的更高。表4－19总结了增强型远距离无线电导航系统的性能。

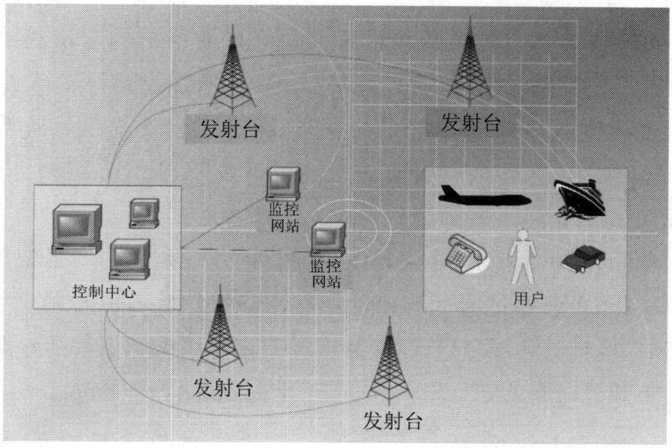

图4－26 增强型远距离无线电导航系统的组成

资料来源:国际罗兰协会,《增强型远距离无线电导航系统的定义》文件,2007年10月16日。

① 参见国际罗兰协会,《增强型远距离无线电导航系统的定义》文件,2007年10月16日。

表 4－19　增强型远距离无线电导航系统的性能

位置精度	时间精度	频率精度	可用性	完好性	连续性
8－20m	50ns	第 1 层级 (1×10^{-11})	0.999－0.9999	0.999999 (1×10^{-7})	0.999－0.9999 超过 150 秒

增强型远距离无线电导航系统的发射站配备有原子钟，其传输与协调世界时精确同步。因此，该系统完全独立于全球卫星导航系统，并可在全球卫星导航系统服务中断的情况下提供备用解决方案。

增强型远距离无线电导航系统的覆盖范围与罗兰－C 导航系统的覆盖范围相同。罗兰－C 导航系统和增强型远距离无线电导航系统的工作原理相同，因此需要至少三个发射站的信号来对接收机进行定位。授时信息不需要三角测量，所以一个发射台就足够了。

与全球卫星导航系统相比，增强型远距离无线电导航系统有一些优势。首先，信号可以非常高的功率和非常低的频率传输。这些信号的传输需要复杂的基础设施，包括高达 200 米的天线。增强型远距离无线电导航系统信号的发射需要比较高的发射功率，因此，对增强型远距离无线电导航系统接收机进行干扰是很难不被发现的。其次，所使用的低频（约 100KHz，与罗兰－C 导航系统相同）能够渗透建筑物和其他没有全球卫星导航系统信号的地区。因此，在这些困难的室内环境和城市峡谷中，增强型远距离无线电导航系统的定位和授时服务将是可用的。然而，我们必须注意到，在覆盖区域内，增强型远距离无线电导航系统提供的定位和授时精度可能会有很大差异，而且比全球卫星导航系统提供的精度要差。

现状和现代化计划

灯塔管理总局于 2015 年 12 月宣布停止在英国和爱尔兰的增强型远距离无线电导航系统原型服务。① 在法国和挪威计划停止其增强型远距离无线电导航系统的数据传输之后，该灯塔管理总局表示，其增强型远距离无线电导航系统将不会为其用户提供定位和导航服务。

---

① https://www.nlb.org.uk/Navigation/NoticeToMariners/Documents/DISCONTINUATION－OF－GLA－ENHANCED－LORAN－（ELORAN）－INITIAL－OPERATIONAL－CAPABILITY－（IOC）－PROTOTYPE/TRIAL－SERVICE/.

2.8　差分增强型远距离无线电导航系统

差分增强型远距离无线电导航系统(eDLoran)是一种局域增强系统,可以提升增强型远距离无线电导航系统在特定区域的性能。

主要特征

其工作原理与差分全球卫星导航系统相似。在关注区域下,部署了差分增强型远距离无线电导航系统的几个参考站。这些站的确切位置是已知的。每个站包含一个增强型远距离无线电导航系统接收机和一个连接到差分增强型远距离无线电导航系统控制中心的通信链路。参考站使用增强型远距离无线电导航系统来估计它们的位置,并将该信息发送到差分增强型远距离无线电导航系统控制中心,然后由该中心计算相对于实际位置的误差。因此,控制中心知道增强型远距离无线电导航系统在关注区域的性能,然后会计算覆盖区域的差分校正。

对差分增强型远距离无线电导航系统的用户来说,他们需要一台支持增强型远距离无线电导航系统的接收机,以及一个到差分增强型远距离无线电导航系统控制中心的无线通信链路。用户通过增强型远距离无线电导航系统获得其位置,然后将其发送到差分增强型远距离无线电导航系统控制中心。控制中心计算该位置的最佳差分校正,并将其发送回用户。最后,用户应用这些校正并获得经过改进的定位、导航和授时信息。用户和差分增强型远距离无线电导航系统控制中心之间的通信链路采用公共移动电话网络(3G/4G)。

差分增强型远距离无线电导航系统基础设施(参考站和控制中心)独立于增强型远距离无线电导航系统。

在鹿特丹港进行的动态测试显示,差分增强型远距离无线电导航系统的精度优于 ±5 米。

现状和现代化计划

差分增强型远距离无线电导航系统是增强型远距离无线电导航系统的一个局域增强系统。自从罗兰 – C 导航系统和增强型远距离无线电导航系统在欧洲的数据传输在 2015 年停止后,就不再可能使用增强型远距离无线电导航系统服务了。

2.9　长波时间和频率分布系统

长波系统(例如,德国的 DCF77、英国的 MSF 和法国的 TDF)在欧洲用于分配法定时间和标准频率已有数 10 年的历史。它们采用极低的频率和高功率来到达数千公里的地方。我们在下面描述 DCF77 系统的特性。

DCF77 是德国联邦物理技术研究院在德国传播法定时间和频率标准的方法之一。[①] 它使用三个原子钟产生 77.5KHz 的载波频率。一个 150 米高的全向天线以 35KW 的等效各向同性辐射功率发射信号。该天线位于曼弗林根，覆盖欧洲大部分地区。

载波将进行幅度调制，以传输时间和日期信息，如图 4－27 所示。每秒，载波的振幅会减小到其原始值的 15%。如果振幅下降持续 0.1 秒，则传输二进制“0”。如果振幅下降持续 0.2 秒，则传输二进制“1”。因此，该系统能够每分钟传输 60 位。图 4－28 展示了用于此传输的代码。第 21 位至第 27 位用于对分钟进行编码，第 29 位至第 34 位用于对小时进行编码，第 36 位至第 41 位用于对日期进行编码，第 42 位至第 44 位编码星期几（以星期一为第 1 天），第 45 位至第 49 位用于对一年中的月份进行编码，第 50 位至第 57 位用于对年份进行编码。此外，还有几个奇偶校验位和其他控制位来通知时区和闰秒的引入。第 59 位不会进行幅度调制，表示新的一分钟从下一位开始，用于接收机的同步。

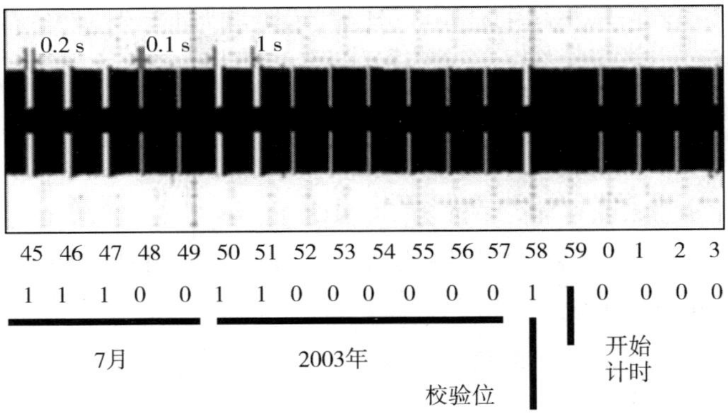

图 4－27 DCF77 的幅度调制

资料来源：德国联邦物理技术研究院。

每分钟发送 60 位，即用户每分钟接收关于年、月、星期几、日历日、小时和分钟的信息。秒是通过计算从分钟开始到现在振幅减少了多少来获得的。

① 法定时间还通过公用电话网络和互联网进行分配。

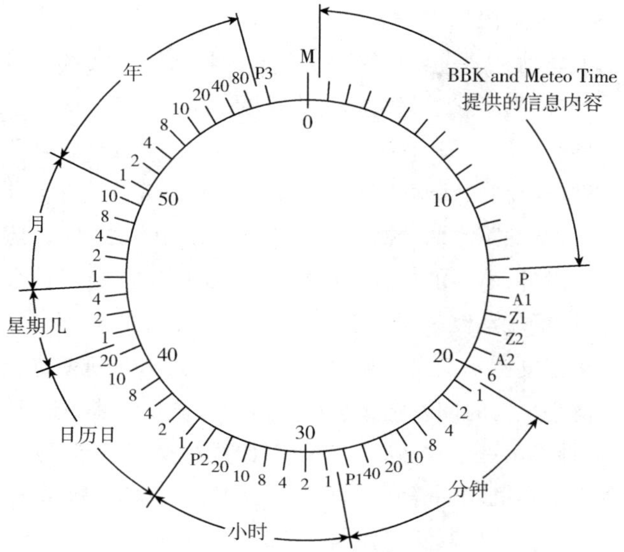

图 4-28　DCF77 的时间代码

资料来源:德国联邦物理技术研究院。

在传输地点,载波频率在一天内的平均偏差小于 2×10^{-12}。就德国联邦物理技术研究院协调世界时的实现而言,载波信号的过零保持在 5.5 ± 0.3 微秒之内。

DCF77 于 1959 年开始运行,现有合同规定一直延续到 2021 年。DCF77 用于对德国火车站、电视和无线电广播公司、能源和电信行业的授时系统进行同步,以及让拥有无线电控制时钟的个人校准频率发生器。与全球卫星导航系统相比,DCF77 的一个优势是它能够穿透建筑物内部和恶劣环境。我们预计,在目前的合同于 2021 年到期后,DCF77 仍将继续运营。2016 年 DCF77 的可用性为 99.79%,其中不包括少于两分钟的断开。

2.10　新兴的定位和授时服务

2.10.1　基于蜂窝网络的定位

目前,大多数个人通信设备,如智能手机和平板电脑,集成了全球卫星导航系统接收机,可以提供精确的位置信息。但是,在一些环境中,全球卫星导航系统设备无法运行,或者性能严重下降:城市峡谷、室内、隧道或地下。在这些情况下,自带的蜂窝通信网络可以向用户提供定位信息。有几种方法可以做到这一点。最简单的方法是通过蜂窝识别。知道哪个基站为蜂窝电话服务,知道基站的位置并知道其覆盖区域,就有可能在该区域内对蜂窝电话进行定位。然而,这种方法的精度受蜂窝大小的限制,并且这种限制在农村地区可能相当大。通过估计蜂窝电话和基站之间的距离(例如,这可以通过测量导频信号的接收功率来实现),可以提高该方法的性能。然而,定位仍然局限于基站周围的区域。

与全球卫星导航系统类似,它可以测量到不同基站的距离,以获得更好的解决方案。通过测量到三个相邻基站的距离,然后将定位限定在一个点上。在这种情况下,精度将取决于对基站距离估计的不确定性。除了距离之外,它还可以通过测量信号到达角度,估计蜂窝电话的位置。在良好的几何条件下,当信号以接近直角的角度到达时,两次测量就足以得到一个解。

长期演进网络还支持基于观测到的导频信号的到达时间差进行定位。两个基站发送的信号到达手机的时间差定义了手机所在位置的双曲线。对三对不同的基站进行测量,可以计算出三条双曲线。三条双曲线相交于一点,这一点就是用户位置的标志。这种方法在概念上等同于前面所述的罗兰 – C 导航系统。

图 4 – 29 展示了基于长期演进技术(LTE)进行定位架构。该架构有三大要素:位置服务客户端(LCS 客户端)、位置服务目标(终端)和位置服务服务器(E – SMLC或 SLP)。当位置服务客户端发送请求以获得终端位置时,定位过程开始。位置服务服务器处理该请求,收集在终端和基站之间进行的测量数据,然后估计终端的位置。最后,它将估计的位置发送给发起请求的位置服务客户端。这个架构有两个有趣的特点。第一,终端的定位是由网络估计的,而不是由终端本身估计的。第二,定位请求在可能并不一定由终端设备对应的位置服务客户端发起并完成。

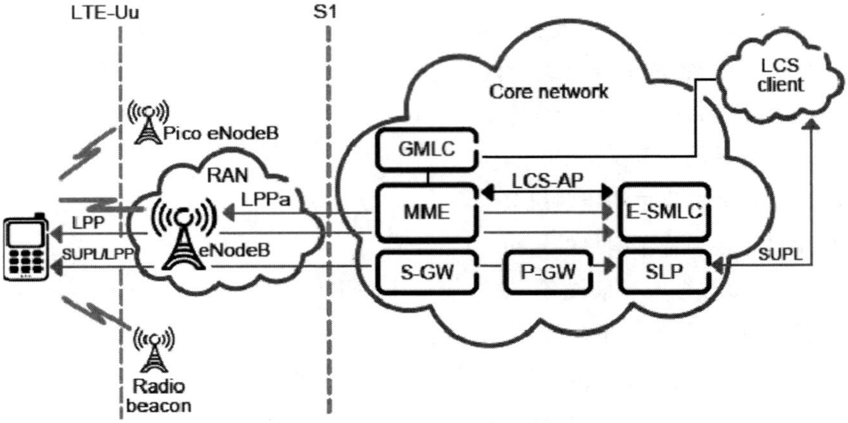

图 4 – 29 长期演进技术(LTE)进行定位架构

资料来源:爱立信。

与全球卫星导航系统相比,LTE 定位有优势,但也有劣势。如前所述,LTE 定位在某些全球卫星导航系统有问题的环境中也能工作,如建筑物内、城市峡谷或地下。LTE 的定位精度在很大程度上取决于小区的大小。它在小区密度高、小区小的城市地区比在农村地区要好。然而,即使在最佳状况下,GNSS 的性能也要优于 LTE 定位。新通信标准的发展,更小的小区和更高的频率将提高 LTE 定位的准确性。另一个限制是,大多数基站靠近地面,因此,使用 LTE 定位不能获得垂直信息,或者是获得非常有限的信息。因此,这项技术在发展中的新市场,如无人机领域,可能会有很大的局限性。最后,LTE 并不能覆盖整个地球,而只能覆盖那些部署了 LTE 网络的地区。

如前所述,LTE 定位的精度取决于小区的大小。最好的性能是在城市环境中实现的,范围是几十米。因此,LTE 目前无法与 GNSS 进行精度竞争。然而,LTE - GNSS 的混合解决方案可能对于那些 GNSS 接收能力下降或不可用的地区或获得一个初始修复是有意义的。

移动通信网络的发展,包括更小的小区、更高的数据速率和更高的频率,将提高定位解决方案的准确性。5G 的标准目前正在开发中。5G 的一个革命性的概念是有可能建立起设备与设备之间的通信。这将使合作定位的概念成为可能。有研究称,5G 合作定位的精度可以达到亚米范围。欧洲的第一个 5G 网络预计将在 2020 年左右投入使用。

2.10.2 铱星 - Satelles 的时间和位置系统

2016 年,由铱星公司、Satelles 公司和波音公司组成的联盟提出了 Satelles 时间和位置系统,STL,一个新的全球卫星导航系统。该系统采用了由 66 颗低地轨道卫星组成的铱星群,覆盖全球。STL 与传统的全球卫星导航系统有几个区别。

一个通信星座,如铱星,原则上被设计为只有一颗卫星在用户的视野中。当这颗卫星在地平线上移动时,另一颗就会出现,使通信具有连续性。STL 利用卫星的运动来提供定位解决方案,仅使用一颗卫星,而不是传统的 GNSS 中所需要的 4 颗卫星。66 颗铱星中的每一颗卫星都有 48 个点波束。为了提供安全和防欺骗功能,每个波束都以单独的代码传输导航信息,该代码每秒钟都在变化。实际上,导航信息只能发送到那些有服务用户的区域,避免了不必要的功率浪费。铱卫星比 GNSS 卫星距离近 25 倍左右,所以在地球表面的接收功率要强得多。这使得 STL 在通常 GNSS 衰减的地方(如室内)也能接收。卫星上不携带原子钟。相反,它们通过地面站和铱星群的卫星间功能不断进行校准。订阅者需要支付服务费。

图 4－30 显示了 STL 的水平误差与时间的函数关系。如前所述，该系统利用卫星的运动来获得用户的位置。因此，当打开它时，它需要一些时间来提供一个好的解决方案。经过 15 分钟的运行，水平精度约为 50 米，置信度为 90%。授时精度在几百纳秒的范围内的纳秒级。

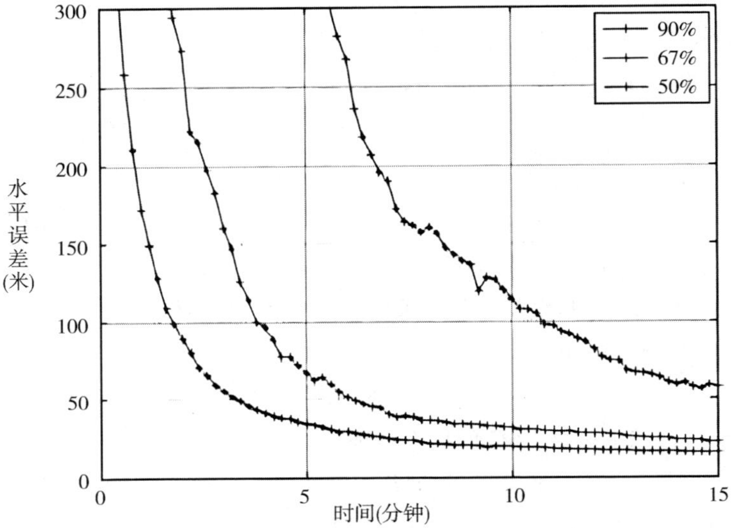

图 4－30　铱星公司时间和定位系统的水平误差

资料来源：Sstelles 公司。

我们必须注意到，目前，STL 并不是独立于 GPS 的，因为它在内部使用 GPS 来同步其操作。然而，该公司声称它将消除这种依赖性。

与 LTE 定位的情况一样，STL 的基本精度无法与 GNSS 竞争。然而，对于那些 GNSS 接收功能下降或不可用地区来说，STL－GNSS 的混合解决方案可能很有意义。然而，在这些地区，STL 将需要与 LTE 竞争，后者提供类似的精度服务而不需要支付服务费。STL 的商业成功可能将决定它的未来发展。因此，目前还不可能评估该服务在未来几年的可用性。

表 4－20 显示了其他地面和新兴 PNT 系统的预期演变。罗兰－C、eLoran 和 eDLoran 已于 2015 年在欧洲关闭。DCF77 是可用的，合同签到了 2021 年，预计此后将继续使用。基于 4G 网络的定位系统可以使用。5G 网络的初步运营预计在 2021 年。STL 于 2016 年开始运营。这项服务的发展是不确定的，因为它将取决于一个私人公司的决定。

表 4－20　其他陆地和新兴系统的预期演变

	2017 年	2018 年	2019 年	2020 年	2021 年	2022 年	2023 年	2024 年	2025 年	2026 年	2027 年
罗兰－C	已关闭										
eLoran	已关闭										
eDloran	已关闭										
DCF77	完全运营能力(合同签署至 2021 年)										
LTE	4G 完全运营能力。预计 2020 年 5G 初步运营										
STL	2016 年开始运营。后续服务将取决于公司的决定										

附件 2:终端用户要求

附件 2 对以下用户群体或行业的定位和时间要求进行了回顾:

- 民用航空。
- 海上和内河航道导航。
- 公路运输。
- 农业。
- 测绘和测量。
- 基于位置的服务。
- 铁路。
- 太空用户。
- 精确授时和同步。
- 新兴应用。

我们简要描述了每个特定行业的用户需求、经济影响和预期演进。这些要素对于了解未来几年每个行业的无线电导航系统组合将如何演进是非常重要的。这种演进也将取决于新兴应用的发展。目前非常活跃的自动和遥控车辆行业就是其中一个明显的例子。在过去的几年里,这个行业经历了一个指数增长时期,我们预计在不久的将来它将继续保持这种态势。我们将通过目前正在世界范围内开发的最先进系统的例子,对这些新兴的应用进行更深入的回顾。该附件中的最终用户要求表是基于不同利益相关者发布的要求,并非详尽无遗。最终用户要求表对用于表征全球卫星导航系统性能的参数进行了具体说明:

- 精度。测算位置或速度与真实位置或速度之间的差异。
- 可用性。导航系统可用时间的百分比。
- 完好性。它是对导航系统所提供信息正确性的一种度量。
- 连续性。导航系统在特定运行期间可用的概率，前提是在操作开始时可用。它对导航系统在开始运行之后中途失效的概率进行了估计。
- 告警时间。导航系统故障和通知用户之间允许的最长时间。

欧洲全球卫星导航系统管理局最近已发布了每个细分市场的完整用户需求文档。①

1. 民 用 航 空

航空运输每年对全球国内生产总值产生约 2 万亿欧元的全球影响，支撑了 5660 万个直接和间接就业机会，每年运送超过 29 亿名乘客和约 5 万亿欧元的货物。自 1977 年以来，尽管经历若干个经济周期，但空中交通的规模仍每 15 年翻一番，预计未来还会保持这种态势。②

图 4 – 31 展示了欧洲航班的历史记录以及未来 20 年（2013—2035 年）的预测数据。目前，欧洲每年的航班数量略低于 1000 万架次。到 2035 年，这一数字将上升到约 1440 万驾次。③

全球卫星导航系统带动的经济是由全球卫星导航系统技术的使用所支持、推动和影响的行业经济的一部分。在欧洲航空运输行业，全球卫星导航系统带动的经济占 950 亿欧元。全球卫星导航系统间接影响是使用全球卫星导航系统所节省的成本和提高的生产率的总和。全球卫星导航系统对航空运输行业的间接影响在 7.37 亿欧元至 9.31 亿欧元之间。④

---

① www. gsa. europa. eu。

② 参见《国际民用航空组织全球空中导航计划》2013 年版。

③ 参见《欧洲空中交通管理总体规划》2015 年版。

④ 参见《全球卫星导航系统对欧盟经济的影响分析》，VVA 咨询公司为欧盟委员会撰写，2016 年版。

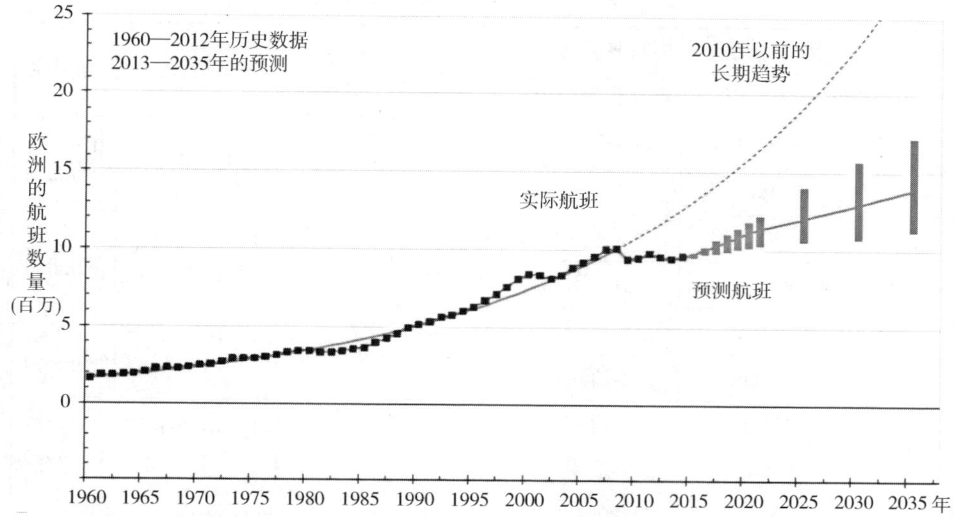

图 4-31　欧洲的航班数量

资料来源:欧洲单一天空空中交通管理研究计划。

一次典型的飞行包括从起飞到着陆的一系列连续的阶段,如图 4-32 所示。在每个阶段,飞机完成不同的任务,并有不同的操作要求。起飞始于施加起飞功率,并在高于跑道高度 35 英尺的高度完成。航路上的过程包括从完成初始爬升到巡航高度,直到完成受控下降到起始进近定位。进近从起始进近定位开始,在着陆用照明弹开始使用时结束。着陆从着陆用照明弹开始使用时开始,直到飞机离开着陆跑道为止。

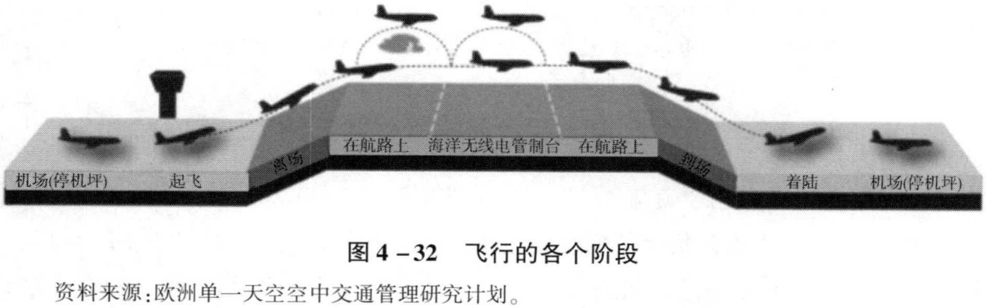

图 4-32　飞行的各个阶段

资料来源:欧洲单一天空空中交通管理研究计划。

除其他因素外,导航要求取决于飞行的各个不同阶段。表 4-21 总结了这些要求。

表 4-21 飞行的各个阶段的要求[1,2,3]

阶段	水平精度	垂直精度	完好性	告警时间	连续性	可用性
	水平告警限值	垂直告警限值				
Oceanic	18.5km 或 7.4km	不适用	$1-1\times10^{-7}/h$	不适用	不适用	0.99 至 0.99999
	7.4km	不适用				
En-route	3.7km	不适用	$1-1\times10^{-7}/h$	5min	$1-1\times10^{-4}/h$ 至 $1-1\times10^{-8}/h$	0.99 至 0.99999
	7.4km 或 3.7km	不适用				
终端	0.74km	不适用	$1-1\times10^{-7}/h$	15s	$1-1\times10^{-4}/h$ 至 $1-1\times10^{-8}/h$	0.99 至 0.99999
	1.85km	不适用				
NPA	220m	不适用	$1-1\times10^{-7}/h$	10s	$1-1\times10^{-4}/h$ 至 $1-1\times10^{-8}/h$	0.99 至 0.99999
	556m	不适用				
APV Ⅰ	16m	20m	每次进近 $1-2\times10^{-7}$	10s	在任意 15 秒 $1-8\times10^{-6}$	0.99 至 0.99999
	40m	50m				
APV Ⅱ	16m	8m	每次进近 $1-2\times10^{-7}$	6s	在任意 15 秒 $1-8\times10^{-6}$	0.99 至 0.99999
	40m	20m				
Cat Ⅰ	16m	4m 至 6m	每次进近 $1-2\times10^{-7}$	6s	在任意 15 秒 $1-8\times10^{-6}$	0.99 至 0.99999
	40m	10m 至 15m				
Cat Ⅱ	±7.5m	~1m				
CA Ⅲ	±3m	~1m				

注:1. 参见国际民用航空组织附件 10 第 1 卷表 3.7.2.4-1“太空中信号的性能要求”。

2. 参见《瑞典所需导航性能》第 3.2 节“航空要求”。

3. 参见《美国联邦无线电导航计划》表 4-2“航空对基于性能的导航的要求”。

2. 海上和内河航道导航

全球船队包括大约 8 万艘商船、270 万艘渔船和 2900 万艘休闲船。在欧洲的内陆水道中,只提供内河货运的船舶超过 13,500 艘,另外还有约 350 艘游轮。① 大约 90% 的世界贸易是通过海运进行的。每年大约有 4 亿乘客通过欧洲港口。欧洲捕捞船队每年捕捞 500 万吨鱼。在连接欧洲地区的内河航道中,欧洲交通运输部部

① 莱茵河航运中央委员会发布的《欧洲内河航运-2017 年市场观察》。

长会议规定的第四级以上的内河航道约有13,000公里,每年运输超过1450亿吨公里的货物(2016年)。① 一艘大型船舶的成本超过1亿欧元,而一艘超大型原油运输船的货物价值可能超过2亿欧元。与原油运输船事故相关的成本可能超过数百万欧元。②

图4-33展示了有关国际海运的历史数据。我们看到,随着经济周期的出现,装载货物的吨数有明显上升的趋势。在过去的18年里,全球海运贸易翻了一番。

在欧洲海上运输行业,全球卫星导航系统带动的经济占1150亿欧元。全球卫星导航系统对海上运输行业的间接影响在1.45亿欧元至3.54亿欧元之间。③

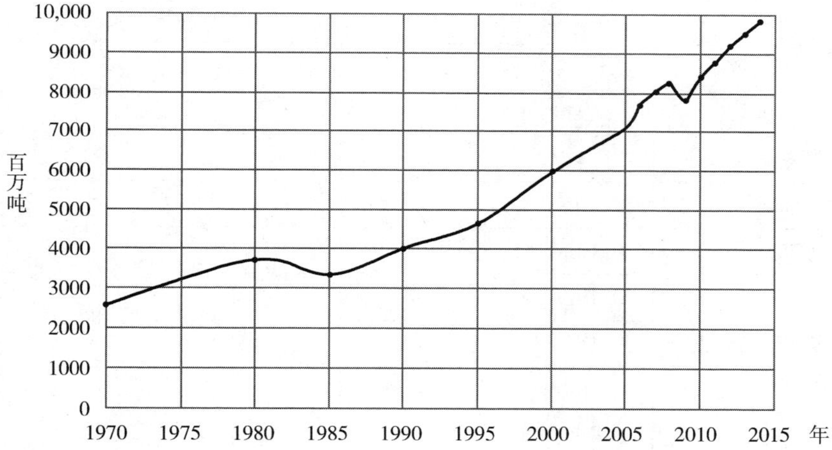

图4-33　国际海运贸易

资料来源:联合国。

海上运输发生在不同的环境或航行阶段,包括内河航道、进出港、沿海水域和海洋水域。当船舶在大陆架之外,离陆地超过50海里时,这时的航行就已经是海洋航行了。当船舶在大陆架上或离岸50海里以内时,这时的航行为沿海航行。进港和内河航道通常是在限制性水域,船舶必须通过明确界定的航道航行。

① 参见《对2006-2011年期间欧洲内河航运综合信息服务系统部署情况的评估》。

② www.gsa.europa.eu,www.ec.europa.eu/eurostat。

③ 参见《全球卫星导航系统对欧盟经济的影响分析》,VVA咨询公司为欧盟委员会撰写,2016年版。

海上航行要求取决于航行阶段，并以国际海事组织提供的要求为依据。表 4－22 总结了海上航行的主要要求。

表 4－22　海上航行要求[1,2,3,4]

阶段或应用	精度	可用性	连续性	告警时间
海洋水域	100m（95%）	99.8%		
沿海水域	10m（95%）	99.8%	在任何 15 分钟内达到 99.97%	10s
进港	10m（95%）	99.8%	在任何 15 分钟内达到 99.97%	10s
内河航道	2m～10m	99.9%		
锁定操作	1m			
桥接操作	1m			
渔业	10m			
水道测量	0.1m～1m			
海洋工程	0.1m～1m			
河流工程与建设	0.1m～5m	99%		
测量	水平：0.5m～5m 垂直：0.05m			

注：1. 参见国际海事组织第 A.1046（27）号决议。
2. 参见《瑞典所需导航性能》第 3.3 节“海上要求”。
3. 参见《美国联邦无线电导航计划》。
4. 参见欧洲共同体委员会第（EC）415/2007 号条例。

3. 陆 基 导 航

如前所述，航空和海事界在全球范围内与定义严格的定位和导航用户要求的国际组织进行协调。此外，这些行业已经开发并运行了专门的导航基础设施，以满足其需求。

陆基系统行业的情况有所不同。总的来说，目前没有管理陆地作业的国际标准，也没有专门为它们设计的导航基础设施（铁路行业可能是一个例外）。陆基应用尽可能利用现有的无线电导航系统。随着这些系统的发展和性能的提高，新应用可以利用更高的定位和授时精度。

3.1 公路运输

欧洲公路网延伸约200万公里,有近3亿辆汽车通行。考虑到个人导航设备、安装在车辆和智能手机上的系统,全球卫星导航系统的渗透率实际上是100%。[①]

在公路运输行业,全球卫星导航系统带动的经济占2900亿欧元。全球卫星导航系统对公路运输行业的间接影响在150亿欧元至160亿欧元之间。[②]

全球卫星导航系统目前的精度达到了米级,这使得道路行业的不同应用能够利用卫星导航系统。最广泛的应用是点对点导航,跟随导航设备给出的转弯指示。如果车辆安装了返回通信链路,还可以进行车队管理操作,让控制中心实时知道车队的位置。它同样也适用于危险货物的跟踪。一些欧洲国家引入了远程信息处理道路用户收费机制,根据车辆记录的位置对车辆进行收费。该系统让高速公路实际通行费的取消成为可能,也消除了排队现象,为最终用户节省了时间。几家保险公司为他们的客户安装了车载跟踪系统,记录车辆的使用时间和统计数据。接受这项服务的客户可以享受保险费的折扣,因为他们会以更安全的方式开车。还可以根据车辆的实际使用情况调整保险费用。驾驶员和乘客也将从自动紧急呼叫中受益。如果一辆车检测到自己遭遇了事故,它会自动向紧急服务机构发出警报,并提供其的准确坐标,提供额外的参数(例如事故前的速度),可以第一时间对损害的严重程度进行初步估计。最后,先进的全球卫星导航系统辅以雷达或激光雷达等其他技术,将为自动驾驶开辟新的可能性。

如前所述,目前还没有针对这些应用的国际监管要求。相反,全球卫星导航系统的自然演进及其不断提高的精度,使得卫星导航服务能够用于更复杂和更苛刻的操作。表4-23展示了选择公路运输应用所需的性能。

---

① 参见 www.gsa.europa.eu, www.ec.europa.eu/eurostat, www.ec.europa.eu/transport。

② 参见《全球卫星导航系统对欧盟经济的影响分析》,VVA咨询公司为欧盟委员会撰写,2016年版。

表 4－23　公路运输要求[1,2]

应用	精度	可用性	完好性	告警时间	告警限值
导航和路线引导	1m～20m	95%		5s	2m～20m
自动车监控	0.1m～30m	95%		5s～5min	0.2m～30m
避免碰撞	10cm	99.9%		5s	0.2m
应急响应	0.1m～4m	99.7%		30s	0.2m～4m
车辆跟踪	1m～50m	95%～99%		5s	50m
车队管理	20m～50m	95%		5s	50m
紧急呼叫	1m～15m				
道路援助	1m～15m				
安全和责任十分关键的运输	水平：1m 垂直：4m～6m		$1-1x10^{-9}/h$	6s	

注：1. 参见 SafeTRIP 计划。
2. 参见《美国联邦无线电导航计划》。

3.2　农业

欧洲有 1100 万个农场，约占欧盟土地面积的 40%。欧洲大约有 3.3 亿头牲畜，每年生产 4300 万吨肉类。农业行业雇用了 2200 万名正式工人，每年出口价值 1200 亿欧元的货物。目前在欧洲销售的拖拉机中，约有 10% 搭载了全球卫星导航系统接收机。①

在农业行业，全球卫星导航系统带动的经济占 1440 亿欧元。全球卫星导航系统对农业行业的间接影响在 260 亿欧元至 350 亿欧元之间。②

将全球卫星导航系统解决方案应用于农业可以提高效率和生产率，同时降低成本和环境影响。这使得承受着持续增长压力的农业行业更加高效和可持续。表 4－24 展示了几种应用的定位要求。目前，与 EGNOS 互补的 GPS 的水平误差在 1 米至 2 米的范围内。该精度水平涵盖了表中所示的大多数应用。

① 参见 www.ec.europa.eu/agriculture，www.ec.europa.eu/eurostat，www.gsa.europe.eu。

② 参见《全球卫星导航系统对欧盟经济的影响分析》，VVA 咨询公司为欧盟委员会撰写，2016 年版。

表 4 - 24　农业要求[1,2]

应用	精度	可用性	告警时间	告警限值
收获情况测定	30cm	99%	5s	60cm
精准灌溉	15cm	99%	5s	25cm
现场测量和边界测绘	2.5m			
地块识别	2.5m			
收获后拣选	2.5m			
牲畜的监督性跟踪	2.5m			
牲畜个体定位	2m ~ 5m			
虚拟围栏	2m ~ 5m			
基本价值农作物种植	1m			
施肥和收割	1m			
高价值农作物种植	2cm			
播种和移栽	2cm			

注:1. 参见 www. gsa. europa. eu。
2. 参见《美国联邦无线电导航计划》。

3.3　测绘和测量

测绘和测量是指精确测量地球上各点的绝对位置,以及它们之间的相对位置,包括距离和角度。它还在地图上表示这些信息。对于地震监测等应用,测量界有一些全球最苛刻的要求,可以达到毫米级。他们基本上只用全球卫星导航系统及其增强系统,包括实时或后处理的差分全球卫星导航系统网络。该范畴下有许多应用领域,例如大地参考网络的建立、自然资源管理、地籍测量、工程和建设、人口统计学、地球物理学、地震和火山监测、板块构造、陆地运动等。表 4 - 25 展示了对其中一些应用的要求。EGNOS 系统再加上全球卫星导航系统,让人们可以完成那些要求高于米级的应用。对于需要厘米甚至毫米级精度的应用,需要使用差分全球卫星导航系统网络。

在测绘和测量行业,全球卫星导航系统带动的经济占 710 亿欧元。全球卫星导航系统对测绘和测量行业的间接影响约为 40 亿欧元。①

① 参见《全球卫星导航系统对欧盟经济的影响分析》2016 年版,VVA 咨询公司为欧盟委员会撰写。

表 4－25　测绘和测量要求[1,2]

应用	精度	可用性	连续性	告警时间	告警限值
施工控制测量	厘米级				
土壤测量	0.05m～10m	99%		5s～5min	0.09m～15m
水利测量	0.05m～10m	99%		5s～5min	0.09m～15m
土地平整测量	15cm	99%		5s	25cm
地震和火山监测	1mm～10mm				2m～20m
静态测量	水平:1.5cm 垂直:4cm	99%	$1-1\times10^{-4}$/h～ $1-1\times10^{-8}$/h		
水文测量	水平:3m 垂直:15cm	99%	$1-8\times10^{-6}$/15s		
地形测绘	1mm～10mm				
地籍测量	1cm～10cm				
地面控制点	1m				

注:1. 参见《欧洲全球卫星导航系统管理局全球卫星导航系统市场报告》,第 5 版(2017 年)。
2. 参见《美国联邦无线电导航计划》。

3.4　基于位置的服务

微型化和其他技术的发展,使得全球卫星导航系统接收机集成到智能手机、平板电脑、智能手表、健身器材和数码相机等各种个人设备中成为可能。这带来了基于位置的服务的指数级增长,用户的位置被利用来为其提供各种各样的服务。这些应用的例子包括个人导航、地理广告、游戏和增强现实、个人跟踪、社交互动、体育监控和紧急呼叫。该市场的特点是极具创新性、充满活力,新的设备和应用不断出现。它还提出了一些具体的要求,如缩短首次定位时间、需要在困难环境中能够运行,包括城市峡谷和室内导航。为了克服这些困难,全球卫星导航系统传感器通常与其他信息源相结合,如无线网络、嵌入式传感器和惯性导航系统。

目前,全球拥有全球卫星导航系统能力的设备约有 50 亿台,预计到 2023 年将增至约 90 亿台。①

① 参见 www.gsa.europa.eu。

全球卫星导航系统对基于位置的服务的间接影响约为 7 亿欧元。①

上述大多数应用有可能达到几米的定位精度，目前仅基于 GPS。在未来，全球卫星导航系统新星座的出现和与星基增强系统的整合将进一步减少定位误差，使这些应用更加可靠，并促进新应用的开发。

3.5　铁路

目前，铁路行业将全球卫星导航系统用于若干安全性并不十分关键的应用，如资产管理、车队管理和乘客信息。信号和控制是安全性十分关键的应用，使用昂贵的地面和机载设备，如信标和应答器。在未来，预计全球卫星导航系统将用于这些安全性十分关键的应用。这将对现有基础设施进行合理化改造提供可能性，在保持或提高安全性的同时降低成本。这对于偏远地区尤其重要，地面基础设施是一个限制因素。全球卫星导航系统纳入信号和控制系统的情况因世界不同地区而异。在美国，全球卫星导航系统将是列车主动控制系统（PTC）定位信息的主要手段。在欧洲，人们正在进行调查，将全球卫星导航系统作为欧洲铁路交通管理系统（ERTMS）安全相关操作的补充系统。② 图 4－34 展示了将全球卫星导航系统引入欧洲铁路交通管理系统的路线图。该路线图是由欧盟委员会、欧洲全球卫星导航系统管理局、欧盟铁路局、欧洲航天局、Shift2Rail 联合执行体和行业之间的合作制定的，其目标是在 2020 年将全球卫星导航系统用于列车定位。

表 4－26 展示了不同铁路运输应用的位置要求。

表 4－26　铁路运输要求[1]

应用	精度	可用性	告警时间	告警限值
列车主动控制	1m	99.9%	6s	2m
轨道缺陷定位	30cm	99.9%	30s	60cm
自动化资产映射	20cm	99.9%	30s	40cm
测量	2cm	99.7%	30s	4cm
桥梁和构造监控，以确保桥梁安全	2mm	99.7%	30s	4mm

注：1. 参见《美国联邦无线电导航计划》。

① 参见《全球卫星导航系统对欧盟经济的影响分析》2016 年版，VVA 咨询公司为欧盟委员会撰写。

② 参见《全球卫星导航系统市场报告》，2015 年 3 月第 4 期，欧洲全球卫星导航系统局。

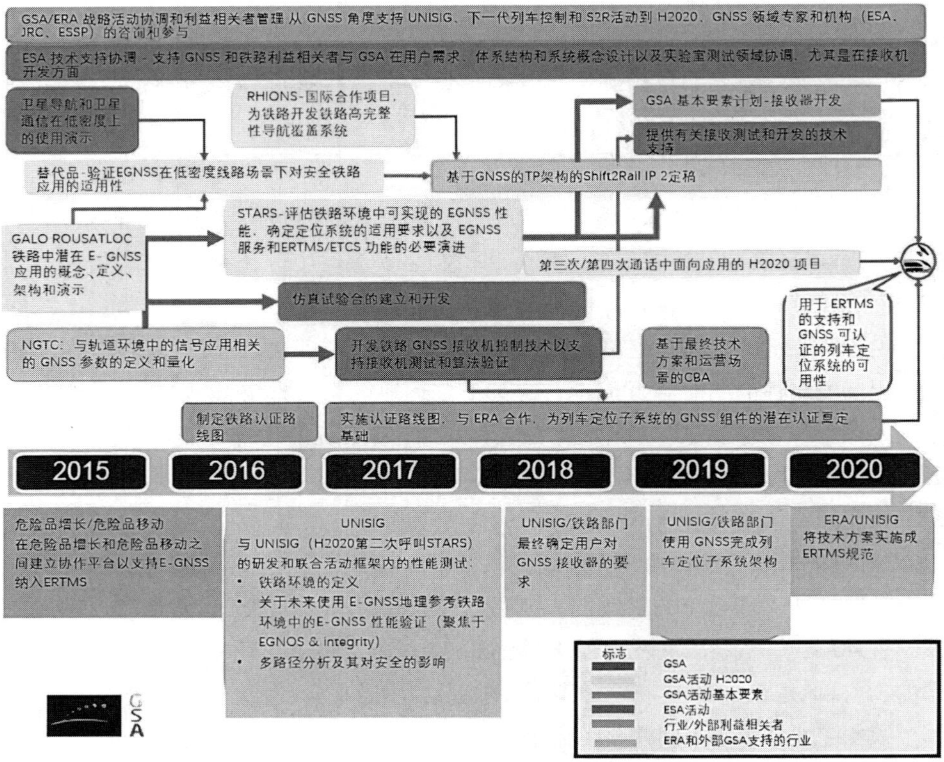

图 4-34　欧洲全球卫星导航系统铁路路线

资料来源：欧洲全球卫星导航系统局。

4. 太空用户要求

全球卫星导航系统旨在用于地球表面。然而，导航信号也可以在地面以上的特定高度接收。GPS 地面服务范围覆盖地球表面以上 3000 千米的高度，而 GPS 空间服务范围覆盖地球表面以上 3000 千米至 36,000 千米的高度。① 欧洲伽利略系统的服务范围延伸至地球表面之上不超过 30.48 千米的高度，而其太空服务范围尚待明确。② 除了承诺的覆盖范围外，导航天线的侧波将导航信号传输到其他区域。

① 参见《全球定位系统标准定位服务性能标准》，2008 年 9 月。

② 参见《欧洲伽利略卫星定位系统的初步服务—开放服务—服务定义文件》，2016 年 12 月。

卫星越来越多地搭载全球卫星导航系统接收机，用于姿态和轨道控制以及授时目的。太空中全球卫星导航系统信号的接收取决于卫星的轨道。卫星在全球卫星导航系统星座下方的轨道上（如图 4－35 所示），可以从天顶（蓝线）和天底（绿线）的范围内接收信号。天顶的接收直接来自全球卫星导航系统卫星，而天底的接收可能包括通过地球大气层传输全球卫星导航系统信号。地球也有一部分轨道阻挡信号的接收（红线）。这种情况也随着轨道平面状态改变而改变。如果接收卫星的轨道平面垂直于全球卫星导航系统卫星的轨道平面，则接收可以是连续的。

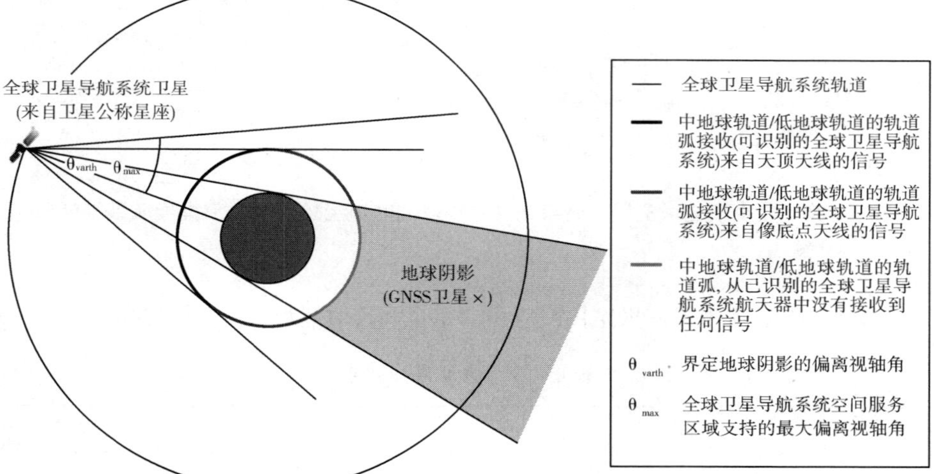

图 4－35　在低于全球卫星导航系统公称高度的轨道高度接收全球卫星导航系统信号

资料来源：欧洲航天局。

如图 4－36 所示，对于高于全球卫星导航系统星座的轨道高度，只能在轨道的一小部分（绿线）接收全球卫星导航系统信号，这取决于全球卫星导航系统卫星支持的最大偏离视轴角。此外，全球卫星导航系统信号可能需要穿过地球大气层才能到达接收机。同样，这种情况随着轨道平面状态改变而改变。如果接收卫星的轨道平面垂直于全球卫星导航系统卫星的轨道平面，则接收可能是连续的。

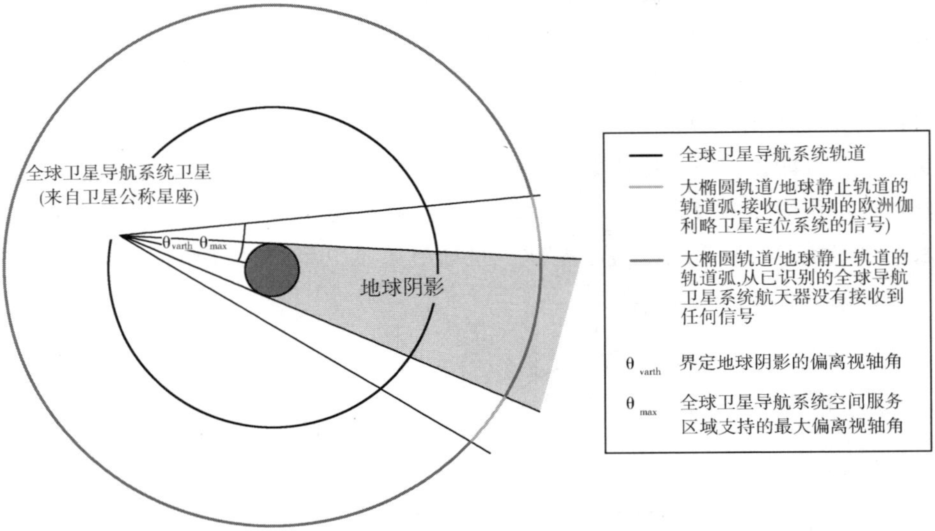

图 4－36　在高于全球卫星导航系统公称高度的轨道上接收全球卫星导航系统信号

资料来源:欧洲航天局。

表 4－27 展示了不同太空用户应用的定位和授时要求。

表 4－27　太空用户要求[1]

应　　用	精　　度
车载自动导航	三维位置:1 米 授时:1 微秒
地球观测卫星	三维位置:10cm(实时) 三维位置:5cm(后处理)
测高卫星	高度:3mm(后处理)
掩星测量	三维位置:10cm(后处理)

注:1. 参见《美国联邦无线电导航计划》。

5. 精确授时和同步

除了三维位置之外,全球卫星导航系统还提供了非常精确的时间和频率参考。利用这种服务进行授时和同步过程,正成为电信网络、能源分配网络和金融市场等关键基础设施的基础。这些行业在稳健性和可靠性方面有着非常严格的要求。在电信、公用事业和银行业，全球卫星导航系统带动的经济分别占460欧元、110欧元和6800亿欧元。全球卫星导航系统对公用事业行业的间接影响在35亿欧元至48亿欧元之间。①

蜂窝电信网络使用全球卫星导航系统进行时隙同步和基站之间的切换，其操作需要微秒级的精度。卫星通信网络使用全球卫星导航系统实现时分多址链路的同步，这里所需的精度是纳秒量级。电信网络向更高频率和数据速率的演进，意味着对授时精度的更高要求。

在电网运行中，需要授时来同步沿网络进行的电压和电流测量。这些测量对于监测和控制电网的稳定性至关重要，所需的精度约为微秒级。

金融市场使用全球卫星导航系统对操作进行时间标记，其精度达到毫秒级就足够了。

表4－28总结了这些授时和同步应用的要求。

表4－28　授时和同步应用的要求[1,2]

应　　用	精度
卫星通信时分多址	纳秒
专业移动无线电和蜂窝网络中基站之间的时隙同步和切换	微秒
5G和数字视频广播	~10纳秒
电网监控	微秒
金融交易时间戳	毫秒
铁路应用中的电信授时	340纳秒

注：1. 参见《欧洲全球卫星导航系统管理局全球卫星导航系统市场报告》。
2. 参见《美国联邦无线电导航计划》。

6. 新 兴 应 用

自动驾驶、无人驾驶和遥控车辆的市场正在经历指数级的扩张。举例来说，这种增长涉及所有交通运输行业和应用，包括无人驾驶汽车、机器人拖拉机、无人驾驶船舶或遥控飞行器。以下内容提供了一些关于自主导航的基本概念，并介绍了目前正在开发的几个最先进的系统。

① 参见《全球卫星导航系统对欧盟经济的影响分析》2016年版，VVA咨询公司为欧盟委员会撰写。

无人驾驶或自动驾驶的交通工具并不新鲜。全球的军队已经在战场上使用了几十年,甚至更长时间。然而,电子微型化、计算能力、软件、通信、传感器融合和导航系统等方面的进步已经让更广泛的公众使用它们成为了可能。除了军事功能之外,这种类型的车辆在民用领域也有许多应用,例如自动驾驶、无人驾驶拖拉机、包裹递送、交通控制或遥感。我们预计这仅仅是开始,越来越多的新应用将不断出现。

技术的扩展通常伴随着用来指代它的术语的扩展,这有时会令人困惑。我们在下面列出了这个新兴行业的主要术语:

- 无人驾驶车辆。车上没有人的车辆。它可以是自动驾驶的,也可以是遥控的。
- 无人驾驶飞行器(UAV)。一种无人驾驶、可以飞行的机具。同样,它可以是自动驾驶的,也可以是遥控的。
- 遥控驾驶航空器系统(RPAS)。一种由(通常在地面上的)人在一定距离内控制的、无人驾驶的飞行器。高度先进的军用版本,利用卫星通信,可以在世界上任何地方运行,独立于控制器所在的位置。
- 自动驾驶车辆。无人驾驶的车辆。可能有乘客。
- 无人机。最初,其表述为无人驾驶飞行器。这个术语已经非常流行,现在它被广泛用于所有自主或遥控的飞行器。

自动驾驶车辆需要对其运行的环境和周围环境有精确的了解。为此,它们利用各种传感器数据的组合:雷达、激光雷达、可见光和红外摄像机、超声波传感器、惯性导航传感器、全球卫星导航系统……这些传感器应该能够提供车辆运行情况的完整图像,包括其他汽车、行人、骑自行车的人、树木或建筑物等现场所有要素的准确距离和速度。交通灯和交通信号,例如限速或优先权,也是基本的要素。最后,自动驾驶的系统需要实时处理所有这些信息,以作出适当的决定来实现自己的使命。可能会有很多具有挑战性的情况,比如预测一个骑自行车的人是否要改变车道,一个不起作用的交通灯,一个行人穿过一个不允许的地方,或者一名警察在城市里给出指示。此外,无论天气和能见度条件如何,车载传感器都应在夜间提供这些信息。

正如我们所见,自动驾驶系统对信息的需求不仅仅是要知道它们的确切位置,还需要知道周围元素的位置和状态。不过,全球卫星导航系统对自动驾驶车辆具有重要作用。之前所述的所有传感器都起着战术性作用,提供短期决策所需的信息,如变车道或减速以避免碰撞。另一方面,全球卫星导航系统发挥着战略性的作用,提供长期决策所需的信息,例如哪条航线是最佳航线。

如今,汽车具有许多自动功能来帮助驾驶员完成任务。巡航控制将车速保持在驾驶员指定的水平。雷达和接近传感器可以与前面的车辆保持恒定的距离。如果自动制动系统检测到发生碰撞的危险,则会降低汽车的速度。车道控制系统控制转向功能,将汽车保持在其车道线内。然而,自动驾驶仍然比这困难得多,因为它需要在交通、环境、天气和能见度条件的任何组合下应对每种情况。图 4 – 37 描绘了自动驾驶发展的不同阶段。只要整合新的自动功能,就可以减少驾驶员的控制和监控任务。这一过程的目标是达到不再需要驾驶员的完全自动化的状态。

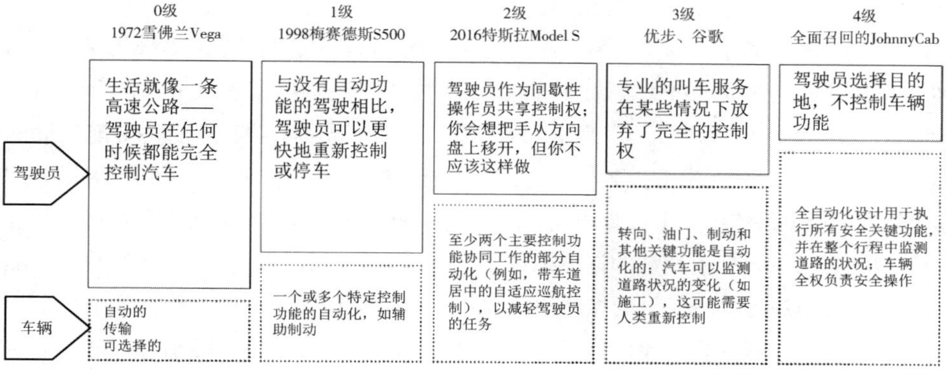

图 4 – 37　迈向自动驾驶之路

资料来源:彭博商业周刊。

各大汽车制造商计划开发自动驾驶汽车。其他科技公司也在做同样的事情。例如,谷歌和优步拥有目前最先进的两个自动驾驶系统。这些系统已经在实际驾驶条件下进行了数百万公里的测试。然而,出于监管的原因,也为了谨慎起见,从这项新技术的开始到目前为止,自动驾驶汽车总是有一个驾驶员,以便在必要时,由他可以完全控制这个系统。,这些车辆离完全自动化级别只有一步之遥。谷歌计划到 2020 年推出完整的自动驾驶汽车。(图 4 – 40,编者略)

2016 年 10 月,特斯拉宣布其所有车型将搭载完全自动导航所需的硬件和软件。特斯拉汽车将在车上配备的各种摄像头和传感器。借助这种设备,在任何天气条件下,汽车的视野都将达到 250 米左右。特斯拉在 2017 年底在洛杉矶和纽约之间进行一次示范性的驾驶。非常有趣的是,即使知道目前的法规不允许,特斯拉也还在开发这样一种产品。他们希望法律进行修订以适应现代技术带来的新应用场景。

客运也正朝着自动驾驶的方向发展。梅赛德斯 – 奔驰开发了一种半自动驾驶的公共汽车,并已在阿姆斯特丹史基浦机场和哈勒姆镇之间的公共汽车快速运输路线中对其进行了测试。该公共汽车的速度限制在 70 公里/小时。如前所述,在必要时,驾驶员可以完全控制它。

在道路上和城市中自动驾驶是一项非常复杂的任务,因为可能会出现各种不同的情况:繁忙的交通、骑自行车的人、行人、交通灯、道路工程建设……农田中的情况就简单得多了,这里是测试自动驾驶技术的理想环境。凯斯纽荷兰工业公众公司最近推出了一款自动驾驶的拖拉机,该拖拉机可以执行种植、喷洒或收割任务。有趣的是,(编者略)这辆拖拉机没有驾驶室。不过,农民可以使用便携式计算机或蜂窝电话从远程位置实时监视和控制该拖拉机。

自动驾驶交通工具的发展不仅限于地面应用,在不远的将来,自动驾驶或遥控的船舶可能会成为现实。FP7 项目"海上无人驾驶网络智能导航"旨在开发和验证自动驾驶概念船。图 4-38 展示了"海上无人驾驶网络智能导航"项目对自主导航发展的愿景。在不久的将来,岸上控制中心的人员可能会取代船员。这些人员利用卫星通信链路,将从船上的传感器上接收数据,并对其进行远程控制。"海上无人驾驶网络智能导航"项目还认为,船上搭载的计算机系统有可能自动控制船舶。其自动驾驶概念船结合了两种解决方案。船上的控制和导航系统将控制船舶的行为。此外,岸上控制中心的人员将监控该过程。如果情况需要,这些人员将随时准备接管这艘船。

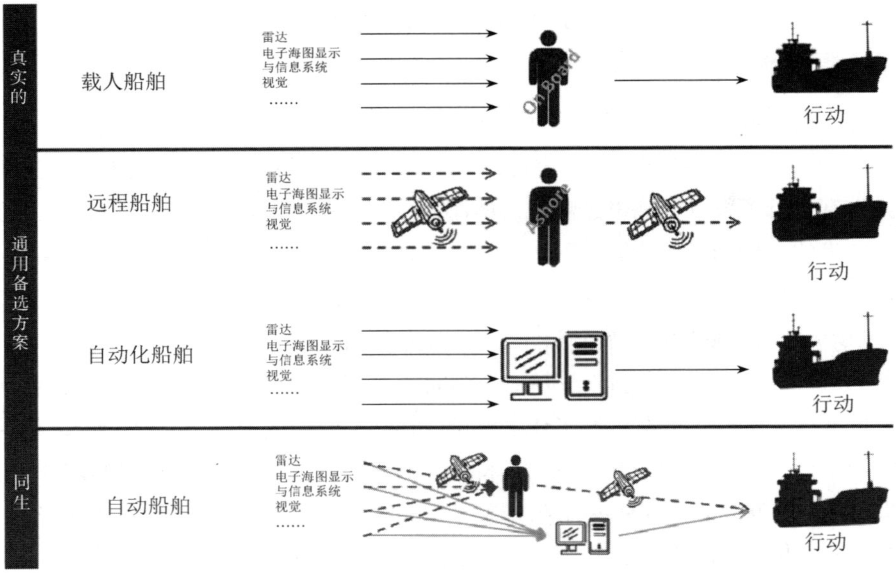

图 4-38 迈向自主航行船舶之路

资料来源:"海上无人驾驶网络智能导航"项目。

劳斯莱斯公司在自动驾驶船舶的研发方面非常活跃。该公司提出了自主导航的发展路线图,我们在图4－39再现了这一路线图。其演进是渐进的,首先包括对某些功能的远程操作,这将减少船员数量。该公司预计到2020年,第一艘遥控船舶将可以进行本地运营。这一过程将继续进行,到2025年将引入遥控沿海船舶,到2030年将引入遥控海洋船舶。最后预计到2035年,第一批自动驾驶船舶将在全球范围内运营。

图4－39　劳斯莱斯的自主导航路线

资料来源:劳斯莱斯。

一些国家正在践行海上自主航行的倡议。例如,挪威已经建立了世界上第一个无人驾驶船舶试验区。该试验场位于特隆赫姆峡湾地区。

最后,无人驾驶飞行器也每天都在寻找新的应用场景。最初,无人驾驶飞行器是由世界各地的军事力量开发的。事实上,最先进的无人驾驶飞行器仍然是军方开发的,其中一些利用高速卫星通信链路遥控,可以在世界任何地方运行。

在民用领域,众所周知,亚马逊推出了使用无人机运送包裹的举措。这项服务名为亚马逊PrimeAir,旨在使用重量不超过25公斤的无人机在120米以下的高度提供服务。其目标是在不到半小时的时间内,在距离不到16公里的地方自动运送不超过5公斤的包裹。同样,该公司在法规允许之前就开始研究这项服务。

在自动驾驶的交通工具中,无人驾驶飞行器市场可能是发展最快的市场。其应用清单每天都在拉长,它唯一的局限就是人们的想象力。牲畜控制、作物监测、建筑、应急管理、财产监控、基础设施管理、广告甚至无人机竞赛只是无人机目前或在不久的将来投入运营的几个领域。与其他类型的自动驾驶的交通工具一样,使用无人驾驶飞行器需要阅读相关的管理条例,以利用其可能带来的好处,而不限制安保和隐私方面。

表4－29列出了对自动驾驶交通工具的要求。总的来说,对于相同的应用,对

自动驾驶交通工具的要求比有人驾驶交通工具的要求更严格。人们正在这个领域进行大量的研究。因此,我们可以预期,在接下来的几年中,需求清单将针对更多不同的应用进行细化。

表 4-29　对自动驾驶交通工具的要求[1]

应用	精度	可用性	告警限值	告警时间
道路防撞	10cm	99.9%	20cm	5s
自动车辆监控	不超过 10cm	>95%		5s

注:1. 参见《美国联邦无线电导航计划》。

附件 3:参与者、角色和责任

附件 3 描述了参与无线电导航系统管理、开发、运行和监管的主要利益相关者:

- 欧盟委员会。
- 欧洲全球卫星导航系统局。
- 欧洲航天局。
- 欧洲防务局。
- 欧洲伽利略系统服务运营商,Spaceopal 公司。
- EGNOS 系统服务运营商,欧洲卫星服务提供商。
- 欧洲航空安全组织。
- "欧洲单一天空空中交通管理研究计划"联合执行体。
- 欧洲航空安全局。
- 欧洲海事安全局。
- 欧洲渔业管理局。
- 欧盟铁路局。
- "Shift2Rail"联合执行体。
- 欧洲海上无线电导航论坛。
- 国际海事组织。
- 国际航标协会。
- 国际民用航空组织。

要了解各个组织更多的信息,请访问以下网站:

- https://europa.eu/european-union/index_en。

- http://ec. europa. eu/growth/index_en。
- www. gsa. europa. eu。
- www. gsc - europa. eu。
- www. esa. int。
- www. eda. europa. eu。
- www. spaceopal. com。
- www. essp - sas. eu。
- www. eurocontrol. int。
- www. sesarju. eu。
- www. easa. europa. eu。
- www. emsa. europa. eu。
- www. efca. europa. eu。
- www. era. europa. eu。
- www. shift2rail. org。
- www. emrf. eu。
- www. imo. org。
- www. iala - asim. org。
- www. icao. int。

1. 欧盟委员会

欧盟委员会代表欧盟的普遍利益。其是向欧洲议会和欧盟理事会提出立法、管理和执行欧盟政策、与法院共同执行欧盟法律以及在国际舞台上进行谈判的主体。

在欧洲全球卫星导航计划中，欧盟委员会负责政治层面和高水平的任务要求。其角色是管理欧洲全球卫星导航计划和资金：确保利益相关者之间的协调，建立授权协议，监测风险，并确定实施方案的关键决策阶段。具体来说，欧盟委员会启动了欧洲伽利略系统总体架构、经济利益和用户需求的计划，其中包括针对局部架构、互操作性、信号和频率的伽利略计划。此外，他还设置了一个市场观察站，并负责调查法律、制度、标准化、认证和监管问题。

内部市场、工业、创业和中小企业总司（增长总司，DG GROW）负责监督欧盟委员会在卫星导航领域的活动。增长总司负责通过哥白尼和伽利略这两个大规模的计划，以及刺激技术创新和经济增长的研究行动，实施欧盟的空间政策。在欧盟第(EU)1285/2013号条例生效后，欧盟委员会被授权担任伽利略系统和EGNOS系统的计划管理方。增长总司卫星导航计划司主要负责欧盟全球卫星导航计划的实施。

除计划管理任务外，增长总司还负责分析卫星导航对欧盟经济四大细分市场竞争力的影响：

- 上游。欧洲航天工业对全球卫星导航系统建设的贡献。
- 服务提供。提供商业或公共定位、导航或授时服务的欧洲企业。
- 下游。欧洲依靠提供"服务提供"来提供利用卫星信号所需硬件和软件的应用行业。
- 最终用户。使用卫星信号所提供服务和应用的企业。

伽利略计划的完全运营能力阶段完全由欧盟负责资助，由欧盟委员会负责管理。欧盟委员会和欧洲航天局签署了一项授权协议，由欧洲航天局代表欧盟委员会担任设计和采购代理。

欧盟委员会是EGNOS计划的管理方。根据与欧盟委员会签订的合同，EGNOS系统的运营已委托给欧洲卫星服务提供商(ESSP)。

2. 欧洲全球卫星导航系统局

欧洲全球卫星导航系统监管局最初于2004年7月12日作为一个欧共体机构成立。2010年11月9日，该机构重组为"欧洲全球卫星导航系统局"(GSA)的机构，以确保其工作的连续性。欧洲全球卫星导航系统局的总部设在布拉格。欧洲全球卫星导航系统局的使命是支持欧盟的目标，并通过以下方式在用户利益、经济增长和竞争力方面实现欧洲全球卫星导航系统投资的最高回报：

- 设计和提供充分满足用户需求的服务，同时不断改进欧洲全球卫星导航系统的服务和基础设施。
- 对优质服务的提供进行管理，以最具成本效益的方式确保用户满意度。
- 让市场利益相关者参与开发创新和有效的应用、增值服务和用户技术，以促进欧洲全球卫星导航系统的全面采用。
- 确保欧洲全球卫星导航系统服务和运营完全可靠、安全和可访问。

欧洲全球卫星导航系统局是太空技术和用户需求之间的重要纽带，负责将欧洲伽利略系统和EGNOS系统信号转化为对欧洲公民有价值的、可靠的服务。

市场开发领域也是欧洲全球卫星导航系统局的主要任务之一。根据其使命,欧洲全球卫星导航系统局将致力于促进 EGNOS 系统和欧洲伽利略系统的采用,不断与各种用户群体进行互动,并落实推广路线图,以消除障碍,开发相关的价值链和市场。例如,欧洲全球卫星导航系统局正与接收机和芯片组制造商合作,将欧洲伽利略系统纳入主流市场以及汽车和专业接收机中,并在其中发挥作用。这样,大多数芯片组品牌能够在欧洲伽利略系统的初步服务推出之前采用这一系统。同样,欧洲全球卫星导航系统局正与各大汽车制造商及其供应商合作,推动创新,将通用全球卫星导航系统的创新功能应用于所有新兴应用,如自动驾驶和“出行即服务”应用。EGNOS 系统在航空领域的应用也一直是欧洲全球卫星导航系统局的主要目标之一。欧洲全球卫星导航系统局为相关的程序提供支持,以便让欧洲机场采用该系统,航空公司对其飞机进行相关的改装和认证。这是通过交通运输行业的其他细分市场和专业领域的目标行动来完成的。

此外,在欧盟委员会的授权下,欧洲全球卫星导航系统局正在为欧洲全球卫星导航系统开发创新的应用和接收机,特别是提升欧洲下游的行业和中小企业的竞争力。

为确保全球卫星导航系统服务完全符合用户需求,欧洲全球卫星导航系统局开发了许多工具和流程,使用户能够不断地了解全球卫星导航系统最新的市场特征、现有的用户技术以及用户需求。欧洲全球卫星导航系统局每两年发布一次《全球卫星导航系统市场报告》和《用户技术报告》,并定期组织“用户咨询平台”来验证其用户需求文件。

过去几年,欧洲全球卫星导航系统局一直负责 EGNOS 系统服务的供应。在此期间,欧洲全球卫星导航系统局为 EGNOS 系统的采用提供支持,使广大用户受益匪浅。例如,如今超过 200 个机场采用了基于 EGNOS 系统的进近程序,基于 EGNOS 系统的精准农业使欧洲超过 2/3 的拖拉机受益。此外,EGNOS 系统是欧洲测绘和测量的标准。

欧洲全球卫星导航系统服务中心(GSC)提供欧洲伽利略系统与其开放服务和高精度服务的用户之间的单一接口。欧洲全球卫星导航系统局负责欧洲全球卫星导航系统服务中心的工作,并得到了西班牙的支持。西班牙为伽利略计划提供了必要的托管基础设施和基地。欧洲全球卫星导航系统服务中心位于西班牙马德里自治区托雷洪－德阿尔多斯镇的国家航空航天技术研究所(INTA)基地内,处于完全安全的环境中,由西班牙国防部监管。当得到全面完善之后,欧洲全球卫星导航

系统服务中心就全天候运营,并提供一系列服务,例如:

- 提供欧洲伽利略系统和开放服务用户之间的接口。
- 提供欧洲伽利略系统与其高精度服务提供商和/或用户之间的接口。
- 托管欧洲伽利略系统用户帮助台。
- 为欧洲伽利略系统相关的产品提供一个传播平台。
- 托管一个含欧洲伽利略系统和全球卫星导航系统参考文件的电子图书馆。
- 提供欧洲伽利略系统控制中心存档数据的按需检索和交付。
- 为高精度服务的管理提供支持。
- 托管开放服务、商业服务和生命安全服务方面的专业知识中心。
- 向用户提供生命安全和商业服务用户服务绩效评估的预测和通知。

除了提供服务外,欧洲全球卫星导航系统局还负责确保欧洲全球卫星导航系统信号的安全。在这一职能范围内,欧洲全球卫星导航系统局将承担整个欧洲伽利略系统运营和服务的安全认证,包括欧洲伽利略系统的开放服务、高精度服务和公共监管服务。由独立的安全认证委员会(SAB)监督所有与安全相关的工作。欧洲全球卫星导航系统局负责托管该安全认证委员会,评估欧洲伽利略系统、EGNOS系统以及它们提供的所有服务的稳健性和弹性。该委员会由来自每个欧盟成员国的安全专家组成。由于这种对安全性的重视,欧洲全球卫星导航系统局正在以安全、有弹性和可靠的方式,日益增强最终用户对欧洲全球卫星导航系统服务的信心。

欧洲伽利略系统安全监测中心(GSMC)承担以下任务:

- 欧洲伽利略系统的安全监控。欧洲伽利略系统安全监测中心负责对安全威胁、安全警报和系统组件的运行状态进行监控并采取行动。

- 系统级公共监管服务使用的管理。欧洲伽利略系统安全监测中心确保与使用公共监管服务相关的敏感信息得到适当管理和保护,并且不向欧洲伽利略系统运营中心披露。欧洲伽利略系统安全监测中心充当政府实体(通过计算机化的合同点平台)请求加密密钥的接口,以及管理卫星相关信号消息的伽利略核心组件的接口。

- “联合行动”指示的落实。如果由于系统的运行或使用而对欧盟或成员国造成安全威胁,或者特别是由于国际危机而对系统本身的运行造成威胁时,欧盟理事会应采取一致行动,对向欧洲全球卫星导航系统局和系统特许权持有人发出的必要指示作出决策。

• 提供公共监管服务和伽利略安全专业知识和分析。

欧洲伽利略系统安全监测中心总部设在法国的圣日耳曼昂莱和西班牙的马德里。

3. 欧洲航天局

欧洲航天局是一个国际组织，有 22 个成员国：奥地利、比利时、捷克共和国、丹麦、爱沙尼亚、芬兰、法国、德国、希腊、匈牙利、爱尔兰、意大利、卢森堡、荷兰、挪威、波兰、葡萄牙、罗马尼亚、西班牙、瑞典、瑞士和英国。加拿大、保加利亚、塞浦路斯、马耳他、拉脱维亚、立陶宛、斯洛伐克和斯洛文尼亚与欧洲航天局有合作协议。欧洲航天局的宗旨是，完全以和平为目的，提供和促进欧洲国家在太空研究、技术以及太空应用方面的合作，以便将其用于科学目的和实用的太空应用系统。

欧洲航天局在欧洲导航计划的设计和开发中发挥着突出的技术作用。下面我们将总结一下欧洲航天局在 EGNOS 系统、欧洲伽利略系统、欧洲全球卫星导航系统演进项目（EGEP）以及导航创新和支持项目（NAVISP）中的参与情况。

EGNOS 系统是一个由三方小组发起的项目，该小组的成员是欧洲航天局、欧盟委员会和欧洲航空安全组织。欧洲航天局全面负责 EGNOS 系统的设计和开发。EGNOS 系统于 2009 年被宣布可用于安全性并不十分关键的用途，并于 2011 年用于安全性十分关键的飞机着陆进近用途。在成功完成其开发后，其所有权和 EGNOS 计划的管理于 2009 年 4 月 1 日移交给了欧盟委员会。

根据欧盟委员会的授权协议，欧洲航天局继续在系统和采购方面开展工作，负责开发中的 EGNOS 系统的所有重大演进。2015 年，欧洲航天局与欧洲全球卫星导航系统局签署了一项工作安排，确认欧洲航天局作为系统和采购实体，在正在开发的 EGNOS 系统的进一步重大演进以及名为"EGNOS V3"的第二代 EGNOS 系统的设计开发和认证方面的作用。具体来说，EGNOS V3 将向广大用户（特别是民用航空用户）提供双频和多星座增强服务来提升服务水平。随着新一代产品的问世，生命安全服务也将基于欧洲伽利略系统的服务来提供，并由 EGNOS V3 信号进行增强。欧洲全球卫星导航系统局现在通过与欧洲卫星服务提供商（ESSP）的合同管理 EGNOS 系统的运营。

欧洲航天局领导了伽利略计划的定义、开发和在轨验证阶段，并与欧盟委员会共同出资。欧洲航天局代表欧盟委员会监督了欧洲伽利略系统完全运营能力的设计和部署，并于 2017 年受欧洲全球卫星导航系统局的委托，对系统运行和服务提供进行监督。

在欧洲航天局就 EGNOS 系统和欧洲伽利略系统开展相关工作的同时，欧洲航天局正在实施一些研发计划，旨在为主要系统的技术及其应用做好准备工作。欧洲全球卫星导航系统演进计划(EGEP)以及导航创新和支持计划(NAVISP)是欧洲航天局在这一领域的两个主要计划。

欧洲全球卫星导航系统演进计划的目标始于 2007 年，目的是丰富欧洲与全球卫星导航系统有关的科学、技术和工业专门知识，使其与国际水平相当。

该计划通过一系列的前瞻性活动，确保了欧洲行业及时获得 EGNOS 系统和欧洲伽利略系统的演进所需的竞争和创新能力。这适用于未来短期、中期和长期的需求。欧洲全球卫星导航系统演进计划的目标如下：

- 为 EGNOS 系统和欧洲伽利略系统明确未来的系统架构，并为这些系统的未来版本准备技术。
- 为明确如何实现下一版本的 EGNOS 系统提供支持，并为其准备技术。
- 提供试验台和系统工具。
- 提高欧洲航天局对全球卫星导航系统性能监测和影响性能的主要环境因素的认识。
- 促进和支持对 EGNOS 系统和欧洲伽利略系统的科学开发。

欧洲全球卫星导航系统演进计划还提供了一个由全球卫星导航系统支持的科学研究框架。它涵盖了从大气和气候建模到时间、空间参考，再到基础物理学的广泛的学科。该计划的这些方面包括促进科学利用 EGNOS 系统、欧洲伽利略系统以及支持全球卫星导航系统领域教育活动。

导航创新和支持计划的目标是，促进成员国在上游和下游导航行业的行业竞争力和创新优先事项，并研究卫星导航与非空间技术以及互补定位和通信技术的整合。导航创新和支持计划分为三个要素。第一个要素旨在开发新的天基定位、导航和授时技术和概念，第二个要素侧重于行业竞争力，第三个要素为成员国的国家计划和活动提供支持。在一个以卫星定位、导航和授时服务为关键推动因素的世界里，支撑从自动驾驶无人机、精准农业到电网和金融网络的一切，导航服务提供商旨在支持新的方式，使这些服务更加强大和可靠，并让欧洲参与者具有竞争力。

欧洲航天局设立了一个全球卫星导航系统科学咨询委员会，由该领域的主要科学家组成，以促进与科学界的互动，并在欧洲航天局为伽利略系统、EGNOS 系统的科学利用确定优先事项、选择提案等方面提供支持。该委员会还建议针对科学应用,对伽利略系统和EGNOS系统加以改进,并就欧洲伽利略系统卫星的潜在二级有效载荷提出建议。

4. 欧洲防务局

欧洲防务局(EDA)成立于2004年,是欧盟理事会的一个机构。欧洲防务局通过欧洲的合作,为其27个成员国(除丹麦之外的所有欧盟国家)防务能力的提高提供支持。作为推动和促进愿意参与国防合作能力计划的部门,欧洲防务局已成为欧洲防务合作的枢纽。它的专业知识和网络使它能够覆盖整个领域:从协调需求到提供作战能力;从研究和创新到技术验证工具的开发;从培训和演习到维护和支持到共同安全和防御政策。欧洲防务局还致力于加强欧洲防御行业,并充当成员国军事利益相关者和对防御有影响的更广泛的欧盟政策之间的促进者和接口。2017年5月,欧洲防务局成员国同意加强欧洲防务局的使命,包括使其成为欧盟资助的防务相关活动的核心运营者。

欧洲防务局的目标是促进成员国之间的防务合作。它为其成员服务,并通过专门的合作计划在共同商定的优先领域为它们提供支持。欧洲防务局与其各成员国专家同行以及一些欧盟机构、国际组织和第三国有着密切联系。与国际组织和第三国(挪威、塞尔维亚、瑞士和乌克兰)缔结了若干行政安排。

2015年11月,欧洲防务局指导委员会责成欧洲航天局为《欧洲军事无线电导航政策》(后更名为《军事卫星导航政策》)制定流程,以明确军事和防御行业如何从欧盟卫星导航方案中受益。2016年3月,该指导委员会批准了该政策的双重目标,即确定定位、导航和授时信息(包括欧洲伽利略系统的服务)在欧洲的潜在安全使用范围,并确定在哪些情况下可以与其他全球卫星导航系统协调使用欧洲伽利略系统。该指导委员会还鼓励各成员国提名本国专家来编写《欧洲军事卫星导航政策》文件。2017年3月,该指导委员会决定批准《欧洲军事卫星导航政策》,并责成欧洲防务局成立一个特设工作组,根据该政策,在不影响当前治理框架和国家政策的情况下,编写一份《工作人员共同目标》文件,于2018年初提交批准。

此外,欧洲防务局的制导、导航与控制(GNC)这一能力技术工作组(CapTech)正在处理定位、导航和授时的相关技术。能力技术工作组的核心任务是,收集成员国专家的建议,以支持和促进防御系统的研究、技术和创新。该能力技术工作组涵盖了关键的制导、导航与控制技术,以提高自主性和自动化,提高性能和可靠性,为未来的防御能力需求提供支持。该能力技术工作组的研究和技术活动旨在提高作战效能、提高态势感知、安全和保障,并支持未来定位、导航和授时方面的优势需求。

欧洲防务局总部位于布鲁塞尔,由外交和安全政策联盟高级代表领导。

5. 欧洲伽利略系统服务运营商,Spaceopal 公司

Spaceopal 公司是由 DLR GfR 公司和 Telespazio 公司作为合伙人于 2009 年成立的合资企业。从 2010 年 11 月到 2017 年 6 月,根据欧洲伽利略系统完全运营能力运营框架合同,Spaceopal 公司是负责欧洲伽利略系统运营的主要承包商。其运营由两个控制中心,通过全球地面站网络进行管理。自 2017 年 7 月以来,在欧洲全球卫星导航系统局进行竞争性招标后,Spaceopal 公司继续根据欧洲伽利略系统服务运营商合同,运营这一卫星导航系统的卫星群,确保向全世界提供欧洲伽利略系统的服务。

欧洲伽利略系统的初步服务已于 2016 年底投入运营。Spaceopal 公司一直在积极支持该系统的完善,以便在 2020 年前将服务扩展至完全运营能力。

欧洲伽利略系统完全成熟的星座和基础设施由分布在三个轨道上的 30 颗卫星、大约 20 个用于监测导航信号的传感器站、两个卫星控制中心(一个位于德国巴伐利亚州施塔恩贝格区韦斯林市奥伯法芬霍芬村,另一个位于意大利阿布鲁佐大区的富齐诺)、位于西班牙马德里自治区托雷洪 – 德阿尔多斯镇的欧洲全球卫星导航系统服务中心、几个任务上行链路站和卫星控制发射站组成。作为欧洲伽利略系统的服务运营商,Spaceopal 公司为全球用户提供高质量的导航和授时服务。

作为负责确保欧洲伽利略系统运营的单位,Spaceopal 公司的核心业务活动包括:

- 运营管理。
- 运营工程和准备。
- 维护和操作。
- 欧洲伽利略系统服务的提供。
- 发射和早期运营阶段。
- 欧洲伽利略系统的数据传播网络。
- 时间服务的提供。
- 大地参考服务的提供。
- 在轨测试服务。
- 综合后勤服务。

• 安全行动。

Spaceopal 公司的总部位于德国慕尼黑。

6. EGNOS 系统服务运营商:欧洲卫星服务提供商

欧洲卫星服务提供商(ESSP)成立于 2001 年。自成立以来,欧洲卫星服务提供商参与了 EGNOS 计划。欧洲卫星服务提供商的股东为欧洲的 7 家航空服务提供商:

• 瑞士的 Skyguide。

• 德国的 DFSIBS。

• 法国的 DSNA。

• 西班牙的 ENAIRE。

• 英国的 NATS。

• 意大利的 ENAV。

• 葡萄牙的 NAV。

欧洲卫星服务提供商持有空中导航服务提供商证书,并受欧洲航空安全局的持续监督。

欧洲卫星服务提供商的核心工作为 EGNOS 系统提供运营及其服务。2013 年,欧洲全球卫星导航系统局授予欧洲卫星服务提供商一项合同,作为 2014 年至 2021 年 EGNOS 系统服务单一的提供商。在此期间,欧洲卫星服务提供商负责地面和空间部分的运行、基础设施的全面维护和安全标准的合规性。欧洲卫星服务提供商还通过三项专门的服务来关怀 EGNOS 系统的用户:

• 开放服务,适用于不危及人类生命的应用,如个人导航、货物跟踪和精准农业(自 2009 年 10 月起提供)。

• 生命安全服务,人类的生命依赖于信号的精度和完好性,于 2011 年 3 月开始用于飞机导航这一主要目的(从着陆进近的垂直引导开始)。LPV - 200 服务于 2015 年 9 月开始运营。

• EGNOS 数据访问服务(EDAS),提供 EGNOS 系统数据的互联网接入。EGNOS 数据访问服务是 EGNOS 系统基础设施收集和生成数据的单一访问点。

由欧洲卫星服务提供商运营 EGNOS 系统服务中心。

欧洲卫星服务提供商在法国南部 - 比利牛斯大区上加龙省图卢兹市和西班牙马德里设有办事处。图卢兹是总部、系统运行和合规管理部门的所在地。马德里设有服务提供部门。

7. 欧洲航空安全组织

欧洲航空安全组织是一个由 41 个成员国组成的政府间组织,致力于与其合作伙伴一起建设“欧洲单一天空”,以提供 21 世纪及以后所需的空中交通管理性能。欧洲航空安全组织与摩洛哥王国和以色列国签署了全面的协议。

欧洲航空安全组织的活动包括:

- 与空中导航服务提供商、太空用户、军方和机场保持密切联系,管理整个空中交通管理网络(每年有近 1000 万次航班)。
- 为荷兰、比利时、卢森堡和德国北部提供空中交通管制服务。
- 处理航空费用的计费、收取和再分配。
- 发展集中服务倡议,在欧洲范围内开放一些服务进行市场竞争,从而节省大量资金,并提高运营效率。
- 为欧盟委员会、欧洲航空安全局和国家监管机构的监管活动提供支持。
- 进行研究、开发和验证,并为“欧洲单一天空空中交通管理研究计划”联合执行体做出实质性的贡献。
- 协调欧洲的军民航空。

欧洲航空安全组织导航小组由导航基础设施(包括传统导航设备和全球卫星导航系统)和导航应用不同领域的专家组成。该导航团队:

- 将为与导航相关的“欧洲单一天空空中交通管理研究计划”做出贡献。
- 为欧洲航空安全组织单一天空司的导航相关活动提供支持。
- 领导利益相关者团体研究导航的现状和未来,以便为该网络提供支持。
- 为《网络管理服务目录》中所述的网络管理功能提供支持。

欧洲航空安全组织在导航基础设施控制方面的工作不但将为全球卫星导航系统的部署提供支持,同时还将确保传统导航设备从“主角”向为全球卫星导航系统提供冗余服务演变。欧洲航空安全组织以与航空利益相关者、欧洲处理全球卫星导航系统的其他机构(欧洲共同体、欧洲航天局和欧洲全球卫星导航系统局)以及美国联邦航空管理局等国际合作伙伴的伙伴关系为依托,在欧洲航空引入全球卫星导航系统方面发挥着核心的作用。以下主要原则适用于全球卫星导航系统的工作:

- 欧洲航空安全组织应确保与航空利益相关者协商,保护所有航空用户的利益，特别是太空用户的利益。

• 与其他解决方案相比，欧洲航空安全组织在各种全球卫星导航系统上的方法和参与应以其在容量、成本效率、安全性、环境和/或互操作性方面为空中交通管理网络性能提供优势的能力为依托。

• 欧洲航空安全组织可以为欧盟提供有价值的、独立的和公正的支持，帮助欧盟找到最佳的方法将 EGNOS 系统和欧洲伽利略系统集成到航空战略中，以提高“欧洲单一天空”计划的空中交通管理效能。

常规导航设备是导航基础设施的地面部分。它指的是无方向性信标、甚高频全向无线电信标、测距仪以及仪表着陆系统和微波着陆系统等导航设备。欧洲航空安全组织参与了各种计划，以优化传统基础设施。不过，部署为基于性能的导航提供支持的新设施时需要慎重考虑，部分是因为成本，但更重要的是频谱问题。从 960MHz 到 1215MHz 的 L 波段包含已建立的导航和监视系统（测距仪、二次监视雷达），同时各种新的通信、导航和监视服务（全球卫星导航系统、广播式自动相关监视和其他服务）也在试图找到属于自己的位置。基础设施工作贡献跨学科的专业知识，确保新服务能够安全部署，尤其是在未来几年，测距仪演进的规划将需要得到一个全新的跨境合作水平，因为测距仪/测距仪定位是一个全球卫星导航系统既定的备用系统，而“欧洲单一天空空中交通管理研究计划”的在轨运行也同样需要新的卫星导航系统服务。

欧洲航空安全组织将继续为空中导航服务提供商和太空用户提供支持，以确保通过服务的互操作性和持续性，无形中一如既往地保障导航系统的成功。

欧洲空中交通管理服务的成本（基础设施、人员和其他运营成本）是通过空中导航费来支付的。空中交通管理服务通过“用户付费原则”获得资金。空中导航收费计划有不同的种类：航线费、终端导航费和通信费。欧洲航空安全组织代表其所有成员国收取航线费。

8.“欧洲单一天空空中交通管理研究计划”联合执行体

“欧洲单一天空空中交通管理研究计划”联合执行体（SJU）是根据 2007 年 2 月 27 日欧盟理事会第（EC）219/2007 号条例[经欧盟理事会第（EC）1361/2008 号条例修改，最后经欧盟理事会第（EU）721/2014 号条例修订]建立的公私合作伙伴关系。

SJU 负责协调和集中欧盟范围内所有与空中交通管理相关的研究和创新工作，以实现欧洲空中交通管理系统的现代化。作为欧洲雄心勃勃的“欧洲单一天空”倡议的技术支柱,“欧洲单一天空空中交通管理研究计划”是协调和集中欧盟范围内在空中交通管理方面的所有研发活动的机制,它汇集了大量专家来开发新一代的空中交通管理系统。

由欧盟和欧洲航空安全组织发起的“欧洲单一天空空中交通管理研究计划”,如今通过其成员将整个航空界团结在一起。几个成员由财团组成,连同其附属机构和分包商,代表着大约 100 个积极参与“欧洲单一天空空中交通管理研究计划”,并证明该计划对欧洲研发空中交通管理活动之影响的组织。此外,来自民用和军用航空、国家安全局、机场、设备制造商、工作人员和科学界的若干利益相关者加入了“欧洲单一天空空中交通管理研究计划”SJU 行政委员会。总的来说,“欧洲单一天空空中交通管理研究计划”联合了大约 3000 名欧洲内外的专家。

SJU 的成员包括:

- 欧盟委员会,创始成员。
- 欧洲航空安全组织,创始成员。
- 空中客车公司,成员。
- DFS,成员。
- DSNA,成员。
- Enaire,成员。
- ENAV,成员。
- Finmeccanica,成员。
- Frequentis,成员。
- Honeywell,成员。
- Indra,成员。
- Natmig,成员。
- Nats,成员。
- Noracon,成员。
- Seac,成员。
- Thales 集团,成员。

SJU 行政委员会还包括来自不同利益相关者群体的代表,包括:

- 军方。
- 空域的民用用户。
- 空中导航服务提供商(ANSPs)。

- 设备制造商。
- 机场。
- 空中交通管理行业的工作人员。
- 科学界。

SJU 的任务是，为欧洲开发一个现代化的空中交通管理系统，这将防止欧洲天空的严重拥堵，并减少航空运输对环境的影响。因此，SJU 将协调和集中其成员开展的所有相关研究和开发工作。SJU 负责《欧洲空中交通管理总体规划》的实施，并开展具体活动，旨在开发新一代空中交通管理系统，以确保未来 30 年全球航空运输的安全性和流畅性。

"欧洲单一天空空中交通管理研究计划"的愿景建立在在轨运行理念之上，并依赖于提供空中导航服务来支持业务或任务轨迹的落实，这意味着飞机可以不受空域配置的限制而按自己喜欢的轨迹飞行。自动化支持水平的逐步提高、虚拟化技术的实施以及标准化、可互通系统的使用将使这一愿景成为可能。系统基础设施将随着数字化技术的发展而逐渐发展，让空中导航服务提供商在一系列信息服务的支持下，不分国界，在任何需要的地方对接其业务。机场将完全融入空中交通管理网络，这将促进和优化空域用户的操作。

从 2035 年到 2050 年，基于性能的操作将在整个欧洲实施，并设想了多种选择，例如在网络层面空中导航服务提供商之间的无缝协调或所提供的完整的端到端空中导航服务。此外，人们普遍认为，为了提高性能，空中交通管理的现代化应该把飞行视为一个整体，放在流程和网络的背景下，而不是像今天这样，把飞行轨迹分割开来。考虑到这一点，这一愿景将在整个空中交通管理系统中实现，在飞行的每个阶段提供改进。

9. 欧洲航空安全局

欧洲航空安全局（EASA）是一个在航空安全领域被赋予具体监管和执行任务的欧盟机构。欧洲航空安全局是根据 2002 年 7 月 15 日欧洲议会和欧盟理事会第（EC）1592/2002 号条例[已由 2002 年 9 月 7 日的第 L240 号公报，第（EC）216/2008 号条例废除]成立的。

欧洲航空安全局有 32 个成员国：欧盟的 28 个成员国加上瑞士、挪威、冰岛、列支敦士登。

欧洲航空安全局是欧盟航空安全战略的核心。其使命是维护民用航空安全和环境保护的最高共同标准。该机构制定适用于欧洲范围内的共同安全和环境规则。它通过在成员国进行检查来监测标准的执行情况,并提供必要的技术专长、培训和研究。该机构与各国携手合作,由各国执行运营任务,如对各飞机进行认证或对飞行员发放执照。

欧洲航空安全局的使命是:

- 确保为欧盟公民提供最高水平的安全保护。
- 确保最高水平的环境保护。
- 成员国之间的单一监管和认证程序。
- 促进形成单一的内部航空市场,并创造一个公平的竞争环境。
- 与其他国际航空组织和监管机构合作。

该机构目前的主要任务包括:

- 起草与欧洲航空安全局任务有关的所有领域的实施细则。
- 在欧洲航空安全局拥有专属权限的领域,对产品和组织进行认证和批准(例如适航性)。
- 在欧洲航空安全局拥有共同权限的领域(例如航空运营、空中交通管理),向成员国提供监督和支持。
- 促进欧洲和全球标准的采用。
- 与国际上的参与者合作,以便为全球的欧盟公民带来最高的安全水平(例如欧盟安全清单、第三国运营商授权)。

欧洲航空安全局总部设在科隆,在布鲁塞尔设有办事处。

10. 欧洲海事安全局

欧洲海事安全局是欧盟的分散机构之一。它向欧盟委员会和成员国、冰岛和挪威提供技术援助和支持,制定和执行欧盟关于海上安全、船舶污染、石油和天然气设施以及船舶和港口安全的立法。在油污染响应、船舶监测以及船舶的长期识别和跟踪领域,它还承担了操作任务。

该机构是根据第(EC)1406/2002 号条例设立的,该条例是其向委员会和成员国提供支持的主要依据。随后的修正案完善并扩大了其任务授权范围。

欧洲海事安全局开展的工作由行政委员会监督,该委员会由所有欧盟成员国、冰岛和挪威(欧洲自由贸易区国家)的代表以及欧盟委员会的 4 名代表组成,另外还有来自海运行业各细分市场的 4 名无表决权的代表。

欧洲海事安全局是海事行业监管合规的核心，确保通过视察和周期访问，核查和监测欧盟立法和标准的执行情况。该机构通过提供专门知识、培训和研究、合作和工具来支持能力建设。欧洲海事安全局的使命是：

• 确保优质航运、更安全的海洋、更清洁的海洋。

• 提高海员的能力、工作和生活条件。

• 加强船舶和港口设施的安全。

• 促进国际领域的技术合作。

• 与会员国和欧盟机构合作，运营、维护和发展海事信息业务能力。

• 实施欧盟船舶交通监测和监视举措，并向广泛的机构用户和各用户群体提供海事信息服务。

欧洲海事安全局在某些关键领域承担了一些任务，通过以下方式实现其目标：

• 协助欧盟委员会监测与船舶建造和计划维护、船舶检查和欧盟港口接收船舶废弃物、海洋设备认证、船舶安全、非欧盟国家海员培训和港口所在国家管制相关欧盟立法的执行情况。

• 根据在国际海事组织做出的承诺，运营欧盟船舶远程识别和跟踪数据中心、欧盟海事信息和交换系统（SafeSeaNet）以及国际远程识别和跟踪信息数据交换系统。

• 在持续评估现有措施有效性的过程中，就船舶安全标准、海洋设备、事故调查、船级社检查、防止船舶污染等相关的事项提供技术援助和科学咨询，制定和更新法律法规。

• 组织与成员国海事行业密切合作的培训和能力建设活动，并为欧洲睦邻政策的扩大国家和受益者提供协助。

• 传播最佳实践和促进可持续航运，包括实施和执行现有或拟议的国际和欧盟立法，并与欧盟委员会和成员国密切合作，与许多行业利益相关者和公共机构合作。

• 提供海洋污染防备、检测和应对能力，包括欧洲石油泄漏备用应急船舶网络以及欧洲石油泄漏卫星监控和船舶检测服务（CleanSeaNet），保护欧盟海岸和水域免受船舶污染。

• 提供维护和开发的若干系统，以提供政府对政府的海事信息服务，包括根据用户需求定制的综合海事信息服务平台。

• 管理海事信息服务的当前要求和潜在发展，管理卫星和遥控驾驶航空器系统对该机构海事信息前景的地球观测数据的来源和日常运作。这些服务的持续开发是通过与利益相关者联系、收集他们的业务/数据需求,并将其转化为功能规范来触发的。用户包括欧洲渔业管理局、欧盟海军亚特兰大行动、欧盟海军索菲亚行动、欧洲边境和海岸警卫队、海事分析和运作中心、区域合作计划。

• 通过继续开展其主要的核心活动以及在海上监视和能力建设领域推出新的增强服务,来支持当局在国家、欧洲和国际层面履行海岸警卫队的职能。

欧洲海事安全局总部设在里斯本。

11. 欧洲渔业管理局

欧洲渔业管理局(EFCA)是2005年成立的一个欧盟机构,负责对成员国渔业管制和检查活动的业务协调进行梳理,并协助成员国合作,以遵守《共同渔业政策》(CFP)的规则,确保其有效和统一适用。

成立欧洲渔业管理局是为了通过汇集国家渔业控制手段、监测资源和协调执法活动,来加强执法的统一性和有效性。欧洲渔业管理局协调欧盟和国际水域的活动。欧盟水域的业务协调有助于解决成员国控制系统的手段和优先次序不一致造成的执法缺陷。欧洲渔业管理局还在国际上支持欧盟的《共同渔业政策》,打击非法、未报告和无管制(IUU)的活动。

该局与欧洲边境和海岸警卫局(Frontex)以及欧洲海事安全局合作,各在其任务范围内支持国家当局履行海岸警卫职能。根据2005年4月26日欧盟理事会关于设立欧洲渔业管理局的第(EC)768/2005号条例[已经第(EC)1224/2009号条例修订]第3条的规定,该机构的使命包括:

• 协调成员国的渔业控制和检查活动。

• 协调成员国控制和检查手段的部署,并在需要时提供额外手段(特许)。

• 协助成员国向欧盟委员会和第三方报告捕捞活动,以及控制和检查活动的信息。

• 协助成员国和欧盟委员会协调《共同渔业政策》在整个欧盟的适用。

• 促进成员国和欧盟委员会在研究和开发控制和检查技术方面的工作,并提供培训和交流最佳实践。

• 根据欧盟规则协调打击非法、未报告和无管制的捕捞活动的行动。

为了确保有效开展渔业控制活动,并以具有成本效益的方式部署检查手段,欧洲渔业管理局开发了一些应用和工具,供成员国和欧洲渔业管理局自己使用,以便为渔业控制活动的协调提供支持。欧洲渔业管理局即将提供共享和查看数据的应用,如欧洲渔业管理局电子报告系统、船舶监控系统(VMS)等。

此外,在与欧洲海事安全局的密切合作下,欧洲渔业管理局即将推出"欧洲渔业管理局综合海事服务"。这一专门为渔业管制目的开发的综合海事系统将卫星自动识别系统、远程识别和跟踪系统、船舶监控系统和其他与渔业管制有关的信息联系起来并加以融合,从而提供海事情况的综合概况。再加上欧洲海事安全局的哥白尼海上监视服务提供的卫星图像和船舶探测报告,这种态势图得到进一步增强。

上述所有应用在很大程度上取决于(天基)定位、导航和授时信息的可用性和精度。整合各种定位、导航和授时数据集的经验确实表明,有必要对无线电导航服务进行协调和合理化改造。

欧洲渔业管理局于 2007 年在布鲁塞尔开始运作,并于 2008 年迁至其在西班牙维戈的正式办公地点。

12. 欧盟铁路局

继第四个欧盟铁路一揽子计划的技术支柱于 2016 年 6 月 15 日生效后,欧盟铁路局取代并继承了欧洲铁路局。

欧盟铁路局的使命是"让铁路系统更好地为社会服务"。为实现这一目标,欧盟铁路局在技术方面促进欧盟法律法规的实施,旨在通过以下工作提高铁路行业的竞争地位:

- 提高铁路系统的互操作性水平。
- 制定欧洲铁路系统的通用安全方法。
- 致力于实现没有边界的"欧洲铁路区域一体化",以确保高度的安全性。

此外,从 2019 年起,欧盟铁路局将成为欧洲负责以下工作的权力机构:

- 向铁路企业颁发单一的、整个欧盟范围内适用的安全证书。
- 签发在多个国家进行运营的车辆授权。
- 对欧洲铁路交通管理系统的基础设施进行预批准。

基于卫星应用的列车导航和定位系统是未来控制、指挥和信号铁路子系统的组成部分,因此,欧盟铁路局正在根据铁路运营商提供的试行版文件和系统开发(它是在"Shift2Rail"联合执行体的主持下进行的,欧盟铁路局是关联方)情况制定审批细则。

欧盟铁路局总部设在瓦朗谢纳和里尔。

13. Shift2Rail 联合执行体

2009 年,在欧洲铁路行业协会的协调下,欧洲铁路行业的主要参与者开始研究一种可以促进欧洲铁路系统重大变革的政策工具。在这种背景下,Shift2Rail 联合执行体倡议应运而生。支持 Shift2Rail 的公司强调指出,保持欧洲铁路研究的现状不是一种选择,只有来自坚定的欧盟行业的关键群体联手开发创新、高容量和高质量的产品,欧洲在全球铁路市场的领导地位才能得以保持。利用自 20 世纪 90 年代中期以来,在欧盟提供资金支持的合作研究计划中铁路行业获得的成功,Shift2Rail 形成了“地平线 2020”计划上欧盟行业研究合作的自然演变。同样清楚的是,要实现雄心勃勃的欧盟运输政策和气候变化目标,需要对铁路研究进行大规模的协调投资。

Shift2Rail 是首个欧洲铁路倡议,旨在通过加速将先进的新技术融入创新的铁路产品解决方案,寻求专注的研究和创新以及市场驱动的解决方案。Shift2Rail 提升了欧洲铁路行业的竞争力,并将满足不断变化的欧盟运输需求。根据这一倡议开展的研究与创新将开发必要的技术来完善“欧洲铁路区域一体化”。此外,Shift2Rail 有雄心勃勃的目标和实现这些目标的稳健框架。具体而言,该倡议旨在将欧洲铁路系统的能力提高一倍,可靠性和服务质量提高 50%,同时将生命周期成本减半。

Shift2Rail 联合执行体的成员包括:

- 欧盟。
- AERFITEC 联盟。
- 阿尔斯通公司。
- 艾玛迪斯 IT 集团公司。
- 安萨尔多 STS 公司。
- AZDPrahas. r. o 公司。
- 庞巴迪交通运输公司。
- 竞争性货车联盟。
- CAF 公司。
- 德国铁路公司。
- DIGINEXT 公司。

- 欧洲铁路运营共同体联盟。
- 法维莱交通运输集团。
- HaCon Ingenieurgesellschaft 公司。
- 英德拉系统股份公司。
- Kapsch CarrierCom 公司。
- 克诺尔轨道车辆系统公司。
- MERMEC 公司。
- 网络铁路基础设施有限公司。
- 西门子公司。
- Smar tDeMain 联盟。
- 智能铁路控制联盟。
- 法国国家铁路运输公司。
- SwiTracken 联盟。
- Patentes Talgo S. L. U. 公司。
- 法国泰雷兹公司。
- 瑞典交通管理局。
- 奥地利虚拟车辆联盟。

日益增长的交通需求、拥堵、能源供应安全和气候变化是欧盟和世界面临的一些主要问题。应对这些挑战需要铁路行业在未来几十年承担更大的运输需求份额。欧盟委员会正在努力实现"欧洲铁路区域一体化",并推动从公路到铁路的模式转变,以实现更具竞争力和资源效率的欧洲运输系统。然而,铁路在欧洲货运和客运市场的份额仍不尽如人意。因此,欧盟的研究和创新必须帮助铁路在全球运输市场发挥新的、更广泛的作用,既要解决耗尽铁路业务运营的紧迫短期问题,也要帮助铁路行业获得更强的市场地位。

Shift2Rail 将促进向市场推出更好的列车(更安静、更舒适、更可靠等)。Shift2Rail 从服务推出的第一天起,便以较低的生命周期成本,在创新的铁路网络基础设施上可靠运营,并拥有更大的能力来应对不断增长的客运和货运流动性需求。欧洲企业将对所有这些方面加以发展,从而提高它们在全球市场的竞争力。Shift2Rail 还将有助于模式转换,吸引用户通过铁路出行。对于欧盟乘客来说,这意味着更多的出行选择、更舒适和更准时的出行服务。对于货运代理/托运人来说,铁路货运将提供更具成本效益、准时和可追踪的运输方式。Shift2Rail 将有助于:

• 将铁路运输的生命周期成本（建设、运营、维护和更新基础设施和车辆的成本）削减50%之多；

• 使铁路运力加倍；

• 可靠性和准时性提高了50%。

Shift2Rail将影响铁路市场的所有领域：高速/干线、区域、城市/地铁及郊区和货运；这也将使数百万欧洲乘客和铁路货运用户的日常生活变得更加轻松。

Shift2Rail联合执行体由以下4个主体组成：

• 治理委员会，全面负责Shift2Rail联合执行体的战略方向和运营，并监督其工作的落实。

• 执行董事，负责Shift2Rail联合执行体的日常管理。执行董事还管理Shift2Rail秘书处。

• 科学委员会，它将就年度工作计划中要处理的科学和技术优先事项提出建议。该委员会由世界著名的科学家组成，向Shift2Rail联合执行体提供科学专业知识，并以科学为依据提出建议。它由治理委员会在考查国家代表小组、欧洲铁路研究咨询理事会和欧洲铁路机构提出的潜在候选人之后进行任命。

• 代表与“地平线2020”框架计划相关的欧盟成员国和其他国家的国家代表小组，该小组将就Shift2Rail联合执行体的战略方向以及Shift2Rail的各项活动与相关国家或地区研究和创新计划之间的联系提供意见。

14. 欧洲海上无线电导航论坛

欧洲海上无线电导航论坛是一个代表欧洲海洋利益的论坛，为欧洲航行安全政策和相关事务提供专家意见。

欧洲海上无线电导航论坛汇集了从海事管理机构到船东组织的各种不同的机构，重点关注欧洲海上利益在无线电导航系统领域的协调，以促进欧洲内部的发展。

其主要目标之一是促进海上对未来卫星系统、其增强系统和备用系统的安全评估和认证的要求，并编写材料，使这些系统作为国际海事组织全球无线电导航系统的一部分得到认可和运营批准。

15. 国际海事组织

国际海事组织（IMO）是联合国的一个专门机构，负责采取措施改善国际航运的安全和保障,防止船舶污染。它还参与法律事务,包括责任和赔偿问题以及国际海上运输的便利化。它是根据在联合国的主持下,1948 年 3 月 17 日在日内瓦通过的一项公约成立的,并于 1959 年 1 月举行了第一次会议。

国际海事组织目前有 172 成员和 3 个联系会员,79 个具有咨询地位的国际非政府组织和 64 个与国际海事组织签署了合作协定的政府间组织。大会是国际海事组织的治理机构,由所有成员组成,通常每两年举行一次。它通过下一个两年期的预算以及附属机构在过去两年中编写的技术决议和建议。理事会由大会选出的 40 个成员组成,在大会闭会期间担任治理机构。它为大会编制预算和工作方案。主要的技术工作由海事安全,海洋环境保护,法律、技术合作和促进委员会及若干小组委员会进行。

国际海事组织的使命是,通过合作促进安全、有保障、无害环境、高效和可持续的航运。要做到这一点,就必须采用海上安全和安保、航行效率以及防止和控制船舶污染的最高可行标准,并考虑相关的法律问题和国际海事组织文书的有效执行,以便这些文书得到普遍和统一的应用。

当国际海事组织开始运作时,它主要关心的是制定关于安全和海洋污染预防的国际条约和其他立法。然而,到 20 世纪 70 年代末,这项工作已经基本完成。最近几年审议通过了一些十分重要的文书。国际海事组织目前正集中精力更新法律法规,并确保尽可能多的国家批准这些法律法规。它取得了巨大的成功,现在超过 98% 的世界商船运输量的运输活动适用这些公约。目前的重点是努力确保接受这些公约和其他条约的国家适当执行这些公约和条约。

国际海事组织第 A.1046(27)号决议规定了对全球无线电导航系统的操作要求,即无线电导航系统必须提供的精度、覆盖范围、可用性和完好性水平,以便在海洋和沿海水域航行以及进港。

16. 国际航标协会

国际航标协会是一个非营利的国际技术协会。它成立于 1957 年,为世界各地的航海当局、制造商、咨询机构、科学和培训机构汇集海上辅助设备,并为他们提供交流、比较经验和成就的机会。国际航标协会鼓励其成员共同努力,协调全球范围内航标系统的标准,并促进船舶安全、快捷和有效地航行,同时保护环境。

国际航标协会成立了一些世界专家技术委员会。国际航标协会通过出版《建议和准则》来制定共同的最佳实践标准。这项工作确保了水手们拥有能够满足他们现在和未来需求的导航设备。因此,国际航标协会为减少海上事故、提高海上生命和财产安全以及保护海洋环境做出了贡献。国际航标协会还鼓励各国开展合作,根据相关水道的风险程度,协助发展中国家建立导航设备网络。国际航标协会通过以下方式实现其目标:

● 发展国际合作,促进成员之间的密切工作关系和援助。

● 收集和传播有关其成员活动的信息,并鼓励、支持和交流最新动态。

● 促进与代表导航设备使用者的组织相互之间进行信息交流。

● 制定和发布适当的建议、标准和指南、手册和其他适当的文件。

● 鼓励国际航标协会成员考虑发展多用途系统(例如可同时用于监测海洋环境的系统)。

● 建立委员会、工作组或其他适当的机构来研究特殊问题。

● 在海上导航设备和相关领域,无论是技术、组织或培训,促进对请求帮助的机构或组织的援助。

● 组织与其工作相关的会议、座谈会、研讨会、讲习班和其他活动。

国际电信联盟关于全球卫星导航系统差分传输技术特征的第 M.823–3 号条例给国际航标协会分配的任务是:协调无线电信标发射站和参考站识别码的分配工作。识别码使用户设备能够识别它正在接收的站,并在需要时选择特定的站。识别码必须避免重复和模糊。国际航标协会无线电导航委员会,现在称为国际航标协会航海委员会(ENAV),设计了一个方案来实现这一目标。国际航标协会还保存着一份已知差分全球卫星导航系统站所有相关特征的总清单,包括识别码。每个行政管理部门都将为总清单输入数据。国际航标协会有 78 个国家成员、118 个行业成员和 56 个准成员。它的总部位于巴黎附近。

17. 国际民用航空组织

国际民用航空组织(ICAO)是联合国的一个专门机构,由各国于 1944 年设立,负责《国际民用航空公约》的行政和治理。国际民用航空组织与该公约的 191 个成员国和行业团体合作,就国际民用航空标准和建议做法以及支持高效、安全、经济可持续和对环境负责的民用航空行业的政策达成共识。国际民用航空组织的成员国使用这些标准、建议以及政策来确保其当地的民用航空操作和监管符合全球规范,进而确保航空全球网络中,每天有 100,000 多个航班在世界每个地区安全可靠的运行。国际民用航空组织还协调对各国的援助和能力建设,以便为一系列航空发展目标提供支持;制订全球计划,以协调安全和空中导航方面的多边战略进展;监测和报告许多航空运输行业的业绩指标;审计各国在安全和安保领域的民航监督能力。

国际民用航空组织的使命是作为国际民用航空的全球论坛。

国际民用航空组织的战略目标之一是提高全球民航系统的能力和效率。这一战略目标主要侧重于升级空中导航和机场基础设施,并开发新的程序来优化航空系统性能。

国际民用航空组织理事会有权制定《全球空中导航计划》(GANP)。最新版本的《全球空中导航计划》提出了 2013—2028 年民用航空现代化的计划和战略。它旨在指导各地区和各州编制其空中导航计划,目标是在全球范围内实现协调和可互通的空中导航系统。《全球空中导航计划》每 3 年评审一次。《国际民用航空公约——第 1 卷无线电导航设备》的附件 10 是国际民用航空组织关于无线电导航系统的一份重要出版物。它给出了民用航空无线电导航设备的一般规定和技术规范。

18. 国际海运事业无线电技术委员会

国际海运事业无线电技术委员会(RTCM)是一个国际非营利科学、专业和教育组织,重点关注海洋无线电通信、无线电导航和相关技术的所有方面。国际海运事业无线电技术委员会的成员既有政府组织,也有非政府组织(不是个人)。国际海运事业无线电技术委员会虽然是于 1947 年作为美国的一个政府咨询委员会成立的,但现在已经是一个独立的组织,得到了来自世界各地的成员的支持。

国际海运事业无线电技术委员会的标准被纳入美国联邦通信委员会和美国海岸警卫队的条例。它们被用作国际电工委员会标准要求的依据,根据《国际海上人命安全公约》第四章和第五章,这些标准现在属于强制性的要求。国际海运事业无线电技术委员会是在美国哥伦比亚特区注册成立的。

国际海运事业无线电技术委员会有 130 多个成员组织,包括:

- 无线电导航和无线电通信系统制造商。
- 关注海上无线电导航和无线电通信系统标准的政府机构。
- 参与海上无线电导航和无线电通信系统运行的政府机构和商业实体。
- 对海上无线电导航和无线电通信系统及相关公共政策感兴趣的协会。
- 船主和经营者。

- 教育机构。
- 销售和服务提供商。

国际海运事业无线电技术委员会的成员参与区域和国际海上无线电导航和无线电通信政策问题、监管变化和技术标准的制定。其特别委员会设立了一个论坛,政府和非政府成员在其中共同努力,就特别关注的问题制定技术标准和提出共识建议,例如制定海上无线电导航和无线电通信系统的国际标准。

国际海运事业无线电技术委员会成立特别委员会是为了应对国际海运事业无线电技术委员会成员关心的无线电通信和无线电导航领域。这些特别委员会编制输出的文档和报告通常作为国际海运事业无线电技术委员会的标准发布。特别委员会以国际海运事业无线电技术委员会建议形式输出的文档已被广泛接纳,供自愿和强制使用。特别委员会定期更新这些建议,以反映当前的技术变化。

国际海运事业无线电技术委员会还为国际电信联盟、国际水文组织、国际航标协会、国际海上无线电委员会、国家海洋电子协会和移动卫星用户协会的相关工作做出贡献。

国际海运事业无线电技术委员会年度大会会议对国际海运事业无线电技术委员会成员和非成员开放,旨在为与会者提供不断变化的海上无线电通信和无线电导航全面、最新的信息。

附件 4:监管框架

附件 4 总结了自 2010 年 1 月以来作出的监管决定。已咨询的监管机构主要是欧盟委员会、欧盟理事会和欧洲议会。出于完好性考虑,还包括了对欧盟无线电导航基础设施和服务有影响的非欧洲组织的其他监管决定。对于这些监管决定已根据受影响的无线电导航服务及其应用领域,按专题领域进行了分组。

1. 欧盟全球卫星导航系统计划的治理

1.1 欧洲议会和欧盟理事会 2013 年 12 月 11 日关于实施和利用欧洲卫星导航系统的第(EU)1285/2013 号条例

该条例规定了与欧洲卫星导航计划下系统的实施和利用有关的规则,特别是与欧盟的治理和财政捐助有关的规则。

该条例规定了欧洲卫星导航计划(欧洲伽利略计划和 EGNOS 计划)目标,包括其服务和阶段划分。它强调,欧洲伽利略计划应是一个受民用控制的民用系统,以提供一个自主的全球卫星导航系统。它规定了欧洲伽利略系统将提供的服务：开放服务、商业服务、公共管制服务以及搜索和救援服务。该条例规定开发和验证阶段在 2013 年 12 月前结束，部署阶段在 2020 年 12 月前结束。

同样，要强调的是 EGNOS 系统应是一个区域卫星导航系统基础设施，监测和校正现有全球卫星导航系统发出的开放信号，以及欧洲伽利略计划下建立的系统提供的开放服务信号。EGNOS 系统应提供以下功能：开放服务、EGNOS 数据访问服务和生命安全服务。

该条例规定，欧洲伽利略系统和 EGNOS 系统应与其他全球卫星导航系统和常规无线电导航系统兼容和互操作。

该条例明确了欧盟委员会、欧洲全球卫星导航系统局和欧洲航天局在管理各卫星导航计划方面的角色。

欧盟委员会应：

- 全面负责欧洲伽利略系统和 EGNOS 系统这两个计划。
- 管理根据该条例分配的资金，并监督所有计划活动的实施，特别是其成本、进度和绩效。
- 确保参与欧洲伽利略计划、EGNOS 计划的各实体之间的任务分工明确。
- 确保在分配给欧洲伽利略计划、EGNOS 计划这两个计划的资源范围内及时实施这些计划。
- 管理与第三国和国际组织的关系。
- 及时向成员国、欧洲议会提供与欧洲伽利略计划、EGNOS 计划这两个计划相关的所有信息。
- 评估各经济体、各个行业推广和确保使用欧洲卫星导航系统的可能性。
- 确保欧洲伽利略计划、EGNOS 计划这两个计划的安全，包括系统本身及其运行的安全。
- 以实现欧洲伽利略计划、EGNOS 计划这两个计划的具体目标所需行动实施计划的形式，审议通过年度工作方案。年度工作方案还应为这些行动提供资金。

欧洲全球卫星导航系统局应：

- 启动并监控安全程序的实施，并进行系统安全审计。
- 确保欧洲伽利略系统安全监测中心的运行。
- 执行第 1104/2011/EU 号决定第 5 条规定的任务。
- 为欧洲伽利略系统、EGNOS 系统服务的推广和营销做出贡献。

• 执行与欧洲伽利略计划、EGNOS 计划的实施有关的其他任务，包括计划管理任务。

• 与欧洲航天局达成完成各自任务所需的工作安排。

• 向欧盟委员会提供其技术方面的专业知识，并提供履行其任务所需的任何信息。

在欧洲伽利略计划的部署阶段，欧盟委员会应与欧洲航天局缔结一项授权协议，详细说明后者的任务，特别是系统的设计、开发和采购。该授权协议应规定委托欧洲航天局管理资金的通用条件，特别是规定在系统的设计、开发和采购方面应采取的行动，相关的融资、管理程序以及监测和控制措施，在成本、进度和性能方面合同执行不充分的情况下适用的措施，以及关于所有有形和无形资产所有权的规则。

2. 战 略 建 议

2.1 欧洲新空间战略[COM(2016)705]

2016 年 10 月 26 日，欧盟委员会在给欧洲议会、欧盟理事会、欧洲社会和经济委员会以及地区委员会的信函中提交了欧洲新空间战略建议书。

该建议书指出，欧洲是空间领域的一个非常重要的全球角色，其活动涉及以下所有领域：地球观测、导航、卫星通信、空间研究和发射机。空间技术在日常生活中是不可或缺的，空间带来的效益是巨大的。然而，无论是在公共领域还是在私人领域，空间环境都在快速变化。巨型星座和低成本私人发射机正在颠覆这一新环境的代表性理念。为了保持欧洲在这一新的空间环境中的主导作用，欧盟委员会提出了欧洲空间战略。提出的这一战略有四大战略目标(其中多次提到欧洲导航计划)：

最大限度地利用空间为社会和欧盟经济带来效益。尽管空间给日常生活带来了许多好处，但仍有进一步开发空间潜力的可能。欧盟委员会将鼓励利用空间服务和数据。如果将欧洲伽利略系统和 EGNOS 系统纳入新的市场(例如，移动电话、关键基础设施、航空、海事和铁路行业，以及自主/无人驾驶车辆的新兴市场)，欧盟委员会将会采取具体措施。欧盟委员会将发布欧洲无线电导航计划，以促进在行业政策中引入全球卫星导航系统应用。欧盟委员会致力于其空间方案的稳定性。欧洲伽利略系统和 EGNOS 系统将继续发展，以提供最先进的服务，具有新的功能，如认证和高精度，其中，新的服务可能会提高欧洲的安全和防御能力。

培育具有全球竞争力和创新性的欧洲航天行业。欧洲的航天行业正面临更加激烈的全球竞争。欧洲需要保持和加强其世界级的构想、开发、发射、操作和利用空间系统的能力。欧盟委员会将为整个供应变化的竞争力提供支持。开发关键的航天部件,这是一大优先事项。空间研究应涉及空间产业价值链的所有环节。欧盟委员会将鼓励空间技术和非空间技术之间的磨合/分离。它将支持欧洲空间领域的企业家、初创企业、中小企业(总的来说,也就是民间资本)开发创新的产品和服务。

加强欧洲在安全环境中进入和使用空间的自主权。未来 10 年,欧洲将为伽利略和哥白尼这两个计划发射 30 多颗卫星。因此,欧洲需要自由和自主地进入太空。它还需要获得电磁频谱,以保护它免受干扰。需要保护空间资产免受空间碎片、网络攻击和空间天气事件的影响,必须利用两用技术和系统的协同效应。该委员会将评估哥白尼、伽利略系统和 EGNOS 系统满足欧盟自主和安全需求的潜力。

加强欧洲作为全球参与者的作用,促进国际合作。空间的使用和进入受到国际规则和组织的管制。本质上来说,空间计划和技术大多数时候是国际性的。欧盟委员会将对太空负责任行为的国际原则进行推广。欧盟委员会将促进并受益于全球综合地球观测系统/国际地球观测卫星委员会哥白尼计划、国际星基搜索救援遇险警报探测系统 COSPAS - SARSAT、伽利略计划等国际举措。它将促进第三方国家的发展,就像哥白尼计划和 EGNOS 系统在非洲做的那样。欧盟委员会将为非欧盟国家提供欧洲空间技术和专业知识的支持。

2.2　欧洲智能协同交通系统战略[COM(2016)766],迈向协同、智能网联和自动出行的一大里程碑

2016 年 11 月 30 日,欧盟委员会提出了发展智能协同交通系统的新战略(C - ITS)。这些系统的支柱是协同、智能网联和自动驾驶车辆的可用性,这些车辆相互之间以及与基础设施之间可以进行通信。反过来,这又是以先进的通信能力、车载态势传感器和导航系统的结合为依托的。协同、智能网联和自动驾驶车辆的发展将使交通更加高效、生态和安全。它将促进创新和提高竞争力。如今的车辆已经具备了多种智能功能,主要是导航和车载态势传感器。在不久的将来,让车辆相互之间以及它们与运输基础设施之间进行通信。这将使协同和自动驾驶的效益得以实现。

智能协同交通系统战略针对的是欧洲空间战略。该战略强调,有必要将空间技术(特别是伽利略系统和 EGNOS 系统)融入交通运输行业中。智能协同交通系统战略确定了 2019 年服务的部署必须解决的几个问题:

- 智能协同交通系统服务部署的优先次序。智能协同交通系统服务部署的最

重要因素是整个欧盟对最终用户的可用性。它列出了第1天和第1.5天的服务,其中一些服务可能基于无线电导航服务,包括进出城市的导航、路线建议、交通信息和车速限制。

• 智能协同交通系统通信的安全性。防范黑客和网络攻击至关重要,要避免解决方案“各自为政”。智能协同交通系统需要制定一套共同的安全和认证政策。

• 隐私和数据保护保障。从车辆广播出来的数据将被视为个人数据,因为它可以追踪到一个可识别的人。因此,数据需要受到数据保护法规的保护。

• 通信技术和频率。只有使用包括5G和卫星通信在内的车载混合通信技术,才能提供智能协同交通系统服务。我们需要保护适当的无线电频谱频率不受干扰。

• 各级互操作性。构成智能运输网络的系统应该在各级和整个欧盟范围内具有互操作性。

• 合规性评估。我们需要针对智能协同交通系统明确共同的最低要求,然后才能制定完整的合规性评估流程。

• 法律框架。我们需要一个适当的法律框架来管理智能协同交通系统。该法律框架可以基于第2010/40/EU号智能交通系统指令。

• 国际合作。协同、智能网联和自动驾驶车辆的市场是全球性的,因此国际合作是根本。这不但涉及公共部门,也涉及行业界。欧盟已经与国际上的其他政府合作,今后也必须继续这样做。

3. 多式联运网络

3.1 欧洲议会和欧盟理事会第(EU)1315/2013号条例

该条例名为《欧盟关于跨欧交通运输网络发展指导方针的规定》,有4个主要行动方针:

• 为跨欧交通运输网络的发展制定指导方针,跨欧洲交通运输网络包括综合网络和核心网络双层结构,核心网络是在综合网络的基础上建立的。

• 确定共同关心的计划,并明确跨欧交通运输网络基础设施管理需要遵守的要求。

• 确定发展跨欧交通运输网络的优先事项。

• 为跨欧交通运输网络的实施制定措施。共同关心的计划的实施取决于其成熟程度、对欧盟和国家法律程序的合规性以及财政资源的可用性,而不是成员国或欧盟的财政承诺。

该条例确定了各个交通运输细分市场的优先事项,其中一些优先事项与无线电导航服务的使用有关:

- 对于公路运输基础设施的发展来说,是智能交通运输系统,特别是多式联运信息和交通管理系统,以及综合通信和支付系统的使用。
- 对于海上运输基础设施来说,是船舶交通监控和信息系统以及海事电子化服务的部署。
- 对于航空运输来说,是为"欧洲单一天空"和空中交通管理系统(特别是用于部署"欧洲单一天空"空中交通管理系统的系统)的实施提供支持。

3.2 欧洲议会和欧盟理事会第661/2010/EU号决定

与欧洲经济区相关的文本。

该决定确立了欧盟发展跨欧交通运输网络的指导方针,包括目标、优先事项和设想的广泛措施。这些准则明确了实施之后应有助于整个欧盟网络发展的、共同关心的计划。该决定规定,跨欧网络应包括运输基础设施、交通管理系统以及定位和导航系统。

值得注意的是,该决定的第18条提到了未来将出台的"欧洲无线电导航计划2018"。根据该条款,跨欧定位和导航系统网络应包括卫星定位和导航系统,以及未来将出台的"欧洲无线电导航计划2018"中定义的系统。这些系统应提供可靠、高效、可用于所有运输方式的定位和导航服务。

4.民用航空

4.1 欧盟委员会第(EU)2016/1377号执行条例

与欧洲经济区相关的文本。

该条例规定了对服务提供商的通用要求以及对空中交通管理/空中导航服务和其他空中交通管理网络功能的监督,废除了第(EC)482/2008号条例、第(EU)1034/2011号执行条例、第(EU)1035/2011号执行条例,并对第(EU)677/2011号条例进行了修订。

除了许多其他事项之外,该条例还明确了对通信、导航或监视服务提供商的技术要求。这些要求包括提供商接受过有关在有关空域提供通信、导航或监视服务的操作程序的培训。该条例的附件对涵盖地基(例如甚高频全向无线电信标、测向仪、仪表着陆系统、微波着陆系统、无方向性信标……)和星基(例如全球卫星导航系统)无线电导航的各种专业培训计划进行了具体说明。

4.2 欧盟委员会第(EU)716/2014号执行条例

与欧洲经济区相关的文本。

该条例明确了为《欧洲空中交通管理总体规划》的实施提供支持的共同试点计划。第一个试点共同计划明确了第一套将以及时、协调和同步的方式进行部署的空中交通管理功能,以实现源自《欧洲空中交通管理总体规划》的基本运营变革。

该条例应适用于欧洲空中交通管理网络和第(EC)552/2004号条例(涉及在"欧洲单一天空"中提供空中导航服务)附件1中明确的空中导航服务系统。其主要目标是为在欧共体中安全有效地提供空中导航服务明确共同要求。

4.3 欧盟委员会第(EU)1207/2011号执行条例

与欧洲经济区相关的文本。

该条例规定了对有助于提供监视数据的系统、其组成部分和相关程序的要求,以确保这些系统在欧洲空中交通管理网络内的性能、互操作性和效率的协调,并达到军民协调的目的。

4.4 欧盟理事会第2011/209/EU号决定

该决定认可美国与欧盟之间临时签署的、为促进民用航空研究与发展确定了合作条款和条件的《合作备忘录NAT-I-9406》。

4.5 欧盟委员会第(EU)923/2012号执行条例

与欧洲经济区相关的文本。

对于适用第(EC)551/2004号条例范围内一般空中交通的空中导航服务和程序,该条例规定了其相关的通用空中操作规则。

该条例中采用的一套规则基于国际民用航空组织的标准和推荐做法,"欧洲单一天空"的所有参与者都应遵守这些规则。

5.海上、内河航道导航和渔业

5.1 欧盟委员会第2010/36/EU号指令

与欧洲经济区相关的文本。

该指令对欧洲议会和欧盟理事会关于客船安全规则和标准的第2009/45/EC号指令进行了修订。它审议通过并执行国际公约,包括1974年《国际海上人命安全公约》和其他国际准则和决议,为客船制定安全规则和标准。该指令采用了自欧盟委员会第2003/75/EC号指令对第98/18/EC号指令进行最后一次实质性修订以来，对相关国际文书（例如国际海事组织公约、议定书、准则和决议）所做的更改。根据该指令，客船必须保存设备记录，其中包括导航系统和设备，特别是客轮需要安装全球卫星导航系统接收机和自动识别系统应答器。

5.2 欧盟委员会第2015/559/EU号、第2014/93/EU号、第2013/52/EU号、第2012/32/EU号、第2011/75/EU号和第2010/68/EU号指令

与欧洲经济区相关的文本。

这些指令整合了第2014/90/EU号指令最新版本中涉及的国际公约和相关测试标准的各项修订。它们还整合了已被国际海事组织和欧洲标准化组织审议通过的、经判定与第2014/90/EU号指令相关的、多项设备的标准，包括详细的测试标准。此类设备已在该指令的附件中列出。

欧盟委员会第（EU）2017/306号执行条例确定了国际文书中提供了详细测试标准的各项设备，其中包括以下导航仪器：

- 罗兰–C导航系统和恰卡陆基无线电导航系统设备。
- GPS和俄罗斯格洛纳斯系统设备。
- 欧洲伽利略系统接收机。
- 差分GPS和俄罗斯格洛纳斯系统设备。
- 差分GPS和俄罗斯差分格洛纳斯系统设备的差分信标接收机。
- 基于全球卫星导航系统的发射航向装置。
- 通用自动识别系统应答器。
- 国际星基搜索救援遇险警报探测系统COSPAS–SARSAT 406MHz紧急位置指示无线电信标仪。
- 国际海事卫星组织L波段紧急位置指示无线电信标仪。

5.3 欧盟委员会第（EU）909/2013号执行条例

根据第2005/44/EC号指令，河流信息服务应以协调、可互操作和开放的方式开发和实施。第2005/44/EC号指令设想由欧盟委员会为四个关键技术领域制定技术规范，包括：

- 内河航行电子海图显示和信息系统（内河航行ECDIS）——第909/2013号条例。
- 对于船舶跟踪和追踪系统（内河航行AIS）——第415/2007号条例。

包括第909/2013号条例和第415/2007号条例在内的适用于四个关键技术领域的技术规范正在修订，以反映技术条款的更新。

现行第909/2013号条例提出了内河航行电子海图显示和信息系统的技术规范。该条例包括一个“确保软件质量的措施”的章节，其中规定，内河航行系统应估计和显示船舶的位置，在正常运行条件下满足以下最低要求：

- 平均位置估计与真实位置的偏差不得超过5米，并应涵盖所有系统性误差。
- 标准偏差应小于5米，且仅基于随机误差。
- 系统应能够在30秒内检测出超过3σ的偏差。

5.4 欧盟委员会第(EU)404/2011号执行条例

该条例规定了欧盟理事会第(EC)1224/2009号条例的执行细则，明确了确保遵守《共同渔业政策》规则的欧共体控制体系。

该条例是从第(EEC)2847/93号条例开始的一系列立法程序的最新版本。该条例规定，成员国有义务建立一个星基船舶监控系统，以有效监控其水域内的捕鱼活动。人们认为，为这种系统建立欧盟级的共同规范是适当的，特别是这些规范应阐述卫星跟踪装置(例如集成全球卫星导航系统接收机和卫星/地面通信收发器的装置)的特性、位置数据传输的细节以及卫星跟踪装置出现技术故障或不起作用时的规则。根据该条例第19条，安装在欧盟渔船上的卫星跟踪装置应确保定期向船旗成员国的渔业监控中心自动传输以下数据：

- 渔船标识。
- 渔船的最新地理位置，位置误差应小于500米，置信区间为99%。
- 确定渔船上述位置的日期和时间(用协调世界时表示)。
- 渔船的瞬时速度和航向。

此外，成员国应确保卫星跟踪装置受到保护，防止输入或输出错误位置，并且不能人工操作。

《共同渔业政策》是全球卫星导航系统应用的一个例子，要求向渔业监控中心报告位置、速度和时间，以进行认证。

5.5 欧盟委员会第SWD(2014)350号工作组文件

欧盟理事会航运工作组文件承认伽利略系统为系统全球无线电导航系统的一个组成部分，包括欧洲伽利略系统的状态更新和下一步行动。

这份工作组文件是欧盟提交给国际海事组织导航、通信及搜索和救援小组委员会第二届会议的草案的附件。承认欧洲伽利略系统是国际海事组织全球无线电导航系统的一个组成部分，是海事行业成功采用欧洲伽利略系统的一个关键因素。这一提议强调了一个事实，即欧洲伽利略系统接收机的性能标准已经得到国际海事组织第 MSC.233(82)号决议的批准。同样,欧洲伽利略系统接收机的行业标准也已经制定好(见国际电工委员会 IEC61108-3 标准)。

据称,欧洲伽利略系统将能够独立实现 4m 的水平精度,在系统的整个生命周期内最低可用性为 99.5%。这使得欧洲伽利略系统的开放服务适用国际海事组织第 A.915(22)号和第 A.1046(27)号条例中规定的海洋、沿海、港口进近和限制水域以及内河航道的导航,[根据国际海事组织第 MSC.233(82)号决议]其完好性由接收机完好性自主监控技术来进行保障。当考虑同时处理其他全球卫星导航系统的用户设备时,这一性能将进一步提高。最后,欧洲伽利略系统还可以与差分校正技术结合使用,以支持港口作业。

5.6 《国际海事组织海上安全委员会第九十六届会议报告》(2016 年 5 月 31 日)

在对提交给国际海事组织导航、通信及搜索和救援小组委员会第二届会议的提案进行审查后,该国际海事组织报告第 14 节承认欧洲伽利略系统是全球无线电导航系统的一个组成部分。国际海事组织导航、通信及搜索和救援小组委员会也认识到,铱星移动卫星系统可以作为服务提供商加入全球海上遇险和安全系统。

5.7 《国际海事组织海上安全委员会第九十八届会议报告》(2017 年 6 月 7 日至 16 日)

该国际海事组织报告第 11.12 节中批准了导航、通信及搜索和救援小组委员会第四届会议(2017 年 3 月 6 日至 10 日)制定的《船载定位、导航和授时数据处理指南》和《多系统船载无线电导航接收机性能标准》。

5.8 国际航标协会指南 G1129《使用中频无线电信标和自动识别系统重新传输星基增强系统校正数据》(第 1.0 版-2017 年 12 月)

国际航标协会的这份文件为希望了解星基增强系统信息可以在哪些地方为海员提供支持,以及如何使用这些数据的航海辅助服务提供商提供了指南。它在考虑到星基增强系统的共同功能(在有些地方指的是星基增强系统的特定服务)之后,介绍了通过海上无线电信标、自动识别系统的数据传输在星基增强系统中使用增强服务。

这些文档认识到,差分校正的产生可以从传输方式中分离出来。它们还提供了许多不同的示例架构,解释了将星基增强系统数据集成到这些架构中的可能方式。

6. 智能交通运输系统

6.1 欧洲议会和欧盟理事会第 2010/40/EU 号指令

与欧洲经济区相关的文本。

该指令为在公路运输领域部署智能交通运输系统以及与其他运输方式的接口建立了框架。根据该指令,对于需要精确和有保证的授时、定位服务的智能交通运输系统应用和服务,应使用星基基础设施或提供同等精度的任何技术,如欧洲卫星导航方案、EGNOS 系统和伽利略系统所提供的技术。该指令还鼓励使用创新技术,如射频识别设备。

6.2 欧洲议会和欧盟理事会第(EU)2015/758 号条例

该条例规定了基于 112 服务的 eCall 车载紧急呼叫系统部署的型式认证要求。提供准确可靠的定位信息是基于 112 服务的 eCall 车载紧急呼叫系统有效运行的基本要素。因此,要求它与欧洲伽利略系统、EGNOS 系统提供的服务兼容是适当的。根据该条例,eCall 车载紧急呼叫系统制造商应确保:基于 112 服务的 eCall 车载紧急呼叫系统中的接收机与欧洲伽利略系统、EGNOS 系统提供的定位服务兼容。此外,制造商也可以选择与其他卫星导航系统兼容。

6.3 欧洲议会和欧盟理事会第(EU)165/2014 号条例

与欧洲经济区相关的文本。

该条例废除了欧共体理事会关于公路运输记录设备的第(EEC)3821/85 号条例,并修订了欧洲议会和欧盟理事会关于协调某些与公路运输有关的社会法的第(EC)561/2006 号条例。它规定了与公路运输中使用的转速计的建造、安装、使用、测试和控制相关的义务和要求。它介绍了被称为智能转速计的第二代数字转速计,包括与全球卫星导航系统设施的连接、远程极早检测通信设施以及与智能交通运输系统的接口。根据该条例,使用与全球卫星导航系统相连的转速计是在日常工作期间自动记录车辆在某些点的位置的一种适当且具有成本效益的方法,以便在控制过程中为控制人员提供支持,因此应对此作出规定。

该条例还指出,智能交通运输系统有助于应对公路车流量增加、拥堵日益严重、能源消耗增加等欧洲交通运输政策面临的挑战。因此,应在转速计中提供标准化接口,以确保其与智能交通运输系统应用的互操作性。

6.4 欧盟委员会第(EU)2016/799 号执行条例

与欧洲经济区相关的文本。

该条例规定了转速计及其部件的构造、测试、安装、操作和维修要求,包括:

- 记录驾驶员日常工作期间车辆在特定点的位置。
- 对智能转速计可能被操纵或误用的情况进行远程检测预警。
- 与智能交通运输系统的接口。
- 转速计型式认证程序的管理和技术要求,包括安全机制。

7. 铁　　路

7.1 欧洲议会和欧盟理事会第(EU)2016/797 号指令

该指令规定在欧盟铁路系统内以与第(EU)2016/798 号指令相容的方式实现互操作性所需满足的条件,以确定最佳的技术协调水平,从而能够促进、改善和发展欧盟内部以及与第三国的铁路运输服务,并有助于完成"欧洲铁路区域一体化"和逐步建立内部市场。这些条件涉及该系统各部分的设计、建造、投入使用、升级、更新、运行和维护,以及为该系统的运行和维护做出贡献的工作人员的专业资格、健康和安全条件。

该指令第 19 条规定了确保在欧盟范围内对欧洲铁路交通管理系统进行统一部署的一些要求。欧洲铁路局是监督和指导这一实施过程的指定机构。欧洲铁路交通管理系统是欧洲统一的列车控制和指挥系统,将有助于建立无缝的欧洲铁路系统,提高欧洲铁路的竞争力。它由三个部分组成:欧洲列车控制系统、自动列车保护系统和全球铁路移动通信系统(一种在轨道和列车之间提供语音和数据通信的无线电系统)。

欧洲铁路交通管理系统与欧洲伽利略系统、EGNOS 系统这两个欧盟卫星导航系统之间有很强的协同效应。这些协同效应将有助于提高铁路运输的效率、可靠性,并进一步提高安全性,这是在欧盟范围内欧洲铁路交通管理系统统一部署的一些预期效益。

8. 新 兴 应 用

8.1 欧盟委员会第 COM(2015)613/SWD(2015)263 号影响评估工作组文件

该工作组文件给出了影响评估,并附有制定欧洲议会和欧盟理事会关于民用航空领域共同规则,建立欧洲航空安全局并废除欧洲议会和欧盟理事会第(EC)216/2008 号条例的立法提案。该工作组文件进行的影响评估明确了民航领域现行监管框架的不一致和差距。该提案是 2015 年欧盟委员会"提高欧盟航空行业竞争力的航空一揽子计划”的一部分。该次评审的目的是挑战编制未来 10—15 年的欧盟航空安全框架,从而继续确保为乘客带来安全、可靠和环保的航空运输服务。

该影响评估还确定了最近出现的一个问题:对民用无人机或无人驾驶飞机加以管制的必要性。有人建议,地理围栏是防止无人机或无人驾驶飞机危险地飞入机场附近空域的技术之一。机场和其他敏感区域可以被“地理隔离”,这意味着卫星导航仪器和无人机的自动驾驶仪知道它不能飞入这些区域。

这项研究强调需要制定欧盟标准,规定实施地理围栏能力的要求。它还建议应制定一项涵盖所有类型无人机的条例,以便采取一致行动,从而防止无人机操作对现有航空活动的安全产生负面影响。

9. 无线电频谱政策

9.1 欧洲议会和欧盟理事会第 243/2012/EU 号决定

该决定设立了一个多年期无线电频谱政策计划,用于频谱应用的战略规划和协调,以确保欧盟政策领域中电子通信、研究、技术发展和空间、运输、能源和视听政策等涉及频谱应用的内部市场的运行。根据该决定,成员国和欧盟委员会应确保频谱的可用性,保护地球大气层和地表监控所需的无线电频率,促进空间应用的开发和利用,改善交通运输系统,特别是欧洲伽利略计划下建立的全球民用卫星导航系统、欧洲地球监测方案、智能交通运输系统和运输管理系统。

9.2 国际电信联盟

如果与欧洲伽利略系统有关的频谱成为国际电信联盟世界无线电通信大会议程的主题,则将通过部长会议的一项决定确定欧盟的立场。

10. 地平线 2020 计划

10.1 2013 年 12 月 11 日欧洲议会和欧盟理事会第(EU)1291/2013 号条例,确立了“地平线 2020”计划——研究和创新框架计划(2014—2020 年)

与欧洲经济区相关的文本

该条例确立了“地平线 2020”计划——研究和创新框架计划(2014— 2020 年),以欧盟支持研究和创新活动的框架,从而加强了欧洲的科学和技术基础,促进了社会福利,并能更好地利用创新、研究和技术发展政策的经济和行业潜力。

“地平线 2020”计划的总体目标是:通过利用额外的研究、开发和创新资金,以促进实现研发目标,包括到 2020 年全欧盟的研发经费占国内生产总值 3% 的目标,为在全欧盟建立一个以知识和创新为基础的社会和经济做出贡献。因此，它将为欧洲 2020 战略和欧盟其他政策的实施，以及欧洲研究区的实现和运行提供支持。总体目标应通过三个相辅相成的优先事项来实现，这三个优先事项致力于：

- 在科学方面追求卓越。
- 在工业方面取得领先。
- 社会挑战。

第 19 条明确规定，在“地平线 2020”计划下开展的研究和创新活动应专门关注民用应用。

10.2　2013 年 12 月 3 日欧盟理事会决定确定了实施“地平线 2020”的具体计划——研究和创新框架计划(2014—2020 年)

与欧洲经济区相关的文本。

该决定确定了实施“地平线 2020”的具体计划——研究和创新框架计划(2014—2020 年)。“地平线 2020”的具体计划——研究和创新框架计划的优先领域之一是改善人员和货物的流动性，这可以通过开发、示范和广泛使用智能交通运输应用和管理系统来实现。根据欧盟理事会决定，通过欧洲伽利略系统、EGNOS 系统等卫星导航系统实现的新定位、导航和授时应用将有助于实现这一目标。

11. 标准化和国际合作

11.1　欧盟委员会给欧洲议会和欧盟理事会、欧洲经济和社会委员会的第 COM(2015)686 号信函

该信函制订了欧洲标准化的年度工作计划。第(EU)1025/2012 号条例要求欧盟委员会通过一项年度标准化工作计划，确定反映欧盟委员会在其自身规划中设定的政策目标的战略优先事项。标准化领域与欧盟委员会的以下优先事项直接相关：

- 单一互联数字市场。
- 具有前瞻性气候变化政策的弹性能源联盟。
- 更深、更公平、产业基础更强的内部市场。

值得注意的是，在 2016 年提议的新行动中，有几项与以《欧盟空间战略》[COM(2011)152]优先事项为法律依据的无线电导航服务有关：

- 基于欧洲伽利略系统商业服务和开放服务的位置认证标准化。制定性能标准和相关测试程序，使位置认证标准化。这些活动将升级产业链中各要素之间的

接口,特别是从全球卫星导航系统信号到最终定位服务。这项工作可能会涉及标准化组织,如海上事务管理处、第三代合作伙伴项目、欧洲标准化委员会、欧洲电工标准化委员会、欧洲电信标准化协会、国际海事组织。交付这些标准的截止日期是2018 年第 2 季度。

• 欧洲伽利略系统的授时服务、搜索和救援返回链路服务的标准化活动。这些标准化活动将解决用户接收机组件的标准化问题,包括接收机芯片、定位授时接收机的校准和全球卫星导航系统信号的处理,以获得精确的授时产品。这些活动将制定性能标准,以提供授时服务的标准化,并将对飞机上应急定位发射机信标远程激活场景应用返回链路服务进行调查研究。交付这些标准的截止日期是 2018 年第 2 季度。

• 移动电话和其他便携式无线电设备接入欧洲伽利略系统服务。与利益相关者的讨论仍在进行中,预计 2016 年不会有任何新的标准化要求。

• 人们正在采取行动,继续更新用于多式联运和定位应用的欧洲伽利略系统标准;继续航空行业的标准化,引入欧洲伽利略系统和现代化版的 EGNOS 系统;继续更新和发展欧洲伽利略系统的局域增强系统标准。

• 全球卫星导航系统与电信系统的互操作性和整合行动于 2013 年开始,以提供基于位置的服务。

• 根据欧盟委员会关于部署欧洲电子收费服务的第 2004/52/EC 号指令,以下进一步的标准化活动将是有益的:收费系统安全监控和服务提供和收费活动之间信息交换概况的测试标准,以及构成星基电子收费系统依据的测试标准的修订、基于专用短程通信(DSRC)的电子收费的配置标准。

• 为了实施欧盟出台的第(EU)165/2014 号条例和欧盟委员会经修订的第 96/53/EC号指令(关于数字转速计和其重量及尺寸的指令),需要对专用短程通信制定额外的标准,以便通过专用短程通信接口将数据从行驶的车辆传输到路边的执法警察。

• 在水上运输领域,技术解决方案和标准基于欧洲和国际要求。欧盟委员会正在考虑向欧洲标准化组织发出标准化请求,申请制定海上运输信息共享标准,以便为海事电子化倡议提供支持,并为欧盟关于国家单一窗口和向其他相关系统电子传输数据的第 2010/65/EU 号指令(特别是欧盟委员会关于欧盟海事信息和交换系统 SafeSeaNet 的第 2002/59/EC 号指令)的实施提供支持。在这种情况下,将与电子货运、电子海关和电子导航倡议建立紧密的联系。

• 关于欧洲空中交通管理网络的现代化，将向欧洲标准化组织申请对现有的标准以及标准的继续制定进行评审，并与欧洲民用航空设备组织和欧洲航空安全局合作，开展未来可能的活动，制定《欧洲空中交通管理总体规划》和为《欧洲空中交通管理总体规划》的实施提供支持的共同计划中确定的、欧洲必要的相关标准。

• 根据其关于以安全和可持续的方式遥控驾驶航空器系统的第 COM(2013) 18 号信函，欧盟委员会确定有必要为遥控驾驶航空器系统制定一项欧洲级的战略。它包括定义适当的监管框架。这一框架可由欧洲标准化组织或国际标准化组织与欧洲民用航空设备组织、欧洲航空安全局合作制定的标准提供支持。

11.2 欧盟委员会第 SWD(2016)329 号工作组文件

欧盟委员会的这一工作组文件规定了在研究和创新国际合作沟通实施框架内开展国际合作的优先事项。在这些优先事项中，有两个领域与无线电导航服务有关：

• 空间研究。欧盟和日本的空间科学与技术领域十分先进，其空间行业十分强大，并且有日欧之间空间对话以及研究计划方面的长期合作。关于卫星导航系统，在应用领域(自主驾驶、三维制图、铁路、农业和全球卫星导航系统的标准化)、接收机和紧急警报服务等新服务方面，合作的潜力是切实存在的。

• 在卫星导航领域，2016 年 7 月 1 日生效的《欧共体—韩国卫星导航合作协定》预计将促进联合研究活动。

11.3 欧盟理事会第 2011/901/EU 号决定

2011 年，欧盟理事会决定通过了一项关于欧洲共同体及其成员国与美利坚合众国之间推广、提供和使用伽利略系统和 GPS 及相关应用的协议。该协议涉及民用全球导航系统的开发。这是 2004 年签署《美国—欧盟 GPS/伽利略合作协定》的后续行动，该协定确立了美利坚合众国和欧盟在卫星导航领域合作活动的原则。

欧盟理事会决定赞同设立由欧洲和美国专家组成的工作组。此后，双方成立了一个工作组，以促进在设计和开发下一代民用卫星导航和授时系统方面的合作。该合作工作组的目标之一是为生命安全服务开发基于 GPS — 伽利略系统的应用。为此，该合作工作组于 2010 年 7 月 1 日成立了高级接收机自主完好性监控技术小组。高级接收机自主完好性监控技术小组的目标是：在双边基础上，对高级接收机自主完好性监控进行调查研究。其更进一步的目标是：确定高级接收机自主完好性监控是否可以作为支持全球空中导航多星座概念的基础。具体来说，高级接收机自主完好性监控应该支持航路和终端区飞行；它还应该在机场进近操作过程中为横向和竖向引导提供支持。

缩略语列表

ABAS	机载增强系统
ADS－B	广播式自动相关监视
AIS	自动识别系统
ANS	空中导航服务
ANSP	空中导航服务提供商
A－PNT	替代性定位、导航和授时
ARAIM	高级接收机自主完好性监视
ATC	空中交通管制
ATM	空中交通管理
CAP	共同农业政策
CFP	共同渔业政策
CNS	通信、导航和监视
CSDP	共同安全和防御政策
DGNSS	差分全球卫星导航系统
DME	测距仪
EASA	欧洲航空安全局
EATMN	欧洲空中交通管理网络
EC	欧盟委员会
EDA	欧洲防务局
EDAP	欧洲防御行动计划
EDAS	EGNOS 数据访问服务
eDLORAN	差分增强型远距离无线电导航系统
EEA	欧洲经济区
EGNOS	欧洲地球静止导航覆盖系统
EGNSS	欧洲全球卫星导航系统
eLORAN	增强型远距离无线电导航系统
EMRF	欧洲海上无线电导航论坛

续表

EPIRB	紧急位置指示无线电信标
ERNP	欧洲无线电导航计划
ERTMS	欧洲铁路交通管理系统
ETCS	欧洲列车控制系统
ESA	欧洲航天局
ESSP	欧洲卫星服务提供商
EU	欧盟
FMIS	农场管理信息系统
FOC	完全运营能力
GBAS	地基增强系统
GEO	地球静止轨道
GLA	灯塔管理总局
GNSS	全球卫星导航系统
GPS	全球定位系统
GSA	欧洲全球卫星导航系统局
GTO	地球同步转移轨道
HEO	大椭圆轨道
IALA	国际航标协会
ICAO	国际民用航空组织
IFR	仪表飞行规则
ILS	仪表着陆系统
IMO	国际海事组织
IoT	物联网
IVS	车载系统
LBS	基于位置的服务
LDACS - NAV	L 波段数字航空通信系统—导航
LEO	低地球轨道
LOA	总长

续表

LORAN	远距离无线电导航系统
LPV	带垂直引导的航向信标性能
LPWAN	低功耗广域网
LTE	长期演进
Maas	出行即服务
MC	多星座
MEMS	微机电系统
MF	多频
MFF	多年期财务框架
MLS	微波着陆系统
MON	最小运行网络
NDB	无方向性信标
NFC	近场通信
NMA	导航消息认证
PBN	基于性能的导航
PMU	相量测量单元
PNT	定位、导航和授时
PPP	精密单点定位
PTC	列车主动控制
RFID	射频识别
R - Mode	测距模式
RNSS	区域卫星导航系统
RPAS	遥控驾驶航空器系统
RTCM	国际海运事业无线电技术委员会
RTK	实时动态
SBAS	星基增强系统
SAR	搜索和救援
SES	欧洲单一天空

续表

SESAR	欧洲单一天空空中交通管理研究
SoL	生命安全
STL	卫星时间和位置系统
TIS - B	广播式交通信息服务
US	美国
VDES	甚高频数据交换系统
VDS	船舶检测系统
VHF	甚高频
VMS	船舶监控系统
VOR	甚高频全向无线电信标
VRA	变量施用
WAAS	广域增强系统
WWRNS	全球无线电导航系统

第五部分　欧盟卫星导航相关历史文件

1. 2002年5月21日，欧盟理事会通过第(EC)876/2002号条例：关于建立伽利略联合体。该条例2002年5月28日公布，主要对建立伽利略联合体对伽利略计划研究、开发和验证阶段的项目进行统一管理。提出建立一个为期4年的伽利略联合体，以确保伽利略计划的研究、开发和验证阶段的项目有统一的行政管理和财务管控，并方便调动划拨给该计划的经费。

该条例包括正文和附件两部分。正文部分共8条，内容包括明确提出建立伽利略联合体的计划、宗旨及其地位；通过《伽利略联合体章程》；提出设立监督管理委员会，确保欧盟成员国在执行伽利略计划开发阶段时有充分的信息交流和有效管控；明确欧盟委员会向欧盟理事会报告伽利略计划年度进展、通报伽利略联合体新成员加入情况、提出设立安全委员会并制定议事规则等。附件为《伽利略联合体章程》，共23条，主要对伽利略联合体管理作出规定。其中，第1条至第6条规定伽利略联合体成立的基本原则，对联合体的成员、认缴出资、主要任务、与欧洲航天局的关系、合同履行、财产所有权等作出解释说明。第7条至第11条明确了伽利略联合体的管理，明确伽利略联合体的主体由行政管理委员会、执行委员会和主任3部分组成，并细分了3部分各自的职责范围及人事安排。第12条至第15条为财务条款，明确规定伽利略联合体的全部收入应当用于推进前文规定的任务，由主任核定伽利略计划成本估算并编制下一年度的预算草案，确保伽利略联合体的财务管理保持稳健且具有经济效益。第16条至第18条为其他条款，就伽利略联合体的方案执行、合同责任、敏感信息保护、成员更新及章程修订等内容作出规定。

2006年12月12日《欧盟理事会第(EC)1943/2006号条例》对该条例进行修订；2008年7月9日《欧洲议会和欧盟理事会第(EC)683/2008号条例》宣布伽利略联合体自2009年7月25日起废止；2013年12月11日，《欧洲议会和欧盟理事会第(EU)1285/2013号条例》明确废止该条例。

2. 2008年7月9日，欧洲议会和欧盟理事会通过第(EC)683/2008号条例：关于进一步实施欧洲卫星导航计划(EGNOS计划和伽利略计划)。该条例2008年7

月 24 日公布和实施，同时明确伽利略联合体自 2009 年 7 月 25 日起废止。因 EGNOS 计划和伽利略计划已进入高度成熟阶段，远远超出了单纯的研究项目的框架，因此制定该条例以能够更好地满足其需求，并为其下一步发展建立、实施健全的财务管理。该条例分为正文和附件两部分，正文共 4 章 24 条，第一章确定了 EGNOS 计划和伽利略计划的主题和一般原则，包括两个计划的各个发展阶段、资金来源、运行状态、系统兼容性和互操作性以及所有权。第二章明确了预算拨款资助的活动、预算资源和运营收入的实施和形式。第三章明确了欧盟成员国、欧盟委员会、欧洲全球卫星导航系统监管局以及欧洲航天局在有关安全、计划制订、采购、预算制定和执行以及个人数据和隐私保护等方面的职责分工。第四章就保护欧共体经济利益、定期汇报计划执行情况、计划废止、生效等内容作出规定。附件包括：《欧洲卫星导航计划的具体目标》，明确了伽利略计划和 EGNOS 计划的具体服务职能；《欧洲议会、欧盟理事会和欧盟委员会关于伽利略机构间小组（GIP）的联合声明》，明确了伽利略机构间小组的职责、架构和工作程序。

该条例对欧洲全球卫星导航计划主要明确了以下内容：第一，明确了 EGNOS 计划和伽利略计划的发展目标，伽利略计划旨在建立第一个专门为民用目的而设计的全球导航卫星和定位基础设施，EGNOS 计划旨在提高现有全球卫星导航系统的信号质量。第二，明确了 EGNOS 计划和伽利略计划的资金提供者，EGNOS 计划的运作、可持续性保障和市场营销等资金必须由欧共体提供，其运营可能会成为一个或多个公共服务合同的标的，直到它与伽利略系统的运营整合在一起；伽利略计划的定义阶段和开发与验证阶段由欧共体和欧洲航天局提供资金，部署阶段原则上应完全由欧共体资助，后面的阶段再决定公私合营或与私营部门实体签订的任何其他形式的合同是否适合于 2013 年之后导航系统的运行、维护、改进和更新。第三，明确了 EGNOS 计划和伽利略计划的管理主体，首先要求欧盟委员会、欧洲全球卫星导航系统监管局和欧洲航天局之间进行严格的职责分工，其次要求以欧盟委员会为代表的欧共体确保这些计划得到妥善管理，欧盟委员会应建立适当的工具并拥有必要的资源，特别是在这些计划所需的援助方面。第四，明确了 EGNOS 计划和伽利略计划的预算，鉴于这些计划的重要性、独特性和复杂性，且计划所产生的系统归欧共体所有，因此 2008 年至 2013 年计划的全部资金由欧共体预算提供，总运营成本概算为 34.05 亿欧元。第五，明确了伽利略系统和 EGNOS 系统运行所产生的收入去处，特别指出伽利略计划下所建系统提供商业服务所产生的收入归欧共体所有，以确保欧共体收回先前的投资，但在与私营部门实体签订合同时，应该允许建立一种收益分享机制。第六,为两个计划制定有效的采购程序,采用双供应商策略保证供应链中开放准入和公平竞争原则,降低计划风险、避免依赖单一供应商并确保更好地全面控制计划及其成本和进度。第七,对伽利略系统和 EGNOS 系统的兼容性和互操作性、安全认证和保护、个人数据和隐私保护等作出规范要求。

2010 年 9 月 22 日欧洲议会和欧盟理事会第(EU)912/2010 号条例对该条例进行修订,2013 年 12 月 11 日欧洲议会和欧盟理事会第(EU)1285/2013 号条例明确废止该条例。

3. 2010 年 9 月 22 日,欧洲议会和欧盟理事会通过第(EU)912/2010 号条例:成立欧洲全球卫星导航系统局,废除欧盟理事会关于建立欧洲卫星无线电导航计划管理架构第(EC)1321/2004 号条例,并修订欧洲议会和欧盟理事会第(EC)683/2008 号条例。该条例 2010 年 10 月 20 日公布,自公布后第 20 日生效。该条例共 6 章 27 条,该条例提出建立欧洲全球卫星导航系统局,并明确了欧洲全球卫星导航系统局的职责和组织制度,同时废除了欧洲全球卫星导航系统监管局。第一章确定了欧洲全球卫星导航系统局的宗旨、任务、组成部分、法律地位以及行政管理委员会、执行董事的任务。第二章规定了欧盟或欧盟成员国的安全可能受到系统运行的影响,应采取联合行动。第三章规定了欧洲全球卫星导航系统的安全认证的一般原则以及安全认证委员会、欧盟成员国在安全认证方面的职责。第四章明确了欧洲全球卫星导航系统局的预算和财务规定。第五章对反欺诈措施、特权与豁免权、职员管理、责任、语言、查阅文件和保护个人资料、安全规则、第三国参与等方面作出规定。第六章是最终条款,就条例的修订、废止和生效、评估等内容作出规定。

该条例就欧洲全球卫星导航系统局主要明确了以下内容:第一,明确了欧洲全球卫星导航系统局的法定地位和组成部分,欧洲全球卫星导航系统局是欧盟的一个机构,具有法人资格,其主体包括行政管理委员会、安全认证委员会和执行董事。第二,明确了欧洲全球卫星导航系统的安全认证机构的独立性,规定其是欧洲全球卫星导航系统局内部独立作出决定的自主主体。第三,明确了欧洲全球卫星导航系统局的预算流程,包括预算的收支构成、执行和控制。第四,给予欧洲全球卫星导航系统局特权与豁免权,明确指出《关于欧盟特权与豁免权的议定书》应适用于欧洲全球卫星导航系统局。第五,明确了欧洲全球卫星导航系统局的职员管理规定,在不妨碍第 8 条"执行董事的任务"的情况下,欧洲全球卫星导航系统局应对其内部职员行使《欧盟官员职员条例》及《欧盟其他职员雇佣条件》规定的赋予任命机构的权力。

2014 年 4 月 16 日欧洲议会和欧盟理事会第(EU)512/2014 号条例对该条例进行修订,2021 年 4 月 28 日欧洲议会和欧盟理事会第(EU)2021/696 号条例废止该条例。

4. 2013 年 12 月 11 日,欧洲议会和欧盟理事会通过第(EU)1285 /2013 号条例:关于欧洲卫星导航系统的实施和开发,以及废止欧盟理事会第(EC)876/2002 号条例、欧洲议会和欧盟理事会第(EC)683/2008 号条例。该条例 2013 年 12 月 20 日公布并生效,自 2014 年 1 月 1 日起实施。该条例共 8 章 38 条,规定了欧洲卫星导航系统的开发和实施的相关规则,特别是与欧盟的管理和财政拨款有关的规则。是为满足伽利略计划和 EGNOS 计划治理和安全方面的需求而制定的专门性法律,目的是推进伽利略系统的使用。第一章对欧洲卫星导航系统和计划的宗旨、定义、组成部分、具体目标、发展阶段、系统的兼容性和互操作性及所有权作出规定。第二章规定了分配给伽利略计划和 EGNOS 计划的 2014—2020 年欧盟预算拨款资助活动范围、资金来源、资金及收入分配。第三章是伽利略计划和 EGNOS 计划的公共治理,明确了伽利略计划和 EGNOS 计划的治理原则以及欧盟委员会、欧洲全球卫星导航系统局、欧洲航天局在实施伽利略计划和 EGNOS 计划的职责分工。第四章是出于对欧盟或成员国安全的考虑,确定了对欧盟及其成员国安全方面的联合行动程序和机密信息规则。第五章明确了伽利略计划和 EGNOS 计划在综合利用阶段进行公共采购的一般原则和具体目标。第六章为计划的其他事项,明确计划制定、欧盟成员国的行动、国际协定、技术协助、个人数据和隐私保护、维护欧盟利益、资料提交、审查等方面的要求。第七章为委托授权及实施办法,规范委托授权、计划委员会的议事程序等具体内容。第八章是最终条款,就条例废止和生效作出规定。、

该条例就欧洲卫星导航系统的开发和实施主要明确了以下内容:第一,明确了欧洲卫星导航系统是指伽利略系统和 EGNOS 系统,分别产生于伽利略计划和 EGNOS 计划,伽利略计划和 EGNOS 计划在 2013 年处于高级开发阶段,即将进入综合利用开发阶段,治理和安全方面的需求尤为突出。第二,明确了伽利略系统和 EGNOS 系统的预算,2014 年 1 月 1 日至 2020 年 12 月 31 日的预算上限为 70.7173 亿欧元。第三,明确了伽利略系统和 EGNOS 系统的管理,对欧盟委员会、欧洲全球卫星导航系统局和欧洲航天局的职责进行具体规定,特别是强调欧盟委员会在伽利略计划和 EGNOS 计划中的主导责任。一是负责管理根据该条例划拨的资金,并监督所有计划活动的执行情况;二是确保在参与伽利略计划和 EGNOS 计划的各实

体之间有明确的任务分工；三是风险管理；四是代表欧盟在其管理范围内处理外交关系。第四，提出伽利略系统和 EGNOS 系统的安全要求，就欧盟或成员国的联合行动、信息安全、个人数据和隐私保护等具体内容作出规定。第五，针对伽利略计划部署和综合利用阶段以及 EGNOS 系统综合利用阶段进行的公共采购作出一般规定，对如何保证采购过程的公平竞争、可靠供应以及付款合同、费用报销合同、合同修订、分包等内容作出具体规定。

2021 年 4 月 28 日欧洲议会和欧盟理事会第（EU）2021/696 号条例废止该条例。

5. 2014 年 4 月 16 日，欧洲议会和欧盟理事会通过第（EU）512 /2014 号条例：修订第（EU）912/2010 号条例成立欧洲全球卫星导航系统局。该条例是明确欧洲全球卫星导航系统局职责的专门性法规，2014 年 5 月 20 日公布，自公布后第 3 日生效，主要对有关欧洲全球卫星导航系统局的事项进行修订，第一，明确了欧洲全球卫星导航系统局的主体包括行政管理委员会、执行董事和安全认证委员会，并详细划分了职责范围和任务安排。第二，增加了欧洲全球卫星导航系统局的工作计划和年度工作计划报告制度。第三，修订了欧洲全球卫星导航系统安全认证活动的程序和一般原则。第四，新增人力资源章节，对欧洲全球卫星导航系统局的职员招聘、执行董事的任命和任期、专家借调、反腐、特权和豁免等作出规定。第五，完善对欧洲全球卫星导航系统局的影响、效力、平稳运行、工作方法、需求和资源使用情况进行评估的规定。该条例是 2010 年 9 月 22 日欧洲议会和欧盟理事会通过第（EU）912/2010 号条例的修订，在 2021 年 4 月 28 日随其一同失效。

6. 2014 年 7 月 22 日，欧盟理事会通过第 2014/496/CFSP 号决定：关于影响欧盟安全的欧洲全球卫星导航系统的部署、运行和使用以及废除联合行动第 2004/552/CFSP 号决议的问题。该决议自通过之日起生效，2014 年 7 月 25 日公布，同时对联合行动第 2004/552/CFSP 号决议决定予以废止。规定了在欧盟或其成员国的安全受到全球卫星导航系统运行的影响，或在其导航系统运行受到威胁的情况下，欧盟及其合作伙伴的职责及其可采取的行动措施，这是国际形势影响下欧盟需采取行动应对空间威胁的综合性法规。

该决议共 10 条，规定了欧盟理事会、欧盟外交和安全政策高级代表应履行的责任，以避免因部署、运营或使用欧洲全球卫星导航系统而对欧盟一个或多个成员国的基本利益构成威胁；明确了此种威胁发生时，欧盟成员国、欧盟委员会及欧洲全球卫星导航系统局的通知要求；规定了欧盟理事会作出决定、欧盟外交和安全政策高级代表作出临时指示的程序等内容。

2021 年 4 月 30 日欧盟理事会通过第(CFSP)2021/698 号决定(欧盟空间计划下部署、运行和使用的可能影响欧盟安全的系统和服务的安全)废止了该决议。

欧盟卫星导航相关历史文件

- 2002 年《欧盟理事会第(EC)876/2002 号条例:关于建立伽利略联合体》
- 2008 年《欧洲议会和欧盟理事会第(EC)683/2008 号条例:关于进一步实施欧洲卫星导航计划(EGNOS 计划和伽利略计划)》
- 2010 年《欧洲议会和欧盟理事会第(EU)912/2010 号条例:成立欧洲全球卫星导航系统局,废除欧盟理事会关于建立欧洲卫星无线电导航计划管理架构第(EC)1321/2004 号条例,并修订欧洲议会和欧盟理事会第(EC)683/2008 号条例》
- 2013 年《欧洲议会和欧盟理事会第(EU)1285 /2013 号条例:关于欧洲卫星导航系统的实施和开发,以及废止欧盟理事会第(EC)876/2002 号条例、欧洲议会和欧盟理事会第(EC)683/2008 号条例》
- 2014 年《欧洲议会和欧盟理事会第(EU)512 /2014 号条例:修订第(EU)912/2010 号条例成立欧洲全球卫星导航系统局》
- 2014 年《欧盟理事会第 2014/496/CFSP 号决定:关于影响欧盟安全的欧洲全球卫星导航系统的部署、运行和使用以及废除联合行动第 2004/552/CFSP 号决议的问题》

欧盟理事会第(EC)876/2002号条例

欧盟理事会第(EC)876/2002号条例

关于建立伽利略联合体

2002年5月21日

欧盟理事会:

根据《建立欧洲共同体条约》,尤其是其中第171条,考虑到欧盟委员会的提案,考虑到欧洲议会的意见,考虑到欧洲经济和社会委员会的意见,

鉴于:

(1)1999年1月13日,欧洲议会通过了一项关于欧盟委员会致欧盟理事会和欧洲议会的通报文件《建立跨欧洲定位和导航网络:采纳全球卫星导航系统欧洲战略》。

(2)1999年2月10日,欧盟委员会通过了题为《伽利略计划——欧洲参与新一代卫星导航服务》的通报文件。

(3)欧洲理事会在科隆(1999年6月3日至4日)、费拉(2000年6月19日至20日)、尼斯(2000年12月7日至11日)、斯德哥尔摩(2001年3月23日至24日)、拉肯(2001年12月14日至15日)和巴塞罗那(2002年3月15日至16日)会议上的结论报告中均曾提及伽利略计划。

(4)1999年7月19日,欧盟理事会通过了《欧洲参与新一代卫星导航服务——伽利略计划——定义阶段》的决议。

(5)2000年11月22日,欧盟委员会通过了一份提交给欧洲议会和欧盟理事会的关于伽利略计划的通报文件。

(6)2001年4月5日,欧盟理事会通过了关于伽利略计划的一项决议。

(7)2002年3月26日,欧盟理事会通过了关于伽利略计划的结论文件。

(8)第一批研究合约和可行性研究从第四和第五研发框架计划的经费中拨款。

(9)技术开发阶段的资金来自根据如下条款划拨给跨欧洲交通运输网络的经费:欧洲议会和欧盟理事会于1996年7月23日发布的关于建立发展跨欧洲交通运输网络的欧共体准则的第1692/96/EC号决议第4条第g款(规定了可以为研发提

供经费),以及欧盟理事会于1995年9月18日发布的第(EC)2236/95号条例第17条(规定了在跨欧洲网络领域给予欧共体财政援助的一般规则)。

(10)2001年年初,伽利略卫星无线电导航计划(以下简称伽利略计划)的管理进入开发阶段,此阶段的一个目标是检验和验证在定义阶段所作的假设,尤其是关于系统架构的各个组成部分的假设。

(11)开发阶段之后应是部署阶段,包括卫星和地面组件的制造、卫星发射、地面站和设备的安装,以使该系统能够在2008年投入使用。

(12)考虑到这一进程需要的参与者的数量以及需要的财政资源和专业技术,必须建立一个法人主体以确保能够协调管理伽利略计划的开发阶段划拨给该计划的经费。出于法律确定性考虑,应明确规定,该主体并非为实现经济目的而建立,其主要功能是负责管理代表欧洲利益的公共研究计划,必须被认定为是属于如下条款所定义的国际组织:欧共体理事会于1977年5月17日发布的关于成员国流转税的法律协调的第六号指令(77/388/EEC)第15条第10款第2项、欧共体理事会于1992年2月25日发布的关于需缴纳消费税的产品的一般安排以及关于此类产品的持有、流转和监察的第92/12/EEC号指令第23条第1款第2项。

(13)斯德哥尔摩欧洲理事会指出,"私营部门可以补充开发阶段的公共预算"。主要相关行业的代表于2001年3月签署了一项谅解备忘录,承诺通过认缴伽利略联合体的资本或以其他形式出资,向伽利略计划开发阶段投入2亿欧元。

(14)有必要根据《建立欧洲共同体条约》第171条建立一个伽利略联合体,鉴于伽利略计划中涉及重要的研究与开发工作,其可以并将继续可以使用划拨给研究与开发框架计划的经费。此外,伽利略计划应能使导航卫星技术开发取得相当大的进展。

(15)根据欧盟理事会的决议,伽利略联合体的主要任务应该是通过将公共部门和私营部门的资金结合,在伽利略计划的开发阶段顺利完成该计划的开发。此外,还应能确保对重大的演示验证项目进行管理。

(16)伽利略联合体的财务条例应符合1977年12月21日发布的适用于欧共体一般预算的《财务条例》所规定的总体原则和规定。

(17)欧盟委员会在制定关于提名伽利略联合体主任的提案时,应考虑被提名人的成绩、管理技能以及能力和相关经验,并应在履行其职责时独立于任何企业。

兹通过本条例:

第1条

为执行伽利略计划的开发阶段,现根据《建立欧洲共同体条约》第171条建立一个至2016年12月31日止的伽利略联合体。*

伽利略联合体旨在确保伽利略计划的研究、开发和验证阶段的项目有统一的行政管理和财务管控,并为此调动划拨给该计划的经费。

伽利略联合体应被视为第77/388/EEC号指令第15条第10款第2项和第92/12/EEC号指令第23条第1款第2项所定义的国际组织。

其所在地应位于布鲁塞尔。

第2条

兹通过本条例附件所载的《伽利略联合体章程》。

第3条

1. 为了确保欧盟成员国在执行伽利略计划开发阶段时有充分的信息交流和有效的政治管控,应设立一个监督管理委员会。该监督管理委员会应由欧盟各成员国选派的一名代表以及欧盟委员会在伽利略联合体行政管理委员会的代表组成。

2. 监督管理委员会主席应为成员国代表,且该成员国是欧盟理事会主席国。

3. 在适当的时候,在每次伽利略联合体行政管理委员会会议召开前,欧盟委员会应至少提前15天且在适当时候召开监督管理委员会会议,并就伽利略联合体行政管理委员会会议议程上的议题向其成员分发所有文件。

监督管理委员会应当对即将召开的伽利略联合体行政管理委员会会议议程上的一切议题作出决定,并可以将其他事项列入该议程。欧盟委员会在履行其在伽利略联合体行政管理委员会的职责时,应尽力确保该行政管理委员会作出的决定反映了监督管理委员会的决定和意见。

4. 监督管理委员会各项决定应由欧盟成员国代表的有效多数票作出,这些投票根据《建立欧洲共同体条约》第205条第2款进行加权计算。欧盟委员会代表不参与投票。

5. 监督管理委员会应制定其议事规则。

第4条

欧盟委员会每年应向欧盟理事会递交关于伽利略计划进展的年度报告以及该计划的开发方案,其中包括财务方面。

2003年年底,欧盟委员会应将伽利略联合体根据其章程第4条启动的招标程序的结果通报欧盟理事会。

---

* 【编者注】本条根据理事会第(EU)1943/2006号条例修改,自2006年12月22日起失效。

第 5 条

欧盟委员会应向欧盟理事会通报伽利略联合体新成员的加入情况。

新成员的任何加入，包括第三国成员的加入，均应提交欧盟理事会批准。

第 6 条

伽利略联合体应遵守欧盟理事会于 2001 年 3 月 19 日发布的关于通过欧盟理事会安全条例的第 2001/264/EC 号决议所载的规则。

第 7 条

1. 为处理伽利略系统的安全事宜，应设立一个安全委员会。该委员会应由欧盟各成员国选派的一名代表以及欧盟委员会的一名代表组成。

2. 安全委员会应制定其议事规则。

第 8 条

本条例应自在欧盟官方公报上公布之日起生效。

本条例应具有完全的约束力，并直接适用于所有成员国。

2002 年 5 月 21 日于布鲁塞尔签字生效。

欧盟理事会理事长

R. 德 · 米格尔(R. DeMiguel)

附　　件

《伽利略联合体章程》

第 1 条

1. 本联合体的名称应为：伽利略联合体。

2. 所在地应位于布鲁塞尔。

3. (1) 如下应为伽利略联合体的创始成员：

①欧盟委员会，代表欧洲共同体；

②欧洲航天局。

(2) 以下可成为伽利略联合体的成员：

①欧洲投资银行；

②在欧盟委员会根据欧盟理事会于 2002 年 5 月 21 日发布的关于建立伽利略联合体的第(EC)876/2002 号条例第 4 条将招标程序的结果通报欧盟理事会后，依据第(EC)876/2002 号条例第 5 条规定的程序获得批准加入的任何单位。

4. *伽利略联合体的资金应由成员的捐助构成。可以注入实物资产。但这些资产应经过评估,以确定其价值和对实施联合体活动的效用。

创始成员应按各自承诺的数额认缴其财政捐款份额,其中欧洲共同体出资5.2亿欧元,欧洲航天局出资5000万欧元。必要时,创始成员国可追加捐款,为开发阶段提供资金。

欧盟委员会将招标程序的结果通报欧盟理事会后,伽利略联合体行政管理委员会应立即邀请第3(b)款第2项中提到的单位认缴出资。受邀单位需要在一年内出资500万欧元。对于可以认定为中小企业的单位(依据欧盟委员会于1996年4月3日给出的关于中小企业的定义),无论是单独出资还是集体形式出资,该金额应减至25万欧元。

伽利略联合体行政管理委员会应当按各成员认缴出资额占比确定各成员应给付的资本金额。伽利略联合体的任何成员如若未履行其实物资产注入承诺,或者未在规定期限内给付应付款项,那么,第一步应取消其在伽利略联合体行政管理委员会的表决权,如果6个月之内仍未履行其义务,则取消其成员资格。

伽利略联合体的财务承诺不得超出其可支配的资本金额。

第2条

伽利略联合体的主要任务是:

1. 监督EGNOS系统在伽利略计划中的最优结合,并监督伽利略计划的开发与验证阶段的实施情况,协助部署和运营服务阶段的筹备工作。

2. 根据第3条与欧洲航天局合作,并通过与私营部门实体的合约协议,发起顺利完成开发阶段所需的研发活动并协调这一领域的成员国活动;根据第3条,通过欧洲航天局发射第一批卫星,落实已有的技术开发,并确保对系统的能力和可靠性进行大规模验证。

3. 与欧盟委员会、欧洲航天局以及私营部门合作,协助调动必要的公共部门和私营部门资金,基于如下活动向欧盟理事会提出伽利略计划各个连续阶段的管理架构提案。

①应基于欧盟委员会提供的数据,就伽利略计划可以提供的服务、这些服务可能产生的收入以及必要的配套措施,拟订一份覆盖伽利略计划所有阶段的业务方案。

---

* 【编者注】本条根据理事会第(EC)1943/2006号条例修改,自2006年12月22日起失效。

②应通过与私营部门竞争性招标程序,就部署和运营服务阶段的资金筹措事宜谈判达成总体协议,包括规定公共部门和私营部门应分担的职责、角色和风险。

4. 监督所有计划的执行,必要时在顾问的协助下,根据开发阶段的进展做出任何必要的调整。

第 3 条

伽利略联合体应与欧洲航天局缔结协定,以此:

①赋予其职责,由其针对与该系统有关的空间段和地面段,负责实施开发阶段所需的各项活动,为此,伽利略联合体应提供资金以供其在该阶段支配。欧洲航天局应根据与伽利略联合体缔结的协定中规定的程序,基于无歧视、透明和公平分配的工作原则,并考虑到伽利略计划的欧共体特性,负责对它们进行管理。在此过程中,应有针对性地让中小企业充分参与。

②欧盟委员会应有权通过实施有效的管控,确保欧共体的财务利益受到保护。如果欧盟委员会发现任何违规行为,其应有权减少或暂停对伽利略联合体的任何后续拨款,减少或暂停的金额,应相当于欧盟委员会实际发现的违规金额。任何争议应根据本协定中的条款来解决。

③确定执行伽利略计划的程序,尤其是针对欧洲航天局发起的与该计划有关的活动,以及由非伽利略联合体资金提供经费的活动。

第 4 条

在不影响第 3 条的情况下,伽利略联合体可在完成招标后,与单位或单位组成的联盟签订关于提供服务的合同,尤其是实施第 2 条第 3 款规定的活动。

伽利略联合体应确保在合同中规定欧盟委员会有权代表伽利略联合体进行管控以确保欧共体的财务利益受到保护,并在发现违规行为时,实施相称的劝阻性处罚。

第 5 条

伽利略联合体应具有法人资格。在欧共体所有成员国中,它应具有根据这些国家的法律赋予法人的最广泛的法律行为能力,尤其是可以取得或处分动产和不动产,并可作为法律诉讼的一方。

第 6 条

伽利略联合体应拥有为伽利略计划开发阶段创造或转让给它的所有有形和无形资产。在适用的情况下,政府加密技术的所有权归属于开发加密方法的政府当局。

第7条

1. 伽利略联合体的主体应为行政管理委员会、执行委员会和主任。

2. 行政管理委员会可征求咨询委员会的意见。

第8条

1. 行政管理委员会的组成、表决权：

(1)行政管理委员会应由伽利略联合体的成员组成；

(2)除非本章程另有规定，行政管理委员会应以简单多数票作出决定。伽利略联合体的每个成员应按其认缴的出资额享有若干表决权。* 欧盟委员会和欧洲航天局的票数应相同，而且在任何情况下都至少应各占总票数的40%。

2. 行政管理委员会的职能：

(1)行政管理委员会应当作出必要决定以实施伽利略计划，并全面监督该计划的执行情况；

(2)行政管理委员会尤其应：

①任命主任并核准组织架构；

②指定咨询委员会成员；

③根据第14条第3款通过伽利略联合体的财务条例；

④根据第13条核准年度预算，包括工作人员编制方案、伽利略计划开发阶段的开发方案，以及该计划的成本概算；

⑤核准年度账目和资产负债表；

⑥决定土地和其他不动产的任何所有权获取事项以及出售、抵押事项，决定提供任何担保或保证、从其他单位或机构取得股份以及任何发放或获取贷款事项；

⑦以75%的多数票核准涉及对伽利略计划的实施做出重大变动的任何提案；

⑧通过第16条第2款所述的关于伽利略计划的进展及其财务状况的年度报告；

⑨行使其他权力、履行其他职能以满足伽利略计划所需，包括设立附属机构；

⑩通过执行委员会的职权范围。

3. 行政管理委员会的会议、议事规则：

(1)行政管理委员会应每年至少召开两次会议。临时会议应占行政管理委员会总人数1/3及以上，且代表至少40%表决权的成员的要求召开，或者应行政管理

---

* 【编者注】本条根据理事会第(EC)1943/2006号条例修改，自2006年12月22日起失效。

委员会主席或伽利略联合体主任的要求召开。会议通常应在伽利略联合体所在地举行。行政管理委员会应从其成员中选举主席。除特殊情况另有规定外,执行委员会的一名代表以及联合体主任应参加会议。

(2)行政管理委员会应制定其议事规则。

第9条

1.执行委员会的组成、表决权:

(1)执行委员会的成员应包括一名欧盟委员会的代表、一名欧洲航天局的代表,以及行政管理委员会在行业单位参与进来后指定的一名行业代表;

(2)执行委员会应在伽利略联合体主任和欧盟理事会主席国选派的一名代表均在场的情况下举行会议;

(3)除非本章程另有规定,执行委员会的决定应以一致同意的方式作出。

2.执行委员会的职能:

(1)执行委员会应协助行政管理委员会拟订其决议;

(2)执行委员会尤其应:

①根据定期报告,就伽利略计划的进程向行政管理委员会和伽利略联合体主任提供咨询意见;

②就伽利略计划的成本概算和预算草案,包括伽利略联合体主任拟定的工作人员编制方案,向行政管理委员会提出意见和建议;

③根据行政管理委员会制定的合同签发规则,核准招标程序和合同签发程序,这些程序不得影响执行委员会所作决定的执行;

④执行行政管理委员会委托或委派的任务;

⑤根据第3条缔结的协定的相关规定,批准资金的发放。

3.执行委员会的会议、议事规则:

(1)执行委员会应每月至少举行一次会议。会议通常应在伽利略联合体所在地举行。

(2)经行政管理委员会批准,执行委员会应拟订其议事规则。

4.文书处理:

执行委员会应制定文书处理规则,以使安全、商业机密和公共查阅方面的目的得到协调满足。这些规则应适当考虑到欧洲议会和欧盟理事会于2001年5月30日发布的关于公众查阅欧洲议会、欧盟理事会和委员会文件的第(EC)1049/2001号条例规定的原则和限制。

第10条

1. 伽利略联合体主任应是伽利略联合体的首席干事,负责伽利略联合体的日常管理,是伽利略联合体的法定代表人。他/她应由行政管理委员会根据欧盟委员会的提议任命。他/她应完全独立履行其职责。

2. 伽利略联合体主任应在其负责的行政管理委员会制定的准则范围内指导伽利略计划的执行。他/她应向行政管理委员会、执行委员会、咨询委员会和所有其他附属机构提供它们履行职能所需的所有信息。

3. 伽利略联合体主任尤其应:

(1)组织、指导和监督伽利略联合体的员工;

(2)向行政管理委员会提交其关于组织架构的提案;

(3)根据财务条例起草、定期更新伽利略计划的开发方案和成本概算,并将其提交至行政管理委员会;

(4)根据财务条例起草年度预算草案,其中包括工作人员编制方案,并将其提交至行政管理委员会;

(5)依据欧盟委员会和伽利略联合体缔结的合约,确保遵守合约中规定的与欧盟委员会有关的义务,特别是有关准许欧盟委员会的代表实施有效管控,并在其发现违规行为时,准许其实行劝阻性和相称处罚的规定;

(6)向行政管理委员会提交年度账目和资产负债表;

(7)向行政管理委员会提交涉及对伽利略计划的设计方案作出重大变动的任何提案;

(8)负责安全事宜,采取一切必要措施以满足安全需求;

(9)草拟关于伽利略计划进展情况及其财务状况的年度报告,以及行政管理委员会可要求的其他报告,并将这些报告提交至行政管理委员会。

第11条

1. 工作人员编制应在年度预算所载的编制方案中予以确定。

2. 伽利略联合体的工作人员应依据欧洲共同体《欧盟其他职员雇佣条件》签订固定期限合同。

3. 所有人事费用应由伽利略联合体承担。

4. 行政管理委员会应当作出必要的实施安排。

第12条

伽利略联合体的全部收入应当用于推进第2条规定的任务。除依据第21条另有规定外，不得以分配任何财政盈余的方式向伽利略联合体成员付款。

第 13 条

1. 财政年度应与日历年度一致。

2. 伽利略联合体主任应在每年 3 月 31 日前，将行政管理委员会核定的伽利略计划成本概算传送至各成员。该伽利略计划成本概算应包括其后两年的年度支出预测。在这一预测范围内，应按照各个成员关于其缴纳伽利略联合体经费的内部预算程序所需的详细程度，编制出这两个财政年度中的第一个财政年度的收支概算（初步预算草案）。伽利略联合体主任需向成员提供为此所需的一切补充资料。

3. 各成员应就伽利略计划的成本概算，尤其是下一年度收支概算的意见反馈至联合体主任。

4. 伽利略联合体主任应根据核定的伽利略计划成本概算，并考虑到各成员提出的意见，编制下一年度的预算草案，并应在 9 月 30 日前，将预算草案递交至行政管理委员会以提请 75% 的多数票通过。

第 14 条

1. 财务条例应经行政管理委员会 75% 的多数票通过。

2. 财务条例的目的是确保伽利略联合体的财务管理保持稳健且具有经济效益。

3. 财务条例尤其应包括如下事项的主要规则：

（1）伽利略计划的成本概算和年度预算的格式和结构；

（2）年度预算和内部财务管控的执行；

（3）伽利略联合体成员的缴款方式；

（4）账目记录和库存记录的保存和列报，以及年度资产负债表的编制和列报；

（5）基于伽利略联合体成员国之间的无歧视原则和项目的欧共体特性的基础上制定招标程序，以及代表联合体的合同和订单的条款和条件。

4. 应在联合体与欧盟委员会缔结的协定中规定详细执行规则以确保欧盟委员会能够履行依据《建立欧洲共同体条约》第 274 条承担的义务。

第 15 条

在每个财政年度结束后两个月内，伽利略联合体主任应将上一年度的年度账目及资产负债表呈交欧洲共同体审计院。审计院应以各份记录为基础执行现场审计。伽利略联合体主任应将年度账目、资产负债表连同审计院报告呈交行政管理委员会，以提请 75% 的多数票通过。伽利略联合体主任有权、并且应行政管理委员会的要求有义务对该报告提出意见。审计院应将其报告递交联合体各成员。

第 16 条

1. 伽利略计划的开发方案应详细阐述该计划的所有组成部分的执行方案。其应覆盖伽利略联合体的整个期间,并定期更新。

2. 前述年度报告应说明伽利略计划的进展情况,尤其是该计划的进度表、开支和执行情况。

第 17 条

1. 伽利略联合体应全权负责履行其义务。

2. 伽利略联合体的合同责任应由相关合同条款以及适用于该合同的法律来决定。

3. 伽利略联合体为承担第 2 款所述责任而支付的任何款项以及由此产生的费用和开支,应计为伽利略联合体的支出。

4. 伽利略联合体主任应就任何必要的保险向行政管理委员会提出建议,联合体应按行政管理委员会的指示办理保险事宜。

第 18 条

伽利略联合体应确保对敏感信息进行保护,这些信息一旦未经授权披露,可能会损害缔约方的利益。伽利略联合体应采用欧盟理事会于 2001 年 3 月 19 日发布的关于通过欧盟理事会安全条例的第 2001/264/EC 号决议所规定的安全原则和最低安全标准。

伽利略联合体应重视伽利略系统安全委员会(GSSB)的经验。伽利略联合体亦应遵循第(EC)876/2002 号条例第 7 条所指的安全委员会制定的规则,处理与系统安全有关的所有问题。

第 19 条

1. 除第 1 条第 3 款第 1 项所指的成员外,伽利略联合体可接受其他成员加入。

2. 任何加入申请均应向伽利略联合体主任提出,并由其转交至行政管理委员会。行政管理委员会应决定伽利略联合体是否应开始与申请单位就加入条件进行谈判,其中尤其要考虑到安全方面。如果决定同意加入,伽利略联合体应商谈加入条件,并将其提交至行政管理委员会以供委员会根据 75% 的多数表决票作出决定。

3. 除非事先获得行政管理委员会的一致同意,伽利略联合体成员资格不得转让给第三方。若成员进行任何未经批准的转让,则应被立即终止伽利略联合体成员资格,并应对给伽利略联合体造成的任何损害承担责任。

第 20 条

伽利略联合体的有效年限自 2002 年 5 月 28 日至 2006 年 12 月 31 日。*

第 21 条

为执行有关伽利略联合体清盘的程序,行政管理委员会应任命一名或多名清盘人,其应遵守行政管理委员会以 75% 的多数票作出的决议。

第 22 条

本章程如有任何未尽事宜,应依据伽利略联合体所在国法律处理。

第 23 条

伽利略联合体的任何成员均可向行政管理委员会提交关于修改本章程的提案。

如果伽利略联合体的行政管理委员会以 75% 的多数票同意该提案,欧盟委员会应依据《建立欧洲共同体条约》第 172 条第 1 款规定的程序,向欧盟理事会递交提案以提请批准。

* 【编者注】本条根据理事会第(EC)1943/2006 号条例修改,自 2006 年 12 月 22 日起失效。

欧洲议会和欧盟理事会
第(EC)683/2008号条例

欧洲议会和欧盟理事会第(EC)683/2008号条例

关于进一步实施欧洲卫星导航计划(EGNOS计划和伽利略计划)

2008年7月9日

欧洲议会与欧盟理事会:

根据《建立欧洲共同体条约》,尤其是其第156条,基于欧盟委员会的提案,根据欧洲经济和社会委员会的意见,并咨询了欧洲地区委员会之后,按照《建立欧洲共同体条约》第251条规定的程序,鉴于:

(1)欧洲卫星导航政策旨在为欧洲共同体(以下简称欧共体)提供两个卫星导航系统(以下简称导航系统)。这两个系统是在EGNOS计划和伽利略计划(以下简称计划)下建立的。每套基础设施均由卫星和地球站网络组成。

(2)伽利略计划旨在建立第一个专门为民用目的而设计的全球卫星导航和定位基础设施。伽利略计划下所建的系统完全独立于其他现有或潜在系统。

(3)EGNOS计划旨在提高现有全球卫星导航系统的信号质量。

(4)欧洲议会、欧盟理事会及欧洲经济和社会委员会一贯全力支持这些计划。

(5)卫星导航的发展完全符合《里斯本战略》和其他欧共体政策,例如欧盟委员会在2001年9月12日发布的题为《2010年欧洲交通运输政策:决策时刻》的白皮书中提出的交通运输政策。如果适用,欧盟委员会应在其工作计划中酌情特别关注全球卫星导航系统的应用和服务的开发。

(6)这些计划是欧盟委员会提议并经欧盟理事会同意的《里斯本增长和就业行动纲领》所列优先项目之一。正如欧盟委员会2007年4月26日关于欧洲空间政策的欧盟委员会通讯所述,它们也被视为未来欧洲空间计划的主要支柱之一。

(7)伽利略计划包括定义阶段、开发与验证阶段、部署阶段和综合利用阶段。部署阶段定于2008年开始,2013年结束。导航系统应于2013年投入使用。

(8)伽利略计划的定义阶段和开发与验证阶段,即专门开展研究的阶段,已通过用于跨欧洲网络的欧共体预算和欧洲航天局(ESA)提供了大量资金。部署阶段原则上应完全由欧共体资助。公私合营或与私营部门实体签订的任何其他形式的合同是否适合于2013年之后的导航系统运行、维护、改进和更新，可能会在后面的阶段决定。

（9）马德里生命安全中心（Safety－of－Life Centre）可升级为完全合格的、资产归欧共体所拥有的等同的伽利略系统卫星控制中心。这一转变所需的必要投资将不会增加已商定的2007—2013年这两个计划的欧共体预算。这种情况下，如果不影响位于奥伯法芬霍芬（Oberpfaffenhofen）和福基诺（Fucino）的伽利略系统卫星控制中心运作能力，欧盟委员会将确保，只要马德里生命安全中心能够满足适用于所有中心的所有要求，在运作上就完全有资格在2013年底成为伽利略系统卫星控制中心，加入上述伽利略系统控制中心网络。

（10）重要的是，EGNOS计划的资金，包括其运作、可持续性和市场营销，必须由欧共体提供保障。EGNOS计划的运营可能会成为一个或多个公共服务合同的标的，特别是与私营部门实体签订的合同，直到它与伽利略计划的运营整合在一起。

（11）由于这两个计划现已进入高度成熟阶段，远远超出了单纯的研究项目的框架，因此有必要为它们提供具体的法律依据，以便能够更好地满足其需求，并实施健全的财务管理。

（12）在这些计划下建立的系统是作为跨欧洲网络的基础设施，其使用范围远远超出了成员国的国界。此外，通过这些系统提供的服务特别有助于在交通运输、电信和能源基础设施等领域发展跨欧洲网络。

（13）健全的伽利略计划和EGNOS计划公共治理首先要求欧盟委员会、欧洲全球卫星导航系统监管局和欧洲航天局之间进行严格的职责分工，其次要求以欧盟委员会为代表的欧共体确保这些计划得到妥善管理。欧盟委员会应建立适当的工具并拥有必要的资源，特别是在这些计划所需的援助方面。

（14）鉴于这些计划的重要性、独特性和复杂性，这些计划所产生的系统归欧共体所有，且2008年到2013年计划的全部资金由欧共体预算提供，欧洲议会、欧盟理事会和欧盟委员会深知三家机构之间密切合作的必要性。为此，欧洲议会、欧盟理事会和欧盟委员会将根据2008年7月9日关于伽利略机构间小组的联合声明，召开伽利略机构间小组会议。

（15）2004年7月12日欧盟理事会关于建立欧洲卫星无线电导航计划管理结构的第（EC）1321/2004号条例成立了欧洲全球卫星导航系统监管局。欧洲全球卫星导航系统监管局是一家欧共体机构，作为2002年6月25日关于适用于欧共体一般预算的财务条例的欧盟理事会第（EC，Euratom）1605/2002号条例（以下简称《财务条例》)第185条所定义的一个机构,必须遵守为欧共体机构规定的义务。

(16)欧洲全球卫星导航系统监管局应尊重欧盟委员会作为计划管理者的角色,按照欧盟委员会发布的准则确保对系统和伽利略系统安全中心的运作进行安全认证,从系统的平稳运行、无缝服务交付和高市场渗透率等角度为导航系统的商业化做好准备。此外,欧洲全球卫星导航系统监管局还应根据《财务条例》完成欧盟委员会可能委托的其他任务,特别是促进导航系统的应用和服务以及确保导航系统组件的认证。

(17)欧洲议会和欧盟理事会邀请欧盟委员会提出一项提案,以便使第(EC)1321/2004号条例所述计划的管理结构与欧盟委员会和欧洲全球卫星导航系统监管局的新角色在形式上保持一致。

(18)为了保证这些计划的连续性,必须建立适当的财政和法律框架,使欧共体能够继续为这些计划提供资金。还必须明确2007年1月1日至2013年12月31日所需的资金数额,以资助伽利略计划开发与验证阶段和部署阶段的剩余部分、EGNOS计划的运作以及计划综合利用阶段的准备工作。

(19)欧洲议会和欧盟理事会决定,2007—2013年伽利略系统和EGNOS系统的总运营成本概算为34.05亿欧元。最初在多年度财务框架(2007年至2013年)中预留的是10.05亿欧元,这一数额增加了20亿欧元。此外,《欧洲共同体第七框架计划》(以下简称《第七框架计划》)为2007年至2013年的研究、技术开发和演示活动提供了4亿欧元的资金,从而使这些计划在2007年至2013年的可用预算总额达到34.05亿欧元。

(20)在这些欧共体资金的分配中,有效的采购程序及为获得最佳的资金价值并确保合同的顺利完成而进行的合同谈判、计划的无缝连续性、风险管理和进度的遵从是至关重要的。这些应该由欧盟委员会提供保障。

(21)根据《财务条例》,欧盟成员国、第三国和国际组织应以适当的协议形式自由地为这些计划提供财务或实物支持。

(22)应当指出的是,目前的2007年至2013年伽利略系统和EGNOS系统的投资费用和运行费用概算,并未考虑欧共体可能必须承担的不可预见的财务义务,特别是与系统的公共所有权引起的非合同责任有关的义务,或是与不可抗力和灾难性失败相关的义务。

(23)此外,伽利略系统和EGNOS系统运行所产生的收入,特别是伽利略计划下所建系统提供的商业服务所产生的收入归欧共体所有,以确保收回先前的投资。

但在与私营部门实体签订合同时,应该允许建立一种收益分享机制。

(24)欧共体应与欧洲航天局签订一份涉及这些计划的技术和规划事宜的多年期委托协议。为确保欧盟委员会作为欧共体的代表充分行使其审计权,委托协议中应包括如何对委托给欧洲航天局的资金进行管理的一般条件。

(25)由于这些计划将由欧共体提供资金,因此,这些计划下的公共采购应遵守欧共体关于公共合同的规定,并应首先以实现物有所值、控制成本、降低风险、提高效率和减少对单一供应商的依赖为目标。欧盟成员国应在整条产业供应链中实行开放准入和公平竞争机制,并向各级企业,尤其是中小企业提供平等的参与机会。应避免滥用支配地位或长期依赖单一供应商。为了降低计划风险、避免依赖单一供应商并确保更好地全面控制计划及其成本和进度,应酌情采用双供应商策略。如果在质量和成本方面都有明显优势的情况下,应允许欧洲产业界依赖非欧洲供应商提供的某些组件和服务,但应考虑这些计划的战略性质以及欧盟的安全和出口管制要求。应充分利用公共部门的投资、行业经验和能力,包括在这些计划的定义、制定和审定阶段获得的经验和能力,同时确保不影响公平竞标的规则。

(26)根据欧盟的采购原则,伽利略计划在部署阶段活动框架内的所有工作包都应采用最大可能的开放竞争模式。为确保令人满意的采购,工作包应向新进入者和中小企业广泛开放,同时确保技术卓越性和成本效益。

(27)由于健全的公共治理需要对这些计划进行统一管理、加快决策速度并支持平等地获取信息,因此,欧洲全球卫星导航系统监管局和欧洲航天局的代表可能需要参与为协助欧盟委员会开展工作而成立的欧洲全球卫星导航系统计划委员会(以下简称 GNSS 计划委员会)。

(28)应根据欧盟理事会 1999 年 6 月 28 日第 1999/468/EC 号决议通过执行本条例所需的措施,规定欧盟委员会行使所赋权力的程序。

(29)特别是,应授权欧盟委员会采取任何必要措施来确保导航系统的兼容性和互操作性。由于这些措施属于一般性措施,通过补充新的非基本要素来修改本条例,因此必须根据第 1999/468/EC 号决议第 5a 条规定的监督管理程序进行实施。

(30)根据这些计划所创建或开发的所有有形和无形资产应归欧共体所有。为了充分尊重与所有权相关的任何基本权利,欧共体应与现产权所有者签订适当的协议。

(31)应特别注意所有交通运输方式的 EGNOS 系统认证,尤其是航空运输,以便宣布该系统可以投入使用并推动其尽快得到应用。

(32)本条例为保证这些计划的可持续性而规定的资金上限,在2006年5月17日关于预算纪律和健全财务管理的《机构间协定》第37条所指的含义内,构成预算部门在年度预算程序中使用的主要参考。

(33)由于本条例的目标,即建立卫星导航系统,超出了任何单一成员国的财务和技术能力所承受的范围,不能由任何单一成员国充分实现,因此可以通过采取欧共体级别的行动来更好地实现。欧共体可以根据《建立欧洲共同体条约》第5条规定的辅助性原则采取措施。根据该条规定的比例原则,本条例没有超出实现这一目标所必需的范围。

(34)必须确保定期向欧洲议会和欧盟理事会通报这些计划的实施情况。

本条例已获通过:

第一章　主题和一般原则

第1条　欧洲卫星导航系统和计划

1. EGNOS计划和伽利略计划应涵盖定义、开发、验证、构建、运行、更新和改进两个欧洲卫星导航系统,即EGNOS计划和伽利略计划下建立的系统所需的所有活动。

2. EGNOS系统是监测和修正现有全球卫星导航系统发出的信号的基础设施,由地球站和安装在对地静止卫星上的几个转发器组成。

3. 伽利略计划下所建设的系统是一个自主的全球卫星导航系统(GNSS)基础设施,由一个卫星星座和一个全球地球站网络组成。

4. 这些计划的具体目标参见附件。

第2条　主题

本条例规定了进一步实施这些计划的规则,包括与欧共体的治理和财政支持相关的规则。

第3条　伽利略计划的各个阶段

伽利略计划应包括以下阶段:

(1)定义阶段,该阶段设计系统的结构并确定其要素,已于2001年结束。

(2)开发和验证阶段,包括建造和发射第一颗卫星、建立第一批地面基础设施以及验证在轨系统所需的所有工作和操作。这一阶段计划应于2010年结束。

(3)部署阶段,包括建立所有空间和地面基础设施以及相关行动。这一阶段计划将从2008年持续到2013年,包括综合利用阶段的准备工作。

(4)综合利用阶段,包括基础设施管理、系统维护、持续改进和更新、与计划有关的认证和标准化工作、导航系统营销以及开发系统和确保计划顺利运行所需的所有其他活动。综合利用阶段最迟在部署阶段结束时开始。

第 4 条　伽利略计划的资金来源

1. 开发和验证阶段应由欧共体和欧洲航天局出资。

2. 在不影响本条第 4 款和第 5 款的情况下,部署阶段应由欧共体出资。

3. 2010 年,欧盟委员会应视情况向欧洲议会和欧盟理事会提交中期审查报告和一份提案。提案中应包括自 2014 年开始的筹资计划期间所需的公共资金和承诺,还应包括综合利用阶段因系统公共所有权而产生的任何财务义务、开发阶段的收益分享机制以及确保客户以公平价格获得高质量服务的定价政策目标,尤其应包括对与私营部门实体签订服务特许合同或公共服务合同之利弊进行的合理的可行性研究。

在适用的情况下,欧盟委员会还应连同中期审查报告一起提出任何有利于发展卫星导航应用和服务的适当措施。

4. 欧盟成员国可向伽利略计划提供额外资金,以保证在特定情况下升级到商定的系统结构所需的投资。根据《财务条例》第 18 条第 2 款,这些投资产生的收入应构成可分配收入。根据透明管理原则,欧盟委员会应向全球卫星导航系统计划委员会通报因执行本条款而对伽利略计划产生的任何影响。

5. 第三国和国际组织也可以为伽利略计划提供额外资金。欧共体根据《建立欧洲共同体条约》第 300 条与这些实体缔结的协定中应规定第三国和国际组织的参与条件和细则。

第 5 条　EGNOS 计划的运行

EGNOS 计划的运行应主要包括基础设施管理、维护、系统的持续改进和更新、与计划相关的认证和标准化工作以及营销。

第 6 条　EGNOS 计划运行的资金来源

1. 欧共体应为 EGNOS 计划的运行提供资金,但不得影响任何其他来源的资金支持,包括第 3 款和第 4 款所述的支持。

2. EGNOS 计划的运行最初应作为一个或多个公共服务合同的标的。

3. 欧盟成员国可以向 EGNOS 计划提供额外资金。根据《财务条例》第 18 条第 2 款的规定,这些资金产生的收入应构成可分配收入。

4. 第三国和国际组织也可以为 EGNOS 计划提供额外资金。欧共体根据《建立欧洲共同体条约》第300条与这些实体缔结的协定中应规定第三国和国际组织的参与条件和细则。

第7条 系统的兼容性和互操作性

1. 欧盟委员会应尽一切努力确保EGNOS计划和伽利略计划下的系统、网络和服务的兼容性和互操作性，并应寻求EGNOS系统和伽利略系统与其他导航系统的兼容性和互操作性以及在可能情况下与常规导航方式的兼容性和互操作性。

2. 为此目的而必须采取的、旨在修正本条例中的一些非基本要素的补充措施，应遵循第19条第5款所述的监管程序来采纳。

第8条 所有权

这些计划下创建或开发的所有有形和无形资产归欧共体所有，为此应酌情与第三方就现有所有权达成协议。

第二章 预算拨款及机制

第9条 相关活动

1. 根据本条例下分配给这些计划的欧共体预算拨款应用于资助：

(1)与完成伽利略计划的开发和验证阶段相关的活动；

(2)与伽利略计划的部署阶段相关的活动，包括管理和监控这一阶段的相关行动；

(3)与EGNOS计划运作相关的活动，以及该计划在综合利用阶段之前的活动或准备工作。

2. 为确保明确界定这些计划及其不同阶段的费用，欧盟委员会应根据透明管理的原则，每年都向全球卫星导航系统计划委员会通报欧共体针对第1款中所述各项活动的资金分配情况。

第10条 预算资源

1. 2007年1月1日至2013年12月31日，用于执行第9条所述活动的拨款为34.05亿欧元，其中包括《第七框架计划》提供的4亿欧元。

2. 拨款应每年由预算部门在多年期财务框架规定的限额内核准。按照《财务条例》的规定执行。

3. 各项计划的预算承诺应每年分期拨付。

第11条 运营收入

1. 导航系统运营所得的收入应归欧共体所有，冲抵欧共体预算并分配到各计划。如果收入经证明超出了计划所需,而需要对分配原则进行调整,任何此类调整均应由预算部门根据欧盟委员会的建议予以批准。

2. 与私营部门实体订立的合同可规定收入分享机制。

第三章　计划的公共治理

第 12 条　计划治理的总体框架

1. 计划(EGNOS 计划和伽利略计划)的公共治理应以欧共体严格的责任分工原则为基础,在欧盟委员会、欧洲全球卫星导航系统监管局和欧洲航天局之间明确相关责任。

2. 欧盟委员会应在欧洲全球卫星导航系统计划委员会的协助下,负责对计划进行透明管理。应通过与欧洲全球卫星导航系统监管局和欧洲航天局的明确分工来避免结构和职能上的重复。欧盟成员国可以向欧盟委员会提供专家协助,欧盟委员会应进行财务和技术审查。

3. 欧盟委员会应采取适当的手段,包括在计划的各个阶段实施综合风险管理以及采取结构性措施来识别、控制、减轻和监测风险,并应确保其拥有完成这项任务所需的资源。为此,欧盟委员会应按照第 19 条第 2 款所述的咨询程序,为审查计划的执行情况确定关键的决策点。

第 13 条　安全事项的治理

1. 欧盟委员会应妥善处理与导航系统安全相关的所有问题,同时适当考虑监督以及将安全要求纳入整个计划的必要性。

2. 欧盟委员会应按照第 19 条第 4 款所述的监管程序实施安全措施并规定主要的技术要求,以控制对导航系统安全技术的访问和操作。

3. 欧盟委员会应充分考虑专家意见,确保采取必要步骤来实施第 2 款所述之措施,并确保满足与导航系统安全相关的任何其他要求。

4. 当欧盟或其成员国的安全可能受到导航系统运行的影响时,便应遵循欧盟理事会 2004 年 7 月 12 日发布的关于影响欧盟安全的欧洲卫星无线电导航系统运行的联合行动第 2004/552/CFSP 号文件中规定的程序。

5. 完全属于《欧盟条约》第 5 编和(或)第 6 编之内的事项,不属于欧盟委员会的职权范围。

第 14 条　安全条例的应用

1. 欧盟各成员国应确保其安全条例的保护程度至少相当于欧盟委员会第

2001/844/EC,ECSC,Euratom 号决议附件以及欧盟理事会第 2001/264/EC 号决议附件所规定的安全规则提出的保护程度,这些要求适用于所有处理与这些计划有关的、被欧盟归类为机密信息的居住在欧盟领土范围内的自然人以及在欧盟领土范围内设立的法律实体。

2. 欧盟成员国应立即将通过第 1 款所述的国家安全条例的情况通知欧盟委员会。

3. 居住在第三国的自然人和在第三国建立的法人实体,只有在遵守这些国家的安全规定的情况下,才可以处理有关这些计划的欧盟机密信息,且这些安全规定其保护程度至少相当于欧盟委员会第 2001/844/EC,ECSC,Euratom 号决议附件以及欧盟理事会第 2001/264/EC 号决议附件所规定的安全规则提出的保护程度。欧洲航天局的安全条例应被视为等同于这些规则和条例。在第三国适用的安全条例的等效性可在与该国签订的协议中明确规定。

第 15 条　制订计划

1. 欧盟委员会应管理根据本条例分配给各计划的资金。

2. 欧盟委员会应采取措施,根据本条例的要求制订工作计划而确定战略框架。战略框架中应包括实现附件所列目标而必须采取的主要行动、预算概算和时间表。

旨在修改本条例中非基本要素的补充措施,应按照第 19 条第 5 款所述的监管程序进行审查。

3. 欧盟委员会应审议通过工作计划,其中包括需接受年度审核的计划实施方案和相关拨款,以及根据第 19 条第 3 款所述的管理程序对其所作的任何修订。

4. 本条例下拨款支持的措施应按照《财务条例》执行。

第 16 条　欧洲全球卫星导航系统监管局的角色

在不违反第 12 条规定并尊重欧盟委员会作为计划管理者的前提下,欧洲全球卫星导航系统监管局应按照欧盟委员会发布的准则完成这两个计划的以下任务。

(1)在计划的安全方面,应在不违反第 13 条和第 14 条的情况下确保:

①安全认证;为此,应启动并监督安全程序的实施,并进行系统安全审查;

②根据第 13 条的决议和联合行动第 2004/552/CFSP 号决议的指示来运行伽利略系统安全中心。

(2)欧洲全球卫星导航系统监管局应协助开展系统商业化的准备工作,包括必要的市场分析。

(3)欧洲全球卫星导航系统监管局还应按照《财务条例》第54条第2款第2项的规定来完成欧盟委员会委托其完成的其他任务,以解决与计划相关的特定问题,例如:

①在卫星导航市场中推广这些系统;

②确保系统组件已由获得正式授权的适当认证机构进行认证。

第17条　与伽利略计划的部署阶段相关的采购原则

1. 欧共体的公共采购规则,特别是覆盖整条产业供应链的公开准入和公平竞争;在提供透明及时信息的基础上进行招标;明确传达适用的采购规则、选择标准和任何其他相关信息,以形成面向所有潜在竞标者的公平竞争环境,均应适用于伽利略计划的部署阶段,但前提是不影响为保护欧盟安全或公共安全的基本利益或遵守欧盟出口管制要求而需要采取的措施。

2. 采购过程中应致力于实现以下目标:

(1)促进欧盟成员国中的各级企业的均衡参与,特别是中小企业;

(2)避免滥用支配地位,避免长期依赖一家供应商;

(3)利用以往的公共部门投资和经验教训以及行业经验和能力,包括在计划的定义、开发和验证阶段获得的经验和能力,同时确保公平招标规则不受影响。

3. 因此,伽利略计划部署阶段的活动应适用于下列采购原则:

(1)基础设施采购应通过一个总体采购明细总表,细分成六个主要工作包(系统工程支持、地面任务基础设施完工、地面控制基础设施完工、卫星、发射器和运行)和若干个附加工作包;这不排除对单个工作包同时运行多个采购链的可能性,包括卫星采购工作包。

(2)应确保对所有工作包进行公平招标,对于六个主要工作包,应采用统一的程序。根据该程序,任何独立的单个法人实体或集体参加竞标的一组法人实体,最多可以竞标六个主要工作包中的两个工作包的总承包商。

(3)活动总价值的至少40%应通过各级竞争性招标分包给任何主要工作包的总承包商实体(或一组实体)以外的公司;欧盟委员会应定期向欧洲全球卫星导航系统计划委员会报告该项原则的执行情况。如果预测表明可能无法达到40%的门槛,欧盟委员会应根据第19条第3款所述的管理程序采取适当措施。

(4)在适当情况下应进行双供应商策略,以确保更好地全面控制计划、成本和进度。

第 18 条　欧洲航天局的角色

1. 根据第 17 条规定的原则，以欧盟委员会为代表的欧共体应基于欧盟委员会根据《财务条例》第 54 条第 2 款通过的委托决议，与欧洲航天局缔结一项多年期委托协议，其中应包括与执行伽利略计划有关的委托任务和预算执行事宜，尤其是在部署阶段。

2. 为确保第 1 款下委托的任务和预算执行事宜得以实施，委托协议应就委托给欧洲航天局的资金的管理制定一般规定，特别是拟采取的行动、相关拨款、管理程序和监督检查措施、合同履行不充分时适用的措施以及有关所有的有形和无形资产所有权的规定。

3. 应按照第 19 条第 2 款所述的咨询程序，就本条第 1 款所述的委托决议征求欧洲 GNSS 计划委员会的意见。应向欧洲全球卫星导航系统计划委员会通告以欧盟委员会为代表的欧共体与欧洲航天局之间达成的多年期委托协议。

4. 欧盟委员会应向欧洲全球卫星导航系统计划委员会通报欧洲航天局对采购招标的中期和最终评标结果及其与私营部门实体签订的合同。

第 19 条　欧洲全球卫星导航系统计划委员会的程序

1. 欧盟委员会应得到欧洲全球卫星导航系统计划委员会的协助。

2. 凡提及本款，第 1999/468/EC 号决议第 3 条和第 7 条应适用，但需顾及第 8 条的规定。

3. 凡提及本款，第 1999/468/EC 号决议第 4 条和第 7 条应适用，但需顾及第 8 条的规定。

第 1999/468/EC 号决议第 4 条第 3 款规定的期限应定为一个月。

4. 凡提及本款，第 1999/468/EC 号决议第 5 条和第 7 条应适用，但需顾及第 8 条的规定。

第 1999/468/EC 号决议第 5 条第 6 款规定的期限应定为一个月。

5. 凡涉及本款，第 1999/468/EC 号决议第 5a 条第 1 款至第 4 款以及第 7 条应适用，但需考虑第 8 条的规定。

6. 欧洲全球卫星导航系统监管局和欧洲航天局的代表可在 GNSS 计划委员会议事规则规定的条件下以观察员的身份参与 GNSS 计划委员会的工作。

7. 欧共体根据第 4 条第 5 款和第 6 条第 4 款缔结的协议中可规定第三国或国际组织在其议事规则规定的条件下参与欧洲全球卫星导航系统计划委员会的工作。

第 20 条 保护个人资料和隐私

欧盟委员会应确保对个人数据和隐私的保护得到保障,并将适当的保护措施纳入系统的技术结构中。

第四章 最终条款

第 21 条 保护欧共体的经济利益

1. 在实施本条例下资助的行动时,欧盟委员会应采取防止欺诈、腐败和任何其他非法活动的措施,开展有效的检查并追回多付款项来保护欧共体的经济利益。如果发现有违规行为,则根据欧盟理事会 1995 年 12 月 18 日关于保护欧共体经济利益的第(EC,Euratom)2988/95 号条例,欧盟理事会 1996 年 11 月 11 日关于由欧盟委员会进行现场检查防止欺诈和其他违规行为以保护欧共体经济利益的第(EC,Euratom)2185/96 号条例,以及欧洲议会和欧盟理事会 1999 年 5 月 25 日关于由欧洲反欺诈办公室(OLAF)开展调查的第(EC)1073/1999 号条例给予有效的、相称的和劝阻性的处罚。

2. 对于本条例下资助的欧共体行动,欧盟理事会第(EC,Euratom)2988/95 号条例第 1 条第 2 款中所指的不当行为应指因经营者的作为或不作为而导致其违反欧共体法律规定或合同义务的任何行为,且这些行为因不当开销项对或将对欧盟的总预算或其管理的预算带来影响。

3. 本条例产生的协议,包括与参与这些计划的第三国和国际组织签订的协议,应规定由欧盟委员会或其授权的任何代表进行监督和财务控制,必要时由审计院进行现场审计。

第 22 条 向欧洲议会和欧盟理事会提供的信息

欧盟委员会应确保本条例的实施。每年在提交初步预算草案时,欧盟委员会均应向欧洲议会和欧盟理事会提交一份关于计划执行情况的报告。欧盟委员会应在 2010 年进行一次中期审查,其中包括审查伽利略计划提供的服务的成本、风险和潜在收入,尤其是向欧洲议会和欧盟理事会通报这些计划在技术和市场方面取得的进展。

第 23 条 废止

根据欧盟理事会 2002 年 5 月 21 日第(EC)876/2002 号条例第 7 条设立的“伽利略联合体”自 2009 年 7 月 25 日起废止。

第 24 条 生效

本条例自在欧盟官方公报上发布之日起生效。

本条例应具有整体约束力,并直接适用于所有欧盟成员国。

2008 年 7 月 9 日于斯特拉斯堡签署。

欧洲议会会长

H. – G. PÖTTERING

欧盟理事会主席

J. – P. JOUYET

附　　件

《欧洲卫星导航计划的具体目标》

伽利略计划的具体目标是确保导航系统发出的信号可用于履行以下五项职能:

(1)为用户提供免费的开放服务(OS),并为大容量卫星导航应用提供定位和同步信息。

(2)为需要安全保障的用户提供生命安全服务(SoL)。该服务还旨在满足某些领域的连续性、可用性和精度需求,并包含一条完好性消息来预警用户系统中的任何故障。

(3)为开发专业或商业用途的应用提供商业服务(CS),与通过开放式服务实现的性能和数据增益相比,这种方法实现的性能和数据增益具有更高的附加价值。

(4)为需要高级服务连续性的敏感应用提供仅限政府授权用户使用的公共管制服务(PRS)。公共管制服务使用强大的加密信号。

(5)通过探测信标发出的紧急信号并向信标转送信息来参与国际搜救卫星组织(Cospas – Sarsat)的搜救服务(SAR)。

EGNOS 计划的具体目标是确保 EGNOS 系统履行以下三项职能:

(1)为用户提供免费的开放服务(OS),并为覆盖区域内的大容量卫星导航应用提供定位和同步信息。

(2)提供商业数据传播服务,以协助开发专业或商业用途的应用,与通过开放式服务实现的性能和数据增益相比,这种方法实现的性能和数据增益具有更高的附加价值。

(3)为需要安全保障的用户提供生命安全服务(SoL),特别是该项服务还旨在满足某些领域的连续性、可用性和精度需求,并包含一条完好性消息来预警用户覆盖区域内的任何系统故障。

《欧洲议会、欧盟理事会和欧盟委员会关于伽利略机构间小组(GIP)的联合声明》

1. 鉴于欧洲全球卫星导航系统计划的重要性、独特性和复杂性,欧共体拥有这些计划所产生的系统的所有权,并由欧共体预算在2008年到2013年为这些计划提供全部资金,欧洲议会、欧盟理事会和欧盟委员会深知三家机构需要密切合作。

2. 伽利略机构间小组的目标是促进每家欧共体机构履行各自的职责。为此,伽利略机构间小组将密切关注:

(1)欧洲全球卫星导航系统计划的进展情况,尤其是与欧洲航天局相关的采购与合同协议的执行情况;

(2)在不影响《建立欧洲共同体条约》第300条规定的情况下与第三国签订的国际协议;

(3)卫星导航市场的准备情况;

(4)治理工作的效力;

(5)工作计划的年度审查。

3. 根据现有规则,伽利略机构间小组将尊重自由裁量权的必要性,特别是考虑到某些数据的商业机密性和敏感性。

4. 欧盟委员会将考虑伽利略机构间小组所表达的观点。

5. 伽利略机构间小组将由七名代表组成,其中三名来自欧盟理事会;三名来自欧洲议会;一名来自欧盟委员会。

并将定期召开会议(原则上每年4次)。

6. 伽利略机构间小组不影响既定责任或机构间关系。

欧洲议会和欧盟理事会
第(EU)912/2010号条例

欧洲议会和欧盟理事会第(EU)912/2010号条例

成立欧洲全球卫星导航系统局,废除欧盟理事会
关于建立欧洲卫星无线电导航计划管理架构
第(EC)1321/2004号条例,并修订欧洲议会
和欧盟理事会第(EC)683/2008号条例

2010年9月22日

欧洲议会和欧盟理事会,根据《欧盟运作条约》(TFEU),特别是其第172条,基于欧盟委员会的提案,根据欧洲经济和社会委员会的意见,在咨询了欧洲地区委员会后,按照普通立法程序,鉴于:

(1)欧洲卫星无线电导航政策目前是通过EGNOS计划和伽利略计划(以下简称计划)实施的。

(2)根据2004年7月12日关于建立欧洲卫星无线电导航计划管理结构的欧盟理事会第(EC)1321/2004号条例,成立了一个名为欧洲全球卫星导航系统监管局的欧共体机构。

(3)2008年7月9日关于进一步实施欧洲导航卫星计划(EGNOS计划和伽利略计划)的欧洲议会和欧盟理事会第(EC)683/2008号条例,定义了计划公共治理与拨款的新体系。它制定了欧盟间以欧盟委员会、欧洲全球卫星导航系统监管局和欧洲航天局(ESA)为代表的严格责任划分原则,赋予欧盟委员会管理计划的责任并将原分配给欧洲全球卫星导航系统监管局的任务分派给欧盟委员会。这项条例还规定,欧洲全球卫星导航系统监管局在完成委托的任务时,需确保尊重欧盟委员会作为计划管理者的职责,并确保欧洲全球卫星导航系统监管局按照欧盟委员会颁布的准则行事。

(4)在欧洲议会和欧盟理事会的第(EC)683/2008号条例中,特邀欧盟委员会提出一项提案,将第(EC)1321/2004号条例中规定的计划管理结构与第(EC)683/2008号条例中规定的欧盟委员会和欧洲全球卫星导航系统监管局的新职责进行正式协调和结合。

(5)鉴于其活动范围的缩小,欧洲全球卫星导航系统监管局将不再被称为"欧洲全球卫星导航系统监管局",而应被称为"欧洲全球卫星导航系统局"。但是,欧洲全球卫星导航系统监管局活动的持续性,包括权利和义务、工作人员以及决策有效性不中断,应在欧洲全球卫星导航系统局得到保障。

(6)第(EC)1321/2004 号条例的宗旨和目标也应作出调整,以反映出欧洲全球卫星导航系统局不再负责欧洲全球卫星导航系统相关的公共利益管理与规范管理。

(7)欧洲全球卫星导航系统局的法律地位应使其能够以法人身份履行其职责。

(8)同样重要的是,要修改欧洲全球卫星导航系统局的任务,确保其任务是根据第(EC)683/2008 号条例第 16 条的规定界定的,包括使欧洲全球卫星导航系统局可以完成欧盟委员会委托其开展的其他活动,以支持欧盟委员会实施计划。根据适用于欧洲共同体总预算的 2002 年 6 月 25 日第 EC,Euratom 1605/2002 号条例第 54(2)(b)条的规定,这类活动可包括制定安全相关事项的协调和协商程序、进行有益于计划开发和推广的研究,以及为公共管制服务(PRS)试点项目的开发和实施提供支持。

(9)欧洲全球卫星导航系统局应在其工作范围、目标和任务执行中特别遵守适用于欧盟机构的规定。

(10)欧盟委员会还应在根据第(EC)683/2008 号条例第 22 条中提及的 2010 年对伽利略计划进行中期审查时,解决该计划在运作和开发阶段遇到的治理问题以及欧洲全球卫星导航系统局在该方面的职责。

(11)为了有效确保能够完成欧洲全球卫星导航系统局的任务,应建立一个行政管理委员会代表欧盟成员国和欧盟委员会,并授予其必要的权力制定预算、审核预算执行、制定适当的财务细则、为欧洲全球卫星导航系统局的决策建立透明有效的程序、批准其工作计划并任命执行董事。

(12)根据第(EC)683/2008 号条例中强调的欧洲议会、欧盟理事会和欧盟委员会之间密切合作的益处,行政管理委员会中还应包含一名欧洲议会代表作为无表决权成员。

(13)为了确保欧洲全球卫星导航系统局能够在尊重欧盟委员会作为计划管理者职责的同时,按照欧盟委员会发布的指导方针完成其任务,欧洲全球卫星导航系统局应由一名执行董事按照欧盟委员会对欧洲全球卫星导航系统局颁布的指导方针,在行政管理委员会的监督下进行管理。同样重要的是,应规定欧盟委员会在行政委员会中应有 5 名代表,未经欧盟委员会代表的赞成票,不得通过关于行政委员会有限任务的决定。

(14)为了保证欧洲全球卫星导航系统局的平稳运作,其执行董事需要根据成绩、行政和管理技能记录,以及相关的能力和经验来任命,且必须完全独立履行其职责并灵活处理欧洲全球卫星导航系统局的内部运行体系。除关于安全认证的某些活动和措施外,执行董事应准备并采取一切必要措施以确保正确完成欧洲全球卫星导航系统局的工作计划,并应每年编写一份总报告草案提交给行政管理委员会,还应起草欧洲全球卫星导航系统局收支预算表并执行预算。

(15)除安全认证任务外,行政管理委员会应有权为确保欧洲全球卫星导航系统局能够完成其任务作出任何决策。安全认证任务应委托给欧洲全球卫星导航系统安全认证委员会(以下简称安全认证委员会)。对于此类认证任务,行政管理委员会应仅负责资源和预算事务。本着对计划进行合理管理的目的,行政管理委员会的任务应符合根据第(EC)683/2008 号条例第 16 条分配给欧洲全球卫星导航系统局的新任务,特别是有关伽利略安全中心的运作和根据 2004 年 7 月 12 日欧盟理事会关于影响欧盟安全的欧洲卫星无线电导航系统运作方面的联合行动第 2004/552/CFSP 号文件所给出的指示。

(16)任命公职人员的程序应公开透明。

(17)考虑到欧洲全球卫星导航系统局的任务范围(包括安全认证在内),应废除根据第(EC)1321/2004 号条例第 9 条设立的科学技术委员会,并且取消根据该条例第 10 条设立的系统安全与防护委员会,由安全认证委员会代替。该委员会将由成员国代表和欧盟委员会代表组成,负责安全认证任务。欧盟对外事务与安全政策高级代表(以下简称高级代表)和欧洲航天局在安全认证委员会中应担任观察员的角色。

(18)安全认证活动的开展应独立于负责管理计划的机构(特别是欧盟委员会、欧洲全球卫星导航系统局的其他部门、欧洲航天局以及负责执行有关安全规定的其他机构)。为了确保这种独立性,应建立安全认证委员会作为欧洲全球卫星导航系统和公共管制服务接收器的安全认证机构。该委员会应该是一个欧洲全球卫星导航系统局内部为了公民的利益独立且客观地作出决定的自主机构。

(19)由于欧盟委员会负责管理与系统安全相关的所有方面,根据第(EC)683/2008 号条例,且为了确保有效管理安全问题并遵守该条例规定的严格责任划分原则,安全认证委员会的活动应严格限制为系统的安全认证活动,且在任何情况下都不得干涉第(EC)683/2008 号条例第 13 条赋予欧盟委员会的职责。

(20)欧盟委员会根据欧洲GNSS计划委员会相关程序作出的决定将不会影响关于预算事项的现有规章,也不会影响欧盟成员国在安全事项上的特定权限。

(21)根据第(EC)683/2008号条例第13条第4款,在欧盟或成员国的安全可能受到系统运行影响的情况下,应适用联合行动第2004/552/CFSP号文件中规定的程序。特别是在由于系统的运行或使用而对欧盟或成员国的安全造成威胁,或是系统的运行受到威胁的情况下(尤其是由于国际危机而产生威胁的情况下),欧盟理事会可以采取一致行动,对欧洲全球卫星导航系统局和欧盟委员会的必要指示作出决策。欧盟理事会、高级代表或欧盟委员会的任何成员都可以要求欧盟理事会为此类指示达成共识而进行讨论。

(22)在适用辅助性原则时,安全认证决策在遵循安全认证战略中定义的程序的同时,应以代表各自国家的安全认证机构作出的本土安全认证决策为基础。

(23)为了使其能够快速有效地全面开展活动,安全认证委员会可以建立相关的下属机构执行其指示。安全认证委员会应设立一个顾问小组协助其进行决策准备,还应设立一个密码分发局(CDA)管理和准备加密材料问题,包括专门负责用于发射的操作飞行钥匙的飞行钥匙小组(FlightKey Cell),如有必要,还可设立其他机构以处理特定问题。同时,还应特别考虑这些机构内相关工作的必要连续性。

(24)安全认证活动还应与负责管理计划的机构和其他负责执行安全规定的机构的工作进行协调。

(25)由于系统的特殊性质和复杂性,安全认证活动必须在对欧盟及其成员国安全负有集体责任的背景下开展,通过努力达成共识并让对关注安全的各方参与进来,进行永久风险监控。还必须将技术安全认证活动委托给在复杂系统认证领域具有适当资格且满足安全审查级别的专业人员。

(26)为了确保安全认证委员会能够完成其任务,欧盟成员国还应向该委员会提供任何必要的文件,准许相关授权人员访问机密信息和在其管辖范围内的任何区域,并负责对位于其领土内的区域进行当地安全认证。

(27)在计划框架内建立的系统属于基础设施,根据《欧盟运作条约》(TFEU)第172条的规定将建成为跨欧洲网络,其使用范围远远超出成员国的国界。此外,通过这种系统提供的服务有助于在交通运输、电信和能源基础设施领域发展跨欧洲网络。

(28)欧盟委员会将评估欧洲全球卫星导航系统局的经费筹措对有关支出的预算影响。根据这些信息,在不违反有关立法程序的情况下,预算当局的两个部门需要在预算合作框架内就欧洲全球卫星导航系统局的经费问题及时达成一致意见。欧盟预算程序适用于欧盟总预算中欧盟的出资。此外,账目审计将由欧洲审计院根据第(EC,Euratom)1605/2002 号条例第 8 编进行。

(29)欧洲全球卫星导航系统局应对文件的公共访问和个人数据保护(在处理个人数据方面)采用相关欧盟立法,还应遵循适用于欧盟理事会和欧盟委员会服务的安全原则。

(30)第三国应有可能参加欧洲全球卫星导航系统局,前提是该国已与欧盟就此达成了事先协议,尤其是当该国已对欧洲航天局的伽利略卫星计划作出贡献并参与了伽利略计划的前几个阶段。

(31)单凭欧盟成员国无法充分实现本条例的目标(建立负责系统安全认证的机构并确保其运作),也无法实现行动的规模和效果,这些目标在欧盟级别能够得到更好地实现。欧盟可以按照《欧盟条约》中第 5 条规定的辅助性原则采取措施。根据该条规定的相称原则,本条例没有超出实现这些目标所必需的范围。

(32)由于要更改欧洲全球卫星导航系统局的名称,因此应相应修订第(EC)683/2008 号条例。

(33)第(EC)1321/2004 号条例此前已被修订。考虑到目前正在提出的修正案,为明确起见,宜废除该条例并以新条例取而代之。

本条例已获通过。

第一章　主题、任务、主体

第 1 条　主题

本条例设立了欧洲全球卫星导航系统局的欧盟机构。

第 2 条　任务

欧洲全球卫星导航系统局的任务应符合第(EC)683/2008 号条例第 16 条的规定。

第 3 条　主体

欧洲全球卫星导航系统局的主体应为行政管理委员会、欧洲全球卫星导航系统局系统安全认证委员会和执行董事。它们应按照欧盟委员会发布的第(EC)683/2008 号条例第 16 条所述的准则完成其任务。

第 4 条　法律地位、当地办事处

1. 欧洲全球卫星导航系统局应为欧盟的一个机构,具有法人资格。

2. 在欧盟每一个成员国,欧洲全球卫星导航系统局都应享有根据其法律赋予法人的最广泛的法律行为能力,特别是可以取得或处置动产和不动产,并成为法律诉讼的一方。

3. 经成员国同意,欧洲全球卫星导航系统局可决定在成员国设立当地办事处,或根据第 23 条在参与该局工作的第三国设立当地办事处。

4. 根据第 11 条第 9 款,欧洲全球卫星导航系统局的法人代表应为其执行董事。

第 5 条　行政管理委员会

1. 现设立行政管理委员会,执行第 6 条所列任务。

2. 行政管理委员会应由每个成员国任命的一名代表、欧盟委员会任命的 5 名代表和欧洲议会任命的一名无表决权代表组成。行政管理委员会成员任期 5 年。任期最长可延长 5 年。应邀请一名欧盟外交和安全政策高级代表和一名欧洲航天局代表作为观察员出席行政管理委员会的会议。

3. 在适当的情况下,第三国代表可参与行政管理委员会,应按第 23 条的规定制定参与条件。

4. 行政管理委员会应从其成员中选举一名主席和一名副主席。如果主席不能履行职责,副主席应自动代替主席。主席和副主席的任期为 2.5 年,可连任一次,只要他们不再担任行政管理委员会成员,任期即告结束。

5. 行政管理委员会会议由主席召集。

执行董事通常应参加审议,除非主席另有决定。

行政管理委员会每年召开两次常务会议。此外,该委员会应在其主席的倡议下或在其至少 1/3 成员的要求下举行会议。

行政管理委员会想倾听某人意见时可邀请其作为观察员出席其会议。行政管理委员会成员可按照议事规则的规定,邀请顾问或专家提供协助。

行政管理委员会秘书处由欧洲全球卫星导航系统局提供。

6. 除非本条例另有规定,否则行政管理委员会的所有事项应以其成员 2/3 多数票作出决定。

7. 会员国和委员会的代表应有一票表决权。根据第 6 条第 2 款和第 5 款作出的决定,未经委员会代表投票赞成,不得通过。执行董事无投票权。

行政管理委员会的议事规则应制定更详细的投票规定,特别是一名成员代表另一名成员投票的条件。

第 6 条　行政管理委员会的任务

行政管理委员会应确保欧洲全球卫星导航系统局在本条例规定的条件下开展

委托给欧洲全球卫星导航系统局的工作,并为此作出任何必要的决定。涉及第三章规定的安全认证任务和决定,行政管理委员会只负责资源和预算事项。行政管理委员会还应:

(1)根据第7条第2款任命执行董事;

(2)在每年11月15日以前,且在收到欧盟委员会的意见后,通过欧洲全球卫星导航系统局下一年的工作计划;

(3)根据第13条和第14条履行与欧洲全球卫星导航系统局预算有关的职责;

(4)监督第(EC)683/2008号条例第16条第1款第2项所述的伽利略卫星导航系统安全监测中心(以下简称伽利略系统安全监测中心或GSMC)的运作;

(5)对执行董事行使纪律处分权;

(6)根据第21条,通过必要的特殊规定,以执行对欧洲全球卫星导航系统局文件的访问权;

(7)通过关于欧洲全球卫星导航系统局活动和前景的年度报告,并于7月1日前将其转呈给欧盟成员国、欧洲议会、欧盟理事会、欧盟委员会、审计院和欧洲经济和社会委员会;欧洲全球卫星导航系统局应将与评估程序结果有关的所有信息转发给预算当局;

(8)通过其议事规则。

第7条　执行董事

1. 欧洲全球卫星导航系统局由执行董事管理,执行董事在行政管理委员会的监督下履行职责。

2. 执行董事应根据候选人的成绩、记录在案的行政管理技能及相关能力和经验在欧盟委员会提出的至少3名候选人名单中选出。候选人应先在《欧盟官方公报》和其他地方发表竞选声明,并开展公开竞争。行政管理委员会应以其成员的3/4多数票决定执行董事的人选。

行政管理委员会有权解聘执行董事,解聘决定需要3/4多数票通过。

执行董事的任期为5年。该任期可再延长一次,为期5年。

3. 欧洲议会或欧盟理事会可以要求执行董事就其任务的执行情况提交报告,并在这些机构面前进行陈述。

第8条　执行董事的任务

执行董事:

(1)除依照第二章和第三章进行的活动和决定外,应代表欧洲全球卫星导航系

统局,并负责其管理;

(2)筹备和参加行政管理委员会的工作,但无投票权;

(3)在行政管理委员会管控下负责执行欧洲全球卫星导航系统局年度工作计划;

(4)应采取一切必要措施,包括通过内部行政指示和发布通知,以确保欧洲全球卫星导航系统局按照本条例运作;

(5)应根据第 13 条起草欧洲全球卫星导航系统局的收支概算,并应根据第 14 条执行预算;

(6)应每年起草一份总报告并提交给行政管理委员会;

(7)应确保欧洲全球卫星导航系统局作为 GSMC 的运营机构能够根据欧盟联合行动第 2004/552/CFSP 号决议的指示作出响应;

(8)应确定欧洲全球卫星导航系统局的组织结构并提交行政管理委员会批准;

(9)应对工作人员行使第 18 条规定的权力;

(10)经行政管理委员会批准,可采取必要措施,根据第 4 条在欧盟成员国设立当地办事处;

(11)应确保向安全认证委员会和根据第 11 条第 11 款所述在其授权下设立的机构提供秘书处和正常运作所需的一切资源。

第二章　有关欧盟或欧盟成员国安全的方面

第 9 条　联合行动

1. 根据第(EC)683/2008 号条例第 13 条第 4 款,当欧盟或欧盟成员国的安全可能受到系统运行的影响时,应采用联合行动第 2004/552/CFSP 号决议中规定的程序。

2. 欧盟委员会应将查明的剩余风险以及根据第三章作出的安全认证决策通报欧盟理事会以供其审阅。

第三章　欧洲全球卫星导航系统的安全认证

第 10 条　一般原则

本章所指的安全认证活动应依据如下原则进行:

(1)执行安全认证活动、作出安全认证决策时,应对欧盟和欧盟成员国的安全承担集体责任;

（2）应尽力以协商一致的方式作出决定，并应尽力使所有涉及安全事宜的相关方都参与进来；

（3）应依据适用于欧盟理事会和欧盟委员会的相关安全规则执行任务；

（4）长期监控过程应确保安全风险是已知的，同时应确保制定安全措施时遵循适用于欧盟理事会和欧盟委员会的安全规则所载基本原则和最低标准，从而将这种风险降低到可接受的程度，且应确保本着深度防范原理执行这些措施；应持续评估这些措施的有效性；

（5）安全认证决策应遵循安全认证策略中规定的程序得出，且以欧盟成员国各自国家的安全认证机构作出的当地安全认证决策为基础；

（6）技术安全认证活动应委托给具备复杂系统认证适当资质、拥有适当级别的安全许可权限且应客观行事的专业人员；

（7）在作出安全认证决策的过程中，应在不影响遵守第 3 条的情况下独立于欧盟委员会，且应独立于执行计划的责任实体；因此，欧洲全球卫星导航系统的安全认证机构应是欧洲全球卫星导航系统局内部独立作出决定的自主主体；

（8）执行安全认证活动时，应协调欧盟委员会和负责执行安全规定的机构之间的独立性要求与充分协调需求。

第 11 条　欧洲全球卫星导航系统安全认证委员会

1. 欧洲全球卫星导航系统安全认证委员会（以下简称安全认证委员会）应在欧洲全球卫星导航系统局内部设立。在欧洲全球卫星导航系统方面，安全认证委员会应承担适用于欧盟理事会和欧盟委员会的相关安全规则所指的安全认证机构任务。

2. 安全认证委员会应执行第（EC）683/2008 号条例第 16 条第 1 款第 1 项交托给欧洲全球卫星导航系统局的安全认证任务，并按照本条的规定作出安全认证决策，尤其是关于批准安全认证策略和卫星发射、授权在不同系统配置下以及在不同服务范围内运行系统、授权操作地面站尤其是位于第三国的传感器站，以及授权制造包含公共管制服务（PRS）技术及其组件的接收器。

3. 安全认证委员会对系统的安全认证应包括确保系统符合第（EC）683/2008 号条例第 13 条所规定的安全要求，并符合适用于欧盟理事会和欧盟委员会的相关安全规则和条例。

4. 基于第 11 款所述的风险报告，安全认证委员会应将其风险评估通报给欧盟委员会，并就特定安全认证决策的剩余风险处理方案向欧盟委员会提供建议。

5. 欧盟委员会应持续向安全认证委员会通报安全认证委员会任何拟定的决策对于妥当执行伽利略计划、稳妥推进执行剩余风险处理方案的影响。安全认证委员会应关注欧盟委员会的任何此类意见。

6. 安全认证委员会的决策应提交至欧盟委员会。

7. 安全认证委员会应由欧盟每个成员国派出的一名代表、欧盟委员会的一名代表,以及一名欧盟外交与安全政策高级代表组成。应邀请欧洲航天局的一名代表作为观察员出席安全认证委员会的会议。

8. 安全认证委员会应制定其议事规则并任命其主席。

9. 根据第 8 条执行董事不负责代表欧洲全球卫星导航系统局时,安全认证委员会主席应负责代表欧洲全球卫星导航系统局。

10. 安全认证委员会应有权获得所需的一切人力和物力资源,以履行适当的行政支持职责,并使其能够与第 11 款所述机构一起独立执行任务,尤其是在处理文件、启动并监督安全程序的实施、执行系统安全审计,拟定决策以及组织会议时。

11. 安全认证委员会应依其指令设立专门的附属机构以处理具体事宜,特别是为确保必要的工作连续性,应设立:

(1)一个工作小组进行安全分析评审和测试,并以此编制相关的风险报告,从而协助安全认证委员会拟定决策;

(2)密码分发局(CDA)特别协助安全认证委员会处理有关飞行密钥的事宜。

12. 如果无法根据本条例第 10 条所述的一般原则达成共识,安全认证委员会应依据《欧盟条约》第 16 条的规定,且在不影响遵守本条例第 9 条的情况下,根据多数票表决通过决策。欧盟委员会代表以及欧盟外交与安全政策高级代表不得投票。安全认证委员会主席应代表安全认证委员会签署安全认证委员会通过的决策。

13. 欧盟委员会应及时向欧洲议会和欧盟理事会通报安全认证决策的通过对适当执行伽利略计划的影响,且不得无故拖延。如果欧盟委员会认为,安全认证委员会作出的决策可能对适当执行伽利略计划产生重大影响,例如在费用和进度方面产生重大影响,欧盟委员会应立即向欧洲议会和欧盟理事会通报。

14. 欧洲议会和欧盟理事会应在一个月内发表意见,欧盟委员会考虑这些意见并可根据第(EC)683/2008 号条例采取任何适当措施。

15. 应定期向行政管理委员会通报安全认证委员会的工作进展情况。

16. 安全认证委员会的工作日程安排应遵循欧盟委员会的全球卫星导航系统工

作计划。

第12条 欧盟成员国的作用

欧盟成员国应：

(1)向安全认证委员会提交其认为与安全认证有关的所有信息；

(2)允许安全认证委员会指定的正式授权人员依照欧盟成员国的法律法规不受国籍歧视地访问他们管辖范围内的与系统安全相关的任何机密信息和任何区域/场所,包括由安全认证委员会出于安全审计和测试目的而决定进行的访问；

(3)欧盟各成员国负责制定访问控制标准,应概述或列出需认证的区域/场所,并应事先经欧盟成员国和安全认证委员会同意,从而确保向欧盟所有成员国提供相同的访问控制级别；

(4)在地方一级负责对属于欧洲全球卫星导航系统安全认证区的区域进行当地安全认证,并向安全认证委员会提交此方面的报告。

第四章 预算和财政规定

第13条 预算

1. 在不影响尚待确定的其他资源和收费的情况下,欧洲全球卫星导航系统局的收入应包括计入欧盟总预算的欧盟补贴,以确保收支平衡。

2. 欧洲全球卫星导航系统局的支出应包括人员经费支出、行政管理开支、基础设施支出、与安全认证委员会(包括第11条第11款所述主体)的运作有关的运营费用和支出以及与欧洲全球卫星导航系统局为完成其任务而签订的合同和协议有关的运营费用和支出。

3. 执行董事应拟定欧洲全球卫星导航系统局的下一年度收支概算草案,并连同编制计划草案一并提交至行政管理委员会。

4. 收入和支出应平衡。

5. 行政管理委员会每年应根据收支概算草案,编制欧洲全球卫星导航系统局的下一财政年度收支概算报告。

6. 行政管理委员会应在3月31日前,将应载有编制计划草案和暂行工作计划的前述收支概算报告转交至欧盟委员会以及根据第23条与欧盟缔结协定的第三国。

7. 欧盟委员会应将该收支概算报告连同欧盟总预算草案,提交至欧洲议会和欧盟理事会(以下简称预算机构)。

8. 欧盟委员会应基于欧洲全球卫星导航系统局的收支概算报告,在欧盟总预算草案中计入其认为是编制计划所需的概算,以及应计入总预算的补贴金额,欧盟委员会应根据《欧盟运作条约》第 314 条将其提交至预算机构。

9. 预算机构应批准对欧洲全球卫星导航系统局的补贴拨款,并应通过欧洲全球卫星导航系统局的编制计划。

10. 欧洲全球卫星导航系统局预算应由欧洲全球卫星导航系统局行政管理委员会通过。在经欧盟总预算通过后,其应成为欧洲全球卫星导航系统局的最终预算,但在适当情况下,它应作相应的调整。

11. 欧洲全球卫星导航系统局行政管理委员会如拟执行将对资金预算有重大财务影响的任何项目,应尽快通知预算机构,尤其是与房产有关的任何项目,如租用或购买楼房。欧洲全球卫星导航系统局行政管理委员会应就此通报给欧盟委员会。

12. 预算机构分支机构发出通知拟提出意见的,应当自项目通知之日起 6 周内向欧洲全球卫星导航系统局行政管理委员会提出意见。

第 14 条　预算的执行和控制

1. 执行董事应执行欧洲全球卫星导航系统局的预算。

2. 在每个财政年度结束后,欧洲全球卫星导航系统局会计师应于 3 月 1 日前将临时账目连同该财政年度的预算和财务管理报告送交欧盟委员会会计师。欧盟委员会会计师应根据第(EC,Euratom)1605/2002 号条例第 128 条对机构和分散主体的临时账目进行整合。

3. 在每个财政年度结束后,欧盟委员会会计师应于 3 月 31 日前将欧洲全球卫星导航系统局的临时账目连同该财政年度的预算和财务管理报告送交审计院。报告还应提交至欧洲议会和欧盟理事会。

4. 在收到审计院根据第(EC,Euratom)1605/2002 号条例第 129 条对欧洲全球卫星导航系统局临时账目提出的意见后,执行董事应自行编制欧洲全球卫星导航系统局的决算,并将其提交至行政管理委员会征求意见。

5. 行政管理委员会应对欧洲全球卫星导航系统局的决算提出意见。

6. 在每个财政年度结束后,执行董事应于 7 月 1 日前将欧洲全球卫星导航系统局的决算连同行政管理委员会的意见提交至欧洲议会、欧盟理事会、欧盟委员会和审计院。

7. 欧洲全球卫星导航系统局的决算应当公布。

8. 执行董事应在9月30日前将其对审计院意见的答复提交至审计院，还应将此答复发送至行政管理委员会。

9. 应欧洲议会的要求，执行董事应向欧洲议会提交顺利执行第(EC，Euratom)1605/2002号条例第146条第3款所述财政年度履行程序所需的所有资料。

10. 欧洲议会根据欧盟理事会以有效多数票通过的建议，应就第N年的预算执行情况，在第N+2年4月30日前授予执行董事权限以履行有关职责。决定应以其成员的绝对多数票作出。

第15条 财务规定

适用于欧洲全球卫星导航系统局的财务细则应在征求过欧盟委员会意见后由欧洲全球卫星导航系统局行政管理委员会通过。它们不得偏离欧盟委员会于2002年11月19日发布的关于主体财务规章框架的第(EC，Euratom)/2343/2002号条例。其中，主体是指欧盟理事会关于欧共体总预算的财务规章的第(EC，Euratom)/1605/2002号条例第185条所述机构，除非此种偏离是欧洲全球卫星导航系统局运作所特别需要的，而且事先获得欧盟委员会的许可。

第五章 其他规定

第16条 反欺诈措施

1. 欧洲议会和欧盟理事会于1999年5月25日发布的第(EC)1073/1999号条例规定了欧洲反欺诈办公室(OLAF)如何进行调查，应无条件地适用于打击欺诈、腐败和其他非法活动。

2. 欧洲全球卫星导航系统局应加入欧洲议会、欧盟理事会、欧共体委员会于1999年5月25日签署的关于欧洲反欺诈办公室如何开展内部调查的机构间协定，并应及时发布适用于欧洲全球卫星导航系统局所有职员的适当规定。

3. 有关经费的决定以及由此产生的执行协定、文书应明确规定，审计院和欧洲反欺诈办公室在必要时可以对接收欧洲全球卫星导航系统局经费的人员以及负责拨款的人员进行现场审查。

第17条 特权与豁免权

《关于欧盟特权与豁免权的议定书》应适用于欧洲全球卫星导航系统局。

第18条 职员

1.《欧盟官员职员条例》《欧盟其他职员雇佣条件》以及欧盟各机构为执行这些职员条例和雇用条件而联合通过的规则，应适用于欧洲全球卫星导航系统局的职员。经欧盟委员会同意,行政管理委员会应通过必要的执行细则。

2. 在不妨碍执行第 8 条的情况下,欧洲全球卫星导航系统局应对其内部职员行使《欧盟官员职员条例》《欧盟其他职员雇佣条件》赋予任命机构的权力。

3. 欧洲全球卫星导航系统局的职员应包括欧洲全球卫星导航系统局为执行其任务而招聘的必要职员,但也可包括经欧盟委员会或欧盟成员国临时指派或借调的有适当资格的官员。

4. 第 1 款和第 3 款的规定也应适用于伽利略系统安全监测中心的职员。

第 19 条　责任

1. 欧洲全球卫星导航系统局的契约责任应适用有关该契约的法律。欧盟法院有权根据欧洲全球卫星导航系统局签订的契约中的任何仲裁条款作出裁决。

2. 在非契约责任中,欧洲全球卫星导航系统局应根据欧盟成员国法律共同认可的一般原则,对其部门或职员在履行其职责时造成的任何损害予以赔偿。

3. 欧盟法院应对与第 2 款所述损害赔偿有关的任何争议具有管辖权。

4. 欧洲全球卫星导航系统局职员对欧洲全球卫星导航系统局的个人责任,应由适用于《欧盟官员职员条例》或《欧盟其他职员雇佣条件》所载条文规定。

第 20 条　语言

1. 1958 年 4 月 15 日发布的关于确定欧共体所用语言的第 1 号条例所载规定应适用于欧洲全球卫星导航系统局。

2. 欧洲全球卫星导航系统局运作所需的翻译服务应由服务于欧盟主体的翻译中心提供。

第 21 条　查阅文件和保护个人资料

1. 欧洲议会和欧盟理事会于 2001 年 5 月 30 日发布的关于公众查阅欧洲议会、欧盟理事会和欧盟委员会文件的第(EC)1049/2001 号条例应适用于欧洲全球卫星导航系统局持有的文件。

2. 行政管理委员会应在本条例生效后 6 个月内通过实施第(EC)1049/2001 号条例的规定。

3. 对于欧洲全球卫星导航系统局依据第(EC)1049/2001 号条例第 8 条作出的决定有异议的,可分别根据《欧盟运作条约》第 228 条、第 263 条向欧盟监察专员办公室提出申诉或向欧盟法院提起诉讼。

4. 在处理与个人有关的资料时,欧洲全球卫星导航系统局应遵守欧洲议会和欧盟理事会于 2000 年 12 月 18 日发布的关于欧共体机构和主体处理个人资料时保护规则以及关于此类资料自由流通的第(EC)45/2001号条例的规定。

第22条　安全规则

欧洲全球卫星导航系统局应采用欧盟委员会第2001/844/EC、ECSC、Euratom号决议规定的安全原则,尤其是有关机密信息的交换、处理和存储的规定。

第23条　第三国的参与

1. 欧洲全球卫星导航系统局应向已与欧盟就此签署协定的第三国开放。

2. 根据这些协定的有关规定,应特别说明这些国家参与欧洲全球卫星导航系统局工作的性质、程度和方式,包括关于参与欧洲全球卫星导航系统局开展的行动、缴纳经费和职员方面的规定。

第六章　最后条款

第24条　对第(EC)683/2008号条例的修订

在第(EC)683/2008号条例的全文用词方面,"欧洲全球卫星导航系统监管局"和应替换为"欧洲全球卫星导航系统局"。

第25条　所采取措施的废除和有效性

第(EC)1321/2004号条例特此废除。凡提到被废除的第(EC)1321/2004号条例,应解释为指代本条例。根据第(EC)1321/2004号条例通过的任何措施应保持有效。

第26条　评估

到2012年,欧盟委员会应评估本条例,特别是关于第2条规定的欧洲全球卫星导航系统局的任务,并在必要时提出建议。

第27条　生效

本条例应在欧盟官方公报上公布后的第20天生效。

本条例应具有完全的约束力,并直接适用于欧盟所有成员国。

2010年9月22日于斯特拉斯堡签署生效。

欧洲议会议长

J. 布泽克(J. BUZEK)

欧盟理事会理事长

O. 查斯特尔(O. CHASTEL)

欧洲议会和欧盟理事会
第(EU)1285/2013 号条例

欧洲议会和欧盟理事会第(EU)1285/2013号条例

关于欧洲卫星导航系统的实施和开发,
以及废止欧盟理事会第(EC)876/2002号条例、
欧洲议会和欧盟理事会第(EC)683/2008号条例

2013年12月11日

欧洲议会和欧盟理事会,根据《欧盟运作条约》,特别是其中第172条,基于欧洲委员会的提案,立法草案经转交各国议会,根据欧洲经济和社会委员会的意见,[①]并咨询了欧洲地区委员会后,按照普通立法程序,

鉴于:

(1)欧洲卫星导航政策旨在为欧盟提供两个卫星导航系统,即伽利略卫星导航计划系统和欧洲地球静止导航重叠服务系统(EGNOS系统)。上述导航系统分别产生于伽利略计划和欧洲地球静止导航重叠服务系统计划(以下简称EGNOS计划)。每一基础设施均由卫星和地面站网络组成。

(2)伽利略计划的目的是建立并运营第一个专门用于民用目的的全球卫星导航和定位的基础设施,它可以被欧洲和全世界的各种公共和私人行为者使用。正如欧洲议会和欧盟理事会所强调的一样,伽利略系统的运行独立于其他现有或潜在系统,因而有助于提高欧盟的战略自治。

(3)EGNOS计划的目的是提高欧洲现有全球卫星导航系统(GNSS)开放信号的质量,并在伽利略系统开始提供开放服务后,提高伽利略系统开放信号的质量。EGNOS计划提供的服务应优先覆盖地理上位于欧洲的成员国领土,就此而言,包括亚速尔群岛、加那利群岛和马德拉群岛。

(4)欧洲议会、欧盟理事会、欧洲经济和社会委员会以及欧洲地区委员会一如既往全力支持伽利略计划和EGNOS计划。

(5)由于伽利略计划和EGNOS计划目前处于高级开发阶段,即将进入综合利用开发,出于各方面考虑,特别是治理和安全方面的需求,需要制定专门的规范性法律文件,从而确保健全的财务管理并推进系统的使用。

(6)这两个导航系统属于跨欧洲基础设施网络,使用范围远超出各成员国的国界。此外,导航系统所提供的服务有利于广泛的经济和社会活动,包括在交通运输、电信和能源基础设施领域发展跨欧洲网络。

(7)伽利略计划和 EGNOS 计划均属于工业政策工具,是欧洲 2020 年战略的一部分,2010 年 11 月 17 日欧盟委员会题为《全球化时代的综合工业政策:将竞争力和可持续性置于中心位置》的通报文件对此有详细介绍。2011 年 4 月 4 日欧盟委员会题为《造福欧盟公民的太空战略》的通报文件也谈及此事。这两项计划将为欧盟的经济带来许多优势,估计 2014—2034 年累计价值约为 1300 亿欧元。

(8)越来越多的行业在使用卫星导航系统,特别是在交通运输、电信、农业和能源领域。公共部门也能够在各种(如紧急服务、警察、危机管理或边境管理等)领域中受益于这两个系统。促进卫星导航的使用可为经济、社会和环境带来巨大利益。此类社会经济利益可分为三大类:航天市场增长带来的直接利益、全球卫星导航系统应用与服务的下游市场增长带来的直接利益,以及其所带动的其他领域的新应用或技术转让给这些其他领域带来的新的市场机会,整体上推动工业生产率的提高,以及污染减少和安保水平提高所带来的公共利益等间接利益。

(9)因此,为让欧盟公民能够从这两个系统中获益,并维护公众对伽利略计划和 EGNOS 计划的信心,欧盟对系统应用服务开发的支持至关重要。根据欧洲议会和欧盟理事会的第(EU)1291/2013 号条例制定的研究与创新框架计划[②],"地平线 2020 计划"(Horizon 2020),规定了资助 GNSS 应用开发相关的研究和创新活动。但是,对于部分特定的上游研发活动,则应从根据本条例分配给伽利略计划和 EGNOS 计划的预算中拨款,这一类活动所涉及的基础元件有助于推动系统在经济领域中各行业中的应用,如基于伽利略系统的芯片组和接收器等。但是,此类因素的预算拨款不应对已建成基础设施的部署或综合利用造成负面影响。

(10)考虑到卫星导航的使用日益广泛,服务供应中断可能对现代社会造成重大损害,并给大量经营者造成损失。此外,出于战略考虑,卫星导航系统属于敏感的基础设施,可能容易受到恶意使用。这些因素可能会影响欧盟、其成员国及其公民的安全。因此,在根据标准惯例设计、开发、部署和利用伽利略计划和 EGNOS 计划基础架构的同时,应考虑到安全要求。

(11)伽利略计划包括已完成的定义阶段,完成于 2013 年的开发和验证阶段,于 2008 年启动并预计于 2020 年完成的部署阶段,以及应于 2014—2015 年逐步启动的综合利用阶段,目标是系统在 2020 年完全投入运行。在开发和验证阶段建造并发射了最早的4颗运行中的卫星，而完整的卫星星座应在部署阶段完成，并应在综合利用阶段进行补充。同时应开发运行相关的地面基础设施。

(12)EGNOS计划于2009年10月宣布开放服务，“生命安全”服务在2011年3月正式开始运行，此后一直处于综合利用阶段。根据技术和财务条件，以及具体的国际协议，EGNOS系统服务的地理覆盖范围可以扩展到世界其他地区，特别是欧盟候选国、“单一欧洲天空”(Single European Sky)计划相关的第三国，以及欧洲邻国政策涵盖的国家。但是，根据欧盟理事会第(EU，Euratom)1311/2013号条例③，分配给伽利略计划和EGNOS计划的预算拨款不应用于资助此类扩展到世界其他地区的项目，并且此类项目不应延误覆盖地理上位于欧洲的成员国领土的相关计划的实施。

(13)欧洲议会和欧盟理事会第(EC)683/2008号条例④规定的伽利略生命安全服务的原始设计已经重新设计，以确保与其他全球卫星导航系统的互操作性，从而有效响应“生命安全”服务用户的需求，并降低所需基础架构的复杂性、风险和成本。

(14)为了最大限度地普及EGNOS“生命安全”服务，应在无须用户直接付费的情况下提供该服务。根据欧洲议会和欧盟理事会第1104/2011/EU号决定的规定⑤，还应免费向以下公共管制服务(PRS)参与者提供伽利略公共管制服务，包括各成员国、欧盟理事会、欧盟委员会、欧洲对外行动署(EEAS)和经正式授权的欧盟机构。尽管此处提及不收取费用，对此内容的理解不应影响第1104/2011/EU号决定有关公共管制服务主管部门运作成本的规定。

(15)为了优化用户对所提供服务的使用，伽利略计划和EGNOS计划中出现的系统、网络和服务应相互兼容，并可相互操作，还应尽可能与其他卫星导航系统和通过国际协议规定了兼容性和互操作性的传统无线电导航手段兼容，前提是不影响战略自治的目标。

(16)鉴于欧盟原则上负责为伽利略计划和EGNOS计划提供全部资金，因此应规定欧盟拥有基于这两项计划创建或开发的所有有形和无形资产的所有权。为充分遵守与所有权有关的任何基本权利，应与现有的所有者签署必要的协定，尤其是在基础结构的基础元件及其安全方面。值得注意的是，本条例中关于无形资产所有权的规定并不涵盖根据相关国家法律规定的不可转让的无形资产权利。欧盟的所有权应不排除欧盟根据本条例并经过逐案评估而认为适当的情况下，向第三方提供或处置此类资产的可能性，特别是欧盟应能够将在伽利略计划和EGNOS计划下所产生的知识产权的所有权转让或授权给第三方。为提高卫星导航的市场占有率,有必要确保第三方能够以最佳方式在社会和经济层面利用相关知识产权,特别是利用属于欧盟的伽利略计划和 EGNOS 计划所产生的知识产权。

(17)在伽利略计划和 EGNOS 计划之外创建或开发的资产不受本条例中关于所有权规定的影响。但是,在某些情况下,此类资产可能涉及计划的执行。为了鼓励伽利略计划和 EGNOS 计划之外的新技术开发,欧盟委员会应鼓励第三方关注相关无形资产,并应在有利于计划的情况下就有关无形资产的条款进行谈判。

(18)伽利略计划的部署和综合利用阶段以及 EGNOS 计划的综合利用阶段应完全由欧盟资助。但是,根据欧洲议会和欧盟理事会的第(EU,Euratom)966/2012号条例规定⑥,通过签署适当协议,欧盟成员国可以向伽利略计划和 EGNOS 计划提供额外的资金或实物捐助,以资助与其潜在特定目标有关的其他计划内容。同时,应允许第三国和国际组织为这两项计划提供支持。

(19)为了确保伽利略计划和 EGNOS 计划的连续性和稳定性,并考虑到它们覆盖欧洲的规模性以及为欧洲带来的固有附加价值,在财务计划期间需要有充足持续的资金支持。还需要说明 2014 年 1 月 1 日至 2020 年 12 月 31 日完成伽利略计划的部署阶段以及伽利略计划和 EGNOS 计划的综合利用阶段所需的资金。

(20)第(EU,Euratom)1311/2013 号条例以当前价格分配了上限为 70.1773 亿欧元的资金预算,用于资助 2014 年 1 月 1 日至 2020 年 12 月 31 日与伽利略计划和 EGNOS 计划相关的活动。为明确起见和便于成本控制,应将这一总金额按类别细分。尽管如此,为了保持灵活性并确保计划的顺利进行,欧盟委员会应能够在不同类别间调配资金。计划活动还应包括对系统及其运行的保护,包括在卫星发射期间。在此方面,在严格的成本管理和完全遵守第(EU,Euratom)1311/2013 号条例中规定的资金上限前提下,可以使用部分分配给伽利略计划和 EGNOS 计划的预算,以支付这种保护服务的费用。此类拨款应仅用于数据和服务的提供,而不可用于购买基础设施。根据欧洲议会、欧盟理事会和欧盟委员会 2013 年 12 月 2 日《机构间协议》第 17 条关于预算纪律、预算事项上的合作以及欧洲议会和欧盟理事会在年度预算程序中的合理财务管理⑦的规定,本条例为伽利略计划和 EGNOS 计划的继续实施规定了财务上限,这一上限构成首要参考金额。

(21)应在本条例中明确规定欧盟拨款所资助的伽利略计划和 EGNOS 计划在 2014 年至 2020 年的活动。该预算拨款应主要用于与伽利略计划的部署阶段有关的活动,包括这一阶段的管理和监测活动,以及与伽利略计划系统的综合利用有关的活动,包括伽利略计划综合利用阶段的前期或准备行动,以及与 EGNOS 系统的综合利用有关的活动。拨款还用于管理和实现伽利略计划和 EGNOS 计划目标所需的某些其他活动的资金，特别是基础元件的研发，例如基于伽利略卫星系统的芯片组和接收器，包括适当的定位和完好性监控软件模块。这些元件构成系统基础设施所提供的服务与下游应用之间的接口，并可促进不同行业中的应用开发。这一方面的开发可促进市场对系统所提供服务的接受度，是促进社会经济利益最大化的催化剂。欧盟委员会应每年向欧洲议会和欧盟理事会报告其所推行的成本管理策略。

（22）必须注意，2014—2020 年系统的投资和运营成本估计并未考虑欧盟可能需要承担的不可预见的财务义务，尤其是欧盟对系统拥有的所有权产生的服务性能责任，如在系统出现故障时。欧盟委员会将对此类义务进行具体分析。

（23）还应指出，根据本条例规划的预算资源不可用于由“地平线 2020”计划资金资助的工作，例如与开发源自系统的应用相关的工作。此类工作将有助于优化伽利略计划和 EGNOS 计划服务的利用，确保欧盟的投资获得良好的社会和经济回报，并增加欧盟企业关于卫星导航技术方面的专业知识。欧盟委员会应确保计划各方面的不同资金来源透明清晰。

（24）此外，系统产生的收入，特别是伽利略计划系统提供的商业服务所产生的收入，应归欧盟所有，以部分补偿欧盟先前所做的投资，该收入应用于支持伽利略计划和 EGNOS 计划的目标。与私营部门实体订立的合同中也可规定收入分享机制。

（25）为了避免再次出现影响伽利略计划和 EGNOS 计划的成本超支和进度延误，需要努力控制可能导致超额成本和（或）延误的风险，这是欧洲议会在其 2011 年 6 月 8 日关于《欧洲卫星导航计划中期审查：实施评估、未来挑战和资金情况》[8]的决议以及欧盟理事会 2011 年 3 月 31 日的结论文件中所要求的，2011 年 6 月 29 日的欧盟委员会《欧洲 2020 年预算》通报文件中也有述及。

（26）伽利略计划和 EGNOS 计划的健全公共治理规定中一个首要的要求就是严格划分职责任务，尤其是欧盟委员会、欧洲全球卫星导航系统局和欧洲航天局（ESA）各自的职责任务，其次，应根据系统的运营要求逐步调整治理。

（27）欧盟委员会代表欧盟，而欧盟原则上是伽利略计划和 EGNOS 计划的唯一投资人和所有人，欧盟委员会应负责计划的进展及其总体监督。管理根据本条例分配给计划的资金，监督计划所有活动的实施，并明确职责任务，特别是欧洲全球卫星导航系统局和欧洲航天局各自的职责任务。相应地，除了与这些一般职责有关的任务和本条例规定的其他任务外，欧盟委员会还应负责一些具体任务。为优化各利益相关者的资源和能力，欧盟委员会应该能够根据第(EU，Euratom)966/2012号条例，通过委托协议将某些任务授权委托给其他机构。

(28)考虑到系统的地面基础设施对伽利略计划和EGNOS计划的重要性及其对系统安全的影响，欧盟委员会应具体负责确定基础设施的位置。系统的地面基础设施部署应遵循公开透明的过程。在确定此类基础设施的位置时，应考虑到地面基础设施的最佳地理分布所涉及的地理和技术条件，以及可能的适合相关任务的现有安装和设备，并确保满足每个地面站的安全需求以及各成员国的国家安全需求。

(29)欧洲全球卫星导航系统局是根据欧洲议会和欧盟理事会第(EU)912/2010号[9]条例成立的，目的是实现伽利略计划和EGNOS计划的目标，并执行与计划过程中相关的某些任务。欧洲全球卫星导航系统局是第(EU，Euratom)966/2012号条例所定义的欧盟机构，应遵守适用于欧盟机构的义务。部分与计划安全相关的任务应分配给欧洲全球卫星导航系统局，另外有可能将其指定为主管公共管制服务机构。欧洲全球卫星导航系统局还应与伽利略计划和EGNOS计划服务的用户和潜在用户建立联系，促进系统的推广和销售，并收集有关卫星导航市场中的需求和发展信息。此外，欧洲全球卫星导航系统局应执行欧盟委员会通过一项或多项委托协议向其授权执行的与计划有关的其他各种具体任务，特别是与系统综合利用阶段有关的任务，包括计划的运行管理、推广卫星导航市场的应用和服务，以及促进与计划有关的基本要素的发展。为了使代表欧盟的欧盟委员会充分行使其控制权，上述委托协议应包括管理委托给欧洲全球卫星导航系统局资金的一般条件。

与伽利略计划和EGNOS计划的运营管理相关的任务及其利用的职责应逐步移交给欧洲全球卫星导航系统局，并应事先完成适当的移交审核，确认欧洲全球卫星导航系统局为承担此类任务已准备到位，以确保计划的连续性。EGNOS计划的移交应于2014年1月1日进行；伽利略计划的移交时间预计在2016年。

(30)在伽利略计划的部署阶段，欧盟应与欧洲航天局签订委托协议，规定该阶段中欧洲航天局的任务。欧盟委员会应代表欧盟尽一切努力在本条例实施之日起6个月内达成委托协议。为确保欧盟委员会充分行使其控制权，委托协议应包括管理委托给欧洲航天局资金的一般条件。对于完全由欧盟资助的活动，相关条款应确保对欧洲航天局实施的控制达到对其他欧盟机构的程度。

（31）在伽利略计划和 EGNOS 计划的综合利用阶段，欧洲全球卫星导航系统局应与欧洲航天局达成工作协定，明确后者在开发下一代系统以及为现有系统提供技术支持方面的任务。这些协定应符合欧盟第（EU，Euratom）966/2012 号条例的规定。但此类协定不应涵盖欧洲航天局的研发活动职责，也不应涉及与伽利略计划和 EGNOS 计划下建立的基础设施有关的更新换代和早期阶段的研究活动。这些活动的资金应在计划预算范围之外，应使用例如划拨给“地平线 2020”计划的资金。

（32）伽利略计划和 EGNOS 计划进展的责任，特别是计划自身的安全及其系统和运营安全的责任，除适用欧盟理事会联合行动第 2004/552/CFSP 号决议⑩规定的情况外，欧盟委员会对安全负全责，即使其将某些与安全性有关的任务委托给欧洲全球卫星导航系统局。欧盟委员会有责任建立机制以适当协调负责安全的各个实体。前述欧盟理事会联合行动第 2004/552/CFSP 号决议应重新加以审核，以反映伽利略计划和 EGNOS 计划及其治理以及由于《里斯本条约》造成的《欧盟运作条约》和《欧洲核武器条约》的变化。

（33）在实施本条例时，凡涉及与安全有关的事项，欧盟委员会应咨询成员国的有关安全专家。

（34）鉴于欧洲对外行动署（EEAS）的特殊专业知识及其与第三国和国际组织的行政管理部门的定期联系，该机构可以根据欧盟理事会第 2010/427/EU 号决议⑪协助欧盟委员会执行与系统安全以及伽利略计划和 EGNOS 计划有关的部分对外关系任务。欧盟委员会应确保欧洲对外行动署与其所执行的对外关系领域中涉及安全的任务活动充分相关，并应为此向欧洲对外行动署提供所有必要的技术支持。

（35）为确保信息的安全流通，在本条例范围内，相关安全法规应确保欧盟的机密信息得到保护，其保护程度应等同于欧盟委员会第 2001/844/EC，ECSC，Euratom 号决议附件⑫，和欧盟理事会第 2013/488/EU 号决议附件⑬中规定的安全规则所要求的保护程度。每个成员国均应确保其国家安全法规适用于其领土上的所有自然人居民以及其领土上建立的所有处理有关伽利略计划和 EGNOS 计划的欧盟机密信息的法人。欧洲航天局（ESA）的安全法规和 2011 年 6 月 15 日欧盟外交与安全政策高级代表的决议⑭应被视为等效于欧盟委员会第 2001/844/EC，ECSC，Euratom 号决议附件和欧盟理事会第 2013/488/EU 号决议附件中规定的安全规则。

（36）本条例不影响现有的《欧盟运作条约》第 15 条第 3 款有关文件获取的规则及未来任何此类规则。此外，本条例不应被理解为在获取文件方面对成员国施加了无视其宪法要求的义务。

(37)为顺利分配伽利略计划和EGNOS计划的欧盟资金,并保证最高总额不超过上限,应采用有效的公共采购程序,特别是合同的谈判应确保资源的最佳利用、令人满意的服务、计划的顺利运行、良好的风险管理以及建议进度表的遵守等方面。有关订约方应尽一切努力满足这些要求。

(38)由于伽利略计划和EGNOS计划原则上将由欧盟出资,因此计划涉及的公共采购应遵守欧盟关于公共合同的规定,首要目标是物有所值、控制成本、降低风险、提高效率并降低对单个供应商的依赖。应确保整个供应链的开放和公平竞争,并为各个行业,特别是新加入者和中小型企业提供均衡的参与机会。应避免滥用优势地位的可能性和长期依赖单一供应商的情况。为了减轻计划风险,避免依赖单一供应源并确保更好地全面控制计划及其成本和进度,应在适当的情况下采取多种采购方式。此外,应根据欧盟所属的国际协定,在与导航卫星有关的所有领域中保护和促进欧洲工业的发展。应尽可能减轻合同履约不能或不履约的风险。为此,承包商应证明其遵守承诺和合同期限的可持续性。因此,订约当局应在适当情况下规定与可靠性供应和服务有关的具体要求。

此外,在购买性质敏感的商品和服务时,订约当局可对有关采购附加特定的要求,特别是相关信息安全的要求。应允许欧盟工业在某些组件和服务上依靠非欧盟来源,前提是这些组件和服务在质量和成本方面有明显优势,但是要充分考虑计划的战略性质以及欧盟的安全和出口管控要求。应充分利用公共部门投资以及行业经验能力,包括在计划的定义、开发和验证阶段获得的经验能力,同时确保不违反竞争性招标的规则。

(39)为了更好地评估招标产品、服务或工程的总成本,包括长期运营成本,只要合适都应在采购当中考虑招标产品、服务或工程的整个使用寿命的总成本。在以最佳成本效益为准则授标的采购过程中,应采用生命周期成本核算作为成本效益评估的方法。为此,订约当局应确保在合同文件或合同通知中明确计算产品、服务或工程的使用寿命成本的方法,并说明将核实投标人所提供信息的准确性。

(40)导航卫星是一项复杂且不断变化的技术。这意味着伽利略计划和EGNOS计划有关的公共合同存在不确定性和风险,因为此类合同可能涉及设备或服务的长期承诺。这一特点意味着除第(EU,Euratom)966/2012号条例规则以外,公共合同需要实施特定的措施。因此,如果一个或多个公司在招标之前获得了与招标有关活动的特权信息,订约当局应能够恢复公平的竞争环境。应有可能以有条件分阶段付款合同的形式授予合同,就合同履行中的不确定方面加入修正条款,甚至可以要求最低限度的合同分包。最后,由于伽利略计划和 EGNOS 计划的技术不确定性,有时无法准确预测合同价格,因此较好的方式是以不规定固定价格的特定形式订立合同,并加入保障欧盟财务利益的条款。

(41)应当指出,根据《欧盟条约》第 4 条第 3 款,欧盟成员国不应采取可能对伽利略计划和 EGNOS 计划或服务不利的措施。还应明确指出,有关成员国应采取一切必要措施,以确保对在其领土上建立的地面站的保护。此外,成员国和欧盟委员会应与适当的国际机构和监管机构合作,以确保伽利略计划下建立的系统所需的无线电频谱可用并受到保护,以使该系统应用符合欧洲议会和欧盟理事会第 243/2012/EU 号决议[15]的要求充分开发实施。

(42)鉴于系统的全球性,欧盟应根据《欧盟运作条约》第 218 条在伽利略计划和 EGNOS 计划范围内与第三国和国际组织达成协议,确保其顺利实施,处理与安全和收费有关的某些问题,优化为欧盟公民提供的服务,并满足第三国和国际组织的需求。必要时应调整现有协议,以适应伽利略计划和 EGNOS 计划的变化。在起草或签署此类协议时,欧盟委员会可在本条例规定的任务范围内,寻求欧盟对外行动署、欧洲航天局和欧洲全球卫星导航系统局的协助。

(43)应确认欧盟委员会在执行某些非监管性任务时,可以视情况而定并在必要时寻求某些外部相关方的技术援助。参与伽利略计划和 EGNOS 计划公共治理的其他实体也可以寻求相同的技术协助来执行本条例规定的任务。

(44)欧盟出于对基本权利的尊重,尤其是《欧盟基本权利宪章》第 7 条和第 8 条明确认可的对隐私权和个人数据的基本权利的保护,在伽利略计划和 EGNOS 计划中,应确保个人数据和隐私得到保护。

(45)应在整个支出周期中采取相应措施,从而保护欧盟的经济利益,包括预防、发现并调查违规行为,追回损失的资金、错误支付或错误使用的资金,并在适当情况下依据第(EU,Euratom)966/2012 号条例实施行政和财务处罚。

(46)应确保定期向欧洲议会和欧盟理事会通报伽利略计划和 EGNOS 计划的实施情况,特别是在风险管理、成本、进度和绩效等方面。此外,欧洲议会、欧盟理事会和欧盟委员会将根据与本条例一同发布的关于伽利略计划机构间小组的联合声明,举行伽利略机构间小组会议。

(47)欧盟委员会应根据商定的指标进行评估,评估为实现伽利略计划和 EGNOS 计划目标所采取措施的有效性和效率。

(48)为了确保系统及其运行的安全性,应根据确保系统及其运作安全所必需的高级目标,将根据《欧盟运作条约》第290条采取行动的权力下放给欧盟委员会。特别重要的是,欧盟委员会在筹备工作中应进行充分咨询协商,包括专家咨询。欧盟委员会在准备和起草授权法案时,应确保同时、及时和适当地将有关文件转交给欧洲议会和欧盟理事会。

(49)为确保实施本条例的条件统一,应将本条例执行权授予欧盟委员会。该权力应依据欧洲议会和欧盟理事会第(EU)182/2011号条例[16]行使。

(50)出于健全公共治理的目的,伽利略计划和EGNOS计划需具备统一管理、更迅速的决策制定和平等的信息获取渠道,因此,欧洲全球卫星导航系统局和欧洲航天局的代表应有资格作为观察员参加欧洲全球卫星导航系统计划委员会(以下简称GNSS计划委员会)的工作。出于同样的考虑,已与欧盟缔结国际协定的第三国和国际组织的代表应能够在遵守安全规定的前提下,按照相关协定的条款参加委员会的工作。欧洲全球卫星导航系统局、欧洲航天局、第三国和国际组织以此方式参与GNSS计划委员会工作的代表无权参与委员会的投票程序。

(51)没有一个成员国有能力完全实现本条例的目标,即建立和利用卫星导航系统,因为这超出了任何一个成员国的财力和技术能力,因此从规模和影响来说,在欧盟层面采取行动能更好地实现这一目标,欧盟可根据第5条规定的辅助性原则采取措施。根据该条规定的相称性原则,本条例不得超出为实现这一目标所必需的范围。

(52)根据欧盟理事会第(EC)876/2002号条例[17]创建的伽利略联合体于2006年12月31日停止运营。因此,第(EC)876/2002号条例应予废止。

(53)鉴于评估伽利略计划和EGNOS计划的必要性,需要对第(EC)683/2008号条例进行大幅修订,同时出于明晰和法律确定性的目的,应废止第(EC)683/2008号条例。

本条例已获通过:

第一章　一般规定

第1条　主题

本条例规定了欧洲卫星导航计划系统的实施和利用的相关规则,特别是与欧盟的管理和财政拨款有关的规则。

第2条　欧洲卫星导航系统和计划

1. 欧洲卫星导航计划,即伽利略计划和EGNOS计划,指欧洲卫星导航系统,即在伽利略计划下所建的系统和EGNOS系统的定义、开发、验证、建造、运行、更新和改进，以及确保其安全和互操作性所需的所有活动。

这两项计划还应最大限度地发挥欧洲卫星导航系统的社会经济效益，特别是通过推广这些系统的使用和促进基于这些系统的应用和服务的开发。

2. 伽利略计划系统指一个由非军方控制的民用系统，一个自主的全球卫星导航系统（GNSS）基础设施，由一组卫星星座和一个全球地面站网络组成。

3. EGNOS系统指一个区域卫星导航系统基础设施，其作用在于监测和校正现有全球卫星导航系统发出的开放信号，并在伽利略计划系统提供开放服务信号时，监测和校正此类开放服务信号。这一系统由地面站和安装在地球同步卫星上的几个转发器组成。

4. 伽利略计划的具体目标是确保根据该计划建立的系统发出的信号可用于履行以下功能：

（1）提供开放服务，向用户免费提供定位和同步信息，主要是为大量卫星导航应用提供定位和同步信息；

（2）通过伽利略开放服务信号和（或）与其他卫星导航系统合作，按照国际标准，向生命安全应用的用户提供完好性监测服务；

（3）通过提高性能和数据的附加值，使其性能和数据的附加值高于通过开放服务获得的数据，为专业或商业应用的开发提供商业服务（CS）；

（4）提供公共管制服务（PRS），仅限于政府授权的用户，为需要高度服务连续性的敏感应用提供公共管制服务，免费向欧盟成员国、欧盟理事会、欧盟委员会、欧盟对外行动署以及在适当情况下经正式授权的欧盟机构提供；这项服务使用强大的加密信号。是否向欧盟第1104/2011/EU号决定第2条中提到的其他公共管制服务参与者收费的问题，应根据具体情况进行评估，并在根据该决定第3条第5款缔结的协议中作出适当规定；

（5）通过探测信标传送的求救信号并向其转发信息，支援国际搜救卫星组织（COSPAS - SARSAT）的搜救服务（SAR）。

5. EGNOS计划的具体目标是确保EGNOS系统发出的信号可用于履行以下职能：

（1）向用户免费提供开放服务（OS），主要为EGNOS系统所覆盖区域内的大量卫星导航应用提供定位和同步信息；

（2）提供商业数据传播服务，即EGNOS数据访问服务（EDAS），通过提高性能和数据的附加值，促进专业或商业应用的开发，使其性能和数据的附加值高于通过开放服务获得的数据；

(3)视安全为关键的用户提供生命安全服务(SoL)；这项服务不收取直接使用费，特别是满足了某些行业对连续性、可用性和精度的要求，并包括完好性通讯警报，提醒用户注意覆盖区域内由EGNOS系统增强的系统出现故障或信号超出容限范围的情况。

上述功能应尽快优先在位于欧洲的欧盟成员国领土内提供。

根据技术可行性和国际协定，可将EGNOS系统的地理覆盖范围扩大到世界其他地区，特别是欧盟候选国、与单一欧洲天空计划相关的第三国和欧洲邻国政策包含的国家的领土。不得使用第9条所述的资金来源支付此类扩展所产生的费用，包括相关的开发费用。此类扩展不得延迟将EGNOS系统的地理覆盖范围扩大到整个位于欧洲的各成员国领土的计划进度。

第3条　伽利略计划的分阶段实施

伽利略计划包括以下阶段：

(1)定义阶段，这一阶段设计系统结构并确定其单元，该阶段于2001年完成。

(2)开发和验证阶段，计划在2013年12月31日之前完成，包括建造和发射首批卫星，建立首批地面基础设施，以及验证该系统在轨运行所需的所有工作和操作。

(3)在2020年12月31日或之前完成部署阶段，其中包括：

①建造、建立和保护所有天基基础设施，特别是完成第2条第4款所述具体目标所需的所有卫星和所需的备用卫星的建造、建立和保护，以及相关的演进维护和运营；

②建造、建立和保护所有地面基础设施，特别是控制卫星和处理卫星无线电导航数据所需的基础设施，以及服务中心和其他地面中心，并进行相关的维护和操作；

③综合利用阶段的准备工作，包括与提供第2条第4款所述服务有关的准备活动。

(4)综合利用阶段，包括：

①管理、维护、持续改进、演进和保护天基基础设施，包括补充和报废管理；

②管理、维护、不断改进、演进和保护地面基础设施，特别是服务中心和其他地面中心、网络和场地，包括补充和报废管理；

③系统未来迭代的发展和第 2 条第 4 款所述服务的演进；

④与该计划相关的认证和标准化工作；

⑤第 2 条第 4 款所述服务的提供和营销；

⑥与其他全球卫星导航系统的合作；

⑦所有系统开发和确保计划顺利运行的其他活动。

综合利用阶段应在 2014 年至 2015 年逐步开始，为开放服务、搜救服务和公共管制服务提供初步服务，并在此基础逐步改善。第 2 条第 4 款具体目标中规定的其他功能将逐步实施，目标是在 2020 年 12 月 31 日之前达到全面运行能力。

第 4 条　EGNOS 计划综合利用阶段

EGNOS 计划的综合利用阶段主要包括：

(1)管理、维护、不断改进、发展和保护天基基础设施，包括补充和报废管理；

(2)管理、维护、不断改进、演进和保护地面基础设施，特别是网络、场址和辅助设施，包括补充和报废管理；

(3)系统的未来发展和第 2 条第 5 款所述服务的演进；

(4)与计划有关的认证和标准化工作；

(5)第 2 条第 5 款所述服务的提供和营销；

(6)保证系统的可靠性及其利用所必需的所有要素；

(7)与完成第 2 条第 5 款第 2 项和第 3 项规定的具体目标有关的协调活动。

第 5 条　系统的兼容性和互操作性

1. 技术角度，伽利略计划和 EGNOS 计划所产生的系统、网络和服务应具有兼容性和互操作性。

2. 如根据第 29 条缔结的国际协定中规定了兼容和互操作性，则伽利略计划和 EGNOS 计划所产生的系统、网络和服务应与其他卫星导航系统和传统的无线电导航手段兼容并可互操作。

第 6 条　所有权

欧盟拥有根据伽利略计划和 EGNOS 计划创造或开发的所有有形和无形资产的所有权。为此，应酌情与第三方就现有所有权达成协议。

欧盟委员会应通过适当的框架，确保本条所述资产的最佳使用，特别是欧盟委员会应尽可能有效地管理与伽利略计划和 EGNOS 计划有关的知识产权，同时考虑保护欧盟的知识产权并使其具有价值、保证所有利益相关者的利益以及市场和新技术协调发展的必要性。为此目的，欧盟委员会应确保在伽利略计划和 EGNOS 计划下签订的合同中包括向第三方转让或授权转让这些计划下进行的工作所产生的知识产权的可能性。

第二章 预算拨款和机制

第 7 条 活动

1. 根据本条例分配给伽利略计划和 EGNOS 计划的 2014—2020 年欧盟预算拨款应用于资助与以下方面有关的活动：

(1) 完成第 3 条第 3 项所述的伽利略计划的部署阶段；

(2) 第 3 条第 4 项所述的伽利略计划的综合利用阶段；

(3) 第 4 条所述的 EGNOS 计划的综合利用阶段；

(4) 伽利略计划和 EGNOS 计划的管理和监督。

2. 根据第 9 条第 2 款，还应将分配给伽利略计划和 EGNOS 计划的欧盟预算拨款用于资助与基础元件的研究和开发有关的活动，例如基于伽利略系统的芯片组和接收器的研发活动。

3. 分配给伽利略计划和 EGNOS 计划的欧盟预算拨款还应包括欧盟委员会在计划管理和实施第 2 条第 4 款和第 5 款所述特定目标中的相关准备、监测、检查、审计和评估活动中的支出。这些支出可能包括：

(1) 专家研讨和会议；

(2) 信息和交流活动，包括与欧盟政策重点直接相关的机构交流，这些活动与本条例的目标直接相关，特别是为了与欧盟其他相关政策产生协同作用；

(3) 以处理或传输数据为目的的信息技术网络；

(4) 向欧盟委员会提供的其他有关计划管理的技术或行政协助。

4. 应明确确定伽利略计划和 EGNOS 计划以及这些计划的不同阶段的费用。欧盟委员会应根据透明管理原则，每年向欧洲议会、欧盟理事会和第 36 条所指的 GNSS 计划委员会通报本条第 1 款、第 2 款和第 3 款规定的每项活动的欧盟资金分配情况，包括应急准备金，以及这些资金的使用情况。

第 8 条 伽利略计划和 EGNOS 计划的资金来源

1. 根据第 9 条，欧盟应资助与第 7 条第 1 款、第 2 款和第 3 款所述的伽利略计划和 EGNOS 计划有关的活动，以实现第 2 条规定的目标，但不影响任何其他资金来源，包括本条第 2 款和第 3 款所述的资助方的支持。

2. 欧盟成员国可请求为伽利略计划和 EGNOS 计划提供额外的资金，以支付特定情况下的额外费用,但条件是这些额外费用不会给有关计划造成任何财务或技术负担或延误。欧盟委员会应根据成员国的请求,根据第 36 条第 3 款所述的审查程序,决定上述两个条件是否得到满足。欧盟委员会应向欧洲议会、欧盟理事会和 GNSS 计划委员会通报因执行本款规定而对伽利略计划和 EGNOS 计划产生的任何影响。

3. 第三国和国际组织也可为伽利略计划和 EGNOS 计划提供额外资金。第 29 条中提到的国际协定应规定参与的条件和具体安排。

4. 根据第(EU,Euratom)966/2012 号条例第 21 条第 2 款的规定,本条第 2 款和第 3 款中提到的额外资金构成外部分配收入。

第 9 条　资源

1. 执行第 7 条第 1 款、第 2 款和第 3 款所述活动和支付这些活动相关风险的资金上限,按现行价格计算,2014 年 1 月 1 日至 2020 年 12 月 31 日的资金上限为 70.7173 亿欧元。

年度拨款应由欧洲议会和欧盟理事会在多年期财政框架的范围内批准。

第一段中提到的数额应按以下几类支出细分(按现价计算):

(1)第 7 条第 1 款第 1 项所述活动,19.3 亿欧元;

(2)第 7 条第 1 款第 2 项所述活动,30 亿欧元;

(3)第 7 条第 1 款第 3 项所述活动,15.8 亿欧元;

(4)第 7 条第 1 款第 4 项和第 7 条第 3 款所述活动,561.73 亿欧元。

2. 在不影响"地平线 2020"项目为开发基于导航系统的应用而划拨任何款项的情况下,分配给伽利略计划和 EGNOS 计划的预算拨款,包括分配的收入,按不变价计算,为第 7 条第 2 款所述的活动提供的资金上限为 1 亿欧元。

3. 欧盟委员会可根据第 1 款第 3 段第 1 点至第 4 点的规定,将资金在不同支出类别之间进行调剂,但最高额度不得超过本条第 1 款第 1 段所述金额的 10%。如果重新分配的累计金额超过第 1 款第 1 段所述金额的 10%,欧盟委员会应根据第 36 条第 2 款所述咨询程序与 GNSS 计划委员会协商。

欧盟委员会应将资金在不同支出类别之间的重新分配情况通知欧洲议会和欧盟理事会。

4. 拨款应根据本条例和第(EU,Euratom)966/2012 号条例的适用规定执行。

5. 伽利略计划和 EGNOS 计划的预算承付款应按年度分期拨付。

6. 欧盟委员会应以透明和具有成本效益的方式管理第 1 款所述的财政资源。

欧盟委员会应每年向欧洲议会和欧盟理事会汇报所实施的成本管理战略。

第 10 条　伽利略计划和 EGNOS 计划产生的收入

1. 利用这些系统所产生的收入应由欧盟收取，冲抵欧盟预算，并分配给伽利略计划和 EGNOS 计划，特别是用于第 2 条第 1 款所述的目标。如果收入超过了计划综合利用阶段所需的资金，则对分配原则的任何调整都应由欧洲议会和欧盟理事会根据欧盟委员会的建议批准。

2. 与私营部门实体签订的合同中可规定收入分享机制。

3. 向负责间接执行预算的实体支付的预付资金所产生的利息，应分配给委托协议或委员会与有关实体签订的合同所约束的活动。根据健全的财务管理原则，负责间接执行预算的实体应开设账户，以确定资金和相应的利息。

第三章　伽利略计划和 EGNOS 计划的公共治理

第 11 条　伽利略计划和 EGNOS 计划的治理原则

伽利略计划和 EGNOS 计划的公共治理应基于以下原则：

(1) 各有关实体，特别是欧盟委员会、欧洲全球卫星导航系统局和欧洲航天局，在欧盟委员会的总体负责下，严格分工任务和责任；

(2) 第 1 项提及的实体与欧盟成员国之间真诚合作；

(3) 对计划实行严格控制，包括所有相关实体在其职责范围内严格遵守成本和时间安排，以实现伽利略计划和 EGNOS 计划的目标；

(4) 优化并合理利用现有的结构，避免技术专长的重复；

(5) 根据具体要求并在相关领域专家的支持下，利用最佳的项目管理系统和技术来监督伽利略计划和 EGNOS 计划的实施。

第 12 条　欧盟委员会的职责

1. 欧盟委员会应全面负责伽利略计划和 EGNOS 计划。欧盟委员会负责管理根据本条例划拨的资金，并监督所有计划活动的执行情况，特别是在费用、进度和执行情况方面。

2. 除第 1 款所述的总体责任和本条例所述的具体任务外，欧盟委员会还应：

(1) 确保在参与伽利略计划和 EGNOS 计划的各实体之间有明确的任务分工，为此，欧盟委员会应将第 14 条第 2 款和第 15 条分别提及的任务分配给欧洲全球卫星导航系统局和欧洲航天局，特别应以委托协议的方式分配；

(2) 确保在分配给伽利略计划和 EGNOS 计划的资源范围内，按照第 2 条规定的目标及时实施这些计划；

为此，欧盟委员会应制定和实施必要的手段和结构性措施，以确定、控制、减轻和监督与这些计划有关的风险；

（3）代表欧盟并在其主管领域内管理与第三国和国际组织的关系；

（4）及时向欧盟成员国和欧洲议会提供与伽利略计划和 EGNOS 计划有关的所有相关信息，特别是风险管理、总成本、伽利略基础设施各重要项目的年度运营成本、收入、进度和绩效等方面的信息，以及第 11 条第 5 项所述的项目管理制度和技术的实施情况的概述；

（5）评估在各行业推广和确保欧洲卫星导航系统使用的可能性，包括分析如何利用系统产生的效益。

3. 为使第 3 条和第 4 条分别提到的伽利略计划的部署和综合利用阶段以及 EGNOS 计划的综合利用阶段顺利进行，欧盟委员会应在必要时规定具体措施：

（1）管理和减少伽利略计划和 EGNOS 计划进展中的固有风险；

（2）确定监测和评估这些计划实施情况的关键决策阶段；

（3）根据安全要求，按照公开透明的程序，确定系统的地面基础设施的位置，并确保其运行；

（4）确定履行第 2 条第 4 款第 2 项和第 3 项所述职能和实施系统演进所需的技术和操作规范。

以上执行行为应通过第 36 条第 3 款所述的审查程序。

第 13 条　系统及其运行的安全

1. 欧盟委员会应确保伽利略计划和 EGNOS 计划的安全，包括系统及其运行的安全。为此，欧盟委员会应：

（1）考虑在各计划中监督和整合安全要求和标准需要；

（2）确保此类要求和标准的总体效果有助于计划的成功实施，特别是在成本、风险管理和进度方面；

（3）在各有关机构之间建立协调机制；

（4）考虑到现行的安全标准和要求，确保不降低总体安全水平，且不影响基于这些标准和要求的现有系统的运作。

2. 在不影响本条例第 14 条和第 16 条以及欧盟第 1104/2011/EU 号决定第 8 条的前提下，欧盟委员会应根据第 35 条通过委托监督法案，规定总体目标，确保第 1 款中提到的伽利略计划和 EGNOS 计划的安全。

3. 欧盟委员会应制定必要的技术规范和其他措施，以实现第 2 款所述的总体目标。此类实施法案应按照第 36 条第 3 款所述的审查程序来通过。

4. 欧盟对外行动署应继续协助欧盟委员会根据欧盟第 2010/427/EU 号决定第 2 条第 2 款的规定，行使其在对外关系领域的职能。

第 14 条　欧洲全球卫星导航系统局的职责

1. 根据欧盟委员会规定的准则，欧洲全球卫星导航系统局应：

（1）在不影响第 13 条和第 16 条规定的前提下，确保伽利略计划和 EGNOS 计划的安全：

①通过其安全认证委员会，根据第（EU）912/2010 号条例第三章的规定进行安全认证；据此，欧洲全球卫星导航系统局应启动并监测安全程序的实施，并进行系统安全审核；

②按照本条例第 13 条所述的标准和要求以及根据联合行动第 2004/552/CFSP 号决议的指示，确保根据第（EU）912/2010 号条例第 6 条第 4 款所述的伽利略安全监测中心的运行。

（2）执行欧盟第 1104/2011/EU 号决定第 5 条规定的任务，并根据该决议第 8 条第 6 款规定协助欧盟委员会。

（3）在伽利略计划的部署和综合利用阶段以及 EGNOS 计划的综合利用阶段，协助推广和销售第 2 条第 4 款和第 5 款所述的服务，包括利用欧洲全球卫星导航系统局每年编写的关于应用和服务市场的市场报告，进行必要的市场分析。与系统的用户和潜在用户建立密切联系，以收集有关其需求的信息，跟踪导航卫星下游市场的发展情况，并为用户群体采用第 2 条第 4 款和第 5 款所述服务制定行动计划，特别包括与标准化和认证有关的行动。

2. 欧洲全球卫星导航系统局还应执行与实施伽利略计划和 EGNOS 计划有关的其他任务，包括计划的管理，并对此负责。此类任务应由欧盟委员会根据第（EU，Euratom）966/2012 号条例第 58 条第 1 款第 3 项的规定，通过根据委托决定批准的委托协议形式委托欧洲全球卫星导航系统局执行，并应包括：

（1）运营活动，包括系统基础设施管理、系统的维护和持续改进、认证和标准化操作以及提供第 2 条第 4 款和第 5 款所述的服务；

（2）支持系统的演进和下一代系统的开发和部署活动，以及服务演进的定义，包括采购；

（3）促进基于系统的应用和服务的开发，提高对这些应用和服务的认识，包括确定、连接和协调全球卫星导航系统(GNSS)应用和服务高级研究中心网络,利用公共和私营部门的专业知识,并评价与此类推广和提高认识有关的措施;

(4)促进基础元件的开发,如支持伽利略系统的芯片组和接收器。

3. 第2款所述的委托协议应在第(EU, Euratom)966/2012号条例第58条第1款第3项和第60条的框架内进行,赋予欧洲全球卫星导航系统局适当的自主权和权力,特别是赋予订约当局适当的自主权和权力。此外,此类委托协议还应规定委托欧洲全球卫星导航系统局管理资金的一般条件,特别是拟实施的行动、相关资金、管理程序、监测和控制措施,在费用、进度时间表和履约方面合同执行不力时适用的措施,以及关于所有有形资产和无形资产所有权的规定。

监测和控制措施应特别规定建立一个预估成本预测系统,向欧盟委员会系统地提供关于成本和时间安排的信息,并在计划预算、执行情况和进度出现偏差时采取纠正行动,确保在分配的预算范围内完成基础设施的实施。

4. 欧洲全球卫星导航系统局应与欧洲航天局订立必要的工作协定,以便完成本条例规定的其各自在伽利略计划和EGNOS计划的综合利用阶段的任务。欧盟委员会应将欧洲全球卫星导航系统局所达成的此类工作协定及其任何变动通知欧洲议会、欧盟理事会和GNSS计划委员会。欧洲全球卫星导航系统局还可以酌情考虑寻求其他公共或私营部门实体的协助。

5. 除第1款和第2款述及的任务外,欧洲全球卫星导航系统局应在其任务范围内,向委员会提供其技术专长,并提供执行本条例所规定的任务所需的任何信息,包括推广和确保使用第12条第2款第5项所述系统可能性的评估。

6. 应根据第36条第2款所述的征求意见程序,就本条第2款所述的委托决定征求欧洲全球卫星导航系统计划委员会的意见。欧盟委员会应事先告知欧洲议会、欧盟理事会和GNSS计划委员会其将代表欧盟与欧洲全球卫星导航系统局将缔结的任何委托协议。

7. 欧盟委员会应向欧洲议会、欧盟理事会和GNSS计划委员会通报对任何采购投标书和与私营部门实体签订的任何合同的中期和最终评审结果,包括与分包有关的信息。

第15条　欧洲航天局的职责

1. 就第3条第3项所述的伽利略计划的部署阶段,欧盟委员会应及时与欧洲航天局订立委托协议,详细说明欧洲航天局的任务,特别是系统的设计、开发和采购任务。与欧洲航天局的委托协议应欧盟委员会第(EU, Euratom)966/2012号条例

第 58 条第 1 款第 3 项通过的委托决定缔结。

委托协议应在委托的任务和预算执行所需的范围内约定由欧洲航天局委托管理资金的一般条件，特别是在系统的设计、开发和采购、相关的拨款、管理程序、监督和控制措施、合同的成本、进度和绩效方面执行不力时适用的措施，以及所有有形和无形资产的所有权规定。

作为监测和控制措施，特别应规定建立预估成本预测系统，向欧盟委员会系统地提供关于成本和时间安排的信息，并在计划预算、执行情况和进度出现偏差时采取纠正行动，确保在分配的预算范围内完成基础设施的实施。

2. 应根据第 36 条第 2 款所述的征求意见程序，就本条第 1 款所述的委托决定征求 GNSS 计划委员会的意见。欧盟委员会应事先告知欧洲议会、欧盟理事会和 GNSS 计划委员会其将代表欧盟与欧洲航天局缔结的任何委托协议。

3. 欧盟委员会应向欧洲议会、欧盟理事会和 GNSS 计划委员会通报采购投标书的中期和最终评审结果以及欧洲航天局与私营部门实体签订的合同的评估结果，包括与分包有关的信息。

4. 就第 3 条第 4 项和第 4 条所述的伽利略计划和 EGNOS 计划的综合利用阶段，第 14 条第 4 款所述的欧洲全球卫星导航系统局和欧洲航天局之间的工作协定应述及欧洲航天局在该阶段的职责及其与欧洲全球卫星导航系统局的合作，特别是在以下方面的合作：

(1) 在开发下一代系统的框架内进行构思、设计、监测、采购和验证；

(2) 在现有系统的运行和维护框架内提供技术支持。

此类协定应符合第(EU，Euratom)966/2012 号条例和欧盟委员会根据第 12 条第 3 款规定的措施。

5. 在不影响第 1 款和第 4 款分别提及的委托协议和工作协定的情况下，欧盟委员会可要求欧洲航天局提供履行本条例规定的任务所需的技术专长和信息。

第四章　涉及欧盟或成员国安全的方面

第 16 条　联合行动

如系统的运行可能影响到欧盟或其成员国的安全，应适用联合行动第 2004/552/CFSP 号决议中规定的程序。

第 17 条　机密信息规则的适用

在本条例的范围内：

(1)各成员国应确保其国家安全条例对欧盟机密信息的保护程度相当于第2001/844/EC ECSC,Euratom 号决定附件和欧盟第 2013/488/EU 号决定附件中的欧盟理事会安全规则所规定的保护程度。

(2)成员国应及时将第 1 点所述的国家安全条例通知委员会。

(3)只有在本国亦受制于至少与第 2001/844/EC,ECSC,Euratom 号决定附件和欧盟第 2013/488/EU 号决定附件中的欧盟理事会安全规则所规定的保护程度相当的安全条例的情况下,方可允许居住在第三国的自然人和在第三国设立的法人处理欧盟涉及伽利略计划和 EGNOS 计划的机密信息。在欧盟与该第三国或国际组织之间的信息安全协议中,应根据《欧盟运作条约》第 218 条规定的程序,并考虑欧盟第 2013/488 号决定第 13 条的规定,确定适用于第三国或国际组织的安全规则的等效性。

(4)在不影响欧盟第 2013/488/EU 号决定第 13 条和第 2001/844/EC,ECSC,Euratom 号决定附件中规定的工业安全领域规则的情况下,可根据此类信息的性质和内容、接受者的需要和欧盟的利益,在逐一审核并认为有必要的情况下,允许自然人或法人、第三国或国际组织获得欧盟机密信息。

第五章　公共采购

第一节　适用于在伽利略计划部署和综合利用阶段以及 EGNOS 计划综合利用阶段进行的公共采购的一般规定

第 18 条　一般原则

在不影响为保护欧盟安全或公共安全的基本利益或遵守欧盟出口管制要求而采取的必要措施的情况下,第(EU,Euratom)966/2012 号条例应适用于伽利略计划的部署和综合利用阶段以及 EGNOS 计划的综合利用阶段。此外,下列一般原则也应适用于伽利略计划的部署和综合利用阶段以及 EGNOS 计划的综合利用阶段:在整个产业供应链中实行公开准入和公平竞争,在提供透明和及时的信息的基础上进行招标,明确通报适用的采购规则、甄选和授标标准以及其他任何相关信息,使所有潜在投标人有一个公平竞争的环境。

第 19 条　具体目标

在采购程序中,订约当局在招标时应追求以下目标:

(1)在整个欧盟内促进所有经营者,特别是新进入者和中小企业尽可能广泛和公开地参与,包括鼓励投标人采用分包方式;

(2)避免可能出现滥用支配地位和依赖单一供应商的情况；

(3)利用公共部门以前的投资和经验教训，以及行业经验和能力，包括在伽利略计划和 EGNOS 计划的定义、开发、验证和部署阶段获得的经验和能力，同时确保遵守竞争性招标规则；

(4)在适当的情况下，采取多种采购方式，以确保对伽利略计划和 EGNOS 计划及其成本和时间安排进行更好的总体控制；

(5)酌情考虑所投标的产品、服务或工程在其使用寿命周期内的总成本。

第二节　适用于在伽利略计划部署和综合利用阶段以及 EGNOS 计划综合利用阶段进行的公共采购的具体规定

第 20 条　建立公平竞争的条件

如果曾参与招标标的有关活动的公司有以下情况，订约当局应采取适当措施，维护公平竞争条件：

(1)可能使该公司在特权信息方面形成重大优势，因而可能违背平等待遇原则；

(2)影响到正常的竞争条件或影响合同授予或履行的公正性和客观性。

所采取的措施不得扭曲竞争，也不得损害平等待遇或所收集到的有关企业、其业务关系和成本结构等数据的保密性。在这一情形下，所采取的措施应考虑到拟签订合同的性质和具体情况。

第 21 条　信息安全

如合同涉及、要求和(或)包含机密信息时，订约当局应在投标文件中明确规定必要的措施和要求，以确保此类信息按照所要求的级别保密。

第 22 条　供应的可靠性

订约当局应在投标文件中具体说明，在执行合同时，其对供应的可靠性和服务提供的可靠性的要求。

第 23 条　有条件阶段性付款合同

1. 订约当局可以采用有条件阶段性付款合同的形式授予合同。

2. 有条件阶段性付款合同应包括一个固定的阶段，附有一个预算承诺和在该阶段应承诺提供的工程、供应品或服务，以及一个或多个设置了预算和执行条件的阶段。招标文件应说明有条件阶段性付款合同的具体特点。具体而言，应明确合同的标的物、价格或确定价格的协定，以及各阶段应提供的工程、供应品和服务。

3. 固定阶段的义务应是一个统一的整体义务中的一部分；每个条件阶段的义务也应考虑到前几个阶段的义务。

4. 每个条件阶段的履行应以订约当局根据合同规定通知承包人的决定为准。当条件阶段迟延确认或未确认时，如果合同有规定并符合合同规定的条件，承包人可收取逾期罚金或不执行罚金。

5. 如果订约当局发现某一特定阶段的工程、供应品或服务未完成，且合同有规定并符合合同规定的条件，订约当局可要求赔偿损失并终止合同。

第 24 条　费用报销合同

1. 订约当局可根据第 2 款规定的条件，选择采用规定上限的全额或部分费用报销合同的方式。

在采用这种合同时，应支付的价格包括对承包人在履行合同过程中发生的所有直接费用的报销，例如劳务、材料、消耗品和使用履行合同所需的设备和基础设施的支出等直接费用，在此基础上加上包含间接费用和利润的一个固定费用金额，或者包含间接费用和按照实现履约和交货期目标而支付的奖励金的一个金额。

2. 如果客观上不可能规定一个准确的固定价格，并且可以合理证明由于合同履行过程中固有的不确定因素，按固定价格订约的价格会过高，订约当局可以选择采用全额或部分费用报销合同，前提是：

(1)该合同具有非常复杂的特点或特征，需要使用新技术，因此包含大量技术风险；

(2)由于业务原因，存在重大风险，或由于合同的履行在一定程度上取决于其他合同的履行情况，尚不能完全确定一个固定价格，而合同规定的活动必须立即开始。

3. 全额或部分费用报销合同的价格上限应是应付的最高价格。只有在有正当理由的特殊情况下，经订约当局事先同意，方可超过这一上限。

4. 全额或部分费用报销合同的采购招标文件应具体说明以下内容：

(1)合同的类型，说明是全部或部分费用报销合同，有价格上限；

(2)就部分费用报销合同而言，需报销费用的合同标的内容；

(3)合同价格上限总额；

(4)授予标准，该标准必须能够对总预算的估算、可报销费用、确定这些费用的机制和投标书中提到的利润进行评估，以确定是否合理；

(5)第 1 款所述的根据直接费用计算的机制；

(6)根据第5款规定的原则,确定投标人为履行合同所规划的费用是否符合条件的规则和程序;

(7)投标人必须遵守的会计准则;

(8)在部分费用报销合同转为固定价格合同的情况下,转换的参数。

5. 承包商在履行全部或部分费用报销合同期间申报的费用,只有在下列情况下方可给予报销:

(1)该费用是在合同过程中实际发生的,但履行合同所需的设备、基础设施和无形固定资产的费用除外,前提是申报的费用不超过其全部购买价值;

(2)在总预算概算中提到的,可通过对最初合同的增补而进行修改;

(3)是履行合同所必需的;

(4)因合同的履行而产生并可归因于合同的履行;

(5)可识别、可核实、已记录在承包人的会计记录中,并按照规范和合同中提到的会计标准确定;

(6)符合适用税法和社会法律的要求;

(7)不违反合同条款;

(8)合情合理,并符合健全的财务管理要求,特别是关于经济和效益的要求。

承包人应负责自己的成本核算,妥善保留会计记录或其他任何所要求的证明申报报销的费用已经发生并符合本条规定原则的凭证。承包人不能证明的费用应视为不合格,拒绝报销。

6. 为确保费用报销合同的正确履行,订约当局应负责以下工作:

(1)确定最符合实际的最高限价,同时提供必要的灵活性,以应对技术困难;

(2)在合同履行期间,一旦有可能确定固定价格,就应将部分费用报销合同转为完全确定的固定价格合同;为此,应确定转换参数,将以费用报销方式签订的合同转换为固定价格合同;

(3)实施监督和控制措施,特别是提供成本概算预测系统;

(4)确定履行合同的适当原则、工具和程序,特别是确定和检查承包人或分包商在履行合同期间申报的费用是否符合条件,并对合同进行修改;

(5)检查承包人及分包人是否遵守合同规定的会计核算标准,并履行其提供会计凭证的义务,提供的会计凭证应当真实、公允地反映账目情况;

(6)在合同的整个履行过程中,不断确保第4项所述的原则、工具和程序的有效性。

第 25 条　合同修订

订约当局和承包人可以通过修订合同的方式变更合同，但变更必须符合下列所有条件：

(1)不改变合同的标的物；

(2)不影响合同的经济平衡；

(3)没有加入任何这样的条件，即如果该条件最初出现在合同文件中，则可能允许最初接纳的投标人以外的投标人准入，或者允许接受最初接受的投标人以外的投标人。

第 26 条　分包

1. 订约当局应要求投标人以竞争性招标的方式，将合同部分分包给招标人集团以外的企业，特别是新进入的企业和中小企业，由投标人按适当的级别分包。

2. 订约当局应界定最低至最高百分比的范围，明确规定所要求的分包比例，这一比例应当与合同的目标和价值相称，并考虑到有关活动的行业性质，特别是竞争条件和可观察到的工业潜力。

3. 如果投标人在其投标书中表示不打算将合同的任何部分分包，或分包比例低于第 2 款所述的最低比例范围，则应向订约当局说明理由。订约当局应将这些资料提交给欧盟委员会。

4. 订约当局可以拒绝候选人在主合同授标程序阶段选定的分包商，或投标人在履行合同时选定的分包商。订约当局应以书面形式说明拒绝的理由，拒绝理由只能以主合同投标人的甄选标准为依据。

第六章　其他事项

第 27 条　制订计划

欧盟委员会应根据第 3 条规定的阶段和第 2 条第 5 款规定的 EGNOS 计划的具体目标，以实施计划的形式通过年度工作计划，说明为实现第 2 条第 4 款规定的伽利略计划的具体目标所需采取的行动。年度工作计划还应说明为此类行动提供的资金。

所述实施措施应按照第 36 条第 3 款所述的审查程序予以通过。

第 28 条　欧盟成员国的行动

欧盟成员国应采取一切必要措施，确保伽利略计划和 EGNOS 计划的良好运作，包括保护在成员国领土上建立地面站的相关措施，这些措施应至少相当于欧盟理事会第2008/114/EC号指令[18]所规定的保护欧洲重要基础设施的措施的程度。欧盟成员国不得采取任何可能有损于计划或利用计划所提供的服务的措施，特别是在基础设施运作的连续性方面。

第29条　国际协定

欧盟可根据《欧盟运作条约》第218条规定的程序，在伽利略计划和EGNOS计划范围内与第三国和国际组织签订协议。

第30条　技术协助

为执行第12条第2款所述的技术任务，欧盟委员会可寻求必要的技术协助，特别是各国航天主管机构的能力和专业知识，或有能力就伽利略计划和EGNOS计划的进展情况提供公正分析和意见的独立专家和机构的协助。

除欧盟委员会以外，参与计划公共治理的实体，特别是欧洲全球卫星导航系统局和欧洲航天局，在执行本条例下委托给它们的任务时，也可获得同样的技术协助。

第31条　个人数据和隐私保护

1. 欧盟委员会应确保在系统的设计、实施和使用过程中，妥善保护个人数据和隐私，并在其中纳入适当的保护措施。

2. 在本条例规定的任务和活动中处理的所有个人数据，应根据适用的个人数据保护法，特别是欧洲议会和欧盟理事会第(EC)45/2001号条例[19]和欧洲议会和欧盟理事会第95/46/EC号指令[20]处理。

第32条　保护欧盟的财政利益

1. 欧盟委员会应采取适当措施，确保在实施本条例所资助的行动时，通过采取防止欺诈、腐败和任何其他非法活动的预防措施，有效的检查，以及在发现违规行为时，追回不当支付的款项，必要时采取有效、相称和劝阻性的惩罚措施，保护欧盟的经济利益。

2. 欧盟委员会或其代表和审计院有权根据文件和现场检查，对根据本条例接受欧盟资金的所有拨款受益人、承包商和分包商进行审计。

欧洲反欺诈局(OLAF)可根据欧洲议会和欧盟理事会第(EU, Euratom)883/2013号条例[21]和欧盟理事会第(Euratom, EC)2185/96号条例[22]规定的条款和程序，对直接或间接与此类资金有关的经营者进行调查，包括现场检查和审查，以确定与欧盟资金有关的赠款协议或决定或合同中是否存在欺诈、腐败或任何其他影响欧盟财政利益的非法活动。

在不影响本条第1款和第2款规定的情况下，与第三国和国际组织签订的国际协议、拨款协议、拨款决定和因适用本条例而产生的合同应包含明确授权委员会、审计院和反欺诈局根据各自的权限进行此类审计和调查的条款。

第33条 提交欧洲议会和欧盟理事会的资料

1. 欧盟委员会应确保本条例的执行。每年在提出初步预算草案时，欧盟委员会应向欧洲议会和欧盟理事会提交一份关于伽利略计划和EGNOS计划执行情况的报告。该报告应包括与这两项计划有关的所有信息，特别是第12条第2款第4项所述的风险管理、总费用、年度运营费用、收入、进度和绩效等方面的信息，以及根据第14条第2款和第15条第1款缔结的委托协议的运作情况。应包括：

（1）第7条第4款所指的计划资金的分配和使用情况；

（2）第9条第6款所述的欧盟委员会推行的成本管理战略的信息；

（3）知识产权管理的评估；

（4）第12条第2款第4项所述的项目管理制度和技术，包括风险管理制度和技术的执行情况概述；

（5）为最大限度地发挥计划的社会经济效益而采取的措施的评估。

2. 欧盟委员会应向欧洲议会和欧盟理事会通报对采购投标书的评审结果以及欧洲全球卫星导航系统局和欧洲航天局分别根据第14条第7款和第15条第3款的规定与私营部门实体签订的合同的中期和最终结果。

还应向欧洲议会和欧盟理事会通报以下情况：

（1）根据第9条第3款规定在各类支出之间重新分配的资金情况；

（2）因实施第8条第2款而对伽利略计划和EGNOS计划产生的任何影响。

第34条 本条例实施情况的审查

1. 欧盟委员会应在2017年6月30日前向欧洲议会和欧盟理事会提交一份关于本条例执行情况的评价报告，以便决定是否延期、修改或暂停根据本条例采取的措施：

（1）此类措施目标实现的情况，包括结果和影响；

（2）资源使用的有效性；

（3）为欧洲带来的附加价值。

评价报告还应考虑到与相关系统有关的技术发展、简化的范围、内外的一致性、所有目标的相关性以及这些措施对欧盟的智能、可持续和包容性增长等优先事项的贡献。应涵盖对以往措施的长期影响的评价结果。

2.评价报告应包括在实现第2条第4款和第5款规定的伽利略计划和EGNOS计划的具体目标方面所取得的进展，并以绩效指标为基础：

(1)就伽利略计划而言，应评估以下方面的进展情况：

①其基础设施部署情况：

——运行卫星的数量和可用性，以及可用的地面备用卫星数量和委托协议中计划的卫星数量的比较；

——地面基础设施的实际可用性(如地面站、控制中心等)与预先计划的可用性的比较；

②服务水平：

——每项服务的服务可用性图与服务定义文件的比较；

③成本：

——根据实际成本与预算成本的比率，计算出计划中每个主要成本项目的成本绩效指数；

④进度：

——计划中每个主要项目的进度绩效指数，比较已完成工作的预算成本与计划工作的预算成本，计算进度绩效指数；

⑤市场水平：

——根据第14条第1款第3项所述欧洲全球卫星导航系统局提供的市场报告中所包含的伽利略和EGNOS系统接收器在各种接收器型号总数中所占的百分比，计算出市场趋势。

(2)就EGNOS而言，应评估以下方面的进展情况：

①覆盖范围的扩大：

——与议定的覆盖范围扩大计划相比较，评估覆盖范围扩大的进展情况；

②服务水平：

——根据拥有基于EGNOS的进近程序并处于运行状态的机场数量与拥有基于EGNOS的进近程序的机场总数相比较，确定服务可用性指数；

③成本：

——根据实际成本与预算成本的比率计算的成本绩效指数；

④进度：

——根据已完成工作的预算成本与计划工作的预算成本的比较，得出进度绩效指数。

3. 参与实施本条例的各机构应向欧盟委员会提供必要的数据和资料，以便其对有关行动进行监督和评估。

第七章　委托授权及实施办法

第 35 条　行使委托授权

1. 根据本条规定的条件，授予欧盟委员会有权通过委托监管法案。

2. 第 13 条第 2 款所述的通过委托监管法案的权力自 2014 年 1 月 1 日起授予欧盟委员会，无固定期限。

3. 第 13 条第 2 款所述的委托授权可由欧洲议会或欧盟理事会随时撤销。撤销委托授权的决定一经作出，即终止该决定中规定的授权。撤销决定应于该决定在《欧盟官方公报》上公布的次日或决定中规定的日期两者中较晚日期生效。此类决定不应影响任何已生效的委托监管法案的有效性。

4. 一旦欧盟委员会通过了委托监管法案，应同时通知欧洲议会和欧盟理事会。

5. 对于根据第 13 条第 2 款通过的委托监管法案，只有在向欧洲议会或欧盟理事会通报该法案后两个月内，欧洲议会和欧盟理事会均未表示反对，或在该期限届满前，欧洲议会和欧盟理事会已通知欧盟委员会他们不会反对，该法案方可生效。经欧洲议会或欧盟理事会提议，该通知期限可延长两个月。

第 36 条　GNSS 计划委员会的程序

1. 欧盟委员会应由一个 GNSS 计划委员会协助。该委员会应是第（EU）182/2011 号条例规定意义上的委员会。

2. 凡提及本款，则第（EU）182/2011 号条例第 4 条应适用。

3. 凡提及本款，则第（EU）182/2011 号条例第 5 条应适用。

4. 欧洲全球卫星导航系统局和欧洲航天局的代表应根据 GNSS 计划委员会议事规则规定的条件，以观察员身份参加 GNSS 计划委员会的工作。

5. 欧盟根据第 29 条缔结的国际协定可酌情规定第三国或国际组织的代表按照其议事规则规定的条件参与 GNSS 计划委员会的工作。

6. GNSS 计划委员会应定期举行会议，最好每年举行 4 次，即每季度举行一次。委员会应在每次会议上提交一份关于计划进展情况的报告。报告应概括介绍计划状况和发展情况，特别是风险管理、费用、进度和执行情况。应至少每年提交一次报告，其中应包括第 34 条第 2 款所述的业绩指标。

第八章 最后规定

第37条 废止

1. 第(EC)876/2002号条例和第(EC)683/2008号条例自2014年1月1日起废止。

2. 根据第(EC)876/2002号条例或第(EC)683/2008号条例通过的任何措施应继续有效。

3. 凡提及被废止的第(EC)683/2008号条例时,应解释为指本条例,并应按照本条例附件中的关联表解读。

第38条 生效

本条例自在欧盟官方公报上公布后的第3天起生效。

本条例应自2014年1月1日起执行。

本条例全文具有约束力,直接适用于所有欧盟成员国。

2013年12月11日于斯特拉斯堡签署生效。

欧洲议会议长

M. 舒尔茨(M. SCHULZ)

欧盟理事会理事长

V. 莱索维奇(V. LEŠKEVIČIUS)

①欧盟官方公报C,2012年6月21日,第179页。

②2013年12月11日欧洲议会和欧盟理事会第(EU)1291/2013号条例,制定《地平线2020——研究与创新框架计划(2014—2020年)》,并废除第1982/2006/EC号决定(见本公报第104页)。

③2013年12月2日欧盟理事会第(EU, Euratom)1311/2013号条例,规定2014—2020年的多年期财务框架(见本公报第884页)。

④2008年7月9日欧洲议会和欧盟理事会关于进一步实施欧洲导航卫星计划(EGNOS计划和伽利略计划)的第(EC)683/2008号条例(欧盟官方公报L 196,2008年7月24日,第1页)。

⑤欧洲议会和欧盟理事会2011年10月25日关于利用伽利略计划下建立的全球卫星导航系统提供的公共管制服务的规则的第1104/2011/EU号决定(欧盟官方

公报 L 287,2011 年 11 月 4 日,第 1 页)。

⑥2012 年 10 月 25 日欧洲议会和欧盟理事会关于适用于欧盟总预算的财务规则的第(EU,Euratom)966/2012 号条例(欧盟官方公报 L 298,2012 年 10 月 26 日,第 1 页)。

⑦欧盟官方公报 C 420,2013 年 12 月 20 日,第 1 页。

⑧欧盟官方公报 C 380E,2012 年 12 月 11 日,第 84 页。

⑨2010 年 9 月 22 日欧洲议会和欧盟理事会第(EU)912/2010 号条例,设立了欧洲全球卫星导航系统局,废除欧洲议会和欧盟理事会关于建立欧洲卫星无线电导航计划管理机构的第(EC)1321/2004 号条例,并修订了欧洲议会和欧盟理事会第(EC)683/2008 号条例(欧盟官方公报 L 276,2010 年 10 月 20 日,第 11 页)。

⑩欧盟理事会 2004 年 7 月 12 日关于欧洲卫星无线电导航系统运行中影响欧盟安全的方面的联合行动第 2004/552/CFSP 号决议(欧盟官方公报 L 246,2004 年 7 月 20 日,第 30 页)。

⑪2010 年 7 月 26 日欧盟理事会第 2010/427/EU 号决定,设立欧洲对外行动署的组织和运作(欧盟官方公报 L 201,2010 年 8 月 3 日,第 30 页)。

⑫第 2001/844 号:2001 年 11 月 29 日委员会决定修改其内部议事规则(欧盟官方公报 L 317,2001 年 12 月 3 日,第 1 页)。

⑬第 2013/488/EU 号:2013 年 9 月 23 日欧盟理事会关于修改其内部议事规则的决定(欧盟官方公报 L 317,2001 年 12 月 3 日,第 1 页)。2013 年 9 月 23 日欧盟理事会关于保护欧盟机密信息的安全规则的决定(欧盟官方公报 L 274,2013 年 10 月 15 日,第 1 页)。

⑭欧盟官方公报 C 304,2011 年 10 月 15 日,第 7 页。

⑮2012 年 3 月 14 日欧洲议会和欧盟理事会第 243/2012/EU 号决定,确立了多年期无线电频谱政策计划(欧盟官方公报 L 81,2012 年 3 月 21 日,第 7 页)。

⑯欧洲议会和欧盟理事会 2011 年 2 月 16 日第(EU)182/2011 号条例,规定了关于成员国控制委员会行使执行权力的机制的规则和一般原则(欧盟官方公报 L 55,2011 年 2 月 28 日,第 13 页)。

⑰2002 年 5 月 21 日欧盟理事会第(EC)876/2002 号条例,设立了伽利略联合机构(欧盟官方公报 L 138,2002 年 5 月 28 日,第 1 页)。

⑱欧盟理事会 2008 年 12 月 8 日关于确定和指定欧洲重要基础设施并评估加强保护的必要性的第 2008/114/EC 号指令(欧盟官方公报 L 345,2008 年 12 月 23

日,第 75 页)。

⑲2000 年 12 月 18 日欧洲议会和欧盟理事会第(EC)45/2001 号条例,关于在欧共体机构和机关处理个人数据中以及此类数据自由流动时对个人的保护(欧盟官方公报 L 8,2001 年 1 月 12 日,第 1 页)。

⑳1995 年 10 月 24 日欧洲议会和欧盟理事会关于处理个人数据中以及此类数据自由流动时对个人的保护的第 95/46/EC 号指令(欧盟官方公报 L 281,1995 年 11 月 23 日,第 31 页)。

㉑2013 年 9 月 11 日欧洲议会和欧盟理事会第(EU,Euratom)883/2013 号条例,涉及欧洲反欺诈局进行的调查,并废除欧洲议会和欧盟理事会第(EC)1073/1999 号条例和欧盟理事会第(Euratom)1074/1999 号条例(欧盟官方公报 L 248,2013 年 9 月 18 日,第 1 页)。

㉒1996 年 11 月 11 日关于欧盟委员会为保护欧洲共同体的财务利益不受欺诈和其他违规行为影响而进行的现场检查和视察的第(Euratom,EC)2185/96 号欧盟理事会条例(欧盟官方公报 L 292,1996 年 11 月 15 日,第 2 页)。

附录(编者略)

欧洲议会和欧盟理事会
第(EU)512/2014号条例

欧洲议会和欧盟理事会第(EU)512/2014号条例

修订第(EU)912/2010号条例成立欧洲全球卫星导航系统局

2014年4月16日

欧洲议会和欧盟理事会：

根据《欧盟运作条约》，尤其是其中第172条，基于欧盟委员会的提案，立法草案转交各国议会，根据欧洲经济和社会委员会的意见，[①]并咨询了欧洲地区委员会后，按照普通立法程序。[②]

鉴于：

(1)根据欧洲议会和欧盟理事会第(EU)1285/2013号条例第14条[③]和欧洲议会和欧盟理事会第(EU)912/2010号条例第2条[④]的联合规定，欧洲全球卫星导航系统局应确保欧洲卫星导航系统的安全认证，并为此启动和监控安全程序的实施和安全审计的执行。

(2)欧洲全球卫星导航系统的定义参见第(EU)1285/2013号条例第2条。它们是复杂的系统，其建立和运行涉及许多不同角色的利益相关方。在这方面，至关重要的是，参与实施伽利略卫星导航计划和欧洲地球静止导航重叠服务系统计划(EGNOS计划)的所有利益相关方都必须按照欧盟委员会和欧盟理事会关于保护欧盟机密信息的安全规定和第(EU)1285/2013号条例第17条的基本原则和最低标准处理和保护欧盟机密信息，保证对欧盟机密信息提供同等程度的保护，适用于参与实施这些计划的所有利益相关方。

(3)参与安全认证流程并受其影响的利益相关方包括欧盟成员国、欧盟委员会、相关的欧盟机构和欧洲航天局(ESA)以及参与欧盟理事会联合行动第2004/552/CFSP号决议的各方[⑤]。

(4)考虑到卫星导航系统的特殊性和复杂性、参与导航系统实施的不同主体以及潜在用户的多样性，所有相关方应通过适当协商为安全认证提供便利，这些相关方包括欧盟成员国和第三国其运营网络与伽利略计划下建立的系统连接以提供公共管制服务(PRS)的国家主管机构、欧盟成员国的其他有关机构、欧洲航天局

(ESA),如果国际协议中有规定,还包括导航系统地面站所在的第三国。

(5)为了能够适当执行与安全认证有关的任务,欧盟委员会必须提供执行这些任务所需的所有信息。安全认证活动还必须与负责按照第(EU)1285/2013号条例管理计划的主体和负责执行安全规定的其他实体协调。

(6)所采用的风险评估和管理方法应遵循最佳做法。其应包括根据纵深防御的概念执行安全措施,考虑到发生风险或可怕事件的可能性,还应包括相称、适当且具有成本效益,同时应权衡后续获得的安全效益考虑为缓解风险而采取措施的成本。纵深防御的目的是通过实施技术和非技术安全措施来提升系统的安全性,这些安全措施构成多层防御。

(7)公共管制服务(PRS)接收器和安全模块的开发(包括相关研究活动)以及制造,是特别敏感的活动。因此,必须建立授权生产公共管制服务接收器和安全模块制造商的程序。

(8)此外,鉴于与伽利略计划下所建系统连接的网络和设备数量可能很高,特别是用于公共管制服务(PRS)的网络和设备数量,因此应在安全认证战略中确定这些网络和设备的安全认证原则,以确保认证的同质性,同时不损害主管安全事务的欧盟成员国国家机构的相应权限。这些原则的执行将允许一致的风险管理,并减少在系统层面升级各种缓解措施的需求,系统级措施升级将对成本、进度、性能和服务提供产生负面影响。

(9)防止电磁信号泄露(防止电子窃听)的产品和措施以及为系统提供安全性的加密产品,应由制造此类产品的公司所在国负责安全事务的国家机构进行评估和批准。关于加密产品,应根据欧盟理事会第2013/488/EU号决议附件4第26项至第30项[⑥]所述原则对评估和批准进行补充规定。负责导航系统安全认证的机构应在考虑系统总体安全要求的情况下,批准选择那些经批准的产品和措施。

(10)第(EU)912/2010号条例,特别是其中第三章,明确规定了欧洲全球卫星导航系统局必须履行其导航系统安全认证任务的条款,其中特别规定,作为一项原则,安全认证决定必须独立于欧盟委员会和负责执行计划的机构作出,导航系统的安全认证机构应是欧洲全球卫星导航系统局内的独立机构,享有自主决策权。

(11)根据这一原则,通过第(EU)912/2010号条例设立了欧洲全球卫星导航系统安全认证委员会(以下简称安全认证委员会),安全认证委员会与行政管理委员会和执行董事是欧洲全球卫星导航系统局的三大主体。安全认证委员会执行委托给欧洲全球卫星导航系统局的安全认证任务,并有权代表欧洲全球卫星导航系统局作出与安全认证相关的决定。安全认证委员会应通过其议事规则并任命其主席。

(12)鉴于欧盟委员会根据第(EU)1285/2013 号条例的规定应确保计划的安全,包括导航系统及其运行的安全,安全认证委员会的活动应限于导航系统的安全认证活动,且不应影响欧盟委员会的任务及职责。这尤其适用于欧盟委员会根据第(EU)1285/2013 号条例第 13 条和欧洲议会和欧盟理事会第 1104/2011/EU 号决定第 8 条承担的任务和责任[⑦],包括根据委托监管法案、实施法案或这些条款通过的任何安全文件。然而,在不影响欧盟委员会这些任务和责任的情况下,安全认证委员会鉴于其特殊专长,应有权在其职权范围内就起草这些条款的文本草案向欧盟委员会提供意见。

(13)还应确保开展与安全认证有关的活动不损害欧盟成员国在安全认证方面的国家权限。

(14)关于安全,“审计”和“测试”等词可包括安全、评估、检查、审查、审计和测试。

(15)为了有效地开展活动,安全认证委员会应能够设立适当的下属机构执行其指示,尤其应设立一个咨询小组,协助其进行决策准备。

(16)应在安全认证委员会的监督下设立欧盟成员国专家组,执行密码分发局(CDA)有关欧盟密码材料管理的任务。该小组应为临时组织,以确保伽利略计划部署阶段通信安全项目管理的连续性。全面运行伽利略计划下所建导航系统时,应采用可长期执行此类运行任务的可持续解决方案。

(17)第(EU)1285/2013 号条例规定了 2014—2020 年计划的公共治理规定。欧盟委员会对这些计划负总体责任。此外,该条例还扩大了委托给欧洲全球卫星导航系统局的任务,特别是规定欧洲全球卫星导航系统局在利用这些导航系统和最大限度地提高社会经济效益方面应发挥主要作用。

(18)在这一新背景下,必须确保安全认证委员会能够完全独立地执行交给它的任务,特别是事关其他主体和欧洲全球卫星导航系统局的活动,并避免任何利益冲突。因此,必须在欧洲全球卫星导航系统局内部进一步将与安全认证有关的活动与其他活动分开,例如伽利略安全监测中心的管理、促进导航系统商业化以及欧盟委员会可能通过授权委托给欧洲全球卫星导航系统局的任何活动,特别是与导航系统的利用相关的活动。为此,安全认证委员会及其控制下的欧洲全球卫星导航系统局职员应确保其在开展欧洲全球卫星导航系统局其他活动方面具有自主权和独立性。应在 2014 年 1 月 1 日前，在欧洲全球卫星导航系统局内对各项活动进行切实有效的结构性划分。欧洲全球卫星导航系统局内部职员条例还应确保从事安全认证活动的职员相对于欧洲全球卫星导航系统局从事其他活动的职员的自主权和独立性。

(19)因此，应修订第(EU)912/2010 号条例，增加安全认证委员会及其主席的独立性和权力，并使其独立性和权力分别与行政管理委员会和欧洲全球卫星导航系统局执行董事的独立性和权力大致一致，同时规定欧洲全球卫星导航系统局各主体之间的合作要求。

(20)在任命委员会成员并选举其主席和副主席时，应酌情考虑代表的性别均衡。此外，还应考虑到相关的管理、行政和预算技能。

(21)安全认证委员会，而不是行政管理委员会，应编制和批准欧洲全球卫星导航系统局工作计划中描述导航系统安全认证业务活动的部分，以及年度报告中有关欧洲全球卫星导航系统局导航系统安全认证活动和前景的部分。安全认证委员会应及时向行政管理委员会提交，以便将其纳入欧洲全球卫星导航系统局的工作计划和年度报告中。另外，它还应对其主席行使纪律处分权。

(22)在安全认证活动方面，安全认证委员会主席的角色最好与执行董事在欧洲全球卫星导航系统局其他活动中的作用相当。因此，除了第(EU)912/2010 号条例规定的代表欧洲全球卫星导航系统局的职能外，安全认证委员会的主席还应在安全认证委员会的指导下管理安全认证活动，并确保落实欧洲全球卫星导航系统局工作计划中与认证相关的工作。应欧洲议会或欧盟理事会的要求，安全认证委员会主席还应提交有关安全认证委员会任务执行情况的报告，并当面向其陈述。

(23)应为行政管理委员会不批准欧洲全球卫星导航系统局工作计划的情况制定适当的程序，以确保安全认证流程不受影响，并且能够不间断地进行。

(24)鉴于有第三国的参与，而且国际组织也有可能参与这些计划，包括安全事务，应制定与国际组织的代表和第三国的代表，特别是瑞士的代表缔结合作协议的明确规定[⑧]——以便其能够在特殊情况和某些条件下参与安全认证委员会的工作。这些条件应根据《欧盟运作条约》(TFEU)第 218 条，在与欧盟缔结的国际协议中具体规定，同时应考虑到安全事项，特别是保护欧盟机密信息。欧盟及其成员国与挪威王国之间的导航卫星合作协议[⑨]以及欧洲经济区协议第 31 号和第 37 号议定书已为挪威的参与提供了框架。考虑到安全认证委员会有特殊的专业知识，应当可以在协商此类国际协议之前或期间在其职权范围内向其咨询意见。

(25)第(EU)912/2010号条例应与欧洲议会、欧盟理事会和欧盟委员会分别于2012年7月5日、6月26日和6月12日通过的《欧洲议会、欧盟理事会和欧盟委员会对分权机构的共同做法》所载的原则相一致,特别是关于通过行政管理委员会决议的规则、行政管理委员会成员和安全认证委员会成员及其主席的任期、多年期工作计划的存续、行政管理委员会关于职员管理的权力、评估和修订该条例、预防和管理利益冲突,以及处理非机密但敏感的信息。审议通过多年期工作计划的流程应完全遵循真诚合作的原则,并考虑到与这一工作计划有关的时间限制。

(26)在预防和管理利益冲突方面,欧洲全球卫星导航系统局必须保持公正、诚信和高度专业的水准,绝不能使人有合理的理由怀疑决策可能受到以下方面的影响:与欧洲全球卫星导航系统局作为服务欧盟的主体这一角色整体有利益冲突或欧洲全球卫星导航系统局的任何职员、任何借调的国家专家或观察员有私人利益或隶属关系,或行政管理委员会或安全认证委员会的任何成员与有关人员正当履行公务存在冲突或可能存在冲突。因此,行政管理委员会和安全认证委员会应通过涵盖整个欧洲全球卫星导航系统局的综合利益冲突规则。这些规则应考虑审计院在应欧洲议会要求编写的2012年第15号特别报告中提出的建议,以及避免行政管理委员会和安全认证委员会成员出现利益冲突的必要性。

(27)为了确保欧洲全球卫星导航系统局的透明运作,应公布其议事规则。但是在某些情况下,一些公共和私人利益应该受到保护。为了确保计划的顺利进行,应尽可能详细地说明多年期和年度工作计划以及年度报告。因此,它们可能包含从安全角度或合同关系的角度来看敏感的材料。在此情况下,这些文件应只公布执行摘要。为了提高透明度,这些摘要应尽量完整。

(28)还应强调,欧洲全球卫星导航系统局的工作计划应以绩效管理流程为基础来建立,包括绩效指标,以便有效和高效地评估所取得的成果。

(29)欧洲全球卫星导航系统局的工作计划还应包括资源规划,如分配给各项活动的人力资源和财政资源,并考虑欧盟委员会编制计划的适当缩减可以部分抵消同期(2014年至2020年)欧洲全球卫星导航系统局新职员的经费支出。

(30)在不影响有关欧盟机构席位的政治决议、地域分布的趋向性以及欧盟成员国就新机构席位所定目标的情况下(参见欧盟成员国代表于2003年12月13日在布鲁塞尔举行的国家元首及政府首脑会议上得出并于2008年6月被欧盟理事会重申的结论),为欧洲全球卫星导航系统局的当地办事处选择地点时应考虑客观标准,包括无障碍使用场所,为职员和借调的国家专家的子女提供适当的教育基础设施、就业市场，为职员和借调的国家专家的家庭成员提供社会保障制度和医疗保健服务，以及实施和运营成本。

（31）东道国应通过具体规定，为欧洲全球卫星导航系统局的顺利运作提供必要条件，例如适当的教育和交通运输设施。

（32）根据第2010/803/EU号决议[⑩]决定欧盟成员国政府代表，欧洲全球卫星导航系统局设在布拉格。捷克共和国与欧洲全球卫星导航系统局之间的东道国协议于2011年12月16日缔结，并于2012年8月9日生效。东道国协议和其他具体规定被视为符合第（EU）912/2010号条例的要求。

（33）在整个支出周期，应采用相称的措施保护欧盟的财政利益，特别是通过预防和发现违规行为，进行调查、追回损失、支付不当或管理不善的资金，并在必要时执行惩罚。

（34）鉴于第（EU）1285/2013号条例第8条允许欧盟成员国提供额外资金以资助开发某些计划的特点，应酌情允许欧洲全球卫星导航系统局与欧盟成员国联合签署任务执行合同。

（35）欧洲全球卫星导航系统局应执行欧盟委员会关于欧盟机密信息安全的规则。它还应能够建立处理非机密但敏感的信息的规则。这些规则应仅适用于欧洲全球卫星导航系统局对此类信息的处理。非机密但敏感的信息是欧洲全球卫星导航系统局因条约规定的法律义务和（或）其敏感性而应保护的信息或材料，包括但不限于《欧盟运作条约》第339条所述的专业保密义务所涵盖的信息或材料，与欧洲议会和欧盟理事会第（EC）1049/2001号条例第4条所述问题有关的信息[⑪]或欧洲议会和欧盟理事会第（EC）45/2001号条例范围内的信息[⑫]。

（36）因此，第（EU）912/2010号条例应作相应的修订，本条例已获通过：

第1条　第（EU）912/2010号条例修订如下：

一、第2条至第8条由以下条款取代：

第2条　任务

欧洲全球卫星导航系统局的任务应符合欧洲议会和欧盟理事会第（EU）1285/2013号条例第14条的规定[⑬]。

第3条　主体

1. 欧洲全球卫星导航系统局的主体包括：

（1）行政管理委员会；

(2)执行董事;

(3)欧洲全球卫星导航系统安全认证委员会(以下简称安全认证委员会)。

2. 欧洲全球卫星导航系统局各主体应分别履行第6条、第8条和第11条规定的任务。

3. 行政管理委员会和执行董事、安全认证委员会及其主席应合作,确保欧洲全球卫星导航系统局的运作和主体的协调符合欧洲全球卫星导航系统局内部规则(如行政管理委员会议事规则)确定的程序,安全认证委员会的议事规则、适用于欧洲全球卫星导航系统局的财务规则、职员地位执行细则和文件查阅规则。

第4条　法律地位,当地办事处

1. 欧洲全球卫星导航系统局应为欧盟的一个机构,具有法人资格。

2. 在各个欧盟成员国,欧洲全球卫星导航系统局应享有法律赋予法人的最广泛的法律行为能力,特别是可以获取或处置动产和不动产,并成为法律诉讼的一方。

3. 根据第23条,欧洲全球卫星导航系统局可决定在欧盟成员国或参与欧洲全球卫星导航系统局工作的第三国设立当地办事处,但需征得欧盟成员国的同意。

4. 这些办事处的地点应根据客观标准选择,确保欧洲全球卫星导航系统局的顺利运作。

有关欧洲全球卫星导航系统局在欧盟成员国东道国和第三国东道国的设立和运作的规定,以及有关给予执行董事、行政管理委员会成员和安全认证委员会成员以及欧洲全球卫星导航系统局职员及其家属的福利的规定,需视欧洲全球卫星导航系统局与这些欧盟成员国和第三国作出的具体规定而定。具体规定应由行政管理委员会批准。

5. 欧盟成员国东道国和第三国东道国应通过第4款所述的具体规定,为欧洲全球卫星导航系统局的顺利运作提供必要条件。

6. 根据第11a条第1款第6项的规定,欧洲全球卫星导航系统局应由其执行董事代表。

第5条　行政管理委员会

1. 现设立行政管理委员会,执行第6条所列的任务。

2. 行政管理委员会由下列人员组成:

(1)各欧盟成员国分别任命一名代表;

(2)欧盟委员会任命4名代表;

(3)欧洲议会任命一名无投票权的代表。

行政管理委员会和安全认证委员会的成员应根据其相关经验和专长任命。

行政管理委员会成员的任期为4年,可连任一次。欧洲议会、欧盟委员会和欧盟成员国应努力限制其行政管理委员会代表的更替。

根据行政管理委员会议事规则规定的条件,应邀请安全认证委员会的主席或副主席、欧盟外交和安全政策高级代表(以下简称高级代表)的代表和欧洲航天局(ESA)的代表作为观察员出席行政管理委员会的会议。

3. 在适当情况下,第三国或国际组织代表的参与及其条件应在第23条第1款所述协议中确定,并应遵守行政管理委员会的议事规则。

4. 行政管理委员会应从其成员中选举一名主席和一名副主席。当主席不能履行其职责时,副主席应自动接替主席。主席和副主席的任期为两年,可连任一次。只要该人员不再是行政管理委员会成员,任期即告结束。

行政管理委员会有权罢免主席、副主席或者同时罢免主席与副主席。

5. 行政管理委员会会议由主席召集。

执行董事通常应参加审议,除非主席另有决定。

行政管理委员会应每年举行两次常会。此外,行政管理委员会应根据主席的提议或至少1/3的成员的请求召开会议。

行政管理委员会想倾听某人意见时可邀请其作为观察员出席其会议。行政管理委员会成员可根据议事规则的规定,邀请顾问或专家提供协助。

行政管理委员会秘书处由欧洲全球卫星导航系统局提供。

6. 除非本条例另有规定,行政管理委员会的各项决定应以其成员的绝对多数票作出。

根据第4款,选举和罢免行政管理委员会的主席和副主席以及通过预算和工作计划,需由成员2/3多数票同意方可通过。

7. 欧盟成员国和欧盟委员会的每个代表均应有一票表决权。执行董事不得投票。除第三章所述事项外,根据第6条第2款第1项、第2项和第6条第5款作出的决定,未获欧盟委员会代表的多数票同意不得通过。

行政管理委员会的议事规则应制定更详细的投票规定,特别是一名成员代表另一名成员投票的条件。

第6条　行政管理委员会的任务

1. 行政管理委员会应确保欧洲全球卫星导航系统局在本条例规定下执行委托给它的工作,并应为此作出任何必要的决定,但不影响安全认证委员会根据第三章开展活动的权限。

2. 行政管理委员会还应：

(1)在根据《欧盟运作条约》第312条规定而制定的多年期财务框架的第一年的6月30日之前，在无改动地将安全认证委员会根据第11条第4款第1项起草的章节纳入后，且收到欧盟委员会的意见后，通过欧洲全球卫星导航系统局在该财务框架涵盖期间的多年期工作计划。应就这一多年期工作计划征求欧洲议会的意见，但协商的目的是交换意见，其结果对欧洲全球卫星导航系统局不具有约束力；

(2)在每年11月15日之前，在无改动地将安全认证委员会根据第11条第4款第2项起草的章节纳入后，且收到欧盟委员会的意见后通过欧洲全球卫星导航系统局下一年工作计划；

(3)履行第13条第5款、第6款、第10款、第11款和第14条第5款规定的预算职能；

(4)监督第(EU)1285/2013号条例第14条第1款第(a)②项所述伽利略系统安全监测中心的运作；

(5)根据本条例第21条，通过实施欧洲议会和欧盟理事会第(EC)1049/2001号条例[14]的规定；

(6)在就相关安全认证的规定征求安全认证委员会的意见后，批准第23条第2款所述的规定；

(7)通过执行任务所必需的技术程序；

(8)通过关于欧洲全球卫星导航系统局活动和前景的年度报告，将安全认证委员会根据第11条第4款第3项起草的章节无改动地纳入报告，并在7月1日前转交欧洲议会、欧盟理事会、欧盟委员会和审计院；

(9)确保充分落实第26条所述评估和审计的结果和建议，以及欧洲反欺诈办公室进行的调查和所有内部或外部审计报告的结果和建议，并向预算监管局提交与评估程序结果有关的所有资料；

(10)在第(EU)1285/2013号条例第14条第2款所述的委托协议签署之前，与执行董事进行磋商；

(11)根据执行董事的提议，批准第(EU)1285/2013号条例第14条第4款所述欧洲全球卫星导航系统局与欧洲航天局之间的工作协定；

(12)根据执行董事的提议，批准反欺诈战略；

(13)必要时，根据执行董事的提议，批准欧洲全球卫星导航系统局的组织结构；

(14)通过并公布其议事规则。

3. 关于欧洲全球卫星导航系统局的职员,行政管理委员会应行使《欧盟官员职员条例》[15]赋予任命机构的权力,以及《欧盟其他职员雇佣条件》赋予的订立雇佣合同的权力(任命机构的权力)。

行政管理委员会应按照《欧盟官员职员条例》第 110 条规定的程序通过根据《欧盟官员职员条例》第 2 条第 1 款和《欧盟其他职员雇佣条件》第 6 条作出的决定,将任命机构的有关权力委托给执行董事,并规定中止这种委托授权的条件。执行董事应向行政管理委员会报告这些委托授权的行使情况。执行董事有权进一步委托这些权力。

在适用本款第 2 项时,如有特殊需要,行政管理委员会可通过一项决议,暂时中止向执行董事以及执行董事再次委托的人授权人事任命权,而自行行使任命权或将其委托给某个成员或执行董事以外的职员。

但是,尽管有第 2 项的描述,行政管理委员会需将第 1 项所述且涉及第三章活动所涉职员的招聘、评估和重新归类及对这类职员采取纪律处分措施的权力授权给安全认证委员会主席。

行政管理委员会应按照《欧盟官员职员条例》第 110 条规定的程序,通过《欧盟官员职员条例》的执行措施和《欧盟其他职员雇佣条件》。行政管理委员会应首先征询安全认证委员会,并酌情考虑其关于参与第三章所涉活动的职员的招聘、评估和重新归类以及拟采取哪些纪律处分措施的意见。

行政管理委员会还应通过一项决议,规定欧洲全球卫星导航系统局借调国家专家的规则。在通过该决议之前,行政管理委员会应就第三章所述安全认证活动所涉国家专家的借调问题咨询安全认证委员会,并应酌情考虑其意见。

4. 行政管理委员会应任命执行董事,并可根据第 15b 条第 3 款和第 4 款延长或终止其任期。

5. 行政管理委员会应就执行董事的表现,特别是在欧洲全球卫星导航系统局职权范围的安全事项方面,对执行董事行使纪律处分权,但根据第三章进行的活动除外。

第 7 条　执行董事

欧洲全球卫星导航系统局应由其执行董事管理,执行董事应在行政管理委员会的监督下履行其职责,但不影响根据第 11 条和第 11 条第 1 款分别授予安全认证委员会和安全认证委员会主席的权力。

在不损害欧盟委员会和行政管理委员会权力的情况下，执行董事应独立履行其职责，不得寻求或接受任何政府或任何其他主体的指令。

第 8 条　执行董事的任务

执行董事应执行以下任务：

(1)代表欧洲全球卫星导航系统局，但根据第二章和第三章进行的活动和决策以及根据本条例第 6 条第 2 款第 10 项签署第(EU)1285/2013 号条例第 14 条第 2 款所述的委托授权协议除外；

(2)编制第(EU)1285/2013 号条例第 14 条第 4 款所述欧洲全球卫星导航系统局与欧洲航天局之间的工作协定，按照本条例第 6 条第 2 款第 11 项提交给行政管理委员会，并在获得行政管理委员会批准后签署；

(3)在符合第 5 条第 5 款第 2 项规定的情况下，准备并参与行政管理委员会的工作，但无表决权；

(4)执行行政管理委员会的决定；

(5)编制欧洲全球卫星导航系统局的多年期工作计划和年度工作计划，并提交行政管理委员会批准，但安全认证委员会根据第 11 条第 4 款第 1 项和第 2 项编制和通过的部分除外；

(6)执行多年期工作计划和年度工作计划，但安全认证委员会主席根据第 11a 条第 1 款第 2 项执行的部分除外；

(7)根据第 11a 条第 1 款第 4 项，为行政管理委员会的每次会议编写年度工作计划和(相关)多年度工作计划执行进度报告，且无修改地纳入安全认证委员会主席编写的章节；

(8)编制欧洲全球卫星导航系统局活动和前景的年度报告，但安全认证委员会根据第 11 条第 4 款第 3 项编制和批准的第三章涵盖活动的章节除外，并提交行政管理委员会批准；

(9)采取一切必要措施，包括通过内部管理指令和发布通知，确保欧洲全球卫星导航系统局按照本条例运行；

(10)根据第 13 条起草欧洲全球卫星导航系统局收支概算草案，并根据第 14 条执行预算；

(11)确保欧洲全球卫星导航系统局作为伽利略系统安全监测中心的运营机构，能够响应欧盟理事会联合行动第 2004/552/CFSP 号决议的指示[16]，并履行欧洲议会和欧盟理事会第 1104/2011/EU 号决定第 6 条所述的角色[17]；

(12)确保本条例第3条第1款所述欧洲全球卫星导航系统局主体之间所有相关信息的流通,特别是有关安全的信息;

(13)就实施第(EU)1285/2013号条例第12条第3款第4项所述系统演进所需的技术和操作规范,包括验收和评估程序的定义,以及支持这些演进的研究活动,向欧盟委员会传达欧洲全球卫星导航系统局的意见;

(14)与负责本条例第三章所涵盖的安全认证活动相关事宜的安全认证委员会主席一起密切合作制定欧洲全球卫星导航系统局的组织结构,并提交行政管理委员会批准;

(15)行使第6条第3款第1项所述欧洲全球卫星导航系统局职员人事的权力,但这些权力应按照第2项授予;

(16)经行政管理委员会批准,采取必要措施,根据第4条第3款在欧盟成员国或第三国设立当地办事处;

(17)确保向安全认证委员会、第11条第11款所述主体和安全认证委员会主席提供秘书处及其正常运作所需的一切资源;

(18)制订一项行动计划,以确保对第26条所述评价和审计的结果和建议采取后续行动,但有关第三章涵盖活动的行动计划章节除外,每年向欧盟委员会提交两次进度报告,报告需无修改地纳入安全认证委员会起草的章节后呈交,并提交给行政管理委员会参考;

(19)采取下列措施保护欧盟的财务利益:

①防止欺诈、腐败或任何其他非法活动,并利用有效的监督措施;

②收回违规不当支付的款项,并酌情采取有效、相称和劝阻性的行政管理和财政处罚;

(20)为欧洲全球卫星导航系统局制定与欺诈风险相称的反欺诈战略,不仅考虑到对要执行的措施进行成本效益分析,同时考虑欧洲反欺诈办公室调查的结果和建议,并将其提交行政管理委员会批准。

二、插入以下条款:

第8a条　工作计划和年度报告

1.第6条第2款第1项所述欧洲全球卫星导航系统局的多年期工作计划应规定欧洲全球卫星导航系统局在《欧盟运作条约》第312条规定的多年期财务框架所涉期间采取的行动,包括与国际关系有关的行动及其所负责的沟通。该工作计划应规定总体战略规划，包括目标、里程碑、预期成果和绩效指标，以及资源规划，包括分配给各项活动的人力和财政资源。它应考虑到本条例第26条提到的评估和审计。为便于参考，多年期工作计划还应说明欧盟委员会委托给欧洲全球卫星导航系统局任务的情况，包括第(EU)1285/2013号条例第14条第2款所述的计划管理任务。

2. 本条例第6条第2款第2项所指的年度工作计划应以多年期工作计划为基础。它应规定欧洲全球卫星导航系统局在今后一年内采取的行动，包括与国际关系有关的行动及其负责的沟通。年度工作计划应包括详细的目标和预期成果，包括绩效指标。它应清楚地说明与上一财政年度相比增加、更改或删除了哪些任务，以及绩效指标及其目标值的变化。计划还应列出分配给各项活动的人力资源和财政资源。为便于参考，应包括欧盟委员会根据第(EU)1285/2013号条例第14条第2款的规定，通过委托授权协议委托给欧洲全球卫星导航系统局的任务。

3. 执行董事应在行政管理委员会通过后，将多年期工作计划和年度工作计划转呈欧洲议会、欧盟理事会、欧盟委员会和欧盟成员国，并公布其执行摘要。

4. 本条例第8条第8款所指的年度报告应包括以下信息：

(1)多年期工作计划和年度工作计划的执行，包括有关绩效指标的计划；

(2)预算和职员政策计划的执行情况；

(3)欧洲全球卫星导航系统局的管理和内部控制系统，以及在实施第(EU)1285/2013号条例第11条第5款所述项目管理系统和技术方面取得的进展；

(4)任何改善欧洲全球卫星导航系统局环境绩效的措施；

(5)内部和外部审计结果以及对审计建议和解雇建议的后续行动；

(6)执行董事的保证声明。

应公布年度报告的执行摘要。

三、第9条第1款改为：

1. 根据第(EU)1285/2013号条例第16条，当系统的运行可能影响欧盟或欧盟成员国的安全时，应适用联合行动第2004/552/CFSP号决议中规定的程序。

四、第10条和第11条改为：

第10条　一般原则

本章[第(EU)912/2010号条例中第三章]提及的欧洲全球卫星导航系统安全

认证活动应按照以下原则进行：

(1)所执行的安全认证活动和决策应对欧盟及其成员国的安全承担集体责任；

(2)应努力达成协商一致的决策；

(3)安全认证活动应采用风险评估和管理方法进行，应考虑到对欧洲全球卫星导航系统的安全风险以及任何降低风险措施对成本或进度的影响，同时应考虑到不降低系统的总体安全水平的目标；

(4)安全认证决策应由在复杂系统认证领域具有适当资格、适当级别的安全许可和客观行事能力的专业人员作出和实施；

(5)应努力与对安全问题感兴趣的所有各方进行磋商；

(6)安全认证活动应由所有的利益相关方根据安全认证策略执行，且不影响第(EU)1285/2013 号条例中规定的欧盟委员会的作用；

(7)安全认证决策应遵循相关安全认证策略中规定的流程，以欧盟成员国各自的国家安全认证机构作出的当地安全认证决策为基础；

(8)应建立永久性的、透明的、完全可懂的监控流程，以确保了解欧洲全球卫星导航系统的安全风险；定义安全措施以将此类风险降低到可接受的程度，同时考虑欧盟及其成员国的安全需要，并确保这些计划得以顺利实施；这些措施可以按照纵深防御的概念执行；持续评估这些措施的有效性。与安全风险评估和管理相关的流程应反复由这些计划的利益相关方共同执行；

(9)安全认证决策应以严格独立的方式作出，包括涉及欧盟委员会和负责执行这些计划以及为这些计划提供服务的其他主体，以及欧洲全球卫星导航系统局执行董事和行政管理委员会的决定；

(10)开展安全认证活动时，应酌情考虑到欧盟委员会与负责实施安全规定的有关机构之间进行充分协调的必要性；

(11)所有参与计划实施活动的利益相关方，均应按照欧盟理事会和欧盟委员会有关保护欧盟机密信息的安全规则中规定的基本原则和最低标准来处理和保护欧盟机密信息。

第 11 条　安全认证委员会

1. 兹设立欧洲全球卫星导航系统(GNSS)安全认证委员会(以下简称安全认证委员会)，以执行本条规定的任务。

2. 安全认证委员会应在不违反第(EU)1285/2013 号条例赋予欧盟委员会的责任且不影响欧盟成员国在安全认证方面权限的情况下履行其任务，尤其是在与安全相关的事项上。

3. 作为安全认证机构,安全认证委员会应就欧洲全球卫星导航系统的安全认证负责以下事项:

(1)制定和批准安全认证策略。该策略应规定:

①执行和维持欧洲全球卫星导航系统认证所需的活动范围及其与其他系统之间的潜在互联;

②欧洲全球卫星导航系统的安全认证程序,确保其详细程度与所需的保证水平相称,并明确说明批准条件;该程序应根据相关要求执行,特别是第(EU)1285/2013 号条例第 13 条所述的要求;

③参与认证过程的利益相关方所扮演的角色;

④计划各阶段的认证时间表,尤其是基础设施部署、服务提供和演进阶段;

⑤由各欧盟成员国负责安全事务的国家实体执行的针对与导航系统相连的网络以及与伽利略计划下所建系统相连的公共管制服务(PRS)设备的安全认证原则;

(2)作出安全认证决策,特别是卫星发射的批准、以不同配置来运行系统的授权、运行各类服务乃至空间信号的授权,以及运行地面站的授权。对于与伽利略计划下所建系统相连的网络和公共管制服务设备,安全认证委员会应仅就开发和制造公共管制服务接收器或公共管制服务安全模块的主体进行授权作出决策,作决策时应考虑到负责安全事务的国家实体提供的建议和总体安全风险;

(3)审批与安全认证相关的所有文件,但欧盟委员会根据第(EU)1285/2013 号条例第 13 条和第 1104/2011/EU 号决议第 8 条通过的文件除外;

(4)在职权范围内,就第(EU)1285/2013 号条例第 13 条和第 1104/2011/EU 号决定第 8 条所述行为,包括建立安全操作程序(SecOps),向欧盟委员会提供建议,并就结论性立场发表声明;

(5)检查并审批根据第 10 条第 8 项所述的监测程序开展的安全风险评估,但应遵守本款第 3 项所述的文件以及根据第(EU)1285/2013 号条例第 13 条和第 1104/2011/EU 号决定第 8 条制定的文件;与欧盟委员会共同确定风险缓解措施;

(6)根据本条例第 12 条第 2 项的规定,通过自行开展或出资开展安全评估、检查或审查活动,检查与欧洲全球卫星导航系统安全认证相关的安全措施的执行情况;

(7)为选用获批的防电子窃听(TEMPEST)产品和措施以及为欧洲全球卫星导航系统提供安全保护的获批加密产品进行背书;

(8)批准或在相关情况下与主管安全事务的有关实体一起批准欧洲全球卫星导航系统与其他系统的互连；

(9)就第12条第3项所述的访问控制模板与相关欧盟成员国达成一致；

(10)根据本条第11款所述的风险报告，向欧盟委员会通报风险评估情况，并就某一特定安全认证决定的剩余风险处理办法向欧盟委员会提供建议；

(11)应欧盟理事会的具体要求与欧盟委员会密切合作，协助欧盟理事会执行联合行动第2004/552/CFSP号决议；

(12)开展执行任务所必需的协商。

4. 安全认证委员会还应：

(1)编制并批准第8a条第1款所述的多年期工作计划中与本章所述业务活动以及完成这些活动所需的财务和人力资源相关的部分，并及时提交给行政管理委员会，以便纳入多年期工作计划；

(2)编制并批准第8a条第2款所述的年度工作计划中与本章所述业务活动以及完成这些活动所需的财务和人力资源相关的部分，并及时提交行政管理委员会，以便纳入年度工作计划；

(3)编制并批准第6条第2款第8项所述年度报告中与本章所述欧洲全球卫星导航系统局活动和前景以及完成这些活动和实现这些前景所需的财务和人力资源相关的部分，并及时提交行政管理委员会，以便纳入年度报告；

(4)通过并公布其议事规则。

5. 欧盟委员会应不断向安全认证委员会通报安全认证委员会所设想的任何决策对适当地执行这些计划以及剩余风险处理计划的影响。安全认证委员会应认真考虑欧盟委员会的任何此类意见。

6. 安全认证委员会的决定应提交欧盟委员会。

7. 安全认证委员会应由欧盟成员国各派一名代表、欧盟委员会的一名代表、欧盟外交和安全政策高级代表的一名代表组成。欧盟成员国、欧盟委员会以及欧盟外交和安全政策高级代表应努力限制其各自代表在安全认证委员会的更替。安全认证委员会成员的任期为4年，可以连任。安全认证委员会应邀请欧洲航天局的代表以观察员的身份出席其会议。在特殊情况下，也可邀请第三国或国际组织的代表作为观察员参加与这些第三国或国际组织的事务直接相关的会议。第三国或国际组织的代表出席此类会议的规定及其条件应在第23条第1款所指的协议中确定，并应符合安全认证委员会的议事规则。

8. 安全认证委员会应让拥有表决权的所有成员进行投票表决，以 2/3 多数成员投赞成票的方式从其成员中选出主席和副主席。当主席不能履行职责时，副主席应自动接替他/她的工作。

安全认证委员会有权罢免主席和(或)副主席。安全认证委员会应以 2/3 多数成员投赞成票的方式作出罢免决定。

安全认证委员会主席和副主席的任期为两年，可连任一次。只要主席和副主席不再是安全认证委员会的成员，其任期即告结束。

9. 安全认证委员会应有权获得所需的一切人力和物力资源，以提供适当的行政支持职能，并使其和第 11 款所述主体能够独立执行任务，特别是在处理文件、启动和监督安全程序的实施，执行系统安全审计以及准备决策和组织会议方面。在不影响第 10 条第 1 款所述的自主和独立原则的情况下，安全认证委员会还应有权获得欧洲全球卫星导航系统局拥有的执行其任务所需的任何资料。

10. 安全认证委员会及其监督下的欧洲全球卫星导航系统局职员，应根据这些计划的目标，以确保相对于欧洲全球卫星导航系统局其他活动的自主和独立的方式开展工作，尤其是与系统开发相关的业务活动。因此，安全认证委员会应在欧洲全球卫星导航系统局内部就本章所涉活动的职员与欧洲全球卫星导航系统局的其他职员进行切实有效的组织划分。安全认证委员会应立即将可能妨碍其自主或独立的任何情况通知执行董事、行政管理委员会和欧盟委员会。如果无法在欧洲全球卫星导航系统局内部找到补救办法，欧盟委员会应与有关各方协商审查这种情况，并根据审查结果采取适当的缓解措施。该等缓解措施将由欧洲全球卫星导航系统局负责实施，并通报欧洲议会和欧盟理事会。

11. 安全认证委员会应设立按照其指示来处理具体问题的专属机构，尤其应该在确保必要工作连续性的情况下，设立一个评审小组负责开展安全分析审查与测试活动，以生成相关的风险报告来协助其作出决策。安全认证委员会可以通过设立和解散专家组的方式为这个评审小组的工作提供支持。

12. 在不影响第(EU)1285/2013 号条例第 14 条第 1 款第 1②项所述的欧盟成员国权限和欧洲全球卫星导航系统局任务的前提下，伽利略计划的部署阶段应在安全认证委员会的监督下成立由欧盟成员国代表组成的专家组，以执行密码分发局(CDA)有关欧盟加密材料的管理任务，尤其是：

(1)管理在伽利略计划下所建的导航系统运行所需的飞行密钥和其他密钥；

(2)验证公共管制服务(PRS)密钥的计费、安全处理、存储和分发程序的建立和执行情况。

13. 如果无法根据本条例第10条所述的一般原则达成共识，则安全认证委员会应按照《欧盟条约》第16条的规定，在不影响本条例第9条的情况下，以多数表决通过的方式作出决策。欧盟委员会的代表以及欧盟外交和安全政策高级代表的代表不得投票。安全认证委员会主席应代表安全认证委员会签署安全认证委员会通过的决策。

14. 欧盟委员会应及时向欧洲议会和欧盟理事会通报安全认证决策的通过对这些计划的适当实施所产生的影响，不得无故延迟。如果欧盟委员会认为安全认证委员会作出的决策可能会对计划的适当实施产生重大影响，例如在成本、进度或绩效方面，则应立即通知欧洲议会和欧盟理事会。

15. 欧洲议会和欧盟理事会应于一个月内表达意见，欧盟委员会可在考虑到这些意见的基础上根据第（EU）1285/2013号条例采取任何适当措施。

16. 应定期向行政管理委员会通报安全认证委员会的工作进展情况。

17. 安全认证委员会的工作时间表应符合第（EU）1285/2013号条例第27条中所述的年度工作计划。

五、插入以下条款：

第11a条　安全认证委员会主席的任务

1. 安全认证委员会主席应执行以下任务：

（1）在安全认证委员会的监督下管理安全认证活动；

（2）在安全认证委员会的监督下就本章所涵盖的欧洲全球卫星导航系统局的多年期和年度工作计划开展部分工作；

（3）与执行董事合作，协助起草第13条第3款所述的草案制定计划和欧洲全球卫星导航系统局的组织结构；

（4）编制第8条第7项所述的关于本章所涉业务活动的进度报告，并及时提交给安全认证委员会和执行董事，以便纳入进度报告中；

（5）就本章所涉业务活动分别编写第8条第8项所述的年度报告和第8条第18项所述的行动计划，并及时提交给执行董事；

（6）代表欧洲全球卫星导航系统局参与本章所涵盖的活动和决策；

（7）对参与本章所涉活动的欧洲全球卫星导航系统局职员行使根据第6条第4款所授予的第6条第1款中所述的权力。

2. 对于本章所涵盖的活动，欧洲议会和欧盟理事会可要求安全认证委员会主席就欧洲全球卫星导航系统局的工作和前景与这些机构面对面交换意见，包括就多年期和年度工作计划交换意见。

六、第 12 条第 2 项改为：

（2）允许经安全认证委员会正式授权的人员，出于安全认证委员会决定的安全审计和测试目的以及第 10 条第 8 项所述的安全风险监控目的，经与主管安全事务的国家实体达成一致意见并在其监督下，根据其所在国家的法律和法规，访问其管辖范围内与系统安全相关的任何信息及任何区域和（或）站点，不因欧盟成员国的国籍归属问题而受到任何歧视。这些审计和测试应按照以下原则进行：

①应强调被查实体的内部安全和有效风险管理的重要性。

②应就如何降低因机密信息的保密性、完好性或可用性受到损害而产生的具体影响提供对策建议。

七、第 13 条修正如下：

（1）第 3 款改为：

3. 执行董事应与负责第三章所涉活动的安全认证委员会主席密切合作，起草下一财政年度欧洲全球卫星导航系统局支出和收入概算草案，明确说明概算草案中与安全认证活动相关的内容与欧洲全球卫星导航系统局的其他活动之间的区别。安全认证委员会主席可就该草案编写一份声明，执行董事应将概算草案和声明连同一份草案制定计划一并转交给行政管理委员会和安全认证委员会。

（2）第 5 款和第 6 款改为：

5. 行政管理委员会每年都应与安全认证委员会密切合作，基于支出和收入概算草案就第三章所涉活动拟订下一财政年度的欧洲全球卫星导航系统局收入和支出概算。

6. 行政管理委员会应在每年 3 月 31 日之前将概算表（其中应包括草案制定计划）连同暂行年度工作计划一并转发给欧盟委员会以及根据第 23 条第 1 款已与欧盟达成协议的第三国或国际组织。

八、第 14 条第 10 款改为：

10. 根据欧盟理事会以有效的多数代表通过的建议，欧洲议会应在 N+2 年的 4

月30日之前,解除执行董事执行第N年预算的权力,但涉及以下任务的预算执行部分除外:在根据第(EU)1285/2013号条例第14条第2款委托给欧洲全球卫星导航系统局的任务中,存在适用于欧洲议会和欧盟理事会第(EU,Euratom)966/2012号条例第164条和第165条[18]所述程序的任务。

九、插入以下章节:

第四a章　人力资源

第15a条　职员

1.《欧盟官员职员条例》《欧盟其他职员雇佣条件》以及欧盟各机构为执行这些职员条例和雇用条件而联合通过的规则,应适用于欧洲全球卫星导航系统局雇用的职员。

2.欧洲全球卫星导航系统局的职员应包括欧洲全球卫星导航系统局为执行其任务而招聘的雇员。他们应获得与其所处理的信息密级分类一致的安全许可。

3.欧洲全球卫星导航系统局的内部规则,例如行政管理委员会的议事规则、安全认证委员会的议事规则、欧洲全球卫星导航系统局的财务规则、职员条例执行规则和文件查阅规则,应根据第10条第9项的规定,确保从事安全认证活动的职员相对于从事欧洲全球卫星导航系统局其他活动的职员的自主性和独立性。

第15b条　执行董事的任命和任期

1.执行董事应按照《欧盟其他职员雇佣条件》第2条第a项受聘为欧洲全球卫星导航系统局的临时职员。

2.执行董事应根据候选人的成绩、记录在案的行政和管理技能以及相关的能力和经验等标准在欧盟委员会提出的候选人名单中选出。候选人应先在欧盟官方公报或其他地方发表竞选声明,并开展公开竞争。

应尽早邀请行政管理委员会选出的候选人在欧洲议会上发言并回答成员提出的问题。

行政管理委员会主席应代表欧洲全球卫星导航系统局签订执行董事合同。

行政管理委员会应在2/3多数成员投票赞成的情况下作出执行董事任命决策。

3.执行董事的任期为5年。在该任期结束时,欧盟委员会应结合欧洲全球卫星导航系统局今后的任务和挑战对执行董事进行绩效评估。

根据欧盟委员会的提议并在考虑上一段所述的绩效评估结果的情况下,行政管理委员会可将执行董事的任期延长一次,最多为4年。

延长执行董事任期的决定，需经行政管理委员会2/3多数成员投票通过。

执行董事任期延长后，可不参加同一职位的选拔程序。

行政管理委员会应将其延长执行董事任期的意向通知欧洲议会。延长任期之前，执行董事可能会应邀在欧洲议会的相关委员会面前进行述职陈述，并回答其成员提出的问题。

4. 行政管理委员会可根据欧盟委员会或其1/3成员的提议，以2/3多数成员通过的方式来罢免执行董事。

5. 欧洲议会和欧盟理事会可要求执行董事就欧洲全球卫星导航系统局的工作和前景交换意见，包括就多年期和年度工作计划交换意见。意见交换不应涉及与第三章所述的安全认证活动有关的事项。

第15c条　借调国家专家

欧洲全球卫星导航系统局还可以聘请国家专家。这些专家应通过了与其所处理的信息密级分类相称的安全审查。《欧盟官员职员条例》和《欧盟其他职员雇佣条件》不适用于此类人员。

十、第16条和第17条改为：

第16条　防止欺诈

1. 为了打击欺诈、腐败和任何其他非法活动，欧洲议会和欧盟理事会第(EU, Euratom)883/2013号条例[19]应无限制地适用于欧洲全球卫星导航系统局。为此，欧洲全球卫星导航系统局应加入欧洲议会、欧盟理事会和欧盟委员会1999年5月25日签署的关于欧洲反欺诈办公室(OLAF)开展内部调查的《机构间协议》[20]，并应使用该协议附件中的决议模式向欧洲全球卫星导航系统局职员和借调国家专家发布相应的规定。

2. 审计院应有权监督欧洲全球卫星导航系统局的资金受益人以及通过欧洲全球卫星导航系统局获得欧盟资金的承包商和分包商，可要求他们提供文件或进行现场检查来进行监督。

3. 对于欧洲全球卫星导航系统局拨出的款项或授予的合同，欧洲反欺诈办公室可根据第(EU, Euratom)883/2013号条例以及欧盟理事会第(EC, Euratom)2185/96号条例[21]开展调查，包括现场检查和调查，以打击欺诈、腐败及损害欧盟经济利益的其他非法活动。

4. 在不影响本条第1款、第2款和第3款的前提下，欧洲全球卫星导航系统局与第三国或国际组织签订的合作协议,欧洲全球卫星导航系统局与第三方签订的合同和拨款协议,以及欧洲全球卫星导航系统局作出的任何拨款决策均应明确规定审计院和欧洲反欺诈办公室可以根据各自的权限开展检查和调查活动。

第 17 条　特权和豁免

《欧盟条约》和《欧盟运作条约》所附的《欧盟特权和豁免第 7 号议定书》应适用于欧洲全球卫星导航系统局以及第 15a 条所述的欧洲全球卫星导航系统局职员。

十一、第 18 条已被删除

十二、第 22 条和第 23 条改为:

第 22 条　保护机密或敏感信息的安全规则

1. 欧洲全球卫星导航系统局应遵守欧盟委员会关于保护欧盟机密信息的安全规则。

2. 欧洲全球卫星导航系统局可在其内部规则中规定如何处理非机密但敏感的信息,尤其是此类信息的交换、处理和存储。

第 22a 条　利益冲突

1. 行政管理委员会和安全认证委员会的成员、执行董事,以及借调的国家专家和观察员,应作出承诺声明和利益声明,表明不存在或存在可能会损害其独立性的任何直接或间接利益。声明应准确、完整,应采用书面形式,并每年更新一次。声明应在必要时及时更新,尤其是在有关人员的个人情况发生相关变化时。

2. 在参加任何会议之前,行政管理委员会和安全认证委员会的成员、执行董事、借调的国家专家和观察员以及参加特设工作组的外部专家,应准确完整地声明不存在或存在可能损害其针对任何议程项目的独立性的任何直接或间接利益,利益相关人员应放弃参与这些问题的讨论和表决。

3. 行政管理委员会和安全认证委员会应在其议事规则中就第 1 款和第 2 款所述的利益声明规则以及利益冲突的预防和管理制定切实可行的规定。

第 23 条　第三国和国际组织的参与

1. 欧洲全球卫星导航系统局应向第三国和国际组织开放。此类参与及其条件应根据《欧盟运作条约》第 218 条规定的程序,在欧盟与此类第三国或国际组织之间的协议中确定。

2. 根据这些协议的有关规定,欧洲全球卫星导航系统局应就第三国或国际组织参与欧洲全球卫星导航系统局的工作制定切实可行的规定,包括与他们对欧洲全球卫星导航系统局计划的参与、捐款和职员相关的规定。

第23a条　与欧盟成员国联合采购

为确保执行任务，欧洲全球卫星导航系统局应有权根据欧洲委员会第(EU)1268/2012号条例[22]与欧盟成员国签订联合采购合同。

十三、第26条改为：

第26条　修订、评估和审计

1. 欧盟委员会应在2016年12月31日之前以及此后每5年对欧洲全球卫星导航系统局的影响、效力、平稳运行、工作方法、需求和资源使用情况进行评估，尤其是对欧洲全球卫星导航系统局任务范围或性质的任何变化及其财务影响进行评估。欧盟委员会应考察欧洲全球卫星导航系统局利益冲突政策的适用性，并应找出可能损害安全认证委员会的独立性和自主性的任何情况。

2. 欧盟委员会应向欧洲议会、欧盟理事会、行政管理委员会和安全认证委员会提交评估报告及其结论。评估结果应向社会公布。

3. 评估应一分为二，从目标和任务的角度对欧洲全球卫星导航系统局损益表进行检查。如果欧盟委员会认为就既定的目标和任务而言，欧洲全球卫星导航系统局不再有理由继续存在，则可酌情提议废除本条例。

4. 行政管理委员会或欧盟委员会可决定对欧洲全球卫星导航系统局的业绩进行外部审计。

第2条　生效条款

本条例自其在欧盟官方公报上公布后的第3天起生效。

本条例应具有全部约束力，并直接适用于所有欧盟成员国。

2014年4月16日于史特拉斯堡签署。

欧洲议会议长

马丁・舒尔茨(Martin Schulz)

欧盟理事会理事长

迪米特里斯・库库拉斯(D. KOURKOULAS)

①欧盟官方公报C 198，2013年7月10日，第67页。

②欧洲议会2014年3月12日的立场(尚未在欧盟官方公报上发布)和欧盟理

事会 2014 年 4 月 14 日的决议。

③欧洲议会和欧盟理事会 2013 年 12 月 11 日关于实施和利用欧洲卫星导航系统的第(EU)1285/2013 号条例,并废除欧盟理事会第(EC)876/2002 号条例以及欧洲议会和欧盟理事会第(EC)683/2008 号条例(欧盟官方公报 L 347,2013 年 12 月 20 日,第 1 页)。

④欧洲议会和欧盟理事会 2010 年 9 月 22 日关于设立欧洲全球卫星导航系统局的第(EU)912/2010 号条例,废除关于建立欧洲卫星无线电导航计划管理结构的欧盟理事会第(EC)1321/2004 号条例,并修订欧洲议会和欧盟理事会第(EC)683/2008 号条例(欧盟官方公报 L 276,2010 年 10 月 20 日,第 11 页)。

⑤欧盟理事会 2004 年 7 月 12 日关于影响欧盟安全的欧洲卫星无线电导航系统运作联合行动第 2004/552/CFSP 号决议(欧盟官方公报 L 246,2004 年 7 月 20 日,第 30 页)。

⑥欧盟理事会 2013 年 9 月 23 日关于保护欧盟机密信息的安全规则的第 2013/488/EU 号决议(欧盟官方公报 L 274,2013 年 10 月 15 日,第 1 页)。

⑦欧洲议会和欧盟理事会 2011 年 10 月 25 日的第 1104/2011/EU 号决定,规定了公共管制服务的使用规则,这些服务是由伽利略计划下所建全球卫星导航系统提供的(欧盟官方公报 L 287,2011 年 11 月 4 日,第 1 页)。

⑧欧盟官方公报 L 15,2014 年 1 月 20 日,第 1 页。

⑨欧盟官方公报 L 283,2010 年 10 月 29 日,第 12 页。

⑩欧盟成员国政府代表 2010 年 12 月 10 日就欧洲全球卫星导航系统局席位所在地问题通过共同协议作出的第 2010/803/EU 号决议(欧盟官方公报 L 342,2010 年 12 月 28 日,第 15 页)。

⑪欧洲议会和欧盟理事会 2001 年 5 月 30 日关于公众查阅欧洲议会、欧盟理事会和欧盟委员会文件的第(EC)1049/2001 号条例(欧盟官方公报 L 145,2001 年 5 月 31 日,第 43 页)。

⑫欧洲议会和欧盟理事会 2000 年 12 月 18 日的第(EC)45/2001 号条例,保护欧共体机构和主体的个人数据处理和自由流动(欧盟官方公报 L 8,2001 年 1 月 12 日,第 1 页)。

⑬欧洲议会和欧盟理事会 2013 年 12 月 11 日关于实施和利用欧洲卫星导航系统的第(EU)1285/2013 号条例,并废除欧盟理事会第(EC)876/2002 号条例以及欧洲议会和欧盟理事会第(EC)683/2008 号条例(欧盟官方公报 L 347,2013 年 12 月

20 日，第 1 页）。

⑭欧洲议会和欧盟理事会 2001 年 5 月 30 日关于公众查阅欧洲议会、欧盟理事会和欧盟委员会文件的第（EC）1049/2001 号条例（欧盟官方公报 L 145，2001 年 5 月 31 日，第 43 页）。

⑮《欧盟官员职员条例》和《欧盟其他职员雇佣条件》，参见欧盟理事会第（EEC，Euratom，ECSC）259/68 号条例（欧盟官方公报 L 56，1968 年 3 月 4 日，第 1 页）。

⑯欧盟理事会 2004 年 7 月 12 日关于影响欧盟安全的欧洲卫星无线电导航系统运作联合行动第 2004/552/CFSP 号决议（欧盟官方公报 L 246，2004 年 7 月 20 日，第 30 页）。

⑰欧洲议会和欧盟理事会 2011 年 10 月 25 日的第 1104/2011/EU 号决议，规定了公共管制服务的使用规则，这些服务是由伽利略计划下所建全球卫星导航系统提供的（欧盟官方公报 L 287，2011 年 11 月 4 日，第 1 页）。

⑱欧洲议会和欧盟理事会 2012 年 10 月 25 日第（EU，Euratom）966/2012 号条例，关于适用于欧盟一般预算的财务规则，废除了第（EC，Euratom）1605/2002 号条例（欧盟官方公报 L 298，2012 年 10 月 26 日，第 1 页）。

⑲欧洲议会和欧盟理事会 2013 年 9 月 11 日关于欧洲反欺诈办公室（OLAF）开展调查的第（EU，Euratom）883/2013 号条例，废除了欧洲议会和欧盟理事会第（EC）1073/1999 号条例和欧盟理事会第（Euratom）1074/1999 号条例（欧盟官方公报 L 248，2013 年 9 月 18 日，第 1 页）。

⑳欧盟官方公报 L 136，1999 年 5 月 31 日，第 15 页。

㉑欧盟理事会 1996 年 11 月 11 日第（Euratom，EC）2185/96 号条例，关于欧盟委员会为保护欧洲共同体的经济利益不受欺诈和其他违规行为侵害而进行的现场检查和视察（欧盟官方公报 L 292，1996 年 11 月 15 日，第 2 页）。

㉒欧盟委员会 2012 年 10 月 29 日第（EU）1268/2012 号委托条例，规定了关于欧洲委员会和欧盟理事会第（EU，Euratom）966/2012 号条例的适用规则，欧洲委员会和欧盟理事会第（EU，Euratom）966/2012 号条例规定了适用于一般预算的财务规则（欧盟官方公报 L 362，2012 年 12 月 31 日，第 1 页）。

欧盟理事会第 2014/496/CFSP 号决定

欧盟理事会第2014/496/CFSP号决定

关于影响欧盟安全的欧洲全球卫星导航系统的部署、运行和使用以及废除联合行动第2004/552/CFSP号决议的问题

2014年7月22日

欧盟理事会:

根据《欧盟条约》,特别是其中第28条,根据欧盟外交和安全政策高级代表的提案,

鉴于:

(1)特别是考虑其战略层面、区域和全球覆盖范围以及多种用途,欧洲全球卫星导航系统构成了敏感的基础设施,其部署和使用容易影响欧盟及其成员国的安全。

(2)如果国际形势需要欧盟采取行动,并且全球卫星导航系统的运行可能影响欧盟或其成员国的安全,或在导航系统运行受到威胁的情况下,欧盟理事会应决定采取必要的措施。

(3)为此,欧盟理事会于2004年7月12日通过了联合行动第2004/552/CFSP号决议①。

(4)《里斯本条约》生效后,欧盟理事会秘书长/高级代表以前行使的任务和责任现在应由欧盟外交和安全政策高级代表(HR)行使。

(5)伽利略计划下所建系统的开发进展、部署开展以及即将开始的使用,都需要对联合行动第2004/552/CFSP号决议所规定的程序进行调整。

(6)与导航系统有关的事件是否对欧盟、欧盟成员国或全球卫星导航系统构成威胁的相关信息和专业知识应由欧洲全球卫星导航系统局(GSA)、欧盟成员国和欧盟委员会提供给欧盟理事会和欧盟外交和安全政策高级代表提供。此外,第三国也可以提供这种信息。

(7)应明确欧盟理事会、欧盟外交和安全政策高级代表、作为伽利略系统安全监测中心(GSMC)运营方的欧洲全球卫星导航系统局和欧盟成员国在运行责任链

中的作用,以应对欧盟、欧盟成员国及全球卫星导航系统面临的威胁。

(8)在这方面,威胁的基本含义参见具体的导航系统安全要求说明,其中包含全球卫星导航系统作为一个整体要处理的主要威胁,以及导航系统安全计划,其中包括在安全认证过程中建立的安全风险登记册。这些将作为确定本决议所要具体处理的威胁和为执行本决议而完成运作程序的参考。

(9)如遇紧急情况,决定可能必须在接到有关威胁的信息后几小时内作出。

(10)如果情况不允许欧盟理事会作出决定,为了避免威胁或减轻对欧盟或欧盟一个或多个成员国基本利益的严重损害,欧盟外交和安全政策高级代表应有权采取必要的临时措施。

(11)欧洲议会和欧盟理事会第(EU)683/2008 号条例[②]和欧洲议会和欧盟理事会第(EU)1285/2013 号条例[③]修改了欧洲全球卫星导航系统的治理。特别是,第(EU)1285/2013 号条例第 14 条规定,欧洲全球卫星导航系统局应确保伽利略系统安全监测中心的运营。

(12)欧洲议会和欧盟理事会第(EU)512/2014 号条例[④]规定,欧洲全球卫星导航系统局执行董事有责任确保该局作为伽利略系统安全监测中心的运营方,能够响应本决议所取代的联合行动第 2004/552/CFSP 号决议的规定。此外,欧洲议会和欧盟理事会第 1104/2011/EU 号决议[⑤]规定了欧盟成员国、欧盟理事会、欧盟委员会、欧洲对外行动署、欧盟机构、第三国和国际组织可使用根据伽利略计划建立的全球卫星导航系统提供的公共管制服务(PRS),特别是第 1104/2011/EU 号决议第 6 条将伽利略系统安全监测中心定义为公共管制服务机构、欧盟理事会、欧盟外交和安全政策高级代表和控制中心之间的业务接口。

本决议已获通过:

第 1 条

本决议规定了欧盟理事会、欧盟外交和安全政策高级代表应履行的责任,以避免对欧盟或欧盟一个或多个成员国的安全构成威胁,或减轻因部署、运营或使用欧洲全球卫星导航系统而对欧盟或欧盟一个或多个成员国的基本利益造成严重损害,特别是在欧盟由于国际形势需要采取行动,或在导航系统本身或其服务受到威胁的情况下。

第 2 条

如果发生这种威胁,欧盟成员国、欧盟委员会及欧洲全球卫星导航系统局应酌情立即将其认为相关的、所有可供其使用的信息通知欧盟理事会和欧盟外交和安全政策高级代表。

第3条

1. 欧盟理事会应根据欧盟外交和安全政策高级代表的提议就对欧洲全球卫星导航系统局的必要指示作出一致决定。

2. 欧洲全球卫星导航系统局和欧盟委员会应就其计划发布的任何指示对全球卫星导航系统可能产生的更广泛影响向欧盟理事会提供建议。

3. 欧盟政治和安全委员会(PSC)需就所建议的指示酌情向欧盟理事会提出意见。

第4条

1. 如果情况紧急,需要在欧盟理事会根据第3条第1款作出决定之前立即采取行动,欧盟外交和安全政策高级代表有权向欧洲全球卫星导航系统局发出必要的临时指示。欧盟外交和安全政策高级代表可指示执行秘书长或欧洲对外行动署的一名副秘书长向欧洲全球卫星导航系统局发出此类指示。欧盟外交和安全政策高级代表应立即将根据本条款发出的所有指示通知欧盟理事会和欧盟委员会。

2. 欧盟理事会应尽快确认、修改或撤销欧盟外交和安全政策高级代表的临时指示。

3. 欧盟外交和安全政策高级代表应不断审查其临时指示、酌情修订,或在不再需要立即行动时撤销。无论如何,临时指示应在发出后4周失效,或在欧盟理事会根据第2款作出决定后失效。

第5条

自本决议通过之日起6个月内,欧盟外交和安全政策高级代表应在欧盟成员国专家的支持下,编制必要的早期运作程序,以切实执行本决议的规定,并提交给欧盟政治和安全委员会批准。完整的运作程序应在本决议通过后一年内提交给欧盟政治和安全委员会批准。欧盟政治和安全委员会应至少每两年审查和更新一次运作程序。

第6条

1. 根据欧盟或欧盟与其成员国先前缔结的国际协定,包括根据第1104/2011/EU号决定第3条第5款准予获取公共管制服务的协定,欧盟外交和安全政策高级代表有权就本决议中的合作与第三国缔结行政管理协定。此类协定需经欧盟理事会一致通过。

2. 如果此类协定要求欧盟交换机密信息，则机密信息的发布或交换应根据适用的安全规则获得批准。

第 7 条

欧盟理事会应在不迟于本决议通过之日起 3 年内，或应欧盟成员国的要求，或在根据第 3 条采取任意措施后，审查并在必要时修正本决议的规则和程序。

第 8 条

欧盟成员国应酌情采取必要措施，根据第（EU）1285/2013 号条例第 28 条，确保在各自的责任领域内实施本决议。为此，欧盟成员国应指定联络人协助对威胁进行行动管理。联络人可以是自然人或法人。

第 9 条

废除联合行动第 2004/552/CFSP 号决议。

第 10 条

本决议自通过之日起生效。

2014 年 7 月 22 日于布鲁塞尔签字生效。

欧盟理事会理事长

C. 阿什顿（C. ASHTON）

①欧盟理事会 2004 年 7 月 12 日关于影响欧盟安全的欧洲卫星无线电导航系统运作联合行动第 2004/552/CFSP 号决议（欧盟官方公报 L 246，2004 年 7 月 20 日，第 30 页）。

②欧洲议会和欧盟理事会 2008 年 7 月 9 日关于进一步实施欧洲卫星导航计划（欧洲地球静止导航重叠服务计划和伽利略卫星导航计划）的第（EC）683/2008 号条例（欧盟官方公报 L 196，2008 年 7 月 24 日，第 1 页）。

③欧洲议会和欧盟理事会 2013 年 12 月 11 日关于实施和利用欧洲卫星导航系统的第（EU）1285/2013 号条例，并废除欧盟理事会第（EC）876/2002 号条例以及欧洲议会和欧盟理事会第（EC）683/2008 号条例（欧盟官方公报 L 347，2013 年 12 月 20 日，第 1 页）。

④欧洲议会和欧盟理事会 2014 年 4 月 16 日第（EU）512/2014 号条例，修订第（EU）912/2010 号条例，设立欧洲全球卫星导航系统局（欧盟官方公报 L 150，2014 年 5 月 20 日，第 72 页）。

⑤欧洲议会和欧盟理事会2011年10月25日的第1104/2011/EU号决定,规定了公共管制服务的使用规则,这些服务是由根据伽利略计划建立的全球卫星导航系统提供的(欧盟官方公报L 287,2011年11月4日,第1页)。

做法治北斗追梦人

（代后记）

本书成稿之时，正值北斗全球服务开通一周年。三年前，北斗三号系统最后一颗全球组网卫星成功发射，习总书记向世界宣布北斗三号全球卫星导航系统正式开通。为北斗成就所激励，历经反复修改，书稿终于付梓出版。

20世纪90年代，为了摆脱时空信息受制于人的被动局面，党中央、国务院、中央军委决策建设中国人自己的卫星导航系统。一代代北斗人披荆斩棘，克服了各种难以想象的艰难险阻，在陌生的领域从无到有、白手起家。仅用26年，就走完了其他卫星导航系统半个世纪走过的历程，成为世界上第三个独立拥有全球卫星导航系统的国家，终于把国家时空信息安全牢牢掌握在了自己手中。如今的北斗，已成为战略性新型基础设施，成为中国向世界贡献的全球公共服务产品，成为彰显我国综合实力的重要标志，在世界上发挥着重大影响力。

北斗系统建设发展的过程，也是不断探索实践卫星导航法治工作的过程。2016年，《中华人民共和国卫星导航条例》列入国务院立法工作计划，卫星导航立法正式启动。这是我国卫星导航法治建设的里程碑。出台专门的卫星导航法律法规，既是北斗系统发展到一定阶段的客观要求，也是我国参与卫星导航国际竞争与合作的迫切需要。孙家栋院士提出“法治护航北斗”的殷切希望，北斗卫星导航系统工程总设计师、中国工程院院士杨长风担任条例起草工作组组长。

顺应中国卫星导航事业发展要求，我们北京航空航天大学北斗政策法规研究中心开始了卫星导航立法研究工作。然而，当时国内卫星导航的法学研究尚处于空白，国内法学界对卫星导航还涉之不深，对于法学研究者而言，“北斗系统”“卫星导航”还是较陌生的术语，卫星导航立法研究任务艰巨。由于当时世界上仅有美、俄和欧拥有全球卫星导航系统，我们便将法学研究的参考借鉴对象聚焦于这些国家和地区。

撰写“卫星导航法治文库”的想法，也就在这一研究过程中萌生。通过研究，我们认识到，法治建设与卫星导航建设密不可分、相生相长。美国1994年全面建成了GPS，1996年出台了《美国全球定位系统政策》总统令，目前已形成相对完善的卫星导航法律制度体系;俄罗斯1996年投入使用格洛纳斯系统,1999年年初出台专门的总统令,并制定了多部卫星导航相关法律;欧盟自伽利略系统开发建设之初,制定了规范卫星导航活动的法律。我们深切感受到,我国卫星导航法治建设应当与卫星导航大国的地位相匹配,“中国的北斗,世界的北斗,一流的北斗”,必然也是“法治的北斗”。同时深刻地意识到,未来,卫星导航领域的大国合作竞争,不仅是技术之争、服务之争、应用之争,还体现为制度之争、治理权之争、软实力之争。我感受到一种深深的使命感,那就是,作为北斗法治工作者,我们应主动作为、积极探索,让更多人开展卫星导航法治研究、参与卫星导航法治工作,为卫星导航的法治建设作贡献。

撰写书稿的过程,得到杨长风总设计师的有力支持和指导,正是这种充分的信任、严格的要求和热情的鼓励,给了我们撰写这套文库的动力和勇气。卫星导航法律制度研究,具有很强的跨专业和跨领域性,要感谢来自中国法学会、中国卫星导航系统管理办公室、北京航空航天大学、国防大学、西北政法大学等单位的专家学者的专业帮助,特别感谢王其江、陶智、王浚、杨军等院士和领导对我们工作的支持,特别感谢蒋崇文、陈谷仓、李小历、傅达林、毛国辉、杜英杰、杨健、李作虎、王慧林、郭树人、高为广、卢鋆、王莉、田苗、舒洪水、闫欢、李立京、胡象明、蔡劲松、陈文博等专家对该套文库撰写提供的专业帮助,特别感谢王黎红、丁向荣、刘宇等有关部门的领导和同志对我们的热情鼓励和悉心指导帮带。我们这个团队是一个团结战斗的集体,主要包括北京航空航天大学北斗政策法规研究中心助理研究员杨静帆、张文清、于辰,他们承担了全书的资料搜集、统稿和翻译校对工作;还有北京航空航天大学北斗政策法规研究中心硕士研究生牛琳琳、樊小萌、闻玉颖,北斗政策法规研究中心实习生中国人民大学研究生李雨芳、北京理工大学研究生魏宇辰,他们参与了本书部分的资料收集、整理和翻译、校对工作。最后,感谢法律出版社薛晗、慕雪丹、章雯,如非得益于她们的认真、专业和细致,本书亦难以如期呈现。

本书所有收录的政策法规文件均通过官方网站等公开渠道获取。“卫星导航法治文库”只是开启了我们关于卫星导航法律制度研究的一个窗口,很多问题还有待更加深入的研究讨论。受限于能力水平,缺陷和不足一定存在,敬请各位同仁批评指正!

仰望星空,北斗璀璨;展望未来,征途漫漫。千淘万漉虽辛苦,吹尽狂沙始到金。道阻且长,行则将至;行而不辍,未来可期。我们将不懈努力!

2023年10月